浙江省普通本科高校"十四五"重点立项建设教材
"审计学"国家一流本科专业建设点系列教材

PERFORMANCE AUDITING

绩效审计

黄溶冰　◎主编

ZHEJIANG UNIVERSITY PRESS
浙江大学出版社
·杭州·

图书在版编目(CIP)数据

绩效审计 / 黄溶冰主编. —杭州：浙江大学出版社，2024.4

ISBN 978-7-308-24517-3

Ⅰ. ①绩… Ⅱ. ①黄… Ⅲ. ①效益审计－研究 Ⅳ. ①F239.42

中国国家版本馆 CIP 数据核字(2023)第 253828 号

绩效审计
JIXIAO SHENJI

黄溶冰　主编

策划编辑	朱　玲	
责任编辑	朱　玲	
责任校对	傅宏梁	
封面设计	春天书装	
出版发行	浙江大学出版社	
	（杭州市天目山路 148 号　邮政编码 310007）	
	（网址：http://www.zjupress.com）	
排　　版	杭州朝曦图文设计有限公司	
印　　刷	杭州宏雅印刷有限公司	
开　　本	787mm×1092mm　1/16	
印　　张	19.5	
字　　数	487 千	
版 印 次	2024 年 4 月第 1 版　2024 年 4 月第 1 次印刷	
书　　号	ISBN 978-7-308-24517-3	
定　　价	59.00 元	

前 言
PERFACE

随着审计理论与实践的发展,现代审计的内涵和外延都发生了重大的变化。审计监督的目的不仅仅是查错防弊,还需要完善内控、加强管理和促进改革,最终服务于组织价值增值的目标。因此,绩效审计在审计工作中的地位日益凸显。就三大审计主体而言,绩效审计在政府审计和内部审计中都有着十分重要的应用,已经成为国家治理和组织治理的重要工具。绩效审计在一个国家或地区的受重视程度与运用程度成为衡量该国家或地区审计发展水平及审计是否具有活力的重要标志之一。

相对于以财务报表审计为主线的《审计学》教材,目前国内系统介绍绩效审计原理、方法与应用的教材并不多见,在有限的教材中或以政府审计为主,或局限于内部审计,且在名称上亦不统一,有经济效益审计、经营审计、管理审计和绩效审计等不同称呼。显然,这与绩效审计实务的快速发展是不匹配的。同时,目前教学中缺乏统一规范的"绩效审计"教材,这也不利于审计学专业面向社会需求培养高素质人才。

无论是中国国家审计准则、《"十四五"国家审计工作发展规划》,还是中国内部审计准则,都将以经济性、效率性和效果性为目标的审计界定为绩效审计,因此,编者以《绩效审计》作为本书的书名。本书包括三篇共九章,第一篇是绩效审计基本理论,包括:绩效审计目标与内容(第一章)、绩效审计方法(第二章)和绩效审计程序(第三章)。第二篇是宏观层面绩效审计,包括:公共政策绩效审计(第四章)、预算执行绩效审计(第五章)和建设项目绩效审计(第六章)。第三篇是微观层面绩效审计,包括:供应环节绩效审计(第七章)、生产环节绩效审计(第八章)和营销环节绩效审计(第九章)。

本书在编写过程中注重体现如下特色:

一是在体例上,注重理论与实务、宏观与微观的结合。不仅介绍绩效审计的基本原理、基本方法和基本程序,而且面向政府审计和内部审计实务,分别讲解宏观层面和微观层面绩效审计的主要业务。

二是在内容上,注重从教材建设的角度讲好审计监督的"中国故事"。弘扬中华民族"勤俭节约"的传统美德和中国共产党"一切从群众利益出发"(以人民群众满意作为绩效标准)

的核心价值观。将改革开放以来,中国特色绩效审计的理念、方法和应用在教材中体现。

三是在组织上,注重知识性和趣味性的结合。本书编写的目的是为学生提供绩效审计完整的专业信息,夯实学生的专业基础。全书不以抽象刻板的叙述风格说教,而是在每一章中都提供丰富的案例,既有课堂教学案例,又有综合案例分析,便于教学。

四是在形式上,注重与信息技术相结合。每一章的安排都包括学习目标、本章内容、本章小结和思考题等,便于在开展线上、线下以及混合式教学时学生能够把握重点和难点。每一章还包括了引例、资源拓展和主题讨论,知识点以二维码的形式链接到纸质书,便于在"互联网+"背景下,深度融合数字化技术,建设新形态教材。

本书系浙江工商大学"审计学国家级一流专业建设点"以及"审计学浙江省一流课程"的阶段性成果。由浙江工商大学黄溶冰教授担任主编,负责大纲撰写、内容组织和全书汇编整理等。浙江工商大学会计学院部分研究生承担了资料和案例的收集工作,图书馆王丽艳副研究员承担了全书的校对工作。本书可以作为高等院校审计学专业本科生以及审计硕士(MAud)"绩效审计"课程的选用教材。同时,本书也可以作为审计实务工作者以及各类经济管理人员学习绩效审计知识的参考用书。

在本书编写过程中,编者查阅了有关国际组织的网站,参考了近年来出版的与本书内容相关的一些著作、教材和论文,吸收了有关专家、学者和研究机构的最新研究成果以及政府审计和内部审计实务中的一些典型案例,对这些书籍和文献的作者表示诚挚的谢意,对于文献标注的可能疏漏表示诚挚的歉意。

由于编者水平有限,书中难免存在疏漏乃至错误之处,恳请广大读者批评指正。

作者

2023 年 10 月

目 录
CONTENTS

第一篇　绩效审计基本理论

第二篇　宏观层面绩效审计

第三篇 微观层面绩效审计

数 字 资 源 目 录

绩效审计基本理论

第一章

绩效审计目标与内容

 学习目标

1. 了解绩效审计的历史演进；
2. 熟悉绩效审计的概念；
3. 掌握绩效审计的目标；
4. 掌握绩效审计的内容；
5. 熟悉绩效审计的标准和准则；
6. 了解绩效审计的发展趋势。

 引例——米尔顿·弗里德曼花钱矩阵

1976年，诺贝尔经济学奖得主弗里德曼写了一本书，书名为《自由选择》。书中他用一个矩阵，说明了四种花钱和消费的形式（见表1.1）。

表1.1 花钱和消费矩阵

项目	为自己办事	为别人办事
钱是自己的	①	②
钱是别人的	③	④

①花自己的钱为自己办事：既讲节约又讲效果

私人消费基本都属于这种情况，比如花自己的钱去饭馆吃一顿。这个时候无须其他人的监管，绝大多数的人都会尽量地让这笔钱的效用最大化，因为花自己的钱自然不会故意去浪费；其次是自己明白自己的需求。

②花自己的钱为别人办事：只讲节约不讲效果

例如买东西送礼，或者慈善活动。这类消费，因为钱是自己的，自然有理由精打细算；然而由于不一定了解别人的需求（例如接受礼品的朋友的爱好，或者慈善活动中受助者的实际需求），花钱的效用难以最大化。

③花别人的钱为自己办事：只讲效果不讲节约

有些报销就属于这种类型。如果说公司每个月可以报销150元用于买书（实报实销），那么就会发现几乎所有的员工每个月都会买150元左右的书。这类消费的效用则比较可疑，花别人的钱不心疼。员工如果自己花钱买书，则会判断自己是否需要这本书，书的价值和价格是否相符，等等；而如果是公司报销的情况，则容易对价格不敏感；同时可能出于"不花白不花"的心理,为了花完150元的限额而买一些永远都不会看的书回来。

④花别人的钱为别人办事:既不讲节约也不讲效果

有些企业的亏损不是没有原因的。比如在采购原材料的过程中,存在类似的花钱方式。第一,花别人的钱,自然不心疼,没有什么动力去精打细算;第二,为别人办事,也很难了解他人的真实需求,难以真正达到效果。

从效率上而言,上述四种模式中,第一种模式的效率最高,第四种模式的效率最低,即所谓的"取之于民,用之于民"其实是一种低效方式,需要极高的监管成本。真正聪明的方式是将其他三种方式转换成第一种方式。但"取之于民,用之于民"这种方式在现代社会是难以避免的,如果能够让"民"去进行有效监管,那么在一定程度上就可以转换成第一种和第四种消费模式相结合的混合消费模式。

思考:对于那些资金来源是国家资金或公共资金并服务于国家或公众的机关、部门、企业、事业单位以及其他政府组织而言,受益群体是希望其依法办事、节约资金并办好事情,但实际上可能存在公共资金利用效率低下的情况。此时,建立有效的审计制度,通过绩效审计的方式对相关主体进行审查便是最直接且最行之有效的办法。

第一节 绩效审计的概念及历史演进

一、绩效审计的历史演进

(一)绩效审计产生与发展的客观基础

现代社会的主要社会经济关系是委托代理关系。当财产的所有者将财产托付给经营管理者时,财产所有者就成了委托人,而财产的接受者就成了代理人,此时代理人就应对委托人负有一定的受托责任。但由于双方利益的不一致和信息不对称,经营管理者即代理人总是处于信息优势的地位,凭借这种优势其可能作出使委托人利益受到损害的决策和事情。因此,所有者为了维护自身的经济利益,必然要对代理人进行监督并对监督形式作出合理的制度安排。其中,建立审计制度是监督代理人(经营管理者)受托责任的最直接、最简单且最行之有效的办法。

因此,受托责任是审计产生的客观基础,审计的本质就是评价受托责任的履行情况。具体来说,审计是审计机构和审计人员在接受审计委托后,采取一定的方法与程序收集审计证据,从而形成审计结论,以此来检验受托者的声明与受托目标或既定标准是否一致的一项经济活动。

审计因受托责任的发生而发生,随着社会经济的发展而不断发展,其目标、内容、职能和方法也根据需要而不断完善,审计领域也随之拓展。广义的审计涵盖了审计所涉及的全部领域。从审计主体的不同来看,审计可分为政府审计(也称国家审计)[①]、民间审计(注册会计师审计)以及内部审计;而从审计内容来看,包括财务审计、绩效审计等。

---

① 在本书中,政府审计与国家审计同义,不作区分。

会计活动与审计活动有较密切的联系。有关会计活动与审计活动的分类与特征以及两者之间的对应关系可参见图 1.1。

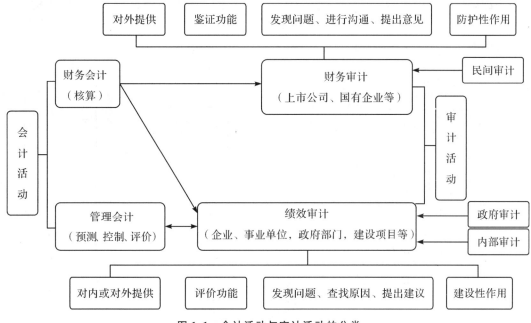

图 1.1　会计活动与审计活动的分类

由图 1.1 可知,就民间审计而言,传统财务审计对应于财务会计的核算职能。对于上市公司和国有企业而言,需要定期对外公布财务报告和审计报告。财务审计履行的是一种经济鉴证职能,遵循发现问题—进行沟通—提出意见的程序流程,发挥查错防弊的防护性作用。就政府审计和内部审计而言,绩效审计对应于管理会计的预测、控制和预算职能,审计对象包括企业、事业单位、政府部门和建设项目等,审计结果可以对内或对外提供。绩效审计履行的是一种经济评价功能,遵循发现问题—查找原因—提出建议的程序流程,发挥促进组织价值的建设性作用。

在委托与受托关系中,为了保证正常的秩序,立法者都以法律的形式要求代理人不损害委托人的利益,要求代理人向委托人报告其受托责任的履行是否满足法律的最低要求,即是否损害委托人的利益。此外,委托人期望在满足合法性这个最基础的要求外,受托人能够按照合约的约定或社会约定俗成的惯例要求,勤勉高效地履行受托责任,以最大化委托人的权益。这样,代理人在满足起码的法定性要求的前提下,所承担的受托责任是以合约和惯例来加以规范的。因此,衡量受托责任完成情况的标准就包括法定标准和约定(或惯例)标准。

而审计的本质就是评价受托责任的履行情况,衡量受托责任完成情况的标准分为不同的层次,从而使得受托责任也呈现出不同的层次水平。具体来说可分为以下两种情况。

第一,在检验被审计单位的声明与法定标准是否一致的过程中,审计机关和审计人员通常是评价被审计单位和人员是否按照真实、合法的要求完成委托人托付的受托责任。此时被审计单位和人员承担的责任是最低水平的责任层次,并主要与财务会计相关,所以可以称为财务责任。在审计实践中通常的审计目的就是真实性、合法与合规性审计,即财务审计。

第二,在检验被审计单位的声明与合约约定标准或惯例标准是否相一致的过程中,审计机关和审计人员通常是评价被审计单位和人员是否按照勤勉、高效的要求来完成委托人托付的受托责任,被审计单位和人员承担的责任是一种约定受托责任或管理责任,该责任形式是高于法定责任的较高水平的责任层次,具体的审计形式就是以追究绩效责任为目的的绩效审计。

具体的受托责任层次与审计形式之间的关系如图1.2所示。

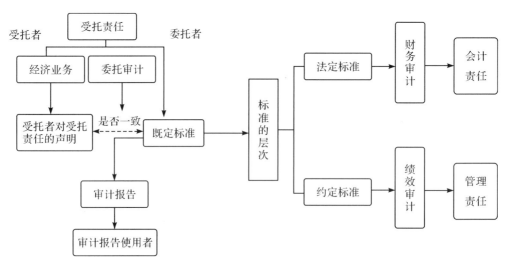

图 1. 2   受托责任层次与审计形式之间的关系

可见,受托责任是审计产生与发展的客观基础。其中,财务审计审核的是受托财务责任,而绩效审计评价的则是受托管理责任。

(二)国外绩效审计的历史演进

20世纪30年代,西方国家受到了1929—1933年资本主义世界经济大危机的严重影响,人们逐渐意识到了崇尚自由竞争以及市场调节的马歇尔古典经济学说的严重缺陷,使得主张政府干预的凯恩斯主义盛行,政府在社会经济生活中发挥着越来越重要的作用。最高审计机关在资本主义政府强化经济干预的情况下,已不再满足于国家预算和公营部门的财务审计与合规性审计,而试图在绩效,即国家预算和公营部门的经济性、效率性和效果性方面,发挥更大的作用。

20世纪50年代以后,资本主义经济又有了新的较大的发展,跨国公司大量涌现,竞争更加激烈,垄断也加强了,这种形势下对审计也提出了新的要求。审计不再仅仅与财产所有者有关,而且与经营者紧密相连。作为经营者,面临着如何有效地控制与管理庞大的公司,如何提高企业的经济效益,防止损失浪费,以便在竞争中求得生存和发展等问题。在这种情况下,审计的方法和作用有了进一步发展,从单纯的外部监督,逐步渗透到企业内部管理的各个方面,企业不能再仅仅依靠外部审计的审计结果,而更迫切需要内部审计人员对企业内部各个环节的合理性实施审计,以取得预期的效果。此时,内部审计所处的地位要求把审计重点放在经济效益上,审计的范围能够扩大到广泛的经营管理领域,从而使企业审计发挥更为积极的作用。

因此,绩效审计是在政府审计和内部审计的基础上产生和发展起来的。总体来说,国外绩效审计的历史进程大致可以分为以下三个阶段。

1. 绩效审计思想的起源与发展阶段(20世纪70年代以前)

1932年,罗斯出版了历史上第一部管理审计著作《管理审计》(*The Management Audit*)。作为一名英国管理专家和工业顾问,他提出了用"效率"来计量管理的思想,指出具有工作经验和管理才能的管理者应能像接受良好训练的会计师审查会计记录那样,来评价每一个职能部门的效率和成绩。1954年,汉密尔顿、弗雷德里克、明茨和肯特,在《内部审计师》杂志上先后发表了"经营业绩评价"以及"经营审计"的文章,阐明了财务审计向经营审计的延伸,以及超越传统财务审计的审计。引发了数百篇关于这一论题的讨论。1958年,国际内部审计师协会(The Institute of Internal Auditors,IIA)将其17届年会的论文集汇集出版,命名为《经营审计》。实际上,IIA于1957年已经在修订的内部审计师责任说明书(SRIA NO.2)中强调,内部审计是一种综合审计,将经营审计与财务审计等同视之。

同时,由于受1929—1933年世界性经济危机的影响,西方工业国家经济处于低迷状态,政府开支日益膨胀,政府可以利用的资源越来越少,而其所承担的社会和经济义务却日益扩大。在此背景下,一方面,民众对提高公共部门资金支出效果和明确支出经济责任的要求越来越高;另一方面,立法人员和其他公务官员更关心的是如何进一步提高管理信息系统,而不仅仅是发现问题。再加上第二次世界大战的影响,美国审计总署(U. S. Government Accountability Office,GAO)需审核的事项增多,传统的以发票检查为特征的财务审计方法不再适应社会经济发展的需要。因而从20世纪40年代中期开始,美国审计总署扩大了审查范围,开始进行绩效审计。自此,绩效审计在世界各国迅速发展。

2. 以"3E"为核心的绩效审计体系的创立和发展阶段(20世纪70年代至80年代末)

20世纪70年代至80年代末,伴随着美国绩效审计工作的实施和绩效审计思想的广泛传播,绩效审计逐渐受到了越来越多的重视,也逐步受到了更多国家的认可。这个时期的绩效审计开始走向准则化和法定化,大多数国家都制定了相应的法律法规,具体如表1.2所示。

另外,还有许多国家,比如瑞典、日本、新加坡、西班牙以及韩国等都开展了绩效审计工作,绩效审计占审计资源的比重不断增加。

总体来说,绩效审计创立和发展阶段的典型特征是:以经济性、效率性和效果性(economy、efficiency、effectiveness,3E)为内容,主管部门或职业组织通过颁布操作指南等来推进绩效审计工作的开展。这一时期的绩效审计理论研究主要集中在绩效审计的内容、绩效指标的设计、评价技术及其应用等方面。

表1.2 西方主要国家绩效审计形成时间表

国家	时间	法律法规及相应内容
美国	1972	《政府的机构、计划项目、活动和职责的审计准则》,这份被称为"黄皮书"的审计准则突出强调了"3E"(经济性、效率性、效果性)审计的重要性
	1974	《国会预算与截流控制法案》,首次以立法的方式提出了政府绩效审计方法的新发展——项目评估
英国	1983	《国家审计法》,规定审计长可以检查任何部门、机构或其他团体履行职能过程中使用资源的经济性、效率性和效果性,第一次从法律上正式授权英国国家审计部门实施绩效审计

续表

国家	时间	法律法规及相应内容
加拿大	1977	新《审计长法》,将审计署的任务扩展到审查经济性、效率性和效果性,标志着综合审计在立法意义上正式确立
澳大利亚	1979	修订的《审计法》,赋予了审计长对政府公共管理机构实施绩效审计的权力,对国有公司的绩效审计必须得到澳大利亚总理的同意
德国	1969	修订的《预算法》,进一步扩大了审计院的权力和审计范围,审计院的主要任务不仅是审查财务收支的合规性、合法性,还包括审查经济合理性
法国	1976	议会通过法律,审计法院开始对国有企业的账目和管理发表意见

3.新公共管理运动下的绩效审计继续发展阶段(20世纪90年代以来)

自20世纪70年代开始,伴随着全球化、信息化以及知识信息时代的到来,西方各国相继掀起了政府改革浪潮。这一改革浪潮起源于美国、英国、新西兰和澳大利亚,并迅速扩展到其他西方国家。进入90年代后,政府改革浪潮在一些新兴工业化国家和发展中国家也陆续出现。各国政府的改革思路基本上都是通过引入市场竞争机制,采用企业的管理理念,以期提高公共服务质量和公共管理水平,即"新公共管理"运动。

新公共管理的主要特点是避免了传统公共行政模式下责任机制的模糊性,其核心特征是对政府绩效及其责任的高度关注,将行政系统的管理责任上升为主导责任,并将其与结果的实现相对应,强调人民知情权、政府透明度及政府可问责性。在这种新的责任机制下,社会需求扩大、审计能力也相应提升,绩效审计作为一种独立的审计形式被国际社会所普遍接受,目前正成为一股风靡全球的浪潮。

(三)我国绩效审计的历史演进

绩效审计在我国具有悠久的历史渊源,早在西周时期我国就出现了效益审计行为的雏形。而在新中国成立以后,特别是改革开放以来,伴随着审计制度的重新建立和不断完善,社会经济的不断发展,人民的民主意识逐渐增强,绩效审计也在迎合社会需求的过程中不断发展。

1.绩效审计理论萌芽阶段(20世纪80年代初至20世纪90年代初)

1983年,中华人民共和国审计署建立,审计监督制度也得以恢复与重建。在同一年,我国颁布了《国务院转批审计署关于开展审计工作的几个问题》,自此,绩效审计以经济效益审计的名义走进中国。以此为契机,政府绩效审计的理论研究和实践操作在我国正式开展起来。比如,审计署于1983年底对天津钢厂实施了效益审计;辽宁省审计机关于1985年对啤酒行业进行了成本效益审计;上海石化总厂、鞍山钢铁公司等开展的经济效益审计也都取得了显著成效。

2.绩效审计试点探索阶段(20世纪90年代初至20世纪末)

1991年,全国审计工作会议首次提出:"各级审计机关都要确定一批大中型企业进行经常审计,既要审计财务收支的真实性、合法性,又要逐步向检查有关内部控制制度和经济效益方面延伸,并作出适当的审计评价,推动经济效益的提高。"自提出两个延伸后,在一些地方审计机关陆续实施了经济效益审计试点。而后我国审计机关还结合宏观经济,开展了一些带有宏观经济效益审计性质的项目。

与此同时,我国一些大中型企业、建设项目和国有企业的内部审计部门在真实性、合规性审计之外,也逐步扩大经济性、效率性和效果性审计的范围。

这一阶段,我国经济效益审计的研究主要集中于经济效益审计的理论和方法如何适应我国的社会主义市场经济体制。比如,中国内部审计学会于1991年举办效益审计研讨会,全国理论与实务工作者结合审计实践,系统总结了效益审计的基础理论。会议认为,绩效审计的开展要先从分析效益审计案例入手,然后探索效益审计的主要内容和体系、效益审计的理论与方法等。

3.绩效审计全面推进阶段(21世纪以来)

进入21世纪,随着经济全球化、网络化、信息化等的飞速发展,审计对象、审计手段、审计制度等随着审计环境的重大变化也产生了一系列深刻变革。近年来,党中央、国务院高度重视对专项资金使用的效益和效果问题的审查和评价,审计机关也在一些专项资金的审计过程中揭露出了一些突出问题,这也引起了社会各界的普遍关注。

2003年,《审计署2003至2007年审计工作发展规划》要求到2007年投入效益审计的力量需占整个审计力量的一半左右。

2006年,《审计署2006至2010年审计工作发展规划》指出,今后五年审计工作的主要任务是:认真落实修订后的审计法,全面加强审计监督,全面推进效益审计。在审计内容和审计方式上坚持"两个并重",即坚持财政财务收支的真实合法审计与效益审计并重,每年投入效益审计的力量占整个审计力量的一半左右。以专项审计调查为主要方式,以揭露严重损失浪费或效益低下和国有资产流失问题为重点,以促进提高财政资金使用效益和管理水平为主要目标,全面推进效益审计。

2008年,《审计署2008至2012年审计工作发展规划》提出,全面推进绩效审计,促进转变经济发展方式,提高财政资金和公共资源配置、使用、利用的经济性、效率性和效果性。到2012年,每年所有的审计项目都开展绩效审计。

以上这些规定,标志着我国绩效审计进入全面推进阶段。

二、绩效审计的概念

(一)绩效的相关概念

绩效又称为效益,它是指成绩与成效的综合,有经济效益、社会效益以及生态效益之分。有关效益的具体分类如图1.3所示。

目前关于绩效的定义已形成众多的说法,比如,新中国成立初期称绩效为经济效果,1981年改用经济效益,现称效益或绩效;而有的学者认为,绩效是指投入产出增值的货币表现,绩效是指经济性、效率性和效果性等。

尽管学者们从不同的角度对绩效进行了定义,但总的概括起来,绩效就是"投入与产出的比较"(见图1.4),或者说"所费与所得的比较"。其中:

投入指的是人力、物力、时间等物质资源,或个人的情感、情绪等精神资源。

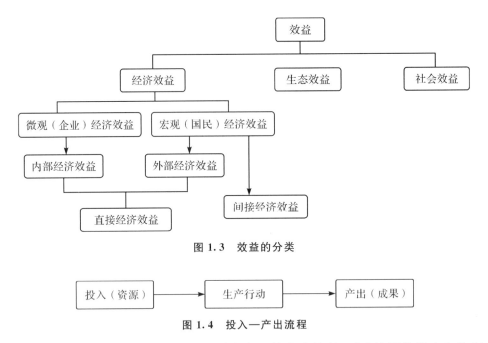

图 1.3　效益的分类

图 1.4　投入—产出流程

产出指的是工作任务在数量、质量及效率方面的完成情况，可以被视作投入和为实现具体目标而采取行动的综合后果。

因此，投入的资源就与经济性有关，生产与效率性有关，而成果则与效果性有关。将投入与产出进行相减比较、相除比较或两者相结合比较，可以对效益进行评价，从而形成绩效指标的构成方法。

(二)绩效审计的定义

审计因受托责任的发生而发生，随着受托责任的发展而发展。财务审计属于传统审计，而绩效审计是审计发展到较高形态的审计形式。对于绩效审计的称谓，国内外学者的提法各有不同。相应的，国内外学术界对绩效审计就有着不同的认识，因此各国对绩效审计的定义也不尽相同。

1.国外对绩效审计的定义

对于绩效审计，美国率先将其称为"3E 审计"，即经济性、效率性和效果性审计，而英国称其为货币价值审计，加拿大称其为综合审计，澳大利亚称其为效率审计，瑞典称其为效果审计。最高审计机关国际组织于 1986 年 4 月在悉尼召开的最高审计机关第十二届国际会议上，建议以"绩效审计"来统一这一类审计的名称，并在最后形成的会议文件《关于绩效审计、公营企业审计和审计质量的总声明》中正式使用了"绩效审计"这个名称。

国外对绩效审计的定义不尽相同。

(1)《美国政府审计准则》(2007 年修订版)认为，绩效审计是指对照设定的标准，例如具体规定，准则或详细的商业实践，在对充分恰当的证据进行评价的基础上，提供保证或结论。

(2)英国国家审计署将绩效审计称为货币价值审计，其在《绩效审计概要》中提到："我们的货币价值调查评价收入、支出的主要方面以及资源管理方面的经济性、效率性和效果性。"

进而对绩效审计的三要素——经济性、效率性、效果性作了明确解释。

（3）澳大利亚国家审计署认为绩效审计是独立、公正、系统地对一个单位管理运行情况的检查，以评价管理活动是否做到经济、效率、效果，内部管理程序是否有利于提高经济、效率和效果，并提出管理建议。

（4）加拿大审计署在《绩效审计指南》中称绩效审计是指对政府活动进行有组织、有目的、有系统的检查，并对上述政府活动进行绩效评价，将评价结果报告议会，以促进加拿大政府活动的透明性，提高公共服务的质量。

（5）最高审计机关国际组织(The International Organization of Supreme Audit Institutions，INTOSAI)在其《最高审计机关国际组织绩效审计实施指南》中，明确将经济性、效率性和效果性审计称作绩效审计，绩效审计以立法机关所作的决策和制定的目标为基础，绩效审计的开展可能会遍及整个公共部门。它是在考虑应有的经济性的情况下，对政府活动、项目或组织的效率性或效果性进行的独立检查，其目标是实现改进。

2.我国对绩效审计的定义

在我国，学术界普遍将政府审计机关从事的对行政事业单位的非财务审计称为"绩效审计"，对企业进行的非财务审计称为"经济效益审计"或"效益审计"，而民间审计组织和内部审计部门从事的非财务审计称为"经营审计""管理审计"或"经济效益审计"。因此，当人们提及绩效审计时，似乎更多的是将其理解成只有政府部门才进行绩效审计。但按照上文中所阐述的情况，随着社会经济的发展和民主制度的完善，受托经济责任从受托财务责任发展

主题讨论 1.1
绩效审计与财务报表审计的区别

为受托管理责任，而绩效审计正是对这种受托管理责任履行情况的评价。对于企业而言，对其经济活动以及经营管理的效益进行评价同样也是内部审计的责任，也属于绩效审计。所以我们认为，绩效审计既适用于国家机关、事业单位，又适用于企业。

按照审计主体的不同，绩效审计在不同主体之间呈现出不同的称谓，具体如表 1.3 所示。总体来说，上述称谓虽然在字义上有区别，但在内涵和外延上基本是趋同的，即围绕经济性、效率性和效果性的目标开展审计。

（三）绩效审计的特征

在审计从单纯的财务审计逐步发展到绩效审计的过程中，绩效审计呈现出独特的内涵。其作为现代审计的一种形式，与传统的审计有着必然的联系，但也不等同于传统的财务及合规性审计。总而言之，绩效审计具有如下特征。

表 1.3　绩效审计在主体之间的称谓

审计主体	审计分工
政府审计	政府财政绩效审计 企业单位国有资产运营效益审计 国家建设项目经济效益审计 ……

续表

审计主体	审计分工
内部审计	企业经营审计 企业管理审计 固定资产投资和对外投资的效益审计 部门和单位财政和财务收支效益性审计 ……
民间审计	投资咨询 经济效益鉴证

1. 审查范围的广泛性

绩效审计中被审计单位不仅包括政府部门及其所属单位,也包括其他使用公共资金的单位,还包括开展经济活动的企业或项目。

2. 审计目标的综合性

绩效审计不仅要对经济活动的合理性、合法性进行监督,还要对被审计单位经营管理活动的经济性、效率性以及效果性进行评价。

3. 审计标准的多层次性

绩效审计的标准包括国内外同类行业水平,国家有关政策、法规和制度,企业内部的各种计划、预算、方案等。

4. 审计方法的多样性

绩效审计除运用财务审计方法之外,还利用经济数学方法、技术经济分析方法以及现代管理方法等。

5. 审计程序的独特性

绩效审计工作结束后不仅出具审计报告及审计建议书,而且对经济业务活动中存在的突出问题和整改情况一般会进行后续跟踪审计。

6. 审计结论的建设性

绩效审计主要是指出被审计单位经济业务活动中发现的主要问题,分析原因,提出改进意见和建议,促进被审计单位改善管理,提高效益。

第二节 绩效审计目标

一、影响绩效审计目标确立的因素

所谓审计目标,是指根据一定的审计环境所确定的用以引导审计行为发生,以及对审计结果的一种期望。而绩效审计作为一种社会实践活动,总是在一定的社会历史背景下进行的,其目标的确立离不开诸多社会环境因素的影响。这些因素包括如下方面。

(一)绩效审计委托人对绩效审计结果的期望

绩效审计的本质是检验受托管理责任是否全面正确履行,从而为委托人提供受托管理责任有效履行情况的有用信息。绩效审计委托人包括:公共资源及国有资产的所有者,各级政府主要领导,企业和单位负责人等,他们对审计结果的不同需求或期望,影响着审计目标的确立。

(二)绩效审计的业务内容

绩效审计的不同业务内容使其分化成不同的类型,而不同类型的绩效审计,其审计目标自然也就不同。例如,政府绩效审计的目标在于促进提高公共资源的利用效率和政府机构的工作效率,而企业经营审计的目标则在于促进保障企业经营活动的合理性和经济资源利用的合理性。

(三)绩效审计主体的权力和能力

法律或社会赋予审计主体的法定权力是实现审计目标的前提,不同审计主体的法定权力不同,因此他们所从事的绩效审计的目标也就有所不同。而审计主体的能力,即其知识、经验以及技术方法等,也决定着审计目标实现的可能性。

基于绩效审计目标的影响因素,我们可以将绩效审计的目标分为两个层次。

第一层次,绩效审计的最终目标是促进审计委托人提高经济效益,降低管理、经营和投资风险,从而增加组织价值。

第二层次,绩效审计的具体目标是财政、财务收支及经济活动的经济性、效率性和效果性。

二、绩效审计的具体目标

"绩效审计是指国家审计机关及政府对其各隶属部门的经济活动的经济性、效率性和效果性及资金使用效率进行的审计",这是 1986 年在悉尼召开的最高审计机关第十二届国际会议的文件《关于绩效审计、公营企业审计和审计质量的总声明》中对绩效审计进行的统一定义。从这个定义中我们可以看出,绩效审计的本质含义就是对受托责任的经济性、效率性和效果性进行鉴证和评价,绩效审计是围绕着"3E"进行的审计。

而以"3E"为评价内容的绩效审计是一个系统过程,它根据一定的审计程序和方法证实评价事项的经济性、效率性和效果性,进而对履行受托经济责任加以评价和监督。在确定"3E"审计的边界之后,审计理论研究进一步深化。1989 年,加拿大学者丹尼斯·普瑞斯波尔认为,"3E"无法涵盖绩效审计的多样化与复杂性,除了"3E"之外,还应增加环境性(environment)和公平性(equity)两个事项,即把以前的"3E"加上新增的"2E",改称为"5E"审计。相应地,绩效审计的具体目标进一步拓展为以下五个方面。

(一)经济性

经济性是指从事一项活动并使其达到合格质量条件下的耗费资源的最小化。它主要关注的是投入和整个过程中的成本,强调的是资金的节约程度,追求成本最小化。简单地讲,经济性就是指资源的节约或损失浪费的程度。

【例 1.1】医院是否以最低的价格购置了符合规定的医疗用品?

(二)效率性

效率性是指产品、服务或其他形式的产出与其资源消耗的关系,以一定的投入实现最大的产出或实现一定的产出使用最小的投入。

【例 1.2】医院在不增加医疗人员和保证服务水平的情况下,是否可以缩短候诊时间?

(三)效果性

效果性是指既定目标的实现程度,以及一项活动的实际效果与预期效果的关系。简单地讲,效果性就是指完成预期目标或实现计划目标的程度。它主要包括两个方面的内容:第一,预期目标是否得到了实现;第二,所发生的结果是否全部归属于政策或项目的实施。

【例 1.3】某三甲医院是否实现了药品平价化的服务承诺?

其中,经济性、效率性和效果性在投入—产出流程中各阶段的体现及相关衡量指标如表 1.4 所示。

表 1.4　衡量"3E"的指标

目标	一级指标	二级指标
经济性	资金	金额 时间
	获取过程	成本 及时性
	投入有形资源	数量 质量 时间 价格
效率性	生产/配送过程	单位成本 生产率
	产出	数量 质量 及时性 价格

目标	一级指标	二级指标
效果性	成果	服务对象满意度 服务的目标人群 职责或目标实现情况 成本收益或成本效果 成本回收或利润 财务活力 就绪度

(四)环境性

环境性是指对自然资源的有效利用和对生态环境的保护情况。

【例1.4】若某一煤矿的开发给国家和当地人民都带来了很大经济利益,但是煤尘很多,给当地人民的生活环境带来了严重污染,这种情况就违背了环境性原则。

(五)公平性

公平性是指政府项目及政府活动所产生的收益分配和再分配对社会公平的影响。

【例1.5】国家的教育资源支出中,若大量的教育资金投入到了少数学校和城市,而在大多数地方基层的九年义务教育资金却难以保证,从而使得教育质量下滑,那么这种情况就严重违背了公平性原则。

三、"5E"之间的关系

为了能够全面评价绩效审计的总体水平,需要权衡绩效审计五个方面的具体目标,经济性、效率性、效果性、环境性和公平性之间的关系,如图1.5所示。这五个内容中存在水平不一、好坏不均的情况时,正确把握五者之间的关系显得尤为重要,否则会形成片面孤立的分析,导致评价结论失之偏颇。

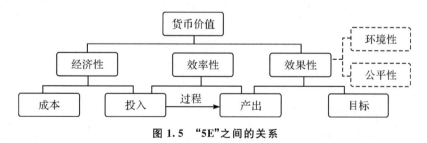

图1.5 "5E"之间的关系

总体来说,经济性、效率性、效果性、环境性和公平性之间相互联系、相辅相成,在一定程度上,效率性包含了经济性,经济性和效率性是效果性的前提条件,而公平性和环境性又常常体现在效果性之中。其中,经济性、效率性和效果性是绩效审计的核心内容。概言之,经济性是成本减至最低、效率性是达到最佳的投入产出比、效果性是实际结果与预计结果的比例关系。它们之间的具体关系表现如下。

第一,经济性和效率性共同作用于效果性。通常当效果性方面体现为一种良好的态势时,相关的经济性、效率性也相应呈一种良性状态。在一定意义上,效果性是由经济性、效率性共同作用和影响的结果。但是如果追求效果是为了实现目标,可能会造成不计成本、不惜任何代价、不考虑效率的行为,最终将导致公共资源的浪费和不足。

第二,效果性统筹效率性和经济性发展的方向,如果不考虑效果性,而一味追求节约、效率,则会导致政府机构偏离自己的目标。在政府管理过程中不断追求增加价值的过程,反映了政府绩效评价中的总体绩效标准,它要求政府机构根据经济性、效率性和效果性标准,有效地获取和使用资源,以实现政府机构的目标。

第三,环境性和公平性是效果性的补充。环境性和公平性实质上是效果性在非经济领域的体现,经济性和效率性是效果性在经济领域的具体表现。

因此,从绩效管理总的范围来看,这些评价内容相互支撑、相互补充。为了确保总体政府绩效评价的合理、准确、科学,需要充分把握经济性、效率性、效果性、环境性和公平性之间的关系,根据评价的需要综合权衡。

第三节　绩效审计内容

一、绩效审计的类型

(一)按审计对象层次进行分类

1.宏观层面的绩效审计

宏观经济属于国民经济的范畴,宏观层面的绩效审计,一般是指较高级别的国家审计机关对国民经济总量及有关全局的重大经济活动的效率、效果和经济性所进行的审查及评价活动。党的二十大报告提出,健全现代预算制度,优化税制结构,完善财政转移支付体系。这类审计往往与财政收支的效益性有关,其审计主体一般是政府审计,而其审计对象的层次也比较高,被审计单位往往与审计机关是平级关系("同级审"),或者由审计机关采取"上审下"的方式。

宏观经济效益审计的内容范围一般可以包括:

(1)公共资源责任履行情况;

(2)政府预算收支绩效;

(3)国家、政府和公共机构的管理效率;

(4)国有资产运营效益;

(5)国家投资(建设)活动;

(6)国家金融活动。

2.微观层面的绩效审计

(1)企业经营审计和管理审计

不同类型的企业并不存在通用的提高经济效益的途径和模式,但其绩效审计的内容具有一定的共性,即大体上可以分为两个层次。

第一层次是经营审计,其以谋求最大限度地利用现有资源,最充分地挖掘人力、物力和财力资源的潜力为目的,主要评价审计对象是否努力改善和充分利用现有的物质条件和技术条件,评价生产力各要素利用的具体方式和手段的合理性和有效性。

第二层次是管理审计,其以谋求改善被审计单位管理素质,提高管理水平和效率以提高经济效益、降低经营风险为目的,主要评价管理组织、管理机构的合理、健全性,内部控制制度的健全、有效性,决策、计划、领导、控制等管理职能的效率等。

(2)行政事业经费绩效审计

我国行政事业单位的经费收支属于财政预算收支的一部分,它们占用的是国有资产,按惯例,行政事业经费的绩效是由国家审计机关进行审计的。在我国,它们的经费收支虽属于财政收支的一部分,却采取了财务收支的方式,单位和部门的内部审计机构往往也是行政事业经费绩效审计的主体。

行政事业经费绩效审计的内容范围主要包括:预算资金和预算外资金的使用效果;公共资源利用的合理性;公共机构业务管理的效率;社会责任的履行情况等。

(3)项目绩效审计

项目是指一次性的经济活动,是指常规的生产和业务以外的不经常发生的经济活动。作为微观经济活动的一种,应指由政府、企业或其他单位、组织所从事的单个项目,而不应该指部门、地区、行业所从事的多个项目的集合。项目绩效审计的目的侧重于可行性和运营效益的评价。例如,审计固定资产投资项目和新产品开发项目的可行性、决策合理性和项目运营效益等。国家审计机关、内部审计机构和民间审计都可以在各自的分工或授权、委托范围内,从事项目绩效审计。

(二)按审计范围分类

1.全面绩效审计

全面绩效审计,是指以审计对象经济效益的实现全过程和全部影响因素为审计范围的绩效审计。例如,对于企业而言,这种审计适用于长期亏损、面临破产的企业,以及以扭亏为盈为目的的绩效审计。这种审计的范围广,内容全面,但审计资源消耗大,需要投入大量的审计人员、较长的时间和数额较高的审计经费,且对审计主体的要求比较高,审计效果滞后,就一个生产周期或会计期间而言,一般不会当期审计当期经济效益立即提高,但对以后各期的效果影响是深远的。

2.局部绩效审计

局部绩效审计,是指以审计对象的部分经济活动或经济效益的部分影响因素为审计范围的审计。例如,企业对某产品单位成本效益的审查分析,流动资金周转和利用效益的审查等。局部绩效审计一般适用于日常发生的、周而复始的生产经营活动和业务活动,解决整个过程中的某些环节的经济效益或风险问题。这种审计的范围较小,内容不多,通过解决某个环节中的问题,来推动审计对象整体经济效益的提高。而且其消耗审计资源较少,对审计主体的要求相对不高,能起到立竿见影的效果。

3.项目绩效审计

项目绩效审计,是指以某一特定项目即一次性的经济活动为审计对象的绩效审计,例如,固定资产投资项目的经济效益审计、新产品开发项目的经济效益审计、贷款项目或对外投资项目的效益审计等。在审计资源消耗、对审计主体的要求、产生效果的速度等方面,它与局部绩效审计具有相似的特点,因此也是当前我国绩效审计最常采用的一种方式。

(三)按实施审计的时间分类

1.事前绩效审计

事前绩效审计是在经济业务发生前进行的审计。它包括计划、预算、基本建设和更新改造项目可行性研究、成本预测等内容。通过事前审计可以防患于未然,对于计划、预算以及投资项目实施可能出现的问题和不利因素,能在事前及时纠正和剔除,避免因预测不准或计划不周而造成经济损失或经济效益不高的问题。

2.事中绩效审计

事中绩效审计是在经济业务进行的过程中所进行的审计。审计时把经济业务的实施情况与实施前的预测、预算、计划和标准等进行分析比较,从中找出差距和存在的问题,及时采取有效措施加以纠正,并根据实际情况的变化,调整和修改计划、预算,使之更加符合客观实际,更加合理。事中绩效审计是一种动态的审计,主要适用于工期较长的基本建设项目、技术先进复杂的工程项目或生产周期较长的企业。

3.事后绩效审计

事后绩效审计是在经济业务结束后进行的审计。它通过对已完成的经济活动事项的审查,分析和评价经营成果的优劣、生产经营活动是否合理,以发现经济效益不高的原因和发掘进一步提高经济效益的途径。事后绩效审计是一种总结性审计,其审计内容涉及被审计单位经济活动的各个方面和各类环节,广泛地适用于具有经济活动的各类企业、事业单位,因而是绩效审计的主要种类。

(四)按审计组织方式分类

1.定期审计

定期审计是每隔一定时间,按照审计计划规定,对被审计对象进行的绩效审计。例如审计署特派办等国家审计机关对占用国有资产多的大中型国有企业和事业单位、公共机构所进行的定期审计。这类审计一般有严格的法律、法规规定和授权,以监督、防范职能为主,其目的主要是检查国有资产的运营效益及对国计民生的保障程度。

2.不定期审计

不定期审计是根据被审计单位或事项的具体需要和审计主体资源配置情况,在计划内或计划外实施的绩效审计。例如单位和部门内部审计机构接受管理当局授权开展的审计,部门、单位领导干部离任时进行任期经济效益审计等。这种审计是当前我国开展较多的一种绩效审计方式。

二、绩效审计的内容

关于绩效审计的内容,国内外学者有着不同的观点。但一般来说,审计的目标决定了开展审计工作时所要确定的内容。因此,我们认为可以根据绩效审计的目标来确定绩效审计的内容。具体来说,与绩效审计的具体目标相对应,绩效审计的内容可以用五个"E"来表示,即经济性审计、效率性审计、效果性审计、环境性审计以及公平性审计。

(一)经济性审计

经济性审计的目的是通过审查与评价被审计单位资源的取得、使用及管理是否节约及合理,协助管理层改善管理,节约资源,增加相关组织的价值。

具体来说,经济性审计审查评价的主要内容包括:所选择的手段或者取得的设备(投入)是否对公共资金是最经济的使用;人力、财力和物质资源是否得到了经济的使用,管理活动是否遵循了良好的行政原则和管理政策。

(二)效率性审计

效率性审计的主要目的是通过审查和评价被审计单位在业务活动中的投入、产出关系,优化业务流程,提高业务活动效率。

具体来说,效率性审计审查评价的主要内容包括:人力、财力和其他资源是否得到有效运用;政府项目、单位和活动是否得到有效管理、管制、组织、执行、监控和评价;政府单位的活动是否与既定目标和要求相一致;公共服务是否高质量、是否以客户为导向并且及时提供;政府投资项目的经济效益。

(三)效果性审计

效果性审计的主要目的是通过审查和评价被审计单位业务活动既定目标的实现程度,以协助政府及非营利组织管理层改善经营水平,提高业务活动的效果。

具体来说,效果性审计审查评价的主要内容包括:评估政府项目是否进行了有效的准备和规划,它们的目标是否清晰、一致;评估新的或继续进行的政府项目所设立的目标和采取的措施(法律、财务等)是否恰当、连贯、合适或相关;评估项目实施的组织结构、决策过程和管理系统的有效性;评估政府投资和项目以及其各组成部分的效果,即确认目标是否实现。

(四)环境性审计

环境性就是追求对自然资源的有效利用和生态环境的有效维护,主要关注环境污染和环境保护问题。

环境性审计通过检查被审计单位的环境经济活动,依照一定标准,评价资源开发利用、环境保护、生态循环状况和发展潜力的合理性、有效性,并对其效果与效率进行评价。也就是对适用于环境要求的有关项目及活动所进行的系统的、有证据的、定期的、客观的检查。主要是审查被审计单位的环境管理活动,包括污染防治审计和生态恢复与建设审计,以及资源的可持续开发与利用审计等,以确认投入资源的应用是否符合可持续发展战略,对生态环境的影响程度,以及环境监管状态等。

(五)公平性审计

公平性强调服务、产出和结果分配的过程要体现平等性,主要关注资源分配问题和社会发展中的差异问题。

对公平性的审计,主要审查政府投入资源的应用是否体现了公平原则,确认接受公共服务的团体或个人是否受到公平的待遇,需要特别照顾的弱势群体是否能够享受到更多的服务。

【例 1.6】假设对某固定资产的投资项目进行绩效审计,则相应的审计目标与内容如表 1.5 所示。

表 1.5 某固定资产投资项目的绩效审计目标与审计内容

审计类型	审计目标	审计内容
一般审计	合规性	确定有无必要的内部控制系统,并测试其有效性 确定投资项目决策、目标、计划、组织等是否合理
绩效审计	经济性	投资项目支出是否节约,有无预算控制,以防止损失浪费
	效率性	计算、评价生产效率;投入与产出比较,评价投资效益
	效果性	实际成果与计划比较,确定效益实现程度
	环境性	确定项目对环境的影响程度、环保指标是否达标
	公平性	确定项目的社会效益,如提高就业、上缴税金情况

三、绩效审计模式

随着经济社会的发展,审计组织和人员以及所审计的企业、单位等的具体情况也在不断变化,使得审计目标不断演进,进而使得审计模式不断发展。而所谓审计模式,就是审计目标、范围和方法等要素的组合,它规定了审计组织或人员在进行审计工作时,从何处下手、如何下手以及何时入手等问题。按照历史发展的顺序,财务审计的模式经历了账项基础审计模式、制度基础审计模式、风险导向审计模式三个阶段。

按照对审计模式的分析,绩效审计模式可以概括为:实现特定的绩效审计目标所采取的绩效审计策略、方式和方法的总称。按照不同的标准,绩效审计模式有不同的分类体系,下面我们将介绍两种比较常见的分类。

(一)按绩效审计与其他审计的关系进行的分类

1.独立型绩效审计

独立型绩效审计就是将绩效审计作为一个独立的项目来开展,不是将绩效审计的内容融于其他类型的审计项目中。

2.结合型绩效审计

结合型绩效审计就是将绩效审计与其他类型的审计项目结合起来,通过一个审计项目,实现多种审计类型的审计目标。

(二)按时间节点进行的分类

1.结果导向绩效审计

结果导向绩效审计是指审计人员不是一开始就检查被审计单位的受托管理责任履行过程,而是直接检查受托管理责任履行结果,对其是否遵守既定标准进行评价。在这种模式下,审计人员通常首先检查目标实现情况,然后分析效率、效果和经济性,最后分析原因并提出审计建议。该模式直接关注工作是否达到了预期的目标,而不关注工作程序。因此,其是一种事后审计,关注的是监督和评价作用而非预防作用。

2.过程导向绩效审计

过程导向绩效审计是指审计人员围绕审计事项过程搜集审计证据的一种全过程绩效审计模式。这种模式能随时发现审计项目在决策、立项、施工管理等环节存在的问题,提出整改意见,做到防患于未然。因此,它不仅仅只是审计事项结束后的事后监督,而是将审计事项分为多个阶段,进一步发挥其在决策立项时的事前预防作用,施工管理过程中的事中监督作用。

3.问题导向绩效审计

问题导向绩效审计是指审计人员以被审计单位暴露的突出问题为线索,从问题发生的原因追查被审计单位业务运行和管理的薄弱环节,提出针对性的改进建议的审计方法。在这种模式下,缺点和问题是审计的起始点,而不是审计的终点。其主要任务是核对问题的存在,从不同角度分析其原因,在此基础上通过完善相应的体制、机制和制度等,来推进问题的解决,达到发挥绩效审计建设性作用的目的。

第四节　绩效审计标准

一、绩效审计标准的含义

标准是形成判断的基准或原则,是对人类活动和事物发展提出某种约束性要求的文件。

从"约束"这一标准的本质特征来讲,审计标准就是审计人员或审计机构据以作出审计结论、提出处理意见和建议的客观尺度,是对被审计事项的理想预期或认识,是一种规范化的模式。

相应的,在开展绩效审计工作时,就必须有一个衡量被审计单位事实、鉴定经济效益的标准,这就是绩效审计标准。具体来讲,绩效审计标准是指在绩效审计过程中审计人员用以指导审计活动、界定被审计事实、衡量经济效益质和量的标准;是审计人员进行评价、判断被审计事项是非优劣的准绳,为审计人员对被审计单位经济活动的客观事实进行调查取证,对所掌握的审计证据进行鉴别、分析和判断并推导出审计结论等审计活动提供依据。

二、一般审计标准和绩效审计标准的特征

(一)一般审计标准的特征

一般审计标准(如财务审计)往往呈现出以下特征。

1. 权威性

审计标准是判断被审计单位经济活动合法性、有效性及真实性的准绳,是作为提出审计意见、作出审计决定的根据或理由。因此,任何审计标准都必须具有一定的权威性或公认性。

2. 层次性

审计标准一般是由审计主体以外的国家机关、相关部门及单位制定的,并因管辖范围和权威性大小不同而有不同的层次。

3. 地域性

由于各国的社会经济制度不同,生产力发展水平不同,其审计标准和内容也各不相同。而且每个国家各地区、各部门的实际情况以及发展水平不相同,因此,其适用的审计标准也各不相同。

4. 时效性

任何审计标准都有一定的时效性,即审计标准的选择制定时机是否合适。时效性是以特定的时间、环境、条件以及被审计单位的业务经营和管理水平为基础的,不能以过时的法律、法规、规章制度作为判断依据,更不能以旧的审计标准来否定现行的经济活动,或用新的审计标准来否定过去的经济活动。

5. 相关性

审计标准的相关性,主要是指审计标准应该能够反映信息使用者的需求,与被审计单位的经济活动事项密切相关,评价结论与使用者的需求密切相关。

(二)绩效审计标准的特征

绩效审计标准与一般审计标准相比,除具有上述五种特征之外,还具有以下显著的特点。

1. 多维性

绩效审计标准的多维性是指绩效审计会根据多元化、多角度性、多方位性的标准对被审计单位的绩效进行综合评价。其中,多元化是指绩效审计标准包括宏观、中观以及微观标准;多角度性是指绩效审计通常会使用财务指标、经营指标以及技术经济指标等进行评价;多方位性是指绩效审计含有采购、库存、生产、运输以及销售等方面的标准。绩效审计标准显然复杂于会计制度、会计法规以及会计规则等单一的财务审计标准。

2. 可控性

绩效审计标准的可控性主要是针对绩效审计标准的指标体系而言的,绩效审计只能对被审计经济活动有能力控制的因素和指标进行评价,对无法控制的因素的评价是无法完成的。

3.动态性

绩效审计标准的动态性是指绩效审计标准的适用性、有效性随着时间、环境条件以及被审计单位经营管理水平的变化而变化。经济效益的高低是以经济活动的有效性为基础的，并随着经济活动效益水平的变化而变化。经济活动效益水平的这种动态性决定了衡量经济活动效益的标准不是固定不变的。绩效审计的目的是促进被审计单位提高经济效益，绩效审计的标准应该具有先进性，需要在实践中不断地得到修正和完善。

4.指导性

绩效审计标准的指导性是指绩效审计标准的非强制性。绩效审计评价标准的来源和内容较为复杂，标准的形式和标准水平的层次多样。绩效审计的标准与被审计单位所处的特定社会经济环境以及内部经营管理水平密切相关，被审计单位实际经济效益是否达到审计标准的要求和水平，取决于主客观、内外部多方面因素的影响，所以在运用审计标准对被审计单位经济效益实现程度和开发利用途径进行定性、定量评价的时候，必须综合各种因素，灵活掌握标准分寸和水准，并根据具体审计目标和审计环境，在实际审计操作中予以完善。

三、绩效审计标准的来源

(一)国家的法律、法规、方针、政策

绩效审计首先必须以国家的法律、法规、方针、政策作为标准，它们是绩效审计的首要标准，并以此来衡量被审计单位的经济效益是否符合国家宏观调控的要求，是否有利于国民经济的持续稳定发展，只有在遵循国家的法律、法规、方针、政策下取得的经济效益，才是真正的效益。

例如，《大气污染物综合排放标准》(GB 16297—1996)规定，SO_2 最高允许排放浓度不得高于 $1200mg/m^3$，该指标可以作为判断政府投资污染治理项目是否达到预定减排目标的标准。

(二)地方立法机关和地方行政机构制定的地方性法规

省、自治区、直辖市根据法律和国务院的行政法规制定的地方性法规也是绩效审计中要遵循的重要标准。只是要注意它们之间的层次性，要首先执行国家的法律、法规，再执行地方性法规。在发生冲突时，要坚决按照国家的规定办事。

(三)各种计划、预算、定额

在开展绩效审计时，将被审计单位的各种实际指标值与计划、预算、定额相比较，并进行分析、评价，以此来寻找提高经济效益的途径，这是绩效审计的重要方法之一。计划、预算、定额是绩效审计中采用最多的一类审计标准。这类标准是针对被审计单位的实际情况制定的，具有较强的可比性，也较能反映被审计单位的实际水平。这类标准的内容繁多，既包括国家下达的指标、计划，主管部门制订的计划、指标、预算、定额，也包括本单位制订的各种详细的计划、指标、定额，等等。

形式上包括国家机关、事业单位编制的经费预算，企业制订的各种经济计划、预算以及与其他单位签订的各种经济合同等。

(四)前期的审计标准

前期的审计标准是指被审计单位以前开展绩效审计时所制定和运用的标准,是审计人员制定本期绩效审计的参考依据。

(五)本单位或国内外同行业的历史先进水平与平均水平

这类指标也是用来考核被审计单位经济效益高低的标准之一。它们是对计划、预算、定额等标准的补充,从而使绩效审计的标准体系更加完整、全面。包括,领先企业的管理水平和消耗水平等,同行业企业的原材料消耗定额、能源消耗定额、设备利用定额等。

例如,某企业虽然完成了预定的计划和定额,但却大大低于国内先进水平,则说明该企业的经济效益不是很高,尚有潜力可以挖掘。由于这类标准的时间跨度较大,在运用时,应考虑各种客观因素的变化,如物价变动等。

(六)科学测定的技术经济数据

这类标准主要用于评价新产品和新工艺的经济效益。由于新产品和新工艺的效益没有相应的历史资料可以比较;同时,同行业又无同类的指标可以参考,要评审它们的经济效益,就得借助于科学技术来测定。因此,它是绩效审计中采用的一种特殊标准。

【例1.7】香港审计署对公共图书馆的绩效审计案例[①]

主题讨论1.2 香港审计署对公共图书馆绩效审计的启示

绩效审计(香港亦称"衡工量值式审计")一直以来就是香港审计署审计工作的重要组成部分。香港审计署于2011年根据特别行政区施政报告,对香港公共图书馆提供服务的情况展开了年度绩效审计,关注的内容有以下五个方面:图书馆馆藏管理、图书馆采购管理、新图书处理管理、图书馆收费管理、图书馆规划管理。香港审计署开展的"衡工量值式审计"对于我们认识绩效审计的业务特点有一定的启示。

香港审计署对香港公共图书馆的绩效审计是结合有关账目的审查一并进行的,此外还跟踪了以前年度审查所提出事宜的进展情况,从而保证之前审查所提出的建议落实到实处。针对每一事项,香港审计署遵从相关标准,采用特定的方法开展审计工作,并在提出问题的基础上给出具体的改进建议,同时附上香港公共图书馆管理当局康乐文化署的回应。

香港审计署在审计香港公共图书馆提供图书馆服务项目时,总体层面上将"审查当局在提供公共图书馆服务方面的节省程度、效率及效果"作为目标。

因此,针对上述五个方面的审计事项,可进一步对项目的目标进行细分,主要包括以下五个方面:

(1)图书馆馆藏管理的审计目标主要是关注馆藏的数量是否与记录相符,以及开放时间是否满足社会需要;

(2)图书馆采购管理的审计目标侧重于关注各项书籍的采购比例是否符合读者实际需要;

---

① 根据以下资料改编:冒佳佳,吴雨晴,黄兆勇,等.公共图书馆绩效审计的目标选择与实现路径——基于香港公共图书馆绩效审计的案例[J].图书馆,2015(2):84-87.

（3）新图书处理管理的审计目标则为图书馆的新图书处理程序是否合理、处理时间是否过长；

（4）图书馆收费管理的审计目标是图书馆的各项收费（包括会员卡、打印复印、会展影视、图书污损罚款等）是否合规；

（5）图书馆规划管理的审计目标则是图书馆的管理当局康乐文化署是否制订关于图书馆未来发展的策略计划、是否制定服务表现的考核指标以及是否重视读者服务工作。

根据各目标，绩效评价标准主要可以分为三大类：第一类是关于公共图书馆的相关法规；第二类是相关会计法规；第三类是行业良好实践。相关标准如表 1.6 所示。

表 1.6　香港公共图书馆绩效审计的内容和评级标准

审计内容	绩效评价标准	具体标准
图书馆馆藏管理	《物资供应及采购规划》《公共图书馆宣言》以及行业良好实践	《物料供应及采购规例》第 715（b）条所载的一般非耗用物品记账程序，每年至少安排一次点查图书馆资料项目。审计人员将获取的证据与该规例中的具体规定进行比较，判断其对规例的遵循程度 分析香港图书馆开放的时间是否合理
图书馆采购管理	《物资供应及采购规划》《公共图书馆宣言》《公共图书馆服务：国际图书馆协会联合会指引》以及行业良好实践	根据行业良好实践，少儿类图书不少于 10%，科技类图书不少于 25%，人文艺术类图书不少于 40%
新图书处理管理	康乐文化署制定的图书馆资料目标处理时间	康乐文化署规定，图书从供应商到市民手中的时间不得超过 30 个工作日
图书馆收费管理	《财务会计规例》《常务会计指令》《会计通告》《时效条例》	《财务会计规例》《会计通告》对于提供公共服务事业单位的收费规范以及使用程序的规定
图书馆规划管理	《公共图书馆服务：国际图书馆协会联合会指引》	《公共图书馆服务：国际图书馆协会联合会指引》要求图书馆定期对读者进行问卷调查，分析读者对公共图书馆各项服务的满意程度

四、绩效审计标准的确定原则

正确运用评价经济效益的审计标准，对真实反映、合理评价经济效益状况至关重要。审计标准的选择和确立会关系到审计结果的客观性和公正性，关系到被审计单位的利益，关系到审计项目的成败。在多角度、多方位的绩效审计标准面前，如何选择好的、科学的和适合被审计单位的标准，从而达到审计目的，是审计项目中的重要问题。

因此，审计人员在选择和确定绩效审计标准时，必须遵循以下原则。

(一)全面性原则

要根据被审计单位的行业特点、经营规模以及管理方式，从实际需要出发，制定一个能够最大限度地覆盖被审计单位各个方面和各个环节的评价标准体系，以保证对被审计单位的绩效作出全面完整的衡量和评价。

(二)可控性原则

绩效审计标准应准确考评被审计单位必须履行的经济责任,即所衡量、评价的经济活动及其结果应是审计对象的职责范围,是其应当全部或部分负责的,是可以控制和调节的。审计标准中应排除审计对象不可控的因素,避免用不可控的因素来衡量和考评被审对象。

(三)可比性原则

在使用执行绩效审计工作的计量方法时,尽量将不可比因素转为可比因素,使评价指标便于汇总、比较、分析,使其具有综合性和可比性,以满足多方面的要求,即既可以进行历史的纵向比较,也可以与国内外先进水平进行横向比较。

(四)科学性原则

绩效审计标准的内容必须科学合理,标准形式必须简明易懂、易操作,无违背客观规律的规定。评价标准要能比较准确地反映被审计单位的真实情况,能接近或达到审计目的的要求,保证正确使用绩效审计标准,避免得出有误(偏颇)的结论。

第五节　绩效审计准则

所谓审计准则,就是由最高审计机关或审计职业团体制定的,用以规定审计人员应有的素质和专业资格,规范和指导其执业行为,衡量和评价其工作质量的权威性标准。

具体来说,审计准则是为了适应审计自身的需要和社会公众对审计的要求而产生和发展的,是审计实践经验的总结。它规定了审计人员应有的素质和专业资格,并对审计人员的审计行为予以规范和指导,是对审计主体的规范和要求。审计准则具有很高的权威性和很强的约束力,它提出了审计工作应达到的质量要求,是衡量和评价审计工作质量的依据,审计人员在执业过程中必须严格遵守。

按照审计主体的不同,审计准则可划分为民间审计准则、政府审计准则和内部审计准则。

一、绩效审计准则的制定方式

从审计准则的含义中我们可以知道,所谓绩效审计准则,就是用来规范和约束审计人员开展审计工作、形成审计意见、提出审计建议的最高行为标准。

自 20 世纪 80 年代以来,世界各国的社会公众对受托责任的关注由原先的合规性财务审计,发展为对经济活动的经济性、效率性和效果性进行评价的绩效审计。为了全面推进绩效审计工作,实现绩效审计的法制化是必要的。因此,世界各国开始致力于绩效审计准则的理论研究。

纵观中外绩效审计准则的制定,通常的做法是在审计准则总体框架下涵盖绩效审计具体准则,并通过颁布绩效审计手册、绩效审计指南等方式来对审计人员开展绩效审计工作的行为规范作出规定。

最高审计机关国际组织（INTOSAI）在 2004 年颁布了《最高审计机关绩效审计实施指南》，这份指南界定了绩效审计的原理、前提、程序与技术方法；最高审计机关亚洲组织（Asian Organization of Supreme Audit Institution，ASOSAI）在 2000 年也颁布了相关的绩效审计指南。

国际内部审计师协会（IIA）虽然没有在其审计准则框架下编制专门的绩效审计准则，但在《内部审计职责说明书》（SRIA）、《内部审计实务标准》以及《内部审计实务公告》中，都强调了内部审计不仅包括财务审计，还包括经营审计，即为本单位提高经营效益而服务，并对其作出了规范。

美国的《政府审计准则》包括了绩效审计准则。

澳大利亚的《澳大利亚国家审计署审计准则》中包括了绩效审计准则，并且单独制定了《绩效审计手册》。

英国国家审计署未制定绩效审计准则，但出版过一个旨在指导绩效审计的小册子《绩效审计概要》，同时对政府财务审计和绩效审计作了明确区分，还单独出版了《绩效审计手册》。

加拿大绩效审计没有形成系统的操作规范，只有一些相应的操作办法来规范审计行为，主要有 1994 年制定的《收集审计证据的方法》、1995 年公布的《效率审计方法》等，并单独出台了绩效审计方面的指南，即 2002 年修订和完善的《效率审计指南》。

我国虽并未制订专门的绩效审计准则，但在《国家审计准则》（2010 年修订）中强调了效益审计，而中国内部注册会计师协会公布的《内部审计具体准则》中，包括单独的绩效审计准则。审计署和各地方审计机关都很重视政府绩效审计工作，部分地方审计机关分别颁布了自己的绩效审计操作指南，比较典型的有 2009 年青岛市颁布的《绩效审计通用操作指南》以及 2011 年江苏省颁布的《绩效审计指南》等。

二、中外绩效审计准则概况

下面我们将对美国、最高审计机关国际组织（INTOSAI）、国际内部审计师协会（IIA）以及我国的相关绩效审计准则作简要介绍。

（一）美国政府绩效审计准则

美国审计总署（Government Accounting Office，GAO）于 1972 年首次颁布了美国政府审计准则（GAGAS），名称为《政府机构、计划项目、活动和职能审计准则》，其后历经了 7 次修订。其中，1998 年正式更名为《政府审计准则》，2007 年的修订版在世界范围内产生了广泛影响，而 2017 年美国对其政府审计准则又进行了最新修订，并于 2018 年 7 月公布并正式实施《美国政府审计准则 2018》，它聚焦于 2011 年版准则实施以来发生的各种对政府审计准则有重大影响的最新变化的吸收和修订，体现了美国审计立法的最新成果。

在《美国政府审计准则 2018》中，关于绩效审计的专门内容包括：

第一，在第一章"政府审计准则使用和应用的基础与原则"中，明确定义了绩效审计及其目标。

第二，在第八章"绩效审计现场工作准则"中，主要介绍了审计计划、业务实施、督导、证据以及审计记录这五方面的内容。

第三,在第九章"绩效审计报告准则"中,主要介绍了绩效审计报告的形式和内容这两个部分。

(二)最高审计机关国际组织绩效审计准则

从世界范围来看,经济发达以及绩效审计开展较好的国家会较多并较早地为绩效审计立法或制定绩效审计准则。在此基础上,最高审计机关国际组织(INTOSIA)在绩效审计准则方面进行了积极的探索。

《绩效审计实施指南》自1998年开始,INTOSAI开始着手编制《绩效审计实施指南》,在历经长达六年之久的努力后,终于在2004年7月定稿发布。该指南界定了绩效审计的基本原理、前提、程序与技术方法,对绩效审计的发展具有积极的意义。

《绩效审计实施指南》共包括五个部分,其内容如下。

第一部分,什么是绩效审计

该部分介绍了绩效审计的概念与特征,绩效审计的理念与基本问题,经济性、效率性和效果性审计的内涵,公共管理模式对绩效审计的影响,绩效审计与绩效评估、项目评价的关系,分析性目标和分析性方法的不同等内容。

第二部分,适用于绩效审计的政府审计准则

该部分介绍了《绩效审计实施指南》如何适用于绩效审计,绩效审计师的总体要求以及其他重要保证措施等内容。

第三部分,外勤准则和指南:绩效审计的开始和计划

该部分介绍了绩效审计过程的步骤,战略计划包括的内容,开展单项绩效审计计划的要求等内容。

第四部分,外勤准则和指南:实施绩效审计

该部分介绍了绩效审计实施过程的主要特征,在收集资料过程中应当考虑的因素,审计证据和审计发现的特征,在绩效审计过程中应对易变和矛盾环境的控制措施,在分析和得出结论的过程中的重要事项等内容。

第五部分,报告准则和指南:提交审计报告

该部分介绍了最终报告需要关注的方面,审计报告的可靠性,良好和有用的绩效审计报告的特征,绩效审计报告的分发,后续跟踪程序的目的等内容。

(三)国际内部审计师协会绩效审计准则

国际内部审计师协会(IIA)在1947年就颁布了第一号内部审计职责说明书,并先后进行了5次修改。内部审计职责说明书对内部审计的定义、性质以及范围等作出了规范。

1947年7月该协会在其发布的第一号"内部审计职责说明书"中提出了内部审计的定义和对象:"内部审计是组织内部检查会计、财务及其他业务的独立性评价活动,以便向管理部门提供防护性和建设性服务……它主要涉及会计和财务事项,但也可以适当涉及经营性质的事项。"该说明书中将财务审计作为内部审计的主要内容,而认为经营审计则是次要的。

1957年,该协会颁布了第二号内部审计职责说明书,内部审计的定义随之变动为:"内部审计是组织内部检查会计、财务及其他业务活动,以向管理部门提供服务的独立评价活动。"该说明书并未把审查业务活动放在从属地位,而是对财务、会计和业务的审计等同视之。

内部审计走出了财务审计的圈子,迈向了经营审计领域,为本单位提高经营效益而服务。

1971 年,该协会颁布的第三号内部审计职责说明书对内部审计作出了如下定义:"内部审计是在本单位内部检查各种业务活动,以向管理部门提供意见和建议的独立评价活动,它是一种通过计量和评价其他控制的有效性来发挥作用的管理控制。"该说明书明确了现时内部审计的重点就是经营审计。

1981 年,该协会第五次修改了内部审计职责说明书,并认为内部审计包括经济性和效率性审计,也包括项目结果审计。内部审计的地位逐步提高,从经营审计向更高层次的管理审计发展。

总体来说,从内部审计职责说明书的演变来看,内部审计在几十年的发展中,经历了以财务审计为主到以业务审计为主再到以管理审计为主的几个阶段。这表明经营审计、管理审计,或者说绩效审计在内部审计的基础上得以形成并发展。

进一步的,由于内部审计职责说明书并不涉及具体的审计行为规范,为了提高内部审计的质量和效率,国际内部审计师协会于 1978 年 6 月通过了第一个内部审计实务标准,随后也进行了多次修订,并将内部审计实务标准中相关的重要内容进行收集,形成了内部审计实务公告。

在内部审计职责说明书的指引下,内部审计实务标准为内部审计中的经营审计或管理审计,即绩效审计的审计实务提供了可操作的指南。该标准包括属性标准、工作标准和实施标准三部分。属性标准说明了开展内部审计活动的机构及人员的特点;工作标准描述了内部审计活动的性质并提出了衡量内部审计活动开展的质量准绳;实施标准是前两者在特定类型的审计活动中的具体体现。

可以说,国际内部审计师协会内部审计准则中的相关规定,对属于内部审计形式之一的绩效审计实务具有操作指导性。

(四)我国绩效审计准则

多年以来,我国审计工作发展规划都指出要着力构建绩效审计评价指标及方法体系。虽然我国最高审计机关还没有制定独立的绩效审计准则,但是,已经颁布的《中华人民共和国国家审计准则》涵盖了对于绩效审计的相关要求。新修订的《中华人民共和国国家审计准则》于 2010 年 9 月 8 日由审计署公布,并于 2011 年 1 月 1 日起实施。其在总则的第六条中指出,"审计机关的主要工作目标是通过监督被审计单位财政收支、财务收支以及有关经济活动的真实性、合法性、效益性,维护国家经济安全,推进民主法治,促进廉政建设,保障国家经济和社会健康发展",其中"效益性是指财政收支、财务收支以及有关经济活动实现的经济效益、社会效益和环境效益"。这一规定对传统财务审计与现代绩效审计进行了明确区分,并对绩效审计的目标进行了界定。

同时,我国内部审计协会在中国内部审计准则中涵盖了《第 2202 号内部审计具体准则——绩效审计》,其最新修订版于 2020 年颁布,主要内容包括以下方面。

第一章:总则。主要阐述绩效审计的相关概念及准则的适用范围。

第二章:一般原则。主要阐述绩效审计资源配置、审计责任,以及审计项目选择等问题。

第三章:绩效审计内容。主要阐述绩效审计在进行经济性、效率性以及效果性审查时要评价的主要内容。

第四章:绩效审计的方法。主要阐述除常规审计方法以外的、可供选择的绩效审计方法。

第五章:绩效审计的评价标准。主要阐述绩效审计评价标准的特征、内容和选择原则等。

第六章:绩效审计报告。主要阐述绩效审计报告应当反映的内容以及出具报告的相关要求等。

第七章:附则。主要阐述该准则的发布实施时间及解释权。

另外,我国绩效审计准则还包括地方审计机关在审计署领导下颁布的绩效审计指南或办法,其中比较具有代表性的如下。

《青岛市审计机关绩效审计通用操作指南(试行)》(2009年1月),其主要内容包括:第一章,总则;第二章,审计计划;第三章,审前准备;第四章,绩效审计评价;第五章,审计实施;第六章,审计报告;第七章,后续跟踪检查;第八章,附则。

《浙江省宏观服务型绩效审计管理办法(试行)》(2009年7月),其主要内容包括:第一章,总则;第二章,审计计划;第三章,审前准备;第四章,现场实施;第五章,审计结果;第六章,成果运用;第七章,附则。

《江苏省审计机关绩效审计通用操作指南(试行)》(2010年),其主要内容包括:第一章,总则;第二章,审计计划;第三章,调查了解情况;第四章,审计实施方案;第五章,审计证据;第六章,审计评价;第七章,审计报告;第八章,审计整改检查;第九章,附则。

第六节　绩效审计发展趋势

一、影响绩效审计发展的因素

绩效审计作为一项社会经济活动,其产生与发展都会受到各种环境因素的影响。总体来说,影响绩效审计的环境因素很多,分类也多种多样。其中,对绩效审计产生直接或重大影响的相关环境因素包括如下方面。

(一)经济因素

经济环境是指一定时期内的社会经济发展水平及其运行机制对审计工作绩效的客观要求。随着社会经济的日益发展,人们不再满足于对传统企业报表审计的需求,公众要求知道政府是如何支配社会的税收和其他公共财政收入的,以及政府的开支是否合理、有效,这既催生了绩效审计的产生,也促进了绩效审计的进一步发展。

(二)社会因素

审计的发展进程也是相关利益群体博弈的过程,这集中体现了社会因素对审计工作的影响。审计是基于两权分离、双方共同的需要而自发产生的,后来其被逐步法定化、制度化。社会的发展促使审计经历了真实性审计、合法合规性审计,伴随着政府机制的变革、公众民主意识的提高,公众要求政府更加廉洁、工作效率更高、成效更好,减少不经济行为,这些因素促使绩效审计日益受到重视和关注,也推动绩效审计不断向满足公众需求的方向发展。

(三)科学技术因素

科技环境是指一定时期内科学技术的发展水平所决定的技术手段对审计操作技能和审计内容的影响。最初的审计受条件所限只能逐笔核查简单账簿的真实性,而对其经济性、效率性和效果性无从判断。随着信息技术的应用普及以及审计手段和方法的进步,审计早已跳出真实性、合规性审计的范畴,促使有关经济性、效率性和效果性的绩效审计的发展。

(四)人文因素

审计的人文环境是指一定时期人们受教育的程度以及审计职业教育的普及程度。如果整个社会的教育普及层次较低,人们就会缺乏对于社会经济活动的参与意识,难以充分理解审计监督对社会经济发展的客观作用,因此会影响审计业务的实施范围、方式和内容。另外,绩效审计的任务与范围要求审计人员不仅要具备会计、审计专业知识,同时还应该具有一定的经济、工程、法律和电子数据处理系统等方面的相关知识,只有这样才能较好地完成绩效审计任务。由此可见,人文环境既影响审计人员的业务能力和审计信息的社会效用,又在客观上构成提高审计质量的必备条件。

二、我国绩效审计的发展现状

自2002年以来,我国各地审计机关都倡导开展绩效审计,并建议逐年加大绩效审计分量,此后绩效审计的审计对象已经从单纯的国有企业,扩大到所有管理和使用公共资金的政府部门和企业、事业单位。到2010年,我国已进入绩效审计普及年,主要是以结合型绩效审计为主。已经开展的绩效审计主要是采用与财政财务收支真实合法性审计、经济责任审计相结合的方式开展的。在开展的绩效审计项目中,绝大多数为综合目标的审计项目,即在一个绩效审计项目中,既关注了财务信息的真实性、资金使用和管理的合规性,也关注了财政财务收支及有关经济活动的经济性、效率性和效果性。

就我国绩效审计的发展现状而言,其主要呈现出以下特点。

首先,我国已建立了较为完善的法律体系。而审计是依法进行的,且是按一定法律、法规作为评价尺度和取证依据的,《中华人民共和国审计法》(以下简称《审计法》)规定审计机关依法对财政、财务收支的真实、合法和效益实行审计监督。包括《中华人民共和国预算法》(以下简称《预算法》)等其他法律、法规也对绩效因素提出了要求。科学技术的发展,特别是信息化、网络化和人民文化水平的提高,逐步健全与完善的民主法制制度,都为保证绩效审计的开展提供了有利条件。

其次,已经开展的绩效审计项目涉及财政财务收支、基础设施建设、经贸金融、农业与资源环保、社会保障、教科文卫、外资利用、信息安全等多个领域。通过开展绩效审计,审计机关或内部审计部门在揭露问题的基础上,评价和分析了审计事项的管理和资金使用效益情况,分析了产生问题的原因,有针对性地提出了解决问题的建议,有效地促进了被审计单位建立和完善有关管理和制度,同时为完善相关政策提供了真实可靠的信息,审计工作的作用范围更加广泛,积极的建设性作用得到了进一步发挥。可以说,绩效审计涉及领域广泛,成效明显。

总体来说,我国绩效审计的发展已经取得了不错的成绩,比如,联合国引入中国绩效审计模式,使其增收节支超 5 亿美元。可以说,自 1983 年我国建立社会主义审计制度至今,绩效审计从理论萌芽、试点探索直至现在的全面推进,成效相当显著。

但另一方面,当前,在我国的经济生活中,还存在不少违法乱纪行为,审计机关每年都要揭露一批违规行为,反腐败仍是审计机关的一项重要任务。这种状况的存在意味着审计部门不得不将大量的人力、物力、财力投入到财务审计工作中去,而绩效审计一般来说要进行纵向多年度检查和横向多部门、多领域检查,在取得大量充分可靠的数据后进行分析比较,再进行客观的评价和提出意见与建议,绩效审计工作因人力、物力、财力和时间的投入不足而不能正常顺利地开展,这无形中大大降低了绩效审计工作的效率,也增加了绩效审计工作的难度。而且,由于各地情况不同,我国绩效审计发展存在地区差异。主要表现在两个方面,一是经济发达地区绩效审计发展快于经济相对落后的地区;而部分经济欠发达地区的绩效审计工作发展相对缓慢,绩效审计在审计业务中的分量仍然比较少。二是在同一省份中,省、地市和县,随着行政级次由高到低,绩效审计工作的发展也呈现出由强到弱的状态。

三、绩效审计的发展趋势

绩效审计是伴随着审计环境的变化而产生和发展起来的。审计环境的不断变化,不仅给绩效审计的各个方面带来了机遇,也带来了挑战。

随着社会经济环境的变化与发展,我们已经从传统的工业时代进入到了 21 世纪的信息化时代。在这一过程中,管理思想和管理制度也从效率管理型发展为过程创新型,其带来的一系列变化可见表 1.7。[①]

表 1.7 管理思想的变迁

项目	传统工业时代的管理思想与管理制度 (效率管理型)	信息化时代的管理思想与管理制度 (过程创新型)
追求目标	生产效率/经营效率/眼前/短期	客户价值/竞争优势/战略/长期
绩效指标	利润、现金流量等财务指标	财务指标+非财务指标(如质量、时间、服务、学习能力)
组织结构形式	金字塔式/等级层次型/职能化	网络式/非等级层次型/流程化
运行单元的设计	以分工理论为基石,以"职能部门"为运行单位	以过程理论为基石,以"业务流程小组"为运行单位
组织之间的关系	职能的"封建领地/强调分工"	无边界组织/强调合作
管理控制的方式	强调"结果"/事后控制	强调"过程"/事前、事中控制
员工分工的方式	按劳分工/工作分工简单化	对员工授权/丰富化的工作
计算机应用目的	提高工作效率	提高管理效益/竞争力
信息渠道的获取	信息的正式渠道	自由获得信息的权力
对员工的要求	强调服从、守纪、效率、标准	鼓励创新、学习、沟通、协调

① 根据以下资料改编:陈良华,石盈.管理审计模式发展与管理制度变迁[J].审计研究,2003(5):42-45.

由于绩效审计是为了检验受托经济管理责任的履行情况,因此,在21世纪信息化时代,管理思想的变化势必会引起绩效审计的变革,绩效审计的发展趋势可能会呈现出以下特征。

(一)绩效审计目标的拓展

审计目标代表着社会各利益团体要求的基本方向,直接反映社会经济环境的变化。在经济高速发展的信息化时代,绩效审计应针对影响我国经济社会发展协调性和可持续性的重大问题开展调查研究,进行客观的分析和预测,在体制、机制和制度层面提出建议,协调各项改革措施,实现经济社会发展与人口资源环境的平衡性,从而促进经济社会的永续发展。因此,绩效审计目标除"3E"或"5E"之外,还应强调过程和事中控制,即绩效审计目标还应包括协调性、可持续性和系统性等。

(二)绩效审计程序的完善

绩效审计程序是审计监督活动的操作规程,它包含审计过程各个环节的基本要求。在信息化时代,开展审计工作的各环节中,审计人员将更加强调团队合作,需要各方专家的加盟,从而使得审计程序更加灵活,即不再拘泥于传统的审计步骤,而是拓展审前调查范围并跟踪审计成果。

(三)绩效审计内容和范围的延伸

审计的具体内容受到审计目标的制约,审计目标是审计工作的具体方向。审计目标取决于审计环境,有什么样的审计环境就会有相应的审计目标需求,所以,审计环境制约着绩效审计的具体内容和范围。在信息化时代,区块链技术迅猛发展,因此从纵向上看绩效审计不再局限于业务层面,而是向管理控制甚至战略层面延伸,横向上看,其将突破企业边界,向供应商、客户延伸。

(四)绩效审计手段与技术的进步

科学技术环境对审计技术的影响最为明显。"科学技术是第一生产力",它的变化最为迅猛。随着信息时代的到来,政府和企业所有的公开信息和资料都可以在网络中搜索到,因此,审计视角和审计线索以信息化为背景,实时审计、远程审计、联网审计等的广泛开展将成为可能。

(五)绩效审计评价标准的调整

由于政府部门以及国有企业的活动范围主要涉及基础设施建设、环境保护、社会治安、文化教育、医疗卫生等许多方面,而且提供的服务一般是无形的、非营利性的,往往无法直接量化,且其估算的标准和方法会随着绩效审计对象的不同而有所不同。因此,随着经济社会的发展,社会公众的需求不断提高,绩效审计的评价标准中除财务指标以外,应越来越多地引入非财务指标,如交货期、质量、柔性、服务、速度、创新等。

本章小结

绩效审计是现代审计的一种形式,其产生的客观基础是受托管理责任,其目的是检验受托管理责任是否经济、高效和有效果地正确履行,为委托人提供受托管理责任履行情况的有用信息。因此,绩效审计的本质含义就是对受托责任的经济性、效率性和效果性进行鉴定和评价。

绩效审计是在内部审计和政府审计的基础上产生和发展起来的,并形成了财务审计与绩效审计并存的现代审计模式。绩效审计的最终目标是促进审计委托人提高经济效益,降低管理、经营和投资风险,从而增加组织价值,即评价财政、财务收支及经济活动的经济性、效率性、效果性、公平性以及环境性。

绩效审计是一种综合性、多层次性审计,既有宏观效益审计,又有微观效益审计;既包括合规性审计,又包括效益性审计。绩效审计的内容包括经济性审计、效率性审计、效果性审计、公平性审计以及环境性审计。

与传统的财务审计相比,绩效审计具有特定的评价标准及准则。绩效审计标准是审计标准的组成部分,是对被审计单位经济活动效益性的基本要求和限定,是审计人员对审计对象经济效益高低、好坏及其程度作出评价的依据,是提出审计意见、得出审计结论的依据。绩效审计标准的来源包括:国家的法律、法规、方针、政策;地方立法机关和地方行政机构制定的地方性法规;各种计划、预算和定额;前期的审计标准;本单位或国内外同行业的历史先进水平与平均水平;科学测定的技术经济数据等。绩效审计准则是用来规范和约束审计人员开展审计工作、形成审计意见、提出审计建议的最高行为标准。我国国家审计准则对绩效审计工作提出了原则性规定,而内部审计准则对绩效审计工作作出了具体规定。

绩效审计的发展会受到各种环境因素的影响。在信息化时代,绩效审计呈现出审计目标的拓展、审计程序的完善、审计内容和范围的延伸、审计手段和技术的进步、审计评价标准的调整等多样化发展趋势。

本章思考题

1.绩效审计还有哪些不同的称呼?它们之间的内涵是否一致?

2.绩效审计的基本特征是什么?

3.开展绩效审计是为了实现什么样的目标,各目标之间的关系是怎么样的?

4.绩效审计包括哪些具体内容?

5.什么是绩效审计标准?绩效审计具体标准的来源有哪些?

6.绩效审计标准有哪些特点?

7.国内外绩效审计准则的制定方式有哪些?

8.未来绩效审计将面临什么样的发展趋势?

第二章

绩效审计方法

 学习目标

1. 掌握分析性程序在绩效审计中的应用；
2. 熟悉平衡计分卡在绩效审计中的应用；
3. 了解层次分析法在绩效审计中的应用；
4. 掌握功效系数法在绩效审计中的应用；
5. 熟悉连环替代法在绩效审计中的应用；
6. 了解鱼骨图法在绩效审计中的应用；
7. 掌握问卷调查法在绩效审计中的应用。

 引例——L市旅游发展专项资金绩效审计①

作为产业振兴的重要一环，乡村旅游正因为有效契合产业振兴、乡村旅游资源与乡村特色文化建设，正逐渐成为实现乡村振兴的主要抓手。

2019年，L市文旅广体局、L市财政局按照《L市旅游专项资金管理办法》的有关规定以及"突出重点、专款专用"的原则，分批提出项目经费使用计划，报市领导审批，然后组织实施。2019年，L市旅游发展专项资金年初预算为3500万元，由市财政资金安排。根据市人大批复的财政预算安排，2019年实际拨款2000万元，其中，由市文旅广体局支付1300万元，财政拨付700万元，支付率100%。

2020年初，L市审计局接受委托，对L市2019年旅游发展专项资金开展绩效审计。审计数据主要来自省扶贫办、市文旅广体局、市审计局、市发展和改革委等单位部门的统计数据和审计项目组实地调研的数据。经过为期半个月的审计，审计项目组得到如表2.1所示的绩效审计结果。

思考：表2.1中的绩效评价指标是依据什么建立的，权重如何分配，指标得分又是如何得出的？

---

① 根据以下资料改编：蒋水全，周秉，孙芳城.乡村振兴战略下旅游发展专项资金绩效审计体系探讨[J].财会月刊，2021(9)：105-112.

表 2.1　L 市旅游发展专项资金绩效审计评价结果

一级指标	二级指标	三级指标	得分
资金投入 (0.1294)	资金分配(0.0216)	资金分配合理性(0.0036)	85
		项目立项规范性(0.0180)	100
	资金落实(0.1078)	资金到位率(0.0539)	55
		到位及时率(0.0539)	100
项目运营 (0.2475)	项目建设(0.0518)	管理制度健全性(0.0058)	100
		制度执行有效性(0.0102)	100
		项目质量可控性(0.0330)	100
		成本节约率(0.0028)	100
	项目完成(0.0595)	实际完成率(0.0093)	100
		完成及时率(0.0110)	100
		项目达标率(0.0392)	100
	项目运行(0.1362)	资金使用合规性(0.1135)	100
		财务监控有效性(0.0227)	100
增收效果 (0.5493)	客观数据(0.4577)	当地脱贫率(0.2971)	92
		当地可支配收入增长率(0.0329)	95
		当地就业率增加量(0.1277)	90
	主观感受(0.0916)	当地居民参与旅游开发的满意度(0.0763)	83
		当地居民对旅游开发的支持度(0.0153)	87
综合效益 (0.0738)	经济效益(0.0191)	当地 GDP 增长率(0.0159)	95
		当地旅游业占 GDP 的比重(0.0032)	84
	社会效益(0.0470)	当地基础设施新增量(0.0034)	84
		当地公路通达率(0.0131)	100
		当地新农合覆盖率(0.0305)	100
	生态效益(0.0077)	空气质量(0.0006)	83
		森林覆盖率(0.0040)	100
		林业用地面积(0.0018)	100
		水资源利用率(0.0013)	73
总计			91.98

第一节 分析性程序

一、分析性程序的概念、特点和适用条件

(一)分析性程序的概念

分析性程序是指审计人员通过分析和计算信息(包括财务信息和非财务信息)之间的关系或计算相关的比率,以确定审计重点、获取审计证据和支持审计结论的一种审计方法。分析性程序最根本的宗旨就在于通过信息之间的内在联系而不是数据表面的钩稽关系来判断数据的合理性。

正确理解和运用分析性程序,需从以下几个方面把握。

其一,分析性程序实质上是通过将信息资料(包括财务资料和非财务资料)之间的数量关系或联系模型化,用此模型推断出合理期望值,继而得出期望值与现实资料之间的差异,并就重大差异形成原因进行调查的过程。分析性程序以资料间的联系模型和确认的重大差异为起点,关注对重大差异的分解和剖析,从而确认形成重大差异的原因。

其二,分析性程序主要分析的是被审计单位的重要金额、比率或趋势。金额是指被审计单位财务或会计报表上某一报表项目的金额;比率主要是指被审计单位会计报表的某一项目和与其相关的其他项目间的比值;趋势主要是指被审计单位连续若干期会计报表金额及其变动情况。

其三,分析性程序通过对金额、比率或趋势的比较和分析,确认存在的异常变动和异常项目,并对这些异常变动和异常项目进行调查,进而获取审计线索或证据。比较是将依据数据资料间的依存关系得出的金额、比率或趋势与被审计单位提供资料所反映的情况进行对比,从中发现重大差异;分析则是指分析被审计单位提供数据的合理性,分析某种趋势或某事件发生的可能性。

(二)分析性程序的特点

与观察、检查、询问、函证等传统审计取证方法相比,分析性程序具有以下特点。

1.可以耗费更少的审计资源,提供相同或更好的审计证据

通过对被审计单位信息资料的比较和分析,审计人员能够很快地发现其中存在的异常波动和异常项目,确认审计重点领域,选择适当的审计策略,降低实施其他审计程序可能增加的审计时间,有利于审计成本的降低和审计效率的提高。

此外,随着财务软件的广泛应用,被审计单位的信息资料通常都存储于计算机中。审计人员利用已经编好的程序能够很快地计算出所需的数据或进行比较,可以更加便捷地发现有必然联系的财务数据或非财务数据,可以更加准确地计算出实际结果和预期结果的差异幅度,并借助有关数学和统计方法,分析差异是否在可以接受的范围之内。

2.能对审计对象业务中的关键因素和主要关系作更好的理解

分析性程序的主旨是通过信息的内在关系而不是表面的钩稽关系来判断客户数据的合理性。因而,通过分析性程序,审计人员可以更好地了解被审计单位报表数据的一些潜在关系,为以后的审计工作提供向导。

3.能够使审计人员充分发挥创造力,灵活运用职业判断

正确有效地运用分析性程序需要审计人员具有多方面的知识,如商务知识、会计知识和分析审计知识。一名优秀的审计人员可以在分析性程序中发挥其特长和创造力,灵活运用职业判断。

4.可以提供整体合理性的证据

观察、检查、询问、函证等传统审计取证方法往往针对的是构成账户金额(余额)的单个项目或单笔业务,其获取的审计证据能够证明的是该项目或业务的存在性、完整性或所有权等,而分析性程序所针对的是报表或账户层次的某个整体,通过反映该整体的数据与从其他来源获得的数据或信息资料进行比较或分析来判断其合理性,其获得的证据可以用来证明该整体的总体合理性。

(三)分析性程序的适用条件

分析性程序可以广泛地运用于审计的各个阶段,但它并不适用于所有的审计事项,主要表现在以下三个方面。

1.分析性程序的使用有一定的前提

主题讨论 传统财务审计方法的适用性探讨

首先,分析性程序的对象和依据的信息资料之间必须存在某种相互印证、互为说明和互为因果的关系。只有存在某种依存关系的信息资料才可以作为分析性程序的对象和依据。其次,依存关系必须是可预期的。可预期是指分析性程序所采用的关系是因果关系,是明确并可预测的,可预测是指关系的稳定性。在某些情况下,数据之间的因果关系虽然明确,但不稳定,不可预测,那么审计人员还是不能对这些数据之间的关系进行分析。再次,分析性程序依据的信息资料必须真实可靠。如果分析性程序所用的数据不真实可靠,那么分析性程序的结果就值得怀疑,就不能作为支持审计结论的证据。最后,分析性程序的使用存在着一个基本的假定,即在不存在已知的相反情况时,相关信息之间将继续保持各种预期的关系。如果被审计单位外部环境变化大,或内部生产和管理发生结构性的调整,那么这种预期关系可能会被打破,分析性程序的结果将失去有效性。

2.分析性程序难以得到精确的结论

分析性程序多数情况下是利用相关信息之间的关系发现存在的异常现象,为进一步确认审计重点和范围提供依据。分析性程序的结论是一种对被检查事项总体上的合理性判断,它无法给出被检查事项的准确值。对于重要、相关检查风险较高的项目,如果审计人员仅仅通过机械地执行分析性程序,不通过检查、函证、监盘、计算等审计取证方法取得直接证据对分析性程序加以证实或排除,分析性程序的作用发挥就会受到限制。

3.分析性程序的有效运用对审计人员的要求较高

分析性程序不但涉及各种信息资料间的关系,还需要大量的专业判断。要有效执行分析性程序,审计人员必须要具有足够的专业知识、丰富的审计经验,并掌握一定的数学知识。如果审计人员不了解会计信息各构成要素之间的关系,不了解财务信息与非财务信息之间的关系,不了解被审计单位的具体情况,就无法建立合理的关系模型并进行相应的测算。如果审计人员没有很强的专业判断力,就无法对分析性程序得出差异的合理性进行判断。在某些情况下,被审计单位的会计资料虽然存在着重大的反映失实的问题,但某些数据之间的依存关系可能仍然存在,这就要求审计人员根据对审计风险的评估,确定是否需要运用分析性程序以及能否依赖分析性程序的结果,而这同样对审计人员的知识和经验提出了较高的要求。

二、分析性程序的步骤

从审计实务的角度来看,分析性程序包括以下步骤。

(一)确定要执行的分析性程序的对象

分析性程序的对象,可以是整个会计报表,可以是某一账户的总体金额(主营业务收入总额),也可以是构成该账户总体金额的部分金额(不同产品、不同地区、不同月份的主营业务收入)。

(二)估计期望值

分析性程序主要是通过对被审计单位的重要金额、比率或趋势进行分析而调查出被审计单位的异常变动与差异。要找出这些异常变动和差异,就必须涉及比较对象或比较标准,即被比较对象的期望值。一般情况下,期望值的获取途径主要有两类:一类是相对独立的参考值,另一类是审计人员的估计值。根据财务信息之间、财务信息与非财务信息之间、非财务信息之间客观存在的依存关系,分析性程序中用来作为期望值或估计期望值的依据通常包括如下方面。

1.上期或以前数期可比信息

审计人员在进行分析性程序时可将被审计单位某一项目的本期实际发生额与其相应的上期或以前期间的发生额进行比较,进而判断本期是否存在异常变动。

2.所在行业平均水平或同行业规模相近的其他单位的可比信息

同一行业不同单位面临着类似的外部环境,在组织结构和会计核算政策与口径上往往也具有一定程度的一致性,所以其会计信息具有一定程度的可比性。以此为依据,有助于审计人员了解被审计单位的经营成果和评估其财务资料的可靠程度。

3.被审计单位的预算、预测等数据

预算是被审计单位进行经营管理活动所应达到的目标,而预测则是被审计单位对其经营管理情况及其结果进行的估计。如果上述预算或预测是经过被审计单位的认真研究制定的,那么预算的执行情况或预测的结果就具有一定的科学性。这为审计人员判断被审计单位会计报表的表达是否公允提供了重要的参考资料。

4.审计人员的估计数据

审计人员可以根据自己的审计经验和对被审计单位的了解情况,对被审计单位某些方面的数据作出合理估计,并将这一估计数据与被审计单位在会计报表上反映的数据进行比较,用以判断被审计单位会计报表反映是否恰当。例如,审计人员可对被审计单位应当计提的折旧额进行合理估计,用以判断被审计单位的折旧计提是否适当。

(三)确定重大差异的标准

根据行业特点或规模确定相关信息的标准值,用于比较确认被审事项是否正常。确定重大差异标准的目的主要是用来确认被审计单位的财务信息是否有意外波动。重大差异或意外波动标准需要审计人员根据重要性原则,运用专业判断确定。

(四)确认是否存在重大差异

将报表或账面记录与期望进行比较,如果两者的差异大于所确定的标准,则为重大差异;相反,如果两者的差异小于所确定的标准,则可以不作为审计重点,或认可被审计单位账面记录的整体合理性。

(五)调查重大差异的原因

对于分析性程序中发现的重大差异,审计人员必须进一步调查,包括重新考虑估计期望值时所使用的方法和因素,并询问被审计单位。对于进一步确定的重大差异,则要求被审计单位提供解释,并在必要时检查支持解释的证据,查明是否能够合理说明所存在的差异。

(六)确定进一步的审计程序和范围

对于分析性程序中发现的、不能合理解释的重大差异,如果是在审计准备阶段,审计人员应当将其视为错报或漏报风险增加的信号,作为重点审计领域,计划更加详细的审计测试。如果是在审计实施阶段和审计报告阶段,则应采用其他测试程序来获取证明相关报表项目或账户金额合理性的审计证据。

三、分析性程序方法

以下就常用的分析性程序方法,如比较分析法、比率分析法、趋势分析法、回归分析法、时间序列分析法、相关分析法等进行简要的介绍。

(一)比较分析法

比较分析法,是指直接通过对比有关审计项目,揭示其中的差异所在,并在此基础上分析判断差异是否正常及其形成的原因,从而判明经济活动是否合理、有效,被审计单位有无问题的一种分析技术。按对比时采用指标的形式不同,比较分析法可分为绝对数比较分析法和相对数比较分析法两种。

绝对数比较分析法,是指直接以有关项目之间的总量或货币总额进行对比,揭示其中差异所在并进行判断的一种分析技术。例如,管理费用或销售收入在各个不同时期的对比,产品、商品存销量在各个不同时期的对比。通过这种对比,可以揭示被审项目的增减变动情况有无异常、是否合情合理、是否存在问题。

审计人员在运用比较分析法时,主要考虑以下方面。

1.报表钩稽项目间比较

审计人员可以利用会计科目之间的相关关系,判断信息是否存在问题。例如,资产负债表中存在权益性投资,而利润表中却没有投资收益;资产负债表中存在长期借款,而利润表中却没有财务费用。

2.与经济数据比较

与经济数据比较是将总体经营方面的数据与生产规模和市场占有率等指标进行比较,看其是否正常。

3.与经营数据比较

与经营数据比较是将来源于生产方面的数据与财务报告中的数据进行比较,以发现彼此之间是否协调。

4.与非经济数据比较

与非经济数据比较是将经济数据与影响该指标的因素进行比较,如人工成本与员工数量进行比较,销售业务的增长与国内外市场情况进行比较,以发现各因素之间是否存在问题。

5.实际与预算比较

审计人员将实际数与预算数进行比较,计算出差异,然后对差异进行分析,以明确其是否存在异常。

6.多期数据比较

在各年数据具有可比性的前提下,将本年数据与上年数据进行比较、本期数据与上期数据等进行比较,以确定数据是否存在疑问。

7.与行业数据比较

与行业数据比较是内部审计人员将本单位的数据与同行业平均数据或类似的数据进行比较,判断其是否存在不可解释的差异,以发现问题。

(二)比率分析法

比率分析法,又称相对数比较分析法,是指将通过计算得出的被审项目的百分比、比率或比重结构等相对数指标进行对比,揭示其中的差异,并分析判断有无问题的分析技术。

【例2.1】某审计局在审计某商业企业的财务决算时,发现该企业的凭证规范,账目清晰,账实、账表、账账都相符,从表面看没有重大问题,但经过进一步比较分析企业的费用率及费用额后发现了疑问:该单位的费用率高达12.6%,比上年增长4.6%;费用额大幅度增加,其中的运杂费比上年增加一倍以上。在商品销售额没有较大增长的情况下,出现上述现象明显反常。经过进一步审查核实,最后查明该单位通过各种渠道获取运费单据入账,集体私分利润15万元的违纪问题。

外部投资者通常需要掌握企业四类财务比率,即反映公司获利能力的比率、偿债能力的比率、成长能力的比率、周转能力的比率。

常用的反映公司获利能力的比率包括资产报酬率、资本报酬率、股本报酬率、股东权益报酬率、股利报酬率、每股账面价值、每股盈利、价格盈利比率、普通股利润率、价格收益率、股利分配率、销售利润率、营业比率。

公司偿债能力包括短期偿债能力和长期偿债能力。反映短期偿债能力的比率,即公司资产转变为现金用以偿还短期债务能力的比率,主要有流动比率、速动比率,以及流动资产构成比率等;反映长期偿债能力的比率,即公司偿还长期债务能力的比率,主要有股东权益对负债比率、负债比率、举债经营比率、产权比率、固定资产对长期负债比率等。

常用的反映公司成长能力的比率,即反映公司内部扩展经营能力的比率,主要有利润留存率、再投资率。

周转能力比率亦称活动能力比率,是分析公司经营效益的指标,其分子通常为销售收入或销售成本,分母则由某一资产项目构成。常用的反映周转能力的比率有应收账款周转率、存货周转率、固定资产周转率、资本周转率、资产周转率。

比率分析法的资料直接来源于被审计单位的财务报表,不需要额外收集大量信息,使用起来简单方便,而且比率分析采用相对数,避免了被审计单位生产经营规模对审计人员判断的影响。然而,比率分析法也有明显的不足。财务报表本身具有局限性,许多人为的判断和假设会影响财务报表,同样也影响以此为基础的财务比率,以至于难以揭露被审计单位蓄意粉饰财务报表的行为。

运用比率分析法应注意以下几点:①所分析的项目要具有可比性、相关性,将不相关的项目进行对比是没有意义的;②对比口径要具有一致性,即比率的分子项与分母项必须在时间、范围等方面保持口径一致;③选择比较的标准要具有科学性,要注意行业因素、公司的性质和生产经营情况差异性等因素;④要注意将各种比率有机联系起来进行全面分析,不可孤立地看某个比率,同时要结合其他分析方法,否则很难准确地判断公司的整体情况;⑤要注意结合差额分析,这样才能详尽地了解企业的历史、现状和将来,达到财务分析的目的。

(三)趋势分析法

趋势分析法是将财务报表中两期或多期连续的相同指标或比率进行定基对比和环比对比,得出它们的增减变动方向、数额和幅度,以揭示企业财务状况、经营情况和现金流量变化趋势的一种分析方法。采用趋势分析法通常要编制比较会计报表。

应用趋势分析法的目的是:确定引起公司财务状况和经营成果变动的主要原因;确定公司财务状况和经营成果的发展趋势对投资者是否有利;预测公司未来发展的趋势。这种分析方法属于一种动态分析法,它以差额分析法和比率分析法为基础,同时又能有效弥补其不足。

趋势分析法总体上分为四大类:纵向分析法、横向分析法、标准分析法、综合分析法。此外,趋势分析法还包括一种趋势预测分析。趋势预测分析运用回归分析法、指数平滑法等来对财务报表的数据进行分析预测,分析其发展趋势,并预测出可能的发展结果。

趋势分析法的一般步骤如下。

第一,计算趋势比率或指数。趋势指数的计算通常有两种方法:一是定基指数,二是环比指数。定基指数是指各个时期的指数都是以某一固定时期为基期来计算,环比指数则是指各个时期的指数以前一期为基期来计算。趋势分析法通常采用定基指数。两种指数的计算公式分别如下:

$$定基指数 = 某一分析期某指标数据 \div 固定基期某指标数据 \times 100\%$$

$$环比指数 = 某一分析期某指标数据 \div 前期某指标数据 \times 100\%$$

第二,根据指数计算结果,评价与判断该指标的变动趋势及其合理性。

第三,预测未来的发展趋势,根据企业某一分析期该项目的变动情况,研究其变动趋势或总结其变动规律,从而可预测出该项目的未来发展情况。

应用趋势分析法,需要注意以下几点:①比较的指标,既可以直接针对财务报表的项目,也可以针对财务指标,如净资产收益率、流动比率、资产负债率等,还可以针对结构比重;②比较的形式,除了计算定基指数或环比指数以外,财务报表使用者还可以不加处理,直接采用趋势分析图的形式进行比较分析,这样更加直观;③比较的基础,财务报表使用者需要注意当某项目基期为零或负数时就不能计算得到趋势指数,因为这样比较会失去实际意义,此时可以采用趋势分析图的形式;④对于计算趋势指数的财务报表数据,财务报表使用者同样要注意比较前后期的会计政策、会计估计的一致性,如果会计政策、会计估计不一致,那么趋势指数也会失去比较的实际意义;⑤对于分析结果,财务报表使用者需要注意排除偶然性或意外性因素的影响,从而对项目的真实发展趋势作出合理判断。

(四)回归分析法

回归分析法是对两类或多类经济数据之间的因果关系进行分析,推导出相应的回归方程,然后以此回归方程来推算自变量与因变量的变化规律。回归分析是确定两种或两种以上变量间相互依赖的定量关系的一种统计分析方法,其实质是从观察数据中找出自变量与因变量之间的相关关系。观察数据一般分为两种:一是时间序列数据;二是截面数据。统计分析的方法有很多,但最主要的是回归分析法。

回归分析法运用得十分广泛:按照涉及的自变量的多少,可分为一元回归分析和多元回归分析;按照自变量和因变量之间的关系类型,可分为线性回归分析和非线性回归分析。如果在回归分析中,只包括一个自变量和一个因变量,且两者的关系可以用一条直线近似表示,那么这种回归分析称为一元线性回归分析。如果回归分析中包括两个或两个以上的自变量,且因变量和自变量之间是线性关系,则称为多元线性回归分析。

回归分析法的步骤如下。

1.根据预测目标,确定自变量和因变量

明确预测的具体目标,也就确定了因变量。如预测具体目标是下一年度的销售量,那么销售量 Y 就是因变量。通过市场调查和查阅资料,寻找与预测目标相关的影响因素,即自变量,并从中选出主要的影响因素。

2.建立回归预测模型

依据自变量和因变量的历史统计资料进行计算,在此基础上建立回归分析方程,即回归预测模型。

3.进行相关分析

回归分析是对具有因果关系的影响因素(自变量)和预测对象(因变量)所进行的数理统计分析处理。只有当自变量与因变量确实存在某种关系时,建立的回归方程才有意义。因此,作为自变量的因素与作为因变量的预测对象是否有关,相关程度如何,以及判断这种相关程度的把握性多大,就成为进行回归分析必须要解决的问题。进行相关分析,一般要求计算出相关系数,以相关系数的大小来判断自变量和因变量的相关程度。

4.检验回归预测模型,计算预测误差

回归预测模型是否可用于实际预测,取决于对回归预测模型的检验和对预测误差的计算。回归方程只有通过各种检验,且预测误差较小,才能作为预测模型进行预测。

5.计算并确定预测值

利用回归预测模型计算预测值,并对预测值进行综合分析,确定最后的预测值。

应用回归预测法时应首先应确定变量之间是否存在相关关系。如果变量之间不存在相关关系,对这些变量应用回归预测法就会得出错误的结论。其次,正确应用回归分析预测时应注意:用定性分析判断现象之间的依存关系;避免回归预测的任意外推;应用合适的数据资料。

(五)时间序列分析法

时间序列,也叫时间数列、历史复数或动态数列,是一种历史资料延伸预测,因此,时间序列分析法也称为历史引申预测法。它是以时间数列所能反映的社会经济现象的发展过程和规律性,进行引申外推,预测其发展趋势的方法。时间序列是按时间顺序排列的一组数字序列。时间序列分析就是利用这组数列,应用数理统计方法加以处理,以预测未来事物的发展。时间序列分析法是定量预测方法之一,它的基本原理如下:一是承认事物发展的延续性。应用过去数据,就能推测事物的发展趋势;二是考虑事物发展的随机性。任何事物的发展都可能受偶然因素的影响,为此要利用统计分析中加权平均法对历史数据进行处理。时间序列分析法简单易行,便于掌握,但准确性差,一般只适用于短期预测。

时间序列模型也可以根据趋势预测将来,预测模型相对复杂,需要加入数据的权重,以增加影响程度。审计人员可以在专家的帮助下使用这些方法,可以用于研究和确定时间推移对财务状况产生的可能影响。Excel 和 SPSS 经常被用来进行时间序列分析和建立更复杂的模型。

根据对资料分析方法的不同,时间序列分析法又可分为简单序时平均数法、加权序时平均数法、简单移动平均法、加权移动平均法、指数平滑法、季节趋势预测法、市场寿命周期预测法等。

简单序时平均数法也称为算术平均法,即把若干历史时期的统计数值作为观察值,求出算术平均数作为下期预测值。这种方法基于下列假设:过去这样,今后也将这样。把近期和远期数据等同化和平均化,只能适用于事物变化不大的趋势预测。如果事物呈现某种上升或下降的趋势,就不宜采用此法。

加权序时平均数法就是把各个时期的历史数据按近期和远期影响程度进行加权,求出

平均值,作为下期预测值。

简单移动平均法就是移动计算若干时期的算术平均数作为下期预测值。

加权移动平均法即将简单移动平均数进行加权计算。在确定权数时,近期观察值的权数应该大一些,远期观察值的权数应该小一些。

上述几种方法虽然简便,能迅速求出预测值,但由于没有考虑整个社会经济发展的新动向和其他因素的影响,所以准确性较差,应根据新的情况,对预测结果作必要的修正。

指数平滑法即根据历史资料的上期实际数和预测值,用指数加权的办法进行预测。此法实际上是由加权移动平均法演变而来的一种方法,优点是只要有上期实际数和上期预测值,就可计算下期的预测值,这样可以节省很多数据和处理数据的时间,减少数据的存储量,方法简便,是广泛使用的一种短期预测方法。

季节趋势预测法根据经济事物每年重复出现的周期性季节变动指数,预测其季节性变动趋势。推算季节性指数可采用不同的方法,常用的方法有季(月)别平均法和移动平均法两种。季(月)别平均法就是把各年度的数值分季(或月)加以平均,除以各年季(或月)的总平均数,得出各季(月)指数。这种方法可以用来分析生产、销售、原材料储备、预计资金周转需要量等方面的经济事物的季节性变动。

市场寿命周期预测法是对产品市场寿命周期的分析研究。例如,对处于成长期的产品预测其销售量,最常用的一种方法就是根据统计资料,按时间序列画出曲线图,再将曲线外延,即得到未来销售发展趋势。最简单的外延方法是直线外延法,适用于对耐用消费品的预测。这种方法简单、直观,易于掌握。

时间序列分析法的步骤如下。

首先,收集历史资料,加以整理,编成时间序列,并根据时间序列绘成统计图。时间序列分析通常是把各种可能发生作用的因素进行分类,传统的分类方法是按各种因素的特点或影响效果分为四大类:长期趋势、季节变动、循环变动、不规则变动。

其次,分析时间序列。时间序列中每一时期的数值都是由许多不同的因素同时发生作用后的综合结果。

再次,求时间序列的长期趋势(T)、季节变动(S)和不规则变动(I)的值,并选定近似的数学模式来代表它们。

最后,利用时间序列资料求出长期趋势、季节变动和不规则变动的数学模型后,就可以利用它来预测未来的长期趋势值(T)和季节变动值(S),在可能的情况下预测不规则变动值(I)。

运用时间序列分析法应注意以下事项:必须保证不同时期的数据具有可比性,否则必须作出调整才能进行比较;如果时间序列在2年以上,货币数据必须根据通货膨胀率调整为不变价格;用时间序列分析数据有一个重要的假设,就是过去的数据所反映的趋势在将来仍是有效的。在多数情况下这是适当的,但是在一些数据变动较大的情况下,时间序列分析很难预测将来。

(六)相关分析法

相关分析法是衡量一个变量与另一个变量之间关系的一种方法。当两个变量按照一定的规律运动时,这两个变量就存在相关关系。具体表现为:当一个变量增加时,另一个变量也相应地增加,则它们之间存在正相关关系;当一个变量增加时,而另一个变量却相应地减少,则它们之间就是负相关关系。

在经济业务中,许多因素之间存在相关关系。例如,生产产量与生产成本之间存在正相关关系,销售收入与销售费用之间也存在正相关关系,而同一类产品销售量之间往往存在负相关关系,如替代产品之间存在负相关关系。有的要素则呈现不规则的相关关系,如税收收入与税率。在一定范围内,税收收入随税率的提高而不断增长,但税率超过一定范围时,税收收入反而随税率的提高而减少了。

相关系数为 r。一般情况下,$-1 \leqslant r \leqslant 1$。$r$ 为正数表示正相关,为负数表示负相关,为零表示无关。r 的绝对值越大,表示变量之间相关程度越高;绝对值越小,表示变量之间相关程度越低。

决定系数(r^2),或者说是相关系数的平方,可以被理解成 y 的总变差被回归方程解释的部分。决定系数等于1减去未解释的变差除以总变差的商,用公式可表示如下:

$$r^2 = 1 - \frac{\sum (y_i - y)^2}{\sum (y_i - \overline{y})^2} \tag{2.1}$$

其中:r^2 为决定系数;$\sum$ 为求和符号;y_i 为实际观测值;y 是回归直线上的点;$\overline{y}$ 是观测数据的平均值。

r^2 随变量个数的增加而增加,这与增加的变量是否实际与因变量相关没有关系。

可以对 r^2 进行调整(减小 r^2)来消除变量个数的影响。如果有 k 个自变量,n 对观测值,则调整后的 r^2 用公式表示为:

$$r^2 = \frac{(k-1)}{(n-k)} \times (1 - r^2) \tag{2.2}$$

相关分析对审计人员建立模型,确定各因素之间的关系非常有用。通过相关分析,审计人员对被审计单位的业务异常进行排查,以发现经营过程中存在的效率问题或其他经营管理的情况。

四、分析性程序应用示例

【例2.2】龙电集团脱硫效率审计

由于实行成本中心考核政策,龙电集团一些分厂的脱硫设备经常不连续运行。一旦环保局监测数据与企业上报数据不符,可能就会导致对集团(而非分厂)的巨额罚款。但这些分厂对集团宣称本厂的脱硫设备是实时在线运行的,集团管理层要求对分厂的脱硫效率进行审计,审计工作由集团内部审计部组织实施。

审计人员首先查阅了分厂脱硫设备的运行台账,发现台账中的记录完整、规范,脱硫设施运行时间与发电机组的运行时段是对应的。通过观察设备运转和对脱硫设备班组员工的调查也证实了台账的记录是真实的。但对一些外围员工的访谈中发现,个别员工表示脱硫设备在企业就是一个"摆设"。

经过调查发现,该厂采用湿法烟气脱硫技术,在现有的烟气脱硫工艺中,湿式石灰石/石膏洗涤工艺最为成熟,运行可靠性最高,应用也最为广泛。为印证员工访谈结论的真实性,审计组沿着该厂采用的石灰石—石膏湿法脱硫工艺流程开展进一步审计工作第一,从核实二氧化硫排放量开始,在工艺专家的现场帮助下,按工艺要求计算出发电用煤脱硫所需的石灰石和石膏用量大约为454.38吨。

第二,审计材料采购和领用明细账证实石灰石和石膏的实际用量,其中,采购量为188吨,消耗量为180.17吨。

第三,审计结果发现,该厂并未采购和存储足额的按工艺要求计算出来的石灰石和石膏。

审计人员利用财务数据和非财务数据比较的分析性程序,虽然财务数据和非财务数据看起来都是真实的,但两者之间的钩稽关系是不合理的。审计结果表明,企业为了节约成本,脱硫装置事实上是间歇运转,实际脱硫效率比环保部门设定的理论值低40%。

【例2.3】XYZ股份公司财务收支审计案例[①]

(一)基本案情

审计人员对XYZ股份有限公司2020年度会计报表进行审计。经前期了解,该公司为一均衡生产企业,2020年产供销形势与上年相当,且未发生资产与债务重组行为。该公司中期会计报表已由审计人员进行了审计,并于7月10日出具了审计报告。为便于分析,该审计人员编制了一张工作底稿,见表2.2(部分底稿组成要素略)。

表2.2 利润表分析测试工作底稿

2020年度 单位:元

项目	1—6月 已审实际数	7—12月 已审实际数	全年合计数	2019年审定数
一、营业收入	120000000	216000000	336000000	240000000
减:营业成本	100000000	162000000	262000000	204000000
营业税金及附加	720000	1000000	1720000	1200000
销售费用	820000	800000	1620000	1600000
管理费用	4550000	6000000	10550000	9000000
财务费用	1450000	1750000	3200000	2800000
资产减值损失				
二、营业利润	12460000	44450000	56910000	21400000
加:营业外收入	460000	1240000	1700000	1486000
减:营业外支出	400000	450000	850000	900000
三、利润总额	12520000	45240000	57760000	21986000
减:所得税费用	3130000	11310000	14440000	5496500
四、净利润	9390000	33930000	43320000	16489500

(二)审计方法

审计人员主要在审计实务中的计划阶段对会计报表的总体合理性作出判断。运用比较分析法、比率分析法以及趋势分析法,充分利用职业进行判断。

[①] 根据以下资料改编:陈丹萍.分析性程序审计方法[M].大连:东北财经大学出版社,2012:73-75.

第一步:运用四种方法。

(1)绝对额比较。

(2)共同比会计报表,也称垂直分析。

(3)比率分析。

(4)趋势分析。

第二步:估计期望值——确定标准(比较基础)。

(1)分析性程序的基本假设是:在没有反证的情况下,数据之间预计继续存在一定的关系。

(2)会计和非会计信息均可用来估计期望值。

(3)根据可比会计信息,并考虑已知的变化,估计期望值。

(4)根据正式的预算和预测估计期望值。

(5)根据本期间内会计要素之间的关系,估计期望值。

(6)根据同行业资料,估计期望值。

(7)根据会计信息同相关的非会计信息之间的关系,估计期望值。

(三)审计依据

(1)上年度相关资料。

(2)相关的非会计信息。

(3)审计人员以往的审计经验。

(四)审计结论与审计建议

在本案例中主要存在以下问题。

1.营业成本可能不合理

2020年报表未审数比2019年审定数增加了58000000元,而上半年营业成本审定数100000000元,与上年平均水平(204000000÷2)基本持平。由于该公司为均衡生产企业,2020年供、产、销形势与上年相当,且未发生资产与债务重组行为,据此可初步判断2020年7—12月的营业成本明显不正常偏高。从绩效审计的经济性目标出发,应当关注营业成本是否节约。对这一重点审计领域,应着重审核2020年度7—12月主要产品的单位成本和销售量。对主要产品的单位成本,应根据历史成本,考虑单位成本的变化趋势,并分直接材料成本、直接人工成本和制造费用三部分逐一审核。

2.营业收入可能不合理

2020年报表未审数比2019年审定数增加了96000000元,增长率为40%,而上半年营业收入审定数120000000元与上年平均水平(240000000÷2)持平。一般情况下,均衡生产企业应具有比较稳定的销售毛利率,XYZ股份公司2019年度销售毛利率仅为15%,而2020年度销售毛利率则高达22.02%。2020年上半年销售毛利率与2019年几乎一致,主要是由于2020年7—12月25%的高销售毛利率影响所致。这在一定程度上反映出2020年度营业收入和营业成本之间并不匹配。绩效审计中效率性目标关注产出与其资源消耗的关系,针对营业收入明显不正常偏高、毛利率骤增的现象,审计人员应将2020年7—12月营业收入的高估作为重点审计内容,着重审核7—12月的销售量和销售价格。对销售量,应以前三年同期实际销售量的历史资料为依据,结合2019年的合同订货量、生产经营计划和2020年1—6月已实现的销售量,考虑销售量的变动趋势进行审核;对销售价格,应根据市场价格水平、供求关系及 XYZ 股份公司的定价策略等来审核。

3. 销售费用可能不合理

2020 年度报表数与 2019 年度审定数基本相等,仅比上年增长 1.25%,在营业收入比上年增长 40% 的情况下,与之相应的销售费用通常也应有一定程度的增加。从经济性目标出发,对该项目的审计应当根据历史资料和本年度的变化,分析销售费用的明细内容。

4. 营业外收入可能存在问题

由于营业外收入项目本身具有相当的偶然性和不可预见性,在审计实务中,审计人员通常要将其列入重点审计内容,尤其是当其发生额较大时更是如此。为核实 2020 年下半年 124000 元的营业外收入发生额,审计人员应取得相关授权和批准文件,着重审核其发生依据是否存在及是否合理。

5. 营业外支出可能存在问题

该项目本身具有相当的偶然性和不可预见性,在审计实务中,审计人员通常要将其列入重点审计内容,尤其是当其发生额较大时更是如此。对 2020 年下半年 45000 元的发生额,审计人员应逐项核实。

6. 总结

绩效审计主要围绕着对受托责任的经济性、效率性和效果性进行鉴证和评价。本案例运用分析性程序,通过对指标、数据间的关系进行分析,发现可能存在的审计问题。其中,从经济性目标出发,应当关注营业成本、销售费用、营业外支出等是否节约、有无预算控制,以防止损失浪费;从效率性目标出发,应当关注投入与产出之间的比较,评价业务活动的效益;从效果性目标出发,应当关注单位业务活动既定目标的实现程度。

第二节　平衡计分卡

一、平衡计分卡的概念及原理

平衡计分卡(balanced score card,BSC)是 1992 年由哈佛大学商学院教授卡普兰(Kaplan)和复兴国际方案总裁诺顿(Norton)创建的组织绩效评价工具。自平衡计分卡方法提出以来,其对组织全方位的考核及关注长远发展的观念受到学术界的充分重视,审计界也开始引入平衡计分卡作为绩效审计的工具。

平衡计分卡强调非财务指标的重要性,将组织的目标、战略以及影响企业运营的各种内外因素、表层和实质因素、短期成果和长远发展因素分解为可操作与衡量的指标和目标值,落实到企业日常经营活动中的财务、客户、内部流程、学习与成长四个维度。平衡计分卡的四个维度如图 2.1 所示。

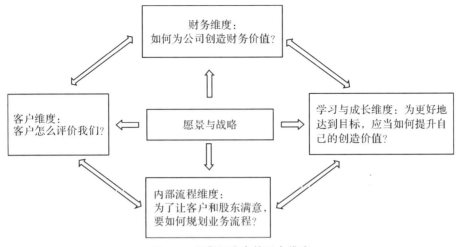

图 2.1   平衡记分卡的四个维度

(一)财务维度

财务维度目标是解决"如何为公司创造财务价值？"这一问题。财务性绩效指标可以反映企业的战略及其实施和执行是否对改善企业盈利作出贡献。

典型的财务指标主要包括收入增长指标(如销售额、利润额)、成本减少或生产率提高指标(如资产负债率、流动比率、速动比率、应收账款周转率)等。财务维度是其他三个维度的出发点和归宿。

(二)客户维度

客户维度目标是解决"客户怎么评价我们？"这一问题。随着买方市场的形成,以客户满意为目标已成为大多数组织最基本的经营理念之一。平衡计分卡客户维度的评价中,要求经营管理者把为客户服务的理念转化为具体的测评指标,通过指标反映企业在目标客户和市场中的真实情况。

客户方面的评测指标主要体现为衡量客户关系管理成功的绩效指标,如客户满意度、客户保持率、客户获得率、客户盈利率、市场份额、客户份额等。

(三)内部流程维度

内部流程维度的目标是解决"为了客户和股东满意,要如何规划业务流程？"这一问题。内部流程是指从确定顾客的要求开始,到研究开发出能满足顾客要求的产品与服务项目,制造并销售产品或劳务,最后提供售后服务,满足顾客要求的一系列活动。根据内部价值链划分,内部流程分为研究与开发、生产过程、售后服务三个阶段。内部流程所关注的是企业内部效率,关注导致企业整体绩效更好的过程、决策和行动,特别是对顾客满意度有重要影响的指标,例如,新产品开发能力、设计能力、技术水平等。

(四)学习与成长维度

学习与成长维度的目标是解决"为更好地达到目标,应当如何提升自己的创造价值？"这一问题。学习与成长维度关注的是企业的长远发展能力,强调的是如何使公司的无形资产与公司的战略保持一致。组织的学习与成长有三个主要的来源：人才、信息系统和组织程序。

新产品和新设备的研究与开发，以及组织面临的市场竞争等都要求企业对员工不断地进行新技术、新知识的培训学习，形成一支稳定的、高素质的员工队伍，以适应时代发展的需要。与此同时，企业应建立有效的信息系统，让员工了解企业的战略意图，及时获取足够的关于客户、内部流程及财务决策等方面的信息，让他们明确工作与企业战略之间的关系，可以更好地促进他们的工作。还要设立良好的激励机制，以激发全体员工的积极性和创造性。这方面的评价指标通常包括员工流动比率、员工满意度、平均培训费用等。

【例2.4】使用平衡计分卡列出某餐馆与某慈善组织的目标及相关指标，如表2.3和表2.4所示。[①]

表 2.3　餐馆平衡计分卡

财务		客户	
目标	方法或指标	目标	方法或指标
扩大规模 连锁经营 盈利	开设的新餐馆数 净利润率	优质服务 持续经营 食品创新	调查客户满意度 顾客回头率 新菜单更新率
内部经营		学习与成长	
目标	方法或指标	目标	方法或指标
及时提供食物 员工高效工作 低浪费	食品供应时间 食品点单、供应过程中的 错误率、剩余食品率	员工培训 新菜单选择	接受相关培训 有资格证书的员工数 新菜单数量

表 2.4　慈善组织平衡计分卡

财务		客户	
目标	方法或指标	目标	方法或指标
慈善组织收入 提高利润	捐赠限制调低 高效利用资源	捐赠者	分发出去的福利 设立的慈善组织数
内部经营		学习与成长	
目标	方法或指标	目标	方法或指标
降低费用 税务支持	费用率 税费率	更多项目支持 更多设立者 更多现金福利	提供支持的数量 发起捐赠的数量 承诺捐赠数量

二、平衡计分卡的特点

平衡计分卡最突出的特点是将企业的愿景、使命和发展战略与企业的业绩评价系统联系起来，将企业的愿景和战略转化为具体的目标和测评指标，以实现战略和绩效的有机结合。

---

① 　根据以下资料改编：孙毅.管理会计：使用者视角［M］.北京：中国财富出版社，2018：383-385.

平衡计分卡作为突破了传统的以财务作为唯一指标的衡量工具,通过各层面内部以及各层面之间的目标组合和目标因果关系链,合理设计和组合财务与非财务、长期与短期、外部群体与内部群体、客观与主观判断、前置与滞后等不同类型的目标和指标,以实现组织内外部各方力量和利益的有效平衡。具体可从以下方面进一步理解和体会平衡计分卡实现的"平衡"。

(一)财务指标与非财务指标的平衡

为了弥补传统业绩衡量模式单纯依赖财务绩效指标的局限性,平衡计分卡引入了客户、内部业务流程、人力资源、信息管理、组织发展等方面的非财务指标,对组织绩效进行综合评价,这是平衡计分卡的基本特征。

(二)长期与短期的平衡

平衡计分卡从企业的战略开始,也就是从企业的长期目标开始,逐步分解到企业的短期目标。平衡计分卡在关注企业长期发展的同时,关注了企业近期目标的实现,使企业的战略规划和年度计划很好地结合起来,弥补了企业的战略规划可操作性差的缺点。

(三)内部群体与外部群体的平衡

在平衡计分卡的四个维度中,股东与客户为外部群体,员工和内部流程是内部群体。相应的,在指标设置上,平衡计分卡既包括外部评价指标,也包括内部评价指标。例如,客户满意度是通过对客户的调查得到的,反映了外部人员对企业的评价,是外部评价指标;而合格品率、员工培训次数、员工满意度等指标则是企业内部对企业的评价,是内部评价指标。所以,平衡计分卡体现了在有效实施战略的过程中平衡内外部群体间矛盾的重要性,从而通过相应的指标设置,实现外部与内部的平衡。

(四)客观与主观判断的平衡

传统的业绩衡量模式偏重从财务数据方面考察员工个人的工作成效和组织的整体运营成果。目标管理、关键绩效指标等以往的绩效管理工具在指标设计和权重分配上都强调可量化性,倾向于选择定量指标并给这些指标赋予较高权重,这样难免忽略一些重要的定性指标。而平衡计分卡所倡导的绩效评价指标体系,不仅包括能够及时获取客观数据的财务指标,而且纳入了客户、流程以及无形资产方面的指标。这些指标,更多地依赖于亲身体验、主观感受和经验判断。

(五)前置指标与滞后指标的平衡

为了加强对绩效的预测、监测、评价和控制,平衡计分卡对四个层面进行了区分,其中,财务和客户层面描述组织预期达成的绩效结果,而内部流程和学习与成长层面则描述组织如何达成战略的驱动因素。根据这一逻辑,平衡计分卡将前两个层面的指标界定为滞后指标,而将后两个层面的指标界定为前置指标。在此基础上,平衡计分卡依据动态管理的原则,对每一个层面的指标按照因果关系进一步划分为前置指标和滞后指标。一般来说,对工作过程或阶段性成果进行衡量的指标为前置指标,对工作的最终结果进行衡量的指标为滞后指标。

三、平衡计分卡在绩效审计中的运用思路

将平衡计分卡的分析思路引入绩效审计,可以更全面地对组织目标的实现进行评价。绩效审计评价指标的选择确定思路和绩效评价指标设计思路相同,可以套用相关设计绩效评价指标体系的方法和思路用于绩效审计评价指标的选择与设计,包括对现有评价指标体系优缺点的再评价分析,在此基础上选择、设计相应的指标体系。

运用平衡计分卡的基本步骤如下:

(1)根据审计项目的实际情况,结合平衡计分卡的四个维度,分析绩效审计的关键影响因素。

(2)根据组织环境、内部治理机制的特点,选择适当的指标,构建绩效评价体系,全面地评价绩效情况。

(3)设定各个指标的权重以及在指标体系中的标准比率。

(4)根据审计项目的实际情况进行评分。

(5)按照标准比率计算各指标的实际得分,汇总得出综合得分。

四、平衡计分卡的优缺点

(一)优点

平衡计分卡强调了业绩管理与企业战略之间的紧密关系,并提出了具体的指标框架体系,能够将部门绩效与企业、组织整体绩效很好地联系起来,使各部门工作努力的方向同企业战略目标的实现联系起来,有利于克服财务评估方法中的短期行为。有效地将组织的战略转化为组织各层的绩效指标和行动,使整个组织的行动一致,服务于战略目标。

平衡计分卡既考虑了财务指标又考虑了非财务指标,能够全面、综合地评价审计项目。平衡计分卡为了弥补单一财务指标在客户、员工、供应商、业务程序、技术创新等方面的不足,增加了客户、内部运营、学习与成长三个层面的非财务指标,实现了财务指标与非财务指标的结合,在此基础上形成了一套完整的指标体系。

(二)缺点

首先,平衡计分卡引入了非财务指标体系,但非财务指标比较难以确定,而且不同的组织面临着不同的竞争环境,需要不同的战略,进而设定不同的目标。因此,在运用平衡计分卡时,要求管理层根据企业的战略、运营的主要业务和外部环境仔细斟酌。

其次,平衡计分卡涉及指标数量过多,指标间的因果关系很难做到真实、明确,财务、顾客、内部运营、学习与成长四套业绩评价指标,按照卡普兰的说法,合适的指标数目是23~25个。其中,财务角度5个,客户角度5个,内部流程角度8~10个,学习与成长角度5个。如果指标之间不是完全正相关的关系,在评价最终结果的时候,应该选择哪个指标作为评价的依据?如果舍掉部分指标的话,是不是会导致业绩评价的不完整性?这些都是在应用平衡计分卡时要考虑的问题。

最后,各指标权重的分配比较困难。要对项目业绩进行评价,必然要综合四个层面的因素,这就涉及一个权重分配问题。更使问题复杂的是,不但要在不同层面之间分配权重,而且要在同一层面的不同指标之间分配权重。不同的层面及同一层面的不同指标分配的权重不同,可能会导致不同的评价结果,而且平衡计分卡没有说明针对不同的发展阶段与战略需要确定指标权重的方法,因此权重的分配并没有一个客观标准,这就需要采取层次分析法等主客观赋权方法。

五、平衡计分卡应用示例

【例2.5】某公司开展绩效审计时根据平衡计分卡相关理论,针对财务绩效的评价、客户导向经营的评价、对内部运营的评价、学习与成长能力的评价四个维度选择具体评价指标,构建了符合其实际情况的内部审计绩效评价体系,见表2.5。

表2.5 某公司平衡计分卡绩效评价体系

指标	评价				
	权重(1)	标准比率(2)	实际比率(3)	评分(4)	加权分数(1×4)
A.财务绩效的评价					
总资产周转率					
资产净利率					
现金流量					
B.客户导向经营的评价					
市场占有率					
客户保持率					
客户满意程度					
C.对内部运营的评价					
设备利用率					
退货率					
生产能力利用率					
D.学习与成长能力的评价					
员工培训人数增长率					
智力资本比率指标					
新产品收入比率指标					
总计					

第三节　层次分析法

一、层次分析法的概念及原理

层次分析法(analytic hierarchy process,AHP),是美国运筹学家、匹兹堡大学教授萨蒂(Saaty)于 20 世纪 70 年代初提出的,是对定性问题进行定量分析的一种简便、灵活而又实用的多目标属性决策方法。

层次分析法利用某种对事物作出优越程度区别的相对度量作为评价事物合意度的指标,这个相对度量称为权重或优先权数。对于某属性而言,它是用两两比较的方式确定事物的优越程度,指标值越大,则权重越大,说明优越程度越高;指标值越小,则权重越小,说明优越程度越低。层次分析法运用的关键在于用某种简单的方法确定用于区分各比较对象优先程度的一组权重。

该方法的原理是首先把复杂问题中的各种因素划分为相互联系的有序层次,使之条理化,其次把专家意见和分析者的判断结果直接而有效地结合起来,对每个层次元素两两比较的重要性进行定量描述,最后利用数学方法计算反映每一层次元素的相对重要性次序的权重,通过所有层次之间的总排序计算所有元素的相对权重并进行排序。

二、层次分析法的适用范围及应用前提

层次分析法适用于具有多层次结构的评价指标体系的综合权重的确定。当一个决策受到多个要素的影响,且各要素间存在层次关系,或者有明显的类别划分,同时各指标对最终评价的影响程度无法直接通过足够的数据进行量化计算时,就可以使用层次分析法来评价各方案的优劣。

在应用层次分析法时,必须满足以下前提:

(1)各层次的要素必须是已知的,并且条理清晰,能够按层次区分排列;

(2)同一层次中各要素的关系是平等的,且各要素间相互独立,不存在显著的相关性;

(3)最底层的指标可以被量化,并能够通过一定的方法测量;

(4)需要明确各层次间要素的影响关系。

三、运用层次分析法的基本步骤

(一)建立层次结构模型

在深入分析实际问题的基础上,将有关的各因素按照不同属性自上而下地分解成若干层次,同一层次的诸因素从属于上一层次的因素或对上一层次的因素有影响,同时又支配下一层次的因素或受到下一层次因素的作用。最上层为目标层,通常只有 1 个因素;最下层通常为方案层或对象层;中间可以有一个或几个层次,通常为准则层或指标层,当准则过多(譬如多于 9 个)时应进一步分解出子准则层。层次分析示意如图 2.2 所示。

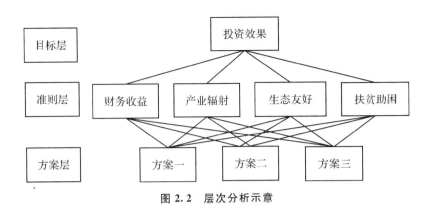

图 2.2　层次分析示意

(二)构造成对比较阵

从层次结构模型的第 2 层开始,对于从属于(或影响)上一层次每个因素的同一层次诸因素,用成对比较法和 1~9 比较标度构造成对比较阵,直到最下层。标度及其含义如表 2.6 所示。

表 2.6　1~9 标度及其含义

标度 a	含义
1	i 因素与 j 因素相比同等重要
3	i 因素与 j 因素相比略重要
5	i 因素与 j 因素相比较重要
7	i 因素与 j 因素相比非常重要
9	i 因素与 j 因素相比绝对重要
2,4,6,8	以上判断之间的中间状态对应的标度值
倒数	i 因素与 j 因素比较,得到判断值 $a_{ji}=1/a_{ij}$,$a_{ii}=1$

设某层有 n 个元素,a_{ij} 表示该层第 i 个元素与第 j 个元素比较所得的重要性的标度,则矩阵为:

$$A = \begin{pmatrix} a_{11} & a_{12} & \cdots & a_{1n} \\ a_{21} & a_{22} & \cdots & a_{2n} \\ \vdots & \vdots & \vdots & \vdots \\ a_{n1} & a_{n2} & \cdots & a_{nn} \end{pmatrix}$$

称为判断矩阵。

【例 2.6】某公司新项目选址主要考虑土地价格、交通运输、配套设施三个方面。经讨论,管理层达成一致:土地价格与交通运输相比较重要,土地价格与配套设施相比略重要;配套设施与交通运输相比稍微重要一点(介于同等重要和略重要之间)。要求构造一份评价指标的重要性判断矩阵,填入表 2.7。

表 2.7　重要性判断矩阵

因素	土地价格	交通运输	配套设施
土地价格			
交通运输			
配套设施			

　　查表可知,"较重要"标度为 5,"略重要"标度为 3,"稍微重要一点"标度为 2。依次填入并求得倒数,如表 2.8 所示。

表 2.8　重要性判断矩阵

因素	土地价格	交通运输	配套设施
土地价格	1	5	3
交通运输	1/5	1	1/2
配套设施	1/3	2	1

(三)计算权重向量

　　由判断矩阵计算被比较要素对于该准则的相对权重,采取和法或根法,若通过一致性检验,特征向量(归一化后)即为权重向量。

　　特征根法:先求出判别矩阵的最大特征根所对应的特征向量,然后对其归一化,使其满足 $\sum_{i=1}^{n} w_i = 1$。归一化后向量各个分量即为各因素权重。

　　和法:先对判别矩阵按列进行归一化,归一化后的矩阵记为 $\boldsymbol{B}$:$b_{ij} = \dfrac{a_{ij}}{\sum_{i=1}^{n} a_{ij}}$。然后对矩阵 $\boldsymbol{B}$ 按行求和:$v_i = \sum_{j=1}^{n} b_{ij}$,所得向量归一化后即为权重向量。

　　根法:首先对判别矩阵 $\boldsymbol{A}$ 按如下公式 $v_i = \left(\prod_{j=1}^{n} a_{ij} \right)^{1/n}$ 计算得到向量 $\boldsymbol{v}$,然后对其归一化,使其满足 $\sum_{i=1}^{n} w_i = 1$。归一化后向量各个分量即为各因素权重。

(四)一致性检验

　　利用一致性指标、随机一致性指标和一致性比率作一致性检验。若检验通过,特征向量(归一化后)即为权向量;若检验不通过,需要重新构造成对比矩阵。

　　当判断矩阵中的元素完全满足 $a_{ii} = 1$,$a_{ij} = \dfrac{1}{a_{ji}}$ 和 $a_{ij} = \dfrac{a_{ik}}{a_{jk}}$ 这三个性质时,我们称判断矩阵具有完全的一致性。此时,判断矩阵只有一个非零特征根 $\lambda_{\max} = n$,这也是最大的特征根;其余特征根均为零。一般情况下,根据经验判断确定的标度值构成的判断矩阵不一定完全满足这三个性质,这就要求我们检验判断矩阵的一致性。

一致性检验是通过一致性指标和检验系数来进行的。一致性指标计算公式为：

$$CI = (\lambda_{max} - n)/(n-1) \tag{2.3}$$

式中，λ_{max} 是比较矩阵的最大特征值；n 是比较矩阵的阶数。

CI 的值越小，判断矩阵越接近于完全一致。

由于一致偏离可能是由随机因素引起的，所以在检验判断矩阵的一致性时，将 CI 与平均随机一致性指标 RI 进行比较，得出检验数 CR，即：

$$CR = \frac{CI}{RI} \tag{2.4}$$

不同的矩阵阶数具有不同的 RI 值，具体见表 2.9。一般来说，矩阵阶数越大，则出现一致性随机偏离的可能性越大。

表 2.9　平均随机一致性指标

矩阵阶数	1	2	3	4	5	6	7	8	9	10
RI	0	0	0.58	0.90	1.12	1.24	1.32	1.41	1.45	1.49

当 $CR < 0.1$ 时，就可以认为判断矩阵具有满意的一致性。

(五)计算组合权向量并作组合一致性检验

计算下层对上层的组合权向量，并根据公式作组合一致性检验。若检验通过，则可按照组合权向量表示的结果进行决策，否则需要重新考虑模型或重新构造一致性比率较大的成对比矩阵。

计算各层要素对目标层的合成权重，该方法从上到下进行。假设第 $k-1$ 层上的 n_{k-1} 个元素相对于总目标的排序权重向量 $W^{k-1} = (W_1^{k-1}, W_2^{k-1}, \cdots, W_{n_{k-1}}^{k-1})^T$，第 k 层上 n_k 个元素以第 $k-1$ 层上第 j 个元素为准则的排序权重向量为 $P_j^k = (P_{1j}^k, P_{2j}^k, \cdots, P_{n_k j}^k)^T$，则第 k 层上元素对总目标的合成排序权重由下式给出：$W^k = P^k W^{k-1}$。同样的，从上到下逐层进行一致性检验。若已求得以 $k-1$ 层元素 j 为准则的一致性比例 CR，当检验指标小于 0.1 时，则可以认为递阶层次结构在 k 层水平上的所有判断具有整体满意的一致性。

四、层次分析法的优缺点

(一)优点

层次分析法是分析多目标、多准则的复杂大系统的有力工具，具有思路清晰、方法简单、适用面广、系统性强等特点，已经成为人们工作中思考问题、解决问题的一种主要方法。层次分析法的主要优点如下。

1.层次分析法是系统性的分析方法

层次分析法把研究对象作为一个系统，按照分解、比较判断、综合的思维方式进行决策，是系统分析的重要工具。系统的思想在于不割断各个因素对结果的影响，层次分析法中每一层的权重设置最后都会直接或间接地影响结果，而且每一层次中的每个因素对结果的影响程度都是可以量化的,非常清晰明确。这种方法尤其可用于对无结构特性的系统评价以及多目标、多准则、多时期等的系统评价。

2.层次分析法是简洁实用的决策方法

层次分析法把定性方法与定量方法有机地结合起来,使复杂的系统分解,能将人们的思维过程数学化、系统化,便于人们接受,且能把多目标、多准则又难以全部量化处理的决策问题转化为多层次单目标问题,通过两两比较确定同一层次元素相对上一层次元素的数量关系,最后进行简单的数学运算。层次分析法计算简便,并且所得结果简单明确,容易被决策者了解和掌握。

3.所需定量数据信息较少

层次分析法主要是从评价者对评价问题的本质、要素的理解出发,比一般的定量方法更讲求定性的分析和判断。由于层次分析法是模拟人们决策过程中的思维方式的一种方法,它把判断各要素相对重要性的步骤简化为1～9标度法,这种方法能处理许多用传统的最优化技术无法解决的实际问题。

(二)缺点

层次分析法也有其自身的不足。

1.不能为决策提供新方案

层次分析法的作用是从备选方案中选择较优者,没有办法得出更好的新方案。在应用层次分析法时,可能会因为自身的创造能力欠缺,造成尽管在众多方案中选了最优方案,但其效果仍未达到目标值,无法提出对方案的改进。

2.较多的定性色彩

层次分析法中的比较、判断以及结果的计算过程都是粗糙的,不适用于精度较高的问题。一般认为,一门科学需要比较严格的数学论证和完善的定量方法。层次分析法是一种带有模拟人脑的决策方式的方法,因此必然带有较多的定性色彩。

3.存在着一定的随意性

从建立层次结构模型到给出成对比较矩阵,人的主观因素对整个过程的影响很大,这就使得结果难以让所有的决策者都接受。对于同样一个决策问题,如果在互不干扰、互不影响的条件下,让不同的人都采用层次分析法决策,他们所建立的层次结构模型、所构造的判断矩阵很可能是各不相同的,分析所得出的结论也可能各有差异。

因此,在进行判断之前,应当广泛地收集信息,弄清楚决策的目标、所涉及的范围、所要采取的方案、实现目标的准则等,尽量采取对问题比较了解的专家或者行业专门人士的群体判断来克服因人的主观判断造成的缺点。此外,层次分析法也可以与其他决策方法相结合处理比较复杂的问题。

五、层次分析法应用示例

【例2.7】某投资项目层次结构模型见图2.2。其准则层包括财务收益、产业辐射、生态友好和扶贫助困四个方面,方案层包括方案一、方案二和方案三。项目投资效果评价指标层重要性矩阵见表 2.10,项目方案层重要性矩阵见表 2.11,试判断三个方案中哪一个投资方案的绩效相对最好?

表 2.10　某项目投资效果评价指标层重要性矩阵

c	c_1	c_2	c_3	c_4
c_1	1	8	5	3
c_2	1/8	1	1/2	1/6
c_3	1/5	2	1	1/3
c_4	1/3	6	3	1

表 2.11　某投资项目方案层重要性矩阵

c_1	A_1	A_2	A_3	c_1	A_1	A_2	A_3
A_1	1	1/3	1/9	A_1	1	2	9
A_2	3	1	1/8	A_2	1/2	1	7
A_3	9	8	1	A_3	1/9	1/7	1
c_1	A_1	A_2	A_3	c_1	A_1	A_2	A_3
A_1	1	3	9	A_1	1	1/3	1/9
A_2	1/3	1	8	A_2	3	1	1/7
A_3	1/9	1/8	1	A_3	9	7	1

1.计算权重向量

$$\boldsymbol{A} = \begin{Bmatrix} 1 & 8 & 5 & 3 \\ 18 & 1 & 1/2 & 1/6 \\ 1/5 & 2 & 1 & 1/3 \\ 1/3 & 6 & 3 & 1 \end{Bmatrix} \xrightarrow{\text{列向量归一化}} \begin{Bmatrix} 0.603 & 0.470 & 0.526 & 0.667 \\ 0.075 & 0.059 & 0.053 & 0.037 \\ 0.121 & 0.118 & 0.105 & 0.074 \\ 0.201 & 0.353 & 0.316 & 0.222 \end{Bmatrix} \xrightarrow{\text{按行求和}}$$

$$\begin{Bmatrix} 2.266 \\ 0.224 \\ 0.418 \\ 1.092 \end{Bmatrix} \xrightarrow{\text{归一化}} \begin{Bmatrix} 0.567 \\ 0.056 \\ 0.104 \\ 0.273 \end{Bmatrix} = \boldsymbol{W}^{(0)}$$

$$\boldsymbol{AW}^{(0)} = \begin{Bmatrix} 1 & 8 & 5 & 3 \\ 1/8 & 1 & 1/2 & 1/6 \\ 1/5 & 2 & 1 & 1/3 \\ 1/3 & 6 & 3 & 1 \end{Bmatrix} \begin{Bmatrix} 0.567 \\ 0.056 \\ 0.104 \\ 0.273 \end{Bmatrix} = \begin{Bmatrix} 2.354 \\ 0.225 \\ 0.422 \\ 1.110 \end{Bmatrix}$$

$$\lambda_{\max}^{(0)} = \frac{1}{4}\left(\frac{2.354}{0.567} + \frac{0.225}{0.056} + \frac{0.422}{0.104} + \frac{1.110}{0.273}\right) = 4.073$$

2.一致性检验

(1)$CI = (\lambda_{\max} - n)/(n-1) = (4.073 - 4)/3 \approx 0.024$,小于 RI 标准值 0.90。

（2）$CR = CI \div RI = 0.024 \div 0.9 \approx 0.027$，小于 CR 标准值 0.10。

$$\boldsymbol{\omega}^{(0)} = (0.567, 0.056, 0.104, 0.273)^\mathrm{T}$$

准则层初步的权重向量通过一致性检验，成为最终的权重向量。

3.计算方案层初步的权重矩阵

同理可计算出判断矩阵：

$$\boldsymbol{B}_1 = \begin{Bmatrix} 1 & 1/3 & 1/9 \\ 3 & 1 & 1/8 \\ 9 & 8 & 1 \end{Bmatrix}, \boldsymbol{B}_2 = \begin{Bmatrix} 1 & 3 & 9 \\ 1/3 & 1 & 8 \\ 1/9 & 1/8 & 1 \end{Bmatrix}, \boldsymbol{B}_3 = \begin{Bmatrix} 1 & 2 & 9 \\ 1/2 & 1 & 7 \\ 1/9 & 1/7 & 1 \end{Bmatrix}, \boldsymbol{B}_4 = \begin{Bmatrix} 1 & 1/3 & 1/9 \\ 3 & 1 & 1/7 \\ 9 & 7 & 1 \end{Bmatrix}$$

对应的最大特征值与特征向量依次为：

$$\lambda_{\max}^{(1)} = 3.111, \boldsymbol{\omega}_1^{(1)} = \begin{Bmatrix} 0.068 \\ 0.146 \\ 0.786 \end{Bmatrix}; \lambda_{\max}^{(2)} = 3.216, \boldsymbol{\omega}_2^{(1)} = \begin{Bmatrix} 0.640 \\ 0.306 \\ 0.054 \end{Bmatrix}; \lambda_{\max}^{(3)} = 3.024, \boldsymbol{\omega}_3^{(1)} = \begin{Bmatrix} 0.595 \\ 0.347 \\ 0.058 \end{Bmatrix};$$

$$\lambda_{\max}^{(4)} = 3.083, \boldsymbol{\omega}_4^{(1)} = \begin{Bmatrix} 0.069 \\ 0.155 \\ 0.776 \end{Bmatrix}$$

$$\boldsymbol{\omega}^{(1)} = (\boldsymbol{\omega}_1^{(1)}, \boldsymbol{\omega}_2^{(1)}, \boldsymbol{\omega}_3^{(1)}, \boldsymbol{\omega}_4^{(1)}) = \begin{Bmatrix} 0.068 & 0.640 & 0.595 & 0.069 \\ 0.146 & 0.306 & 0.347 & 0.155 \\ 0.786 & 0.054 & 0.058 & 0.776 \end{Bmatrix}$$

$$\boldsymbol{\omega} = \boldsymbol{\omega}^{(1)} \boldsymbol{\omega}^{(0)} = \begin{Bmatrix} 0.068 & 0.640 & 0.595 & 0.069 \\ 0.146 & 0.306 & 0.347 & 0.155 \\ 0.786 & 0.054 & 0.058 & 0.776 \end{Bmatrix} \begin{Bmatrix} 0.567 \\ 0.056 \\ 0.104 \\ 0.273 \end{Bmatrix} = \begin{Bmatrix} 0.155 \\ 0.178 \\ 0.667 \end{Bmatrix}$$

4.确定方案排序

根据以上分析步骤，三个方案的相对绩效排序：方案三＞方案二＞方案一。

第四节　功效系数法

一、功效系数法的概念及原理

功效系数法又叫作"功效函数法"，是 1965 年由哈林顿（Harrington）教授提出用来处理多目标决策相关问题的方法。功效系数法根据多目标规划的原理，对各项评价指标分别确定满意值和不允许值——满意值为上限，不允许值为下限，并根据各项指标的权数，通过功效函数转化为可以度量的评价分数，再对各项指标的单项评价分数进行加总，求得综合评价分数，是一种常见的定量评价方法。

功效系数法的原理并不复杂，它是按照每个指标的评价标准，对各指标分别进行无量纲化处理，得出一个可量化的数值即功效系数来对目标进行度量，然后依照既定的模型加权求和计算出总得分。在绩效审计中，功效系数法首先对审计项目的每个评价指标设定标准值，然后设计并计算各类指标的单项功效系数和权重,得到加权平均数,即为该项目的综合评分值,依据综合评分值的大小即可对审计项目进行评价。

在绩效审计中运用功效系数法进行业绩评价,能够使不同的业绩因素标准化,包括财务的和非财务的、定量的和非定量的,从而评价被研究对象的综合状况。

二、功效系数法的特点及应用前提

功效系数法的主要特点是:通过对各项指标分别确定阈值,即对各个指标规定不允许值和满意值,将不允许值作为数据的下限,满意值作为上限,运用"功效系数"的方法计算个体指数,然后将诸个体指数加权平均得到综合指数。

功效系数法的应用前提是确定满意值和不允许值。通常一个指标可能达到的最佳状态数据被设定为满意值;相反,该项指标不应当达到的最差状态数据被设定为不允许值。实际操作时,由于各个指标的特殊含义与性质不同,如果在确定满意值和不允许值时有困难,可以作适当的变通处理。

其一,以所有待研究处理的事物(指标)中的最大值和最小值,分别作为该事物(指标)的满意值和不允许值。

其二,以某项事物(指标)曾经出现的最差状态数据为不允许值,而以该项事物(指标)曾经达到过的最佳状态数据为满意值。

应该注意,在前一种情况下,由于各个指标的特殊含义与性质不同,指标种类分为两种基本类型,即正指标和逆指标。对于"正指标",最大值设定为满意值,而最小值就为不允许值;相反,对于"逆指标",最小值设定为满意值,而最大值恰恰是不允许值。图2.3、图2.4直观形象地反映了上述指标的特点。

图 2.3 正指标　　　　　　图 2.4 负指标

三、运用功效系数法的基本步骤

在绩效审计中运用功效系数法的基本步骤如下:

第一步,确定反映总体特征的各项评价指标:$x_i(i=1,2,\cdots,n)$,收集被评价指标实际值。

第二步,确定各项评价指标的允许范围,即满意值 x_i^h 和不允许值 x_i^s。满意值是指在目前条件下能够达到的最优值;不允许值是该指标不应该出现的最差值。允许变动范围的参照系就是满意值与不允许值之差。

第三步,计算各项评价指标的功效系数 f_i,对指标进行无量纲化处理。其计算公式如下:

$$f_i = \frac{x_i - x_i^s}{x_i^h - x_i^s} \tag{2.5}$$

第四步,计算各项指标的评价分数。其计算公式如下:

$$d_i = \frac{x_i - x_i^s}{x_i^h - x_i^s} \times 40 + 60 \tag{2.6}$$

式中：d_i 为每项评价指标的功效系数计分；$x_i(i=1,2,\cdots,n)$ 为各项评价指标；x_i^h 为满意值；x_i^s 为不允许值。40 和 60 是规定系数，这样的规定，其实是把达到一定水平视为及格水平（如 60 分为及格）。

第五步，确定各项指标的权重。各项指标的权重反映了不同评价指标在整个评价指标体系中的相对重要程度，可以采用德尔菲法、层次分析法等方法予以确定，总权重为 100%。

第六步，计算各项指标的最终分数。计算如下：

$$\frac{评价分数}{最终分数}=\frac{100}{指标权重} \tag{2.7}$$

即：

$$指标最终分数=功效系数计分(d_i)\times指标权重\div100 \tag{2.8}$$

第七步，计算绩效综合评价分数。其计算如下：

$$绩效综合评价分数=\sum 各单项指标最终分数 \tag{2.9}$$

绩效综合评价分数越高，表明审计项目的绩效表现越好。

四、功效系数法的优缺点

(一)优点

功效系数法运用于绩效审计的优越性主要在于以下方面。

第一，功效系数法建立在多目标规划原理的基础上，能够根据评价对象的复杂性，从不同侧面对评价对象进行计算评分，满足绩效评价体系多指标综合评价项目绩效的要求。

第二，功效系数法为减少单一标准评价而造成的评价结果偏差，设置了在相同条件下评价某指标所参照的评价指标值范围，并根据指标实际值在标准范围内所处位置计算评价得分，能够满足在各项指标值相差较大的情况下减少误差，客观反映绩效状况。

第三，功效系数法原理易于理解，方便操作。对具体指标的评价将定性和定量的方法有效结合起来，具有灵活性的同时增加了绩效审计的科学性，有利于评价结果的运用。

(二)缺点

功效系数法虽然与评价对象的复杂性相适应，能够较为合理地评价绩效情况，但也存在着一些不足。

首先，单项得分的两个评价标准——满意值和不允许值的确定难度大。许多综合评价问题中，理论上就没有明确的满意值和不允许值，且满意值与不允许值等概念比较模糊。不同的对比标准得到的单项评价值不同，影响综合评价结果的稳定性和客观性。

其次，若取最优、最差的若干项数据的平均数来作为满意值和不允许值，最优和最差的数据项多少为宜，没有一个适当的标准。数据项数若较少，评价值容易受极端值的影响，满意值与不允许值的差距很大，致使中间大多数评价值的差距不明显，即该评价指标的区分度很弱，只对少数指标数值处于极端水平的单位有意义；若平均项数较多，满意值与不允许值的差距缩小，容易导致单项评价值的变化范围很大而且没有统一的取值范围。

五、功效系数法应用示例

【例2.8】某烟草公司物流作业绩效指标体系见表2.12,评价指标设定见表2.13,试计算该公司物流作业绩效1～3季度各指标得分,并据此分析该公司1～3季度物流作业绩效情况。[①]

表2.12　烟草公司物流作业绩效指标体系

一级指标	二级指标	规定得分	计量单位	指标计算
可靠性指标 （20分）	送货差错率	10分	‰	送货差错率＝($\sum$送货差错次数/$\sum$卷烟准运证单证份数)×100%
	客户投诉率	10分	‰	客户投诉率＝($\sum$客户投诉次数/$\sum$卷烟准运证单证份数)×100%
响应性指标 （30分）	百公里订单 平均响应时间	15分	天	百公里订单响应时间＝$\sum$(百公里订单响应时间×卷烟销量)/$\sum$卷烟销量
	送货及时率	15分	‰	送货及时率＝(送货及时次数/卷烟准运证单证份数)×100%
成本指标 （40分）	单箱综合物流费用	10分	元/万支	单箱物流费用＝$\sum$物流总费用/$\sum$卷烟销量
	物流费用率	10分	%	物流费用率＝($\sum$物流总费用/$\sum$卷烟销售收入)×100%
	物流费用利润率	10分	%	物流费用利润率＝($\sum$利润总额/$\sum$物流总费用)×100%
	物流费用占 三项费用比例	10分	%	物流费用占三项费用的比例＝($\sum$物流总费用/$\sum$工业企业三项费用)×100%
效率指标（10分）	库存周转率	10分	%	库存周转率＝360/库存周转天数

表2.13　烟草公司物流作业绩效指标体系

单位:××烟草工业公司　　　周期:1～3季度

一级指标	二级指标	规定得分	计量单位	1季度	2季度	3季度	满意值	不容许值
可靠性指标 （20分）	送货差错率	10	‰	2.38	0.00	0.00	0	3
	客户投诉率	10	‰	1.59	1.84	0.00	0	5

---

① 根据以下资料改编:麻珂,丁猛.基于功效系数法的物流作业绩效评价[J].西南民族大学学报(人文社会科学版),2015(4):147-151.

一级指标	二级指标	规定得分	计量单位	1季度	2季度	3季度	满意值	不容许值
响应性指标 (30分)	百公里订单 平均响应时间	15	天	0.40	0.50	0.50	0.1	2
	送货及时率	15	‰	91.50	100.00	100.00	100	90
成本指标 (40分)	单箱综合 物流费用	10	元/箱	218.14	343.97	274.33	200	400
	物流费用率	10	%	1.30	1.70	1.40	1	2
	物流费用 利润率	10	%	1357.50	1004.70	1314.40	2800	800
	物流费用占 三项费用比例	10	%	20.20	22.10	20.30	15	25
效率指标(10分)	库存周转率	10	%	11.00	16.00	10.00	6	15

以 1 季度送货及时率指标为例,该指标功效系数:

$$f_4 = \frac{91.5 - 90}{100 - 90} = 0.15$$

指标单项评价分数:$d_4 = 0.15 \times 40 + 60 = 66$

指标的最终分数 $= 66 \times 15 \div 100 = 9.9$

计算其他指标,并将数据汇总可得表 2.14。

表 2.14 烟草公司物流作业绩效指标得分

指标	可靠性指标		响应性指标		成本指标				效率指标	
时间	送货 差错率	客户 投诉率	百公里订单 平均响应时间	送货 及时率	单箱综合 物流费用	物流 费用率	物流费用 利润率	物流费用占 三项费用比例	库存 周转率	总分
分值	10	10	15	15	10	10	10	10	10	100
1 季度	6.8	8.7	14.1	9.9	9.6	8.8	7.1	7.9	7.8	80.7
2 季度	10.0	8.5	13.7	15.0	7.1	7.2	6.4	7.2	5.6	80.7
3 季度	10.0	10.0	13.7	15.0	8.5	8.4	7.0	7.9	8.2	88.7

根据各季度绩效指标总分可知,该企业第 3 季度绩效水平明显上升,其主要原因是送货差错率、客户投诉率、送货及时率、库存周转率四个主要指标的等级水平上升,但仍需要针对得分较弱的指标(如物流费用利润率)进行深入分析,提出改善管理的途径。

第五节 连环替代法

一、连环替代法的概念及原理

连环替代法是指依据分析指标与其影响因素之间的关系,按照一定顺序将用以计量分析指标的各项因素的实际数替换成基数,计算产生的差异,借以测定各项因素对分析指标的影响。

连环替代法不仅可以揭示实际数与基数之间的差异,还能揭示产生差异的因素和各因素的影响程度。为了确定各种因素对某一经济活动成果(如某个指标实际数与计划数的差异或与上期实际数的差异)的影响程度,可以借助连环替代法来计算。

也就是说,在多种因素对某一指标共同发生作用的情况下,按顺序依次选择其中一个因素作为变量,而保持其他因素固定不变,然后按规定顺序逐一替换,从而测定每个因素变动对该指标变动的影响程度,有利于判定经济责任归属,强化绩效管理水平。

连环替代法的计算原理如表 2.15 所示(假设指标为三项因素的乘积)。

表 2.15　连环替代法计算原理

替换次数	因素			乘积编号	每次替换的差异	产生差异的因素
	第一项	第二项	第三项			
基数	基数	基数	基数	①		
第一次	实际数	基数	基数	②	②－①	第一项因素
第二次	实际数	实际数	基数	③	③－②	第二项因素
第三次	实际数	实际数	实际数	④	④－③	第三项因素
各项因素影响程度合计					差异总额	各项因素

【例 2.9】某制衣厂 2019 年 8 月某款成衣所需制衣原材料费用的计划耗用数为 70000元,实际耗用数为 79200 元,实际比计划增加 9200 元。该成衣直接材料费用总额为该成衣产品数量、单位产品所需原材料消耗量及该原材料单价的乘积。因此,可以把成衣所需原材料费用这一总指标分解为三个因素,然后逐一分析它们对材料费用总额的影响程度。[①] 现假设这三个因素的数值如表 2.16 所示。

表 2.16　制衣厂资料

项目	产品产量	单位产品材料消耗量	材料单价	材料费用
单位	件	千克/件	元/千克	元
实际	1100	9	8	79200
计划	1000	10	7	70000
差异	100	－1	1	9200

采用连环替代法计算产品产量、单位产品材料消耗量、材料单价这三项因素变动对材料费用总额的影响程度,计算结果如表 2.17 所示。

---

① 根据以下资料改编:尚奥会计,陈舒.财务管理实操从新手到高手(图解案例版)[M].北京:中国铁道出版社,2014:62-63.

表 2.17　产品直接材料费用差异分析计算表

替换次数	因素			各因素乘积		每次替换的差异		产生的差异
	产品产量/件	单位产品材料消耗量（千克/件）	材料单价/元	金额/元	编号	算式	金额/元	
基数	1000	10	7	70000	①			
一	1100	10	7	77000	②	②－①	7000	产量增加
二	1100	9	7	69300	③	③－②	－7700	单位产品材料节约
三	1100	9	8	79200	④	④－③	9900	材料单价提升
各项因素影响程度合计							9200	全部因素的影响

二、运用连环替代法的基本步骤

在绩效审计中运用连环替代法的基本步骤如下。

(一)确定分析指标与其影响因素之间的关系

通常,确定分析指标与其影响因素之间关系的方法为指标分解法,即将绩效指标在计算公式的基础上进行分解或扩展,从而得出各影响因素之间的关系。以资产收益率指标为例:

$$净资产收益率＝总资产净利率×权益乘数$$

$$＝\frac{净利润}{总资产}×权益乘数$$

$$＝\frac{净利润}{营业收入}×\frac{营业收入}{总资产}×权益乘数$$

$$＝营业净利率×总资产周转率×权益乘数 \tag{2.10}$$

(二)根据报告期数值与基期数值列出两个关系式或指标体系,确定分析对象

设某经济指标 N 由 A、B、C 这三个因素的乘积所构成。

实际指标: $N_1＝A_1×B_1×C_1$ $\tag{2.11}$

基期指标: $N_0＝A_0×B_0×C_0$ $\tag{2.12}$

实际指标与基期指标的差异: $D＝N_1－N_0$ $\tag{2.13}$

(三)连环顺序替代,计算替代结果

连环顺序替代,就是以基期指标体系为计算基础,用实际指标体系中的每一因素的实际数依次替代其相应的基期数,每次替代一个因素,替代后的因素被保留下来。替代结果是在每次替代后按关系式计算,有几个因素就替代几次,并相应确定计算结果。

A 变化对 $N_i－N_0$ 的影响为 D_1:

$$D_1＝A_1B_0C_0－A_0B_0C_0＝(A_1－A_0)B_0C_0 \tag{2.14}$$

B 变化对 $N_i－N_0$ 的影响为 D_2:

$$D_2＝A_1B_1C_0－A_1B_0C_0＝(B_1－B_0)A_1C_0 \tag{2.15}$$

C 变化对 N_i-N_0 的影响为 D_3：

$$D_3 = A_1 B_1 C_1 - A_1 B_1 C_0 = (C_1 - C_0)A_1 B_1 \tag{2.16}$$

最终，$D = D_1 + D_2 + D_3$。 $\tag{2.17}$

(四)比较各因素的替代结果,确定各因素对分析指标的影响程度

比较替代结果是连环进行的,即将每次替代所计算的结果与这一因素被替代前的结果进行对比,两者的差额就是替代因素对分析对象的影响程度。

(五)检验分析结果

检验分析结果是将各因素对分析指标的影响额相加,其代数和应等于分析对象实际数与基数之间的差异。如果两者相等,说明分析结果可能是正确的;如果两者不相等,则说明分析结果一定是错误的。

【例 2.10】某企业 2019 年和 2020 年有关总资产报酬率、总资产产值率、产品销售率和销售利润率的资料见表 2.18,试分析各因素变动对总资产报酬率的影响程度。

表 2.18　连环替代资料　　　　　　　　单位:%

指标	2019 年	2020 年
总资产产值率	84	86
产品销售率	92	96
销售利润率	30	24
总资产报酬率	23.18	19.81

根据连环替代法的程序和对总资产报酬率分解可知:

$$总资产报酬率 = \frac{总产值}{平均资产总额} \times \frac{营业收入}{总产值} \times \frac{息税前利润}{营业收入}$$
$$= 总资产产值率 \times 产品销售率 \times 销售利润率$$

基期总资产报酬率 $= 84\% \times 92\% \times 30\% = 23.18\%$

实际总资产报酬率 $= 86\% \times 96\% \times 24\% = 19.81\%$

分析对象 $= 19.81\% - 23.18\% = -3.37\%$

总资产产值率变化对总资产报酬率的影响:

$(86\% - 84\%) \times 92\% \times 30\% = 0.55\%$

产品销售率变化对总资产报酬率的影响:

$(96\% - 92\%) \times 86\% \times 30\% = 1.03\%$

销售利润率变化对总资产报酬率的影响:

$(24\% - 30\%) \times 86\% \times 96\% = -4.95\%$

三、应用连环替代法应注意的问题

作为因素分析法的主要形式,连环替代法在实践中的应用比较广泛。但是,在应用连环替代法时应注意以下几个问题。

(一)因素分解的相关性问题

所谓因素分解的相关性,是指确定构成经济指标的因素之间必须存在客观因果关系,要能够反映该项分析指标存在差异的内在构成原因。各影响因素的变动能够说明分析指标差异产生的原因。这就是说,经济意义上的因素分解与数学上的因素分解不同,不是在数学算式上相等就行,而是要看其经济意义。例如,将影响材料费用的因素分解为下面两个等式在数学上都是成立的:

$$材料费用＝产品产量×单位产品材料费用 \qquad (2.18)$$
$$材料费用＝个人人数×每人消耗材料费用 \qquad (2.19)$$

但是从经济意义上说,只有前一个因素分解式是正确的,后一个因素分解式在经济上就没有任何意义。因为工人人数和每人消耗的材料费用到底是增加有利还是减少有利是无法从这个式子中说清楚的。当然,有经济意义的因素分解式并不是唯一的,一个经济指标从不同的角度看,可分解为不同的有经济意义的因素分解式,以找出分析指标变动的真正原因。

(二)分析前提的假定性

所谓分析前提的假定性,是指在分析某一因素对经济指标差异的影响时,必须假定其他因素不变,否则就不能分清各单一因素对分析对象的影响程度。但是实际上,有些因素对经济指标的影响是共同作用的结果,而且共同影响的因素越多,这种假定的准确性就越差,分析结果的准确性也就会降低。因此,在因素分解时,并非分解的因素越多越好,而应根据实际情况具体问题具体分析,尽量减少对相互影响较大的因素进行再分解,使之与分析前提的假设基本相符;否则,从表面看,因素分解过细有利于分清原因和责任,但是在共同影响因素较多时,反而影响了分析结果的正确性。

(三)因素替代的顺序性

在因素分解时不仅因素确定要准确,而且因素的排列顺序不能交换。因为分析前提是假定的,因而按不同顺序计算的结果是不同的。那么,如何确定正确的替代顺序呢?这是一个在理论上和实践中都没有较好解决的问题。传统的方法是依据数量指标在前、质量指标在后的原则进行排列;现在也有人提出依据重要性原则排列,即主要的影响因素排在前面,次要的影响因素排在后面。但无论采用哪种排列方法,都缺少坚实的理论基础。一般来说,替代顺序在前的因素对经济指标的影响程度不受其他因素影响或影响较小,排列在后的因素中含有其他因素共同作用的成分。从这个角度来看,为分清责任,将对分析指标影响较大且能明确责任的因素放在前面要好一些。

(四)顺序替代的连环性

顺序替代的连环性是指在确定各因素变动对分析对象的影响时,将某因素替代后的结果与该因素替代前的结果进行对比,一环套一环。这样既能保证各因素对分析对象影响结果的可分解性,又便于检验分析结果的准确性。因为只有连环替代并确定各因素的影响额,才能保证各因素对经济指标的影响之和与分析对象相等,全面说明分析指标变动的原因。

四、连环替代法的优缺点

(一)优点

连环替代法计算过程简便,分析技术易于掌握。连环替代法在确定分析指标与其影响因素之间的关系的基础上,按照一定的顺序将各项因素的实际数替换成基数,计算产生的差异,借以测定各项因素对分析指标的影响。其计算过程固定,计算方式简洁,是一种可操作性强的定量分析方法。

在绩效审计中使用连环替代法有助于将影响绩效的因素进一步细化分解,发现更深层次的影响因素。审计人员运用连环替代法能够衡量每个因素变动对绩效指标的影响程度,有利于判断经济责任的归属,进而发现问题,提出有针对性的建议,从而达到强化绩效管理的目标。

(二)缺点

连环替代法的局限性有如下方面。

首先,连环替代法中共同影响额的计算方法是由排列在后面的因素单独负担的,排列在最前面的因素只负担其基本影响额,而后面因素除了要负担各自的基本影响额外,还要负担与它有关的共同影响额部分。因素排列越靠后,负担的共同影响额部分就越多。显然这种方法对各因素影响程度衡量的精度不足。

其次,连环替代法需要被审计单位具有良好的管理基础,因为往往需要用到定额指标或计划水平进行测算。定额指标或计划水平的准确度影响着该方法的使用效力,适当基准的选择是连环替代法在使用中要解决的重要问题。

最后,连环替代法中影响因素的分解、排序有一定的难度,需要审计人员具有专业的知识和职业判断能力。构成经济指标的因素在客观上必须存在因果关系,能够反映该项分析指标存在差异的内在构成原因。由于分析前提是假定的,按不同顺序计算的结果是不同的。因此,正确、合理地对因素进行排序是连环替代法在使用中要解决的另一个重要问题。

五、连环替代法应用示例

【例2.11】在对大华工厂展开绩效审计时,审计人员试图运用连环替代法,以下根据相关资料分析"劳动生产率"这一指标,具体分析过程下。

大华工厂20×1年总产值和职工人数的计划数、实际数、上年实际数见表2.19,可初步审查分析如下。[①]

---

① 根据以下资料改编:王学龙. 经济效益审计[M]. 大连:东北财经大学出版社,2015:165-170.

表 2.19　大华工厂 20×1 年劳动生产率分析表

行次	项目	总产值/元	职工人数/人		劳动生产率(元/人)	
			全员	其中:生产工人	全员	其中:生产工人
	栏次	1	2	3	4=1÷2	5=1÷3
①	上年实际	5860800	750	550	7814.4	10656
②	本年计划	8175492	840	647	9732.7	12636
③	本年实际	8570045	920	695	9315.3	12331
④	计划完成百分比(%) (③÷②×100%)	104.8	109.5	107.4	95.7	97.6
⑤	相当上年百分比(%) (③÷①×100%)	146.2	122.7	126.4	119.2	115.7

从表 2.19 中可以看出,20×1 年该厂的实际全员劳动生产率为每人 9315.3 元,比计划的 9732.7 元降低 4.3%,比上年提高 19.2%。生产工人的实际劳动生产率 20×1 年为 12331 元,比计划的 12636 元降低 2.4%,但比上年提高 15.7%。全员劳动生产率和生产工人劳动生产率都没有达到计划要求,但同上年相比均有较大提高。

大华工厂本年度劳动生产率为什么没能达到计划要求?

对劳动生产率完成情况的初步审查,只是了解了劳动生产率变动的一般情况。而解答上述问题,需要进一步对影响劳动生产率变动的各因素进行审查。通过层层分解,找到各因素影响的方向、程度,对具体情况予以评价,提出解决问题、进一步提高劳动生产率的建议。进一步审查的内容包括:影响全员劳动生产率高低的因素、影响生产工人劳动生产率高低的因素等。

(一)影响全员劳动生产率高低的因素

影响全员劳动生产率高低的因素主要有两个:一是生产工人在全部职工中的比重,工人所占的比重大,全员劳动生产率就高;二是生产工人劳动生产率的高低,生产工人劳动生产率高,则全员劳动生产率也就高。它们的关系如下:

全员劳动生产率＝生产工人占职工总数的比值×生产工人劳动生产率　　(2.20)

根据式(2.20),运用连环替代法进一步分析大华工厂 20×1 年全员劳动生产率比计划降低的原因,可得表 2.20。

表 2.20　影响 20×1 年全员劳动生产率的因素分析

行次	项目	单位	全厂
1	生产工人占职工比重(计划)	%	77.02
2	生产工人占职工比重(实际)	%	75.54
3	生产工人劳动生产率(计划)	元/人	12636.00
4	生产工人劳动生产率(实际)	元/人	12331.00
5	全员劳动生产率(计划)	元/人	9732.7.00

续表

行次	项目	单位	全厂
6	全员劳动生产率(按本年实际生产工人占全部职工比重、计划生产工人劳动生产率计算)(2×3)	元/人	9545.20
7	全员劳动生产率(实际)	元/人	9315.30
8	实际全员劳动生产率比计划增加或减少数(7−5)	元/人	−417.40
9	原因:(1)因生产工人比重变化(6−5)	元/人	−187.50
10	(2)因工人劳动生产率变动(7−6)	元/人	−229.90

从表 2.20 中可以看出生产工人比重和生产工人劳动生产率的变动对全员劳动生产率的影响程度。实际全员劳动生产率比计划降低 417.4 元,其中,因生产工人占全部职工的比重下降,使全员劳动生产率比计划降低 187.5 元,因生产工人劳动生产率比计划降低,使全员劳动生产率比计划降低 229.9 元。

(二)影响生产工人劳动生产率高低的因素

生产工人劳动生产率是指生产工人年劳动生产率,即每一个生产工人在一年内生产的平均产值。生产工人年劳动生产率受全年每个生产工人平均工作日数、每日平均工作小时数和每小时平均产值(小时劳动生产率)三个因素的影响,它们之间的关系可用下式表示:

生产工人年劳动生产率=全年平均工作日总数×每日平均工作小时数×每小时平均产值

(2.21)

大华工厂 20×1 年全年总产值、生产工人平均工作日数、每天平均工作小时数、每小时产值等指标的计划数和实际数如表 2.21 所示。

表 2.21　大华工厂资料

项目	全年总产值	生产工人总工时	生产工人人数	生产工人平均工作日数	每天平均工作小时数	每小时产值
单位	元	小时	人	日	小时	元
实际	8570045	1558190	695	295	7.6	5.5
计划	8175492	1513980	647	300	7.8	5.4
差异	394553	44210	48	−5	−0.2	0.1

采用连环替代法计算生产工人每人平均工作日数、每日平均工作小时数和每小时平均产值的变动对生产工人年劳动生产率的影响程度,计算结果见表 2.22。

表 2.22　影响生产工人劳动生产率因素分析计算

替换次数	因素			各因素乘积		每次替换的差异	
	每人平均工作日数/天	每日平均工作小时数/小时	每小时平均产值	金额/元	编号	算式	金额/元
基数	300	7.8	5.4	12636	①		

替换次数	因素			各因素乘积		每次替换的差异	
	每人平均 工作日数/天	每日平均工作 小时数/小时	每小时 平均产值	金额/元	编号	算式	金额/元
一	295	7.8	5.4	12425.4	②	②－①	－210.6
二	295	7.6	5.4	12106.8	③	③－②	－318.6
三	295	7.6	5.5	12331	④	④－③	224.2
各项因素影响程度合计							－305

其中：

生产工人年劳动生产率实际脱离计划的差异为－305元；

生产工人全年平均工作日数减少使生产工人年劳动生产率减少210.6元；

每日平均工作小时减少使生产工人年劳动生产率减少318.6元；

每小时平均产值增加使生产工人年劳动生产率增加224.2元。

从上述审计分析与评价过程可以看出：由于生产工人全年平均工作日总数减少使生产工人年劳动生产率降低210.6元，这说明企业存在着计划外的整日停工和整日缺勤现象；每日平均工作小时数减少使生产工人年劳动生产率降低318.6元，这说明企业还存在着工作日内计划外非全日性的停工和缺勤现象。这些问题的存在，需要进一步审查工作日利用情况和生产工人工时利用情况，找出具体原因，在审计报告中提出改善生产和劳动组织、加强劳动纪律、严格考勤等建议和应采取的切实措施，以充分有效地利用工作日和工作小时。

第六节　鱼骨图法

一、鱼骨图法概述

(一)鱼骨图法的概念

鱼骨图(cause & effect/fishbone diagram)是由日本管理大师石川馨提出的，故又名石川图。鱼骨图是一种发现问题"根本原因"的方法，它也可以称为"因果图"。

鱼骨图法是通过头脑风暴等讨论方法找出影响问题的因素，按相互关联性整理成层次分明、条理清楚的结构图，并对重要因素进行标注，意在探寻项目质量问题出现的根本原因以及各原因之间的相互关系，以及后续用于质量管理工作的优化改进方法，达到透过现象看本质的效果。基于这样的基本构想，石川馨主张将鱼骨图法与帕累托法则等质量工具相结合，以绘制图表的方式来表达问题及其影响因子的构成关系。鱼骨图作为定性分析工具，自然也就被专家学者纳入了理论分析的范畴并用于指导实践。

(二)鱼骨图的三种类型

鱼骨图主要有三种模型:问题型、原因型和对策型,这三种模型决定了鱼骨图法既可以用于原因、结果的分析,也可以用于结构分析,其特点是形象、直观且逻辑性较强。

问题型鱼骨图,是将工作中发现的问题进行整理和分类,再绘制于鱼骨图模型上。这些问题之间不存在因果关系,没有相互关联性,在鱼骨图中体现的是结构构成关系,即对问题进行的结构化整理。

原因型鱼骨图,则聚焦于问题原因的找寻,旨在回答"是什么原因导致某问题或现象的发生"。在关键原因分析时,要尽可能多地辨识问题存在的原因,运用其他定量方法定位于关键原因,最后完成原因型鱼骨图模型的构建。

对策型鱼骨图是在问题和原因分析的基础上列出相应的解决方法,找出有利于完成目标、提升指标的因素。目的是解答"用何种对策解决何种原因产生的问题",通常围绕"如何提高/改善……"展开。

(三)鱼骨图的基本结构

鱼骨图的形状顾名思义形似鱼的骨架,绘制时将鱼头与鱼尾用粗线连接,这根粗线即为鱼的主骨,鱼尾处表示问题和现状,鱼头处则代表要实现的目标。在原因型鱼骨图绘制时鱼头部分在右,而在对策型鱼骨图绘制时鱼头部分在左。主骨要素表示达成目标的所有因素和步骤,这些因素和步骤表示在一根根鱼骨上,之后再将每一个因素和步骤细化,在一级鱼骨上分支出二级鱼骨,根据实际项目的要求,还可以细化出三级、四级鱼骨。

综合型鱼骨图的基本结构如图 2.5 所示。

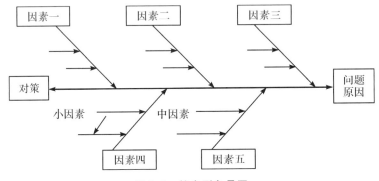

图 2.5　综合型鱼骨图

鱼骨图在进行因素分析时主要考虑人、机、料、法、环五个方面。

"人员(man power)"是指哪些问题是由人为因素造成的,例如分析某个移动通信企业时,主要从自身因素、客户因素和竞争对手因素等来分析;

"机械(machinery)"是指软、硬件条件对业务经营及管理的影响,如营业网点的硬件设施、计算机处理业务的普及程度以及各类业务软件的先进程度等;

"材料(material)"是指新产品的研制与开发、产品种类、性能及客户对产品的认知度等;

"方法(method)"是指业务经营的方式、方法是否正确有效等;

"环境(environment)"是指影响业务经营的内外部环境等。

二、鱼骨图法在绩效审计中的适用性和应用前提

(一)鱼骨图法在绩效审计中的适用性

鱼骨图法和绩效审计的工作逻辑是相互钩稽的。绩效审计中审计人员明确审计目标，确定审计范围，通过对资料的分析和整合发现问题、探索原因、结合事实分析和审计经验寻找解决的方法；鱼骨图法体现了找出问题，对问题进行原因分析，再根据原因找到合适的解决方法这一思想路线。鱼骨图法作为一种全面质量管理的理论工具，以目标为主骨，结构化的思维流程和制图模型能帮助审计人员对问题进行针对性的分析，以期在既定投入比例的基础上，用最经济的方式提供最高质的服务，以完成审计工作。

鱼骨图法和绩效审计的行为目标具有一致性。绩效审计方法的创新归根结底是审计人员为了实现既定的审计目标。鱼骨图法是一种非财务绩效审计方法，建立在问题—原因—对策分析过程的基础上，应用该方法的目的是解决当前存在的某一客观问题。绩效审计项目的复杂性和多样性，应从多角度和多方面对审计对象进行综合评估，这就需要将绩效审计问题要素进行细分，放置于鱼骨图各个次骨上，根据审计人员以前的审计经验和过往的审计报告信息来确定各个次骨的重要程度，以进一步提高审计目标实现的效率。

鱼骨图法有助于提高绩效审计的质量和效率。绩效审计质量的提高不单单依靠审计人员业务水平的提高，也需要科学地运用绩效审计方法。绩效审计方法的变迁与审计主体的与时俱进休戚相关，因而要高度重视审计主体的主观能动性。而鱼骨图法应用于绩效审计中能够充分发挥审计主体的灵活性，通过相关领域的专家或是全体审计人员的头脑风暴法来对所有可能的因素进行罗列，利用大骨、各级次骨之间的结构来找到问题的实质，以便于审计力量的集中，进而提高审计效率。

(二)鱼骨图法的应用前提

鱼骨图法一般适用于存在多种复杂原因影响的质量问题，而又无法用准确的数据进行定量分析的情况。

鱼骨图法的具体使用通常要配合头脑风暴法，根据已经产生的或预计产生的结果进行小组讨论，从而获得导致问题产生的大量原因，并对可能造成这一结果的所有原因进行详细的研究和分析，直到找到导致问题产生的具体原因，并发现能纠正问题的具体措施。

三、运用鱼骨图法的基本步骤

(一)鱼骨图法的应用流程

鱼骨图法从构思到解决问题主要经历三个层面的活动，一是思维层面，二是方法层面，三是应用层面。

思维层面上，分析人员针对组织当前面临的具体问题，讨论问题特性，思考众多可能的原因并将其归类整理，分析出其中比较重要的影响因素，为初步分析后绘制鱼骨图做准备。

方法层面上，首先搭出鱼骨框架，填鱼头、画主骨，其次依次画出大骨、中骨、小骨。

应用层面则是结合了思维和方法的最终运用，确定问题后根据思维层面初步分析出的

主要因素标出大骨,再广泛征求意见,依次逐条挖掘影响这些大方面的主要原因,而后根据方法层面的绘图过程,逐条填充中骨和小骨上的内容,针对每一次的问题答案都继续加强追问,这样经过几轮分析,最后用特殊符号标识出其中相对最重要的因素。根据找到的主要原因,可以再一次利用鱼头向左的鱼骨图以同样的应用流程列出解决方案。图2.6为鱼骨图法的应用流程。[①]

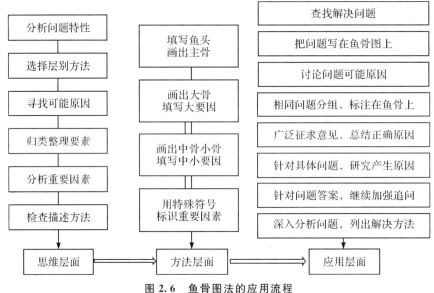

图2.6 鱼骨图法的应用流程

(二)鱼骨图制作和使用步骤

以原因型鱼骨图的制作过程为例,制作鱼骨图分为两个步骤:分析问题原因/结构、绘制鱼骨图。

1.分析问题原因/结构

(1)针对问题点,选择层别方法(人、机、料、法、环等);

(2)运用头脑风暴法分别对各层别找出所有的可能原因(因素);

(3)将找出的各要素进行归类、整理,明确其从属关系;

(4)分析选取重要因素;

(5)检查各要素的描述方法,确保语法简明、意思明确。

2.鱼骨图绘图过程

(1)填写鱼头(按为什么不好的方式描述),画出主骨,如图2.7所示。

图2.7 主骨绘制

① 根据以下资料改编:侯光明,李存金,王俊鹏.十六种典型创新方法[M].北京:北京理工大学出版社,2015:169.

(2)画出大骨(一级鱼骨),填写大要因,如图 2.8 所示。

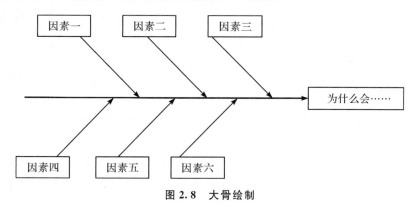

图 2.8 大骨绘制

(3)画出中骨(二级鱼骨)、小骨(三级鱼骨),填写中、小要因,如图 2.9 所示。

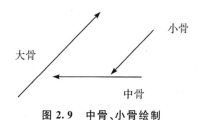

图 2.9 中骨、小骨绘制

(4)用特殊符号标识重要因素。

要点:绘图时,应保证大骨与主骨成 60°,中骨与主骨平行。

3.鱼骨图使用步骤

(1)查找要解决的问题;

(2)把问题写在鱼骨的头上;

(3)共同讨论问题出现的可能原因,尽可能多地找出原因;

(4)把相同的问题分组,在鱼骨上标出;

(5)根据不同问题征求大家的意见,总结出正确的原因;

(6)拿出任何一个问题,研究为什么会产生这样的问题;

(7)针对问题的答案再问为什么?这样至少深入五个层次(连续问五个问题);

(8)当深入第五个层次后,认为无法继续进行时,列出这些问题的原因,而后列出解决方法。

四、鱼骨图法的优缺点

(一)优点

鱼骨图法在绩效审计中应用的优势主要有如下方面。

首先,鱼骨图法充分发挥了审计人员的主观能动性。绩效审计项目中,为了保持工作过程的谨慎性和工作结果的真实可靠性,审计人员需要关注全过程、全事项经济活动,工作量大,工作烦琐,审计资源不能得到合理的配置。传统绩效审计方法只是笼统地进行观察、检查、分析、抽查等工作,没有系统化和规范化,而应用鱼骨图法结合审计人员的专业知识能够对发现的问题进行充分地分析和解读,根据以往经验找到关键流程和重点问题,从而对审计资源运用鱼骨图法进行优化配置。

其次,鱼骨图法的适用范围较广,对于一些难以观察或者相关人员不配合调查的审计项目,传统绩效审计方法的应用就显得捉襟见肘,而鱼骨图法应用性强,结合图形的模式使得审计流程和审计结果通俗易懂,鞭辟入里,直击要害。

再次,鱼骨图法和其他定量方法的结合性强。审计人员在实践中可以先应用鱼骨图法对问题进行定性分析,在确定了绩效审计的重点的基础上再应用定量分析方法对具体工作的效益情况进行打分,以形成体系,这样得出的审计结论更具科学性,也弥补了单用鱼骨图法的不足之处。

最后,鱼骨图法能够直观、有条理地分析解决问题。鱼骨图法有着自身的逻辑思路,它以一种思维导图的方式帮助审计人员在复杂问题中快速定位要素、理清思路,有助于简化审计工作、提升审计效率。

(二)缺点

鱼骨图法的局限性主要有如下方面。

其一,鱼骨图法是一种定性分析方法,而绩效审计评价需要数据的支持才有说服力,因此鱼骨图法主要适用于绩效审计的管理过程。

其二,对数据的归纳和深入分析都需要审计人员具备充足的专业知识和思维广度,鱼骨图本身只是一种归纳分析结果的呈现形式,对审计人员的分析、判断、归纳能力要求高。而且,鱼骨图法只能找出原因和原因之间的层级关系,但是原因的严重度和优先级还需要其他的工具来辅助。

五、鱼骨图法应用示例

【例 2.12】在政府财政资金绩效审计中,以资金使用效益为切入点,运用鱼骨图法对潜在的问题进行罗列,分析在这个方面审计中需要关注的重点。

问题型鱼骨图见图 2.10。

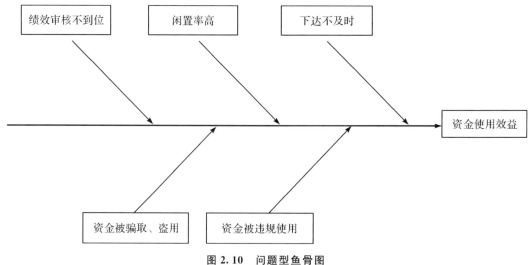

图 2.10　问题型鱼骨图

原因型鱼骨图是将问题型鱼骨图模型中的某个关键问题提取后,对该问题的原因进行针对性分析。以"资金闲置率高"这一问题为例,构建的原因型鱼骨图如图 2.11 所示。

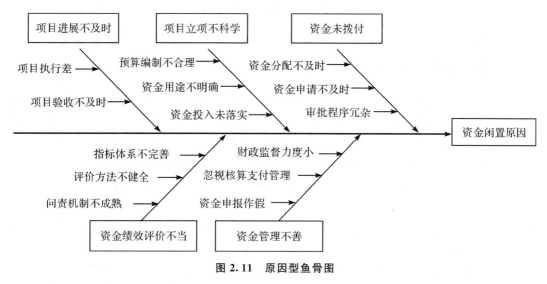

图 2.11　原因型鱼骨图

对策型鱼骨图则是在原因型鱼骨图的基础上,结合绩效审计的实际情况从一定角度分析解决问题的对策。以上文分析的"资金闲置率高"为例,围绕"减少资金闲置率"这一审计目标,结合政府部门自身履职情况,从人员、组织、制度、方法这四个关键角度着手,依据审计建议可行性原则构建对策型鱼骨图,如图 2.12 所示。

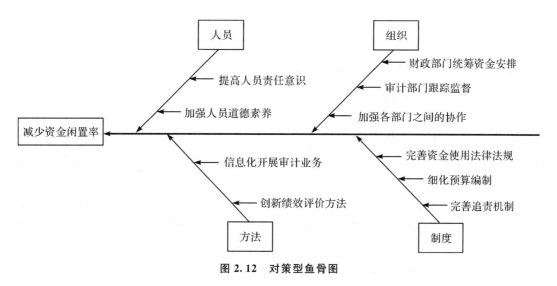

图 2.12　对策型鱼骨图

第七节　问卷调查法

一、问卷调查法的概念和适用范围

问卷调查法是指调查者依据调查目标设计出与其内容相关的问题,并运用统一设计的问卷了解被调查者情况,征求被调查者意见的一种资料收集方法。问卷调查法以书面形式的问卷为调查工具,通过含有多种度量指标的统一表格收集资料,调查者根据回收的调查表对被调查者的行为态度及特征作出定量或定性的分析,实现调查目标,得出调查结果。

在绩效审计中,对于效果性的审计主要是分析及与实际水平相对比,以判断预期目标的实现程度。问卷调查法运用于绩效审计,是指采用问卷调查的形式收集审计证据和审计线索,即通过合理的问卷设计,客观选择调查对象发放问卷,征求被调查者的意见和评价,进而对调查结果进行综合分析,以评价被审计项目实施的效果。

从被调查的内容看,问卷调查法适用于对现时问题的调查;从被调查的样本看,问卷调查法适用于较大样本的调查;从调查的过程看,问卷调查法适用于较短时期的调查;从被调查者所在的地域看,问卷调查法在人口较多的城市更适用;从被调查者的文化程度看,问卷调查法适用于初中及以上文化程度的对象。

二、问卷的类型和基本结构

(一)问卷的类型

按照不同的标准,问卷可以分为不同的类型。

1.按照问卷的结构进行分类

(1)结构型问卷

结构型问卷是指组成问卷的问题要按照一定的提问方式和顺序加以设计和安排。这些问题通常被称为封闭式问题,因为每一个问题所对应的可能答案或者主要答案都已全部被列出,以供被试选择。

结构型问卷省时省力,有利于被调查者选择填答,同时也有利于调查者整理和分析资料。但是,结构型问卷也存在一些缺点,如设计比较困难,可能出现被调查者对列出的答案都不满意的情况,从而影响调查研究结果的准确性;另外,由于结构型问卷中的封闭式问题答案都已限定,所以也限定了调查研究的深度和广度。

(2)非结构型问卷

非结构型问卷,又称开放式问卷,是指在问题的设置和安排上没有严格的结构形式,被调查者可以依据本人的意愿自由回答。非结构型问卷一般较少作为单独的问卷进行使用,往往是在对某些问题需要进一步深入调查时,与结构型问卷结合使用。

通过非结构型问卷,可以收集到范围较广泛的资料,可以深入发现某些特殊的问题,探询到某些特殊的调查对象的特殊意见,也可以获得某项研究的补充和验证资料。对文化程度不高、文字表达有一定困难的调查对象,不宜采用非结构型问卷进行调查。另外,非结构型问卷所收集到的资料难以数量化,难以进行统计分析。

(3)半结构型问卷

半结构型问卷是结构型问卷和非结构型问卷结合的产物,这一类型问卷的答案既有固定的,也有让被调查者自由发挥的,因此结合了两种问卷的优点,在调查研究中的应用越来越广泛。

2.按照填答方式进行分类

(1)自填式问卷

自填式问卷是指由调查者通过各种渠道发送给被调查者,由被调查者自己填写,然后再返回给调查者的问卷。

自填式问卷按照发送方式的不同,可分为三种。

第一种是报刊式问卷,是将调查问卷登载在报刊上,随报刊发行传递到被调查者手中,并号召报刊读者对问卷作出书面回答后,按规定的时间寄还给报刊编辑部或调查组织者。报刊问卷的优点:以报刊读者为调查对象,有稳定的传递渠道以及广泛的传递面;费用和时间比较节省;能保证匿名性;回答的质量一般比较高。报刊问卷的缺点:调查者对被调查者无法选择;问卷回收率比较低;调查者难以控制对问卷产生影响的各种因素。

第二种是邮寄式问卷,是指由调查者通过邮局向被选定的调查对象传递发送,请被调查者按照规定的要求和时间填答,然后再通过邮局回寄给调查者的问卷。邮寄式问卷具有对象明确、调查范围广、回答质量较高以及节省人力等优点,随着信息技术的发展和互联网的普及,可以利用电子邮件或者网站发放甚至统计问卷结果。但邮寄式问卷也具有回收率低以及控制难度大等缺点。

拓展资源
信息技术在
绩效审计中
的应用

第三种是送发式问卷,又称留置问卷,是指由调查者本人或派专人向被调查者亲自发送,并等待被调查者填答完毕之后统一收回的问卷。送发式问卷具有回收率高、节省调查时间和费用以及控制性比较强等优点,但也具有调查范围狭窄、调查对象过于集中等缺点。

自填式问卷主要由被调查者自己填答,匿名性好,能够在较大程度上反映被调查者的基本状况、态度与行为,但受到被调查者本人文化程度、情绪等主观因素的限制,因此问卷在语言组织方面应尽量避免使用专业术语,语言表达应当清晰、明确,问卷的设计也要简单一些。

(2)代填式问卷

代填式问卷是指调查者按统一设计的问卷向被调查者当面提出问题,然后由调查者根据被调查者的口头回答来填写的问卷。

代填式问卷按照交谈方式的不同,可分为两种。

第一种是当面访问式问卷,是指由调查者按照事先统一的设计向被调查者当面提出问题,然后由调查者根据被调查者的口头回答来填写的问卷。当面访问式问卷具有代表性强、问卷的回复率和有效率高以及便于控制等优点,但也具有调查费用高、人力需求大以及问卷回答质量不稳定等缺点。

第二种是电话访问式问卷,是指调查者按照事先统一的设计,以电话为中介向被选定的调查者提出问题,然后由调查者根据被调查者的电话回答来填写的问卷。电话访问式问卷具有回复率高、调查时间短等优点,但也具有投入的人力较多、费用较高,以及回答质量不稳定等缺点。

代填式问卷可以当场由访问员带回,问卷的回收率较高,但因为有访问员的存在,匿名性受到威胁。因此,在实施过程中,除了考虑访问员的素质外,被调查对象与访问员的互动也是影响问卷真实性和有效性的重要因素。

(二)问卷的基本结构

根据调查目标设计出完整、科学的调查问卷,是调查人员获得全面而准确的调查资料,完成直接调查任务的关键步骤。调查问卷的质量直接影响市场调查与预测的结果,设计是否科学合理将直接影响问卷的回收率,影响资料的真实性、实用性。

问卷是调查研究中用来收集资料的主要工具,它在形式上是一份精心设计的问题表格,其用途则是用来测量人们的行为、态度和社会特征。问卷主要包含问卷名、封面信、指导语、问题及答案、编码、结束语等。

1. 问卷名

问卷的名称,是对调查主题的概括说明,以使被调查者明确主要的调查内容和调查目的。在确定标题时要求尽量做到醒目、简明扼要,最好能够引起被调查者的兴趣。

2. 封面信

封面信也叫问卷说明,即一封致被调查者的短信。它的作用在于向被调查者介绍和说明调查的目的、调查单位或调查者的身份、调查的大概内容、调查对象的选取方法和对结果保密的措施等。有些封面信还有填表须知、交表时间、地点及其他事项说明等。封面信一般放在问卷开头,要求语言简明、中肯,开门见山,篇幅宜小不宜大,两三百字最好。

3. 指导语

指导语即用来指导被调查者填答问卷的各种解释和说明。指导语必须简明易懂,以便被调查者快速掌握如何正确填写问卷。

有些问卷的填答方法比较简单,常常只在封面信中用一两句话说明即可,如:下面所列问题,请在符合您情况的项目旁"□"内打"√"。有些比较复杂的指导语则集中在封面信之后,并有专业的"填表说明"标题;其作用是对填表的方法、要求、注意事项等作一个总的说明。还有一些问卷,其指导语分散在某些较复杂的问题前或问题后,用括号括起来,对这一类问题作专业的指导说明,如:本题可选三项答案,并请按重要程度从大到小顺序排列。还有些指导语分散在某些较复杂的调查问题后,对填答要求、方式和方法进行说明。

4. 问题及答案

问题及答案是问卷的主体,也是问卷设计的主要内容,是调查问卷中最重要的部分。它主要是以提问的形式提供给被调查者,这部分内容设计的好坏直接影响整个调查的价值。

主题内容主要包括以下三个方面:一是对人们的行为进行调查,包括对被调查者本人行为进行了解或通过被调查者了解他人的行为;二是对人们的行为后果进行调查;三是对人们的态度、意见、感觉、偏好等进行调查。

5.编码

编码是指将问卷中的每一个问题及其答案转换成以数字或符号表示的代码,以方便分类整理,易于进行计算机处理和统计分析。

编码分为预编码和后编码两种类型。预编码是指编码工作在问卷设计的同时就已经编好;而后编码是指编码工作在问卷收回后再进行。在实际调查中,许多研究者都采用预编码的形式。预编码除了给每个问题和答案分派数字以外,还会为调查后的资料转换和数据录入做一定的准备,编码一般放在问卷每一页的最右边。如果问卷主要是由开放式问题构成的,那么一般采用后编码。

除了编码,问卷还包括一些其他资料,例如问卷的名称、编号、发放及回收日期,调查员的姓名、编号和调查完成情况,审核员的姓名、编号和审核意见,被调查者的住址及联系方式等。这些资料是审核和分析问卷的重要依据。

6.结束语

在调查问卷的最后,可以简短地向被调查者强调本次调查活动的重要性以及再次表达谢意,也可征询被调查者对问卷设计和问卷调查本身的看法与感受。

三、运用问卷调查法的基本步骤

(一)问卷调查的设计

问卷调查的设计一般应考虑编制时间、调查形式、主要内容、题型选择等因素。问卷调查的编制时间一般应在审前调查结束后进行。

通过审前调查,审计人员能够摸清项目的基本情况和主要特点,发现可能影响项目绩效的主要问题,因此,审前调查结束后设计问卷能够抓住重点,提高问卷的针对性。

问卷调查一般应采取匿名调查的形式。考虑到署名调查的形式可能会影响被调查者真实表达自己的观点,审计人员应采取匿名的方式,以消除被调查者的疑虑和心理压力。

问卷调查的主要内容应根据审计工作方案、审计实施方案及审前调查了解的情况确定。一般应包括项目的实施效果,影响项目效果的主要问题、可能原因以及改进的建议等。在确定主要内容时,应坚持客观精简、重点突出的原则,避免可有可无的选项。

问卷调查的题型选择应根据审计调查的目标和对象合理确定。问卷的题型一般分为三类,即开放式、封闭式和半开放半封闭式。开放式题型的优点是能够收集到许多原来没有设想到的答案,缺点是容易因被调查者的理解歧异而产生偏差,也不易汇总分析。封闭式题型的优点是易于被调查者理解和接受、调查结论比较集中、便于汇总分析等,缺点是不具有弹性。半开放半封闭式题型是在封闭式选项之后加上一个"其他"选项,让被调查者在找不到贴切的答案时能自由填写答案。

(二)问卷调查的优化

第一步是审计组内部讨论。审计组的讨论能够起到集思广益的效果。如其他参与审前调查的审计人员可能会提出更加符合项目实际的问卷题目,资深的审计人员能够对问卷的可行性和可能结果作出初步判断。

第二步是听取外部专家的意见。可邀请参与具体审计项目的有关专家进行座谈,充分听取他们从专业角度提出的意见和建议,使问卷表述更加精确、专业。

第三步是小规模试用。试用的样本规模建议在 30 份左右,通过试用中的信息反馈,可以发现调查问卷的内容结构、逻辑、用语等各方面是否有需要修改的地方,同时也能对问卷结果和可信度作出初步估计,为下一步大规模使用问卷提供决策参考。

(三)调查问卷的发放与回收

一般可采用快递、现场、在线三种方式发放问卷。

快递方式简便易行,但对被调查者的影响力较低。因此,建议在快递中附上一封感谢信或者附上"本问卷仅限于审计使用"的承诺和说明,并且让被调查者以到付的形式寄回问卷。

现场方式是审计实务中十分有效的问卷发送方式。当面发放、当场填写,有不理解的问题可以当场问答,同时由于情感交流,易于取得被调查者的信任,有利于提高问卷的回收率。

在线方式是伴随着信息技术的发展而出现的一种新型调查方式,通过互联网及其辅助系统可以实现自助式在线帮助、在线回答、回收答卷、数据统计分析等系列功能。在线方式的调查成本比较低,可以利用政府信息平台等发布网络问卷。

对回收的问卷,在剔除废卷的同时要统计有效问卷的回收率。当回收率达到 70% 以上时,方可作为效果性评价的依据。如果有效问卷的回收率比较低,需要扩大范围进行补充调查。

(四)调查问卷的处理

在绩效审计中,简单的调查问卷可以采用 Excel 进行分析,相对复杂的调查问卷采用 SPSS 等统计软件进行数据处理。数据处理结果可为项目的目标实现程度提供外部第三方审计证据。

四、问卷调查法的优缺点

(一)优点

问卷调查法由于采用的调查工具是事先设计好的书面的标准化问卷,因而,与其他资料收集方法相比,有着自身非常突出的优点。

1. 节省时间、精力和人力

从问卷的实施程序来看,问卷调查法具有更高的效率。一方面,研究者可以在同时间、不同地区将大量问卷发放到不同的被调查者手中,可以节省大量时间。另一方面,在调查中不受地理环境的限制,可以通过邮寄或网络调查千里之外的对象,节省大量的人力、时间和经费。

2. 具有很好的匿名性

在面对面的访问调查中,人们往往不愿与陌生人谈论有关个人隐私、社会禁忌或其他敏感问题。但在问卷调查中,由于被调查者在回答这类问题时,并没有其他人在场,问卷本身又不要求署名,所以,问卷调查的方式可以减轻被调查者心理上的压力,便于他们如实地回答这类问题。从这方面考虑,问卷调查更能客观地反映社会现实的本来面貌,更能收集到真实的信息。

3.调查结果便于统计处理与分析

问卷是严格按照统一原则和固定结构进行设计的,标准化程度较高,其调查问题的表达形式、提问的顺序、答案的方式与方法都是固定的,而且是一种文字交流方式,这样既有利于对某种同质性的被调查者的平均趋势与一般情况进行比较分析,又可以对某种异质性的被调查者的情况进行比较分析。而且,问卷调查大多使用封闭型的回答方式进行调查,所以,在资料收集整理过程中,审计人员可以对各种答案进行预编码,以便于定量处理和分析。统计分析软件也为调查结果的统计处理和分析提供了十分便利的条件。

4.可以避免偏见、减少调查误差

在问卷调查中,由于每个被调查者得到的都是完全相同的问卷,因而无论是在问题的类型、问题的表达,还是在问题的次序、问题的回答方式等方面,都具有高度的一致性。每个被调查者受到的刺激和影响都是相同的。这样就能很好地避免由于人为的原因造成的偏见与误解,减少调查资料中的误差,更真实地反映不同被调查者的情况。

(二)缺点

问卷调查法在使用中也存在以下不足。

1.调查问卷设计难

调查问卷主体内容设计得好坏,将直接影响整个专项调查的价值。问题的设计需要大量的经验,不同的人针对同一个问题,尤其是面对思维问题时,设计的问卷差别可能会很大。设计的问题不理想时,会散漫零乱,不易整理,且难以应用统计方法进行分析以及对结果进行科学解释。

2.问卷调查结果广而不深

问卷调查是一种用文字进行对话的方法,如果问题太多,被调查者会产生厌烦情绪;如果问题含糊不清,便不能得到确实的回答。当被调查者不合作、言不由衷时,所得结果会不可靠。因此,通常情况下,问卷设计需要简明易懂,但也可能导致难以对问题及原因进行深入探查。

3.问卷调查的回收率难以保证

一定程度的回收率是保证调查资料具有代表性的必要条件之一。被调查者的兴趣、态度、责任心、合作精神会影响问卷的回收率,被调查者的时间、精力、能力等方面也会影响调查问卷的回收率。所选样本或所回收的有效问卷如果不能代表样本的总体,其调查结果的代表性和普遍性就难以得到有效保证。

4.问卷调查法缺乏弹性

问卷中大部分问题的答案由问卷设计者预先划定了有限的范围,缺乏弹性,使调查对象的作答受到限制,从而可能遗漏一些更为深层、细致的信息。特别是对一些较为复杂的问题,依据简单的填答难以获得研究所需的丰富材料。问卷对设计要求比较高,如果在设计上出现问题,调查一旦进行便无法补救。

5.对被调查者的素质有一定要求

问卷调查的结果容易受到被调查者的文化水平、理解能力、合作意识等方面的影响。例如,填写问卷的人必须能看懂问卷,能领会填答问题的要求和方法,能阅读和理解问题的含义,但是,由于被调查者存在素质差异,容易使调查结果出现一定的偏差,这种问题的存在也使问卷的使用范围受到限制。

五、问卷调查法应用示例

【例 2-13】公交车尾气污染治理绩效的专项审计调查①

20×9 年初,针对群众反映强烈的公交车冒黑烟问题,WX 市政府计划拿出 1500 余万元,重拳整治公交"黑尾巴"。同年 10 月,WX 市审计局对该治污项目绩效开展了专项审计调查,主要调查了项目实施内容、完成情况、资金收支及取得的效果。

评价治理效果是该审计项目的重点,也是难点。根据公交公司提供的资料,涉及尾气综合治理的公交车共有 905 辆,显然审计人员不可能对它们全部进行一遍尾气检测,且不说审计时间、审计手段和审计成本受到限制,这还会对这些车辆的正常运营造成干扰和影响,因此必须找到合理的替代审计程序来收集证据,反映该治污项目的效果。审计组灵活运用了问卷调查来收集环保项目目标实现程度的审计证据,问卷设计如表 2.23 所示。

表 2.23　公交车尾气治理项目的调查问卷设计

(本调查问卷仅供审计机关使用)

调查时间:
调查地点:
1.您认为 20×7—20×8 年该市开展的"公交车尾气综合整治"项目是否成功(　　　　)
A.非常成功　　　　B.比较成功　　　　C.不太成功　　　　D.失败
2.如果该项目不成功,您认为其主要原因是什么(　　　　)
A.技术方面不成熟　　B.油品质量的问题　　C.驾驶员操作不当　　D.气候原因导致
E.管理方面的因素
3.您认为"公交车尾气综合整治"项目带来的效果如何
(1)消除了冒黑烟的现象,改善了空气质量(　　　　)
A.非常显著　　　　B.比较显著　　　　C.不太显著　　　　D.不显著
(2)公交车是城市的移动名片,提升了城市形象(　　　　)
A.非常显著　　　　B.比较显著　　　　C.不太显著　　　　D.不显著
(3)公交车的条件改善后,会考虑更多选择公共交通作为绿色出行方式(　　　　)
A.非常显著　　　　B.比较显著　　　　C.不太显著　　　　D.不显著

在审计过程中,主要通过两个途径进行问卷调查:一是在市中心广场和某中学现场发放问卷;二是通过市政府网站和审计局网站发放网络问卷。共收到有效问卷 225 份,调查对象包含在职职工、离退休老人、学生等各个社会阶层,调查结果反映了不同人群的意见。通过对调查问卷的整理、汇总和分析,问卷调查的结果如表 2.24 所示。

---

① 根据以下资料改编:黄溶冰.问卷调查法在环境绩效审计中的应用[J].财会学习,2013(6):37-39.

表 2.24　公交车尾气治理项目的调查问卷结果

序号	评价内容		选择人数/人	选择比例/%	评价结论	整体目标实现程度
1	项目是否成功	非常成功	156	69.33	基本实现	实现
		比较成功	43	19.11		
		不太成功	26	11.56		
		失败	0	0.00		
2	改善了空气质量	非常显著	201	89.33	实现	
		比较显著	21	9.34		
		不太显著	3	1.33		
		不显著	0	0.00		
3	提升了城市形象	非常显著	189	84.00	实现	
		比较显著	26	11.56		
		不太显著	10	4.44		
		不显著	0	0.00		
4	考虑选择公共交通作为出行的方式	非常显著	58	25.78	基本实现	
		比较显著	110	48.89		
		不太显著	28	12.44		
		不显著	29	12.89		

此次问卷调查通过现场发放和在线调查,共回收有效问卷225份。其中:

关于"公交车尾气综合整治"项目是否成功的选项,有88.44%的被调查者认为"非常成功"和"比较成功",有11.56%的被调查者认为"不太成功",没有人选择"失败";目标实现程度(效果性)的审计评价为"基本实现"。

关于改善了空气质量的选项,有98.67%的被调查者认为"非常显著"和"比较显著",1.33%的被调查者认为"不太显著",没有人认为"不显著";目标实现程度(效果性)的审计评价为"实现"。

关于提升了城市形象的选项,有95.56%的被调查者认为"非常显著"和"比较显著",4.44%的被调查者认为"不太显著",没有人认为"不显著";目标实现程度(效果性)的审计评价为"实现"。

关于考虑选择公共交通作为出行方式的选项,有74.67%的被调查者认为"非常显著"和"比较显著",12.44%的被调查者认为"不太显著",12.89%的调查者认为"不显著";目标实现程度(效果性)的审计评价为"基本实现"。

从案例中可知,公交车尾气综合治理,其产生的环境效益主要是改善了空气质量,利用问卷调查的方式,通过征询社会公众的意见,有助于比较客观地对于环境保护项目的目标实现程度和效果性进行评价。

本章小结

绩效审计分析和评价所运用的技术方法，并不是绩效审计所特有的方法，而是借助现代生产经营管理和经济活动的分析方法、应用经济学中的数学原理以及思维导图等方式对被审计单位绩效进行审查、分析和评价。本章介绍的绩效审计方法有：分析性程序、平衡计分卡、功效系数法、层次分析法、连环替代法、鱼骨图法和问卷调查法。

分析性程序是审计人员通过分析和计算信息（包括财务信息和非财务信息）之间的关系或计算相关的比率，以确定审计重点、获取审计证据和支持审计结论的一种审计方法。与传统审计取证方法相比，分析性程序可以耗费更少的审计资源，提供相同或更好的审计证据，进而提升审计效率。

平衡计分卡强调非财务指标的重要性，将组织的目标、战略以及影响企业运营的各种内外因素、表层和实质因素、短期成果和长远发展的因素分解为可操作与衡量的指标和目标值，落实到企业日常经营活动中的财务、客户、内部流程、学习与成长四个维度。审计人员根据平衡计分卡的原理构建指标体系，能够全面、综合地评价审计项目的绩效状况。

层次分析法是对定性问题进行定量分析的一种简便、灵活而又实用的多目标属性决策方法，适用于具有多层次结构的评价指标体系的综合权重的确定。当一个决策受到多个要素的影响，且各要素间存在层次关系，或者有明显的类别划分，同时各指标对最终评价的影响程度无法直接通过足够的数据进行量化计算的时候，就可以使用层次分析法来评价各方案的优劣。

功效系数法通过对各项指标分别确定阈值，即对各个指标规定不允许值和满意值，将不允许值作为数据的下限，将满意值作为数据的上限，运用"功效系数"的方法计算个体指数，然后将各个体指数加权平均得到综合指数，是一种常见的定量评价方法，常用于处理多目标决策相关问题。

连环替代法依据分析指标与其影响因素之间的关系，按照一定顺序将用以计量分析指标的各项因素的实际数替换成基数，计算产生的差异，借以测定各项因素对分析指标的影响。运用连环替代法进行绩效审计，有利于判定经济责任归属，强化绩效管理水平。

鱼骨图法是一种定性分析的方法，通过头脑风暴等讨论方法找出影响问题的因素，按相互关联性整理成层次分明、条理清楚的结构图，并对重要因素标注，意在探寻问题的根本原因以及各原因之间的相互关系，在此基础上对经营活动和管理工作进行优化改进。鱼骨图的逻辑思路和绩效审计发现问题—分析原因—提出建议的工作流程是一致的。

问卷调查法是指调查者依据调查目标设计出与其内容相关的问题，并运用统一设计的问卷了解被调查者情况，征求被调查者意见的一种资料收集方法。问卷调查法运用于绩效审计，是指采用问卷调查的形式收集审计证据和审计线索，即通过合理的问卷设计，客观选择调查对象发放问卷，征求被调查者的意见和评价，进而对调查结果进行综合分析，以评价被审计项目实施的效果。

绩效审计方法间并不是割裂、不相容的，审计人员可以根据具体的绩效审计项目灵活地选择匹配,以满足实际需要。如按照平衡计分卡原理构建基础指标体系,利用层次分析法将指标体系进一步深化,建立多层级的指标体系;应用鱼骨图法对问题进行定性分析,在确定了绩效审计的重点基础上,应用功效系数法对具体指标进行打分,汇总后形成综合评价结果。

本章思考题

1. 什么是分析性程序?
2. 分析性程序的方法主要有哪些?
3. 平衡计分卡中的"平衡"主要体现在什么方面?
4. 什么是层次分析法?
5. 什么是功效系数法?
6. 简述连环替代法的计算思路。
7. 鱼骨图法用于绩效审计的优缺点主要体现在哪些方面?
8. 什么是问卷调查法?
9. 本章介绍的方法哪些是定性分析,哪些是定量分析?

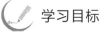

第三章

绩效审计程序

学习目标

1. 了解国内外政府绩效审计程序概况；
2. 熟悉绩效审计在审计准备阶段的主要工作；
3. 熟悉绩效审计在审计实施阶段的主要工作；
4. 掌握绩效审计在审计报告阶段的主要工作；
5. 熟悉绩效审计在后续跟踪审计阶段的主要工作；
6. 熟悉绩效审计程序在不同主体间的差异。

引例——A 地区 2018 年度涉农资金绩效审计程序

××省审计厅为了审查地方惠农政策落实情况,核实专项资金的发出与否和收到与否,评价专项资金的绩效与产出情况,对 A 地区 2018 年度涉农资金执行绩效审计。其主要的审计流程总结如下。

(1)审计准备阶段:①明确审计方向。明确 2018 年审计的主要方向:一是查处"微腐败",二是促进财政资金提高使用绩效,促进惠民政策落地见效。②征集项目计划。围绕审计总目标,通过网络公开征集、基层调研等方式,广泛征集 2018 年度审计项目计划安排建议,最终确定对 A 地区纳入农村"一卡通"的 37 项涉农财政资金开展绩效审计。③确定审计目标。一是审查骗取套取、贪污侵占、私分挪用、吃拿卡要、失职渎职等违法违纪问题,严肃查处"微腐败",维护群众利益。二是审查惠农资金管理使用情况,促进惠农资金提高使用绩效和各涉农政策贯彻落实到位。④确定审计重点。抽调 15 名审计骨干组成"尖刀班",选择一个县开展试点审计,聚焦问题多发领域和审计风险点,确定审计重点,按财政资金类别编制审计操作指南、绩效评价指标。

(2)审计实施阶段:①坚持数据引领。在试点审计中摸清楚数据的存储级次及数据规模、数据特点,为试点审计提供强有力的技术支持,形成了数据采集指南,为全面开展审计提供数据采集和数据分析技术指导。②根据审计试点情况及审计工作方案,确定数据分析重点,开发数据分析模型。

(3)审计报告阶段:①精心撰写专报。审计专报是审计成果的重要体现,应当结合实际发现的问题,得出有价值的审计结论和审计建议。②审计成果公开课题化。为提升审计成果利用,××省审计厅将审计项目"课题化",在各审计组内公开征集专报选题,采取公开竞争的办法选定撰写人,反复推敲,确保审计成果的时效性和针对性。

思考：在上述案例中，审计项目选择、审计目标和审计重点确定在绩效审计程序中都占重要地位，这一特殊性与绩效审计业务特征有关。完善科学的审计程序能使审计工作事半功倍。

第一节　绩效审计程序概述

审计程序有广义和狭义之分。广义的审计程序是指审计机关或审计机构对审计项目从开始到结束的整个过程采取的系统工作步骤，而狭义的审计程序是指审计人员在实施审计的具体工作中所采取的审计方法。本章所阐述的审计程序是指广义的绩效审计程序。

一、国外的绩效审计程序

不同国家由于自身的政体、审计体制以及经济发展状况等因素的不同，会衍生出不同的绩效审计程序。以下通过比较分析英国、美国、澳大利亚和瑞典这四个国家的绩效审计程序，归纳得出这四个国家绩效审计程序的特征。另外，也根据国际内部审计师协会（IIA）发布的《内部审计专业实务框架》（International Professional Practice Framework，IPPF）对于审计程序的相关规定，归纳得出企业内部绩效审计程序的特征。

英国绩效审计主要分为对政府及公共机构的绩效评估和对个别事项的绩效评价，其审计程序是一个审计循环，大体上分为调查分析确认审计项目计划、调查分析问题、提出审计报告、跟踪检查四个阶段，如图3.1所示。在确认审计项目计划阶段，英国国家审计署每年会根据议会公共账目委员会、专门委员会、相关地方政府及有关公共机构关注的重点领域或问题，以及公众关注的社会热点、焦点或难点问题确定审计项目。在广泛收集资料和查阅文献的情况下，审计人员对项目选题进行成本效益分析，确定绩效审计的内容。在调查分析问题阶段，审计人员通过初步调查和评估，剖析审计中亟待解决的问题，并对相关问题类别进行归类，明确审计具体任务。随后，通过实施现场审计，对审计项目进行全面调查评估，收集相关的审计证据，起草审计报告。在提出审计报告阶段，英国国家审计署明确要求绩效审计组在审计结束前与被审计单位交换意见，必要时要征求相关第三方（比如公共工程或服务供应商）的意见。在达成一致意见后，审计人员才能将绩效审计报告向议会公共账目委员会等相关机构提交。在跟踪检查阶段，政府针对审计提出的意见和建议进行答复后，审计人员再进行后续跟踪审计，检查审计建议的贯彻落实情况。

美国绩效审计主要分为经济性审计与效率性审计，以及项目效果性审计，其审计程序主要分为审计计划、审计执行和撰写审计报告三个阶段，如图3.2所示。在审计计划阶段，审计人员根据"问题领域清单"上确定的审计项目，以"问题"为导向，明确需要实施审计的审计项目。在审计执行阶段，审计人员通过判断和评估内部控制与信息系统情况，了解审计计划的性质以及被审计单位的需求，以此确定证据来源以及所需证据的数量和类型。另外，在这一阶段，审计人员还可以利用其他审计（如内部审计）的成果，以此整理并获取充分、适当的审计证据，确保审计质量。在撰写审计报告阶段，审计人员应当根据绩效审计结果发布绩效审计报告，其中包括审计目的、范围和方法，审计结果，项目负责人的意见等。

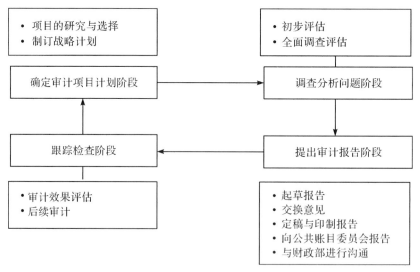

图 3.1 英国绩效审计程序

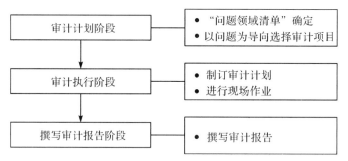

图 3.2 美国绩效审计程序

澳大利亚绩效审计主要是针对组织和业务、职能和程序的经济性和效率性进行的,其审计程序主要分为预备研究、审计实施、审计报告和后续审计四个阶段,如图 3.3 所示。在预备研究阶段,审计人员将通过大量的初步调查,评价被审计单位的管理,检查组织内部某一行政单位的运作情况或某项具体职能的履行情况,以评估被审计单位的管理,并根据发现的问题确定是否对其进一步实施绩效审计。值得一提的是,在此阶段,审计人员十分重视审计计划,并花费大量的时间用于项目审计计划的编制。在审计实施阶段,审计人员根据审计计划,不断地围绕审计工作结果挖掘审计证据,审计工作以成果为导向进行而不是以过程为导向。在审计报告阶段,审计人员撰写的绩效审计草稿将由质量控制人员复核,以此确定报告中提出的事实是否准确以及建议是否适当。最后,最终报告将递交给相关领导,以此得到对报告结论和建议的回应。在后续审计阶段,审计人员将时刻关注被审计单位纠正措施的执行及其效果情况,从而更加有效地促进审计工作质量的提高。

瑞典绩效审计主要以评价公共机关的活动及结构设计的妥当性为目的,与财政财务收支审计、合规性审计占据着同等重要的地位,其审计程序主要分为三个阶段:审前调查、深入调查和审计终结,如图 3.4 所示。在审前调查阶段,审计人员将对存在经济性、效率性和效果性三个方面不如意的问题进行筛选,选择应当在审计中予以重点关注的问题。在选定了审计问题后,审计人员还应当收集各方面的情况,对审计过程中所用的方法和审计项目进行

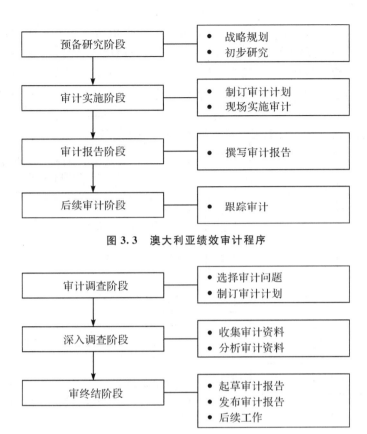

图 3.3 澳大利亚绩效审计程序

图 3.4 瑞典绩效审计程序

计划,形成书面的审前调查研究备忘录。在深入调查阶段,审计人员将利用访谈、调查问卷、观察、审阅文件等方式收集审计资料,再运用比较分析、回归分析、时间序列分析等方法对收集到的审计资料进行分析,发现审计问题,形成审计结论。值得一提的是,在审计实施阶段,可以就产生的若干版本的审计报告,根据新获取的审计证据不断地加以优化更新。在审计终结阶段,审计人员将发布审计报告,并执行后续的审计工作,检查了解审计建议的落实情况和被审计单位针对审计揭露问题所采取的措施的有效性。

另外,2015 年,国际内部审计师协会(IIA)针对内部审计实务重新修订了指导框架《内部审计专业实务框架》(IPPF),修订后的 IPPF 对内部审计活动提供了具体详细的指导,为内部审计方面的绩效审计程序提供了权威指南。如图 3.5 所示,根据 IPPF,在审计计划阶段,首席审计执行官必须以风险为基础制订计划,以确定与组织目标相一致的内部审计活动的重点。这一阶段的具体步骤如下:初步确定业务目标,执行风险评估进一步明确最初目标并识别需要关注的其他重大领域,确定执行程序及范围、性质、时间安排和区域,制订以业务目标为导向的书面工作方案。在审计实施阶段,内部审计师必须识别、分析、评价并记录充分的信息,从而实现业务目标,具体实施步骤如下:获取审计证据、基于适当的分析和评价得出结论和业务结果、评价结果或关系、编制审计工作底稿、复核审计工作底稿。在审计报告阶段,内部审计人员应当及时报告业务结果。在这一阶段,内部审计人员可以与法律顾问沟通,探讨相关业务中法律事务的遗留对组织声誉的影响。首席审计执行官或指定人员对最终业务报告予以复核和批准后签发,并决定报告的发送对象和方式。在审计整改阶段,内部审计人员应当及时确定管理层是否已经采取适当的纠正措施。在这一阶段,首席审计执行官必须制定并维护系统或制度,监督已通报结果的处理情况,具体步骤包括以下几个方面:对管理层作出的反应进行评价、对反应进行验证、开展跟踪审计、针对不满意的反应或措施(包括风险假设)向适当的高级管理层或董事会通报。

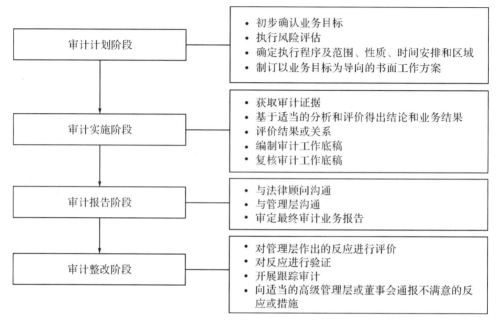

图 3.5　IPPF 的绩效审计程序

综上所述,英国绩效审计程序倡导灵活和创新原则;美国绩效审计程序强调严格按照步骤实施;澳大利亚绩效审计程序倡导制订详细的计划,以结果为导向开展审计工作;瑞典绩效审计程序将在审计实施过程中不断调整审计报告初稿;IIA 规定的内部绩效审计程序中,需要将审计报告结果与法律顾问探讨,以考虑对企业声誉带来的影响。

二、我国的绩效审计程序

在我国,各级审计机关的绩效审计程序是参照《中华人民共和国审计法》和《中华人民共和国国家审计准则》规定的审计程序和步骤来执行的,而企业内部审计机构主要是依据内部审计协会《第 2202 号内部审计具体准则——绩效审计》的相关规定执行审计程序的。我国绩效审计程序的特点主要表现在以下四个方面:①对象选择的广泛性。在审计对象的选择上,审计人员可以从本质(受托经济责任)、中间(单位或组织的经济活动)和外表(各种形式的信息)三个层次考虑;还可以按"从上而下"或"从下而上"进行选择;也可以是上级审计机关交办的审计任务。另外,除了上级审计机关授权项目以及政府、人大等部门的指令项目外,也有部分审计项目是由审计机关自主确定的。②方案编制的层次性。绩效审计的目的是改善经营管理,提高经济效益,控制和降低经营、管理及投资风险。由此,必须对选定的审计对象或事项制订详尽的审计方案,以提高审计工作的效率。③审计方法的复杂性和特殊性。绩效审计方法除了常规方法外,还需要广泛地采用统计学、管理学、经济学、计算机技术等相关学科的方法,对审计人员的专业素质有着较高的要求。④审计结论的风险性。通过绩效审计,审计人员的最终目的是找出被审计单位或项目是否存在经济性、效率性和效果性问题。但是目前尚无作出评价的统一计量标准,因此加大了审计结论的难度和风险性。

　　一般认为,绩效审计程序相比于传统的财务审计程序还多了一个阶段,即主要分为四个阶段:审计计划、审计实施、审计报告和后续跟踪审计这四个阶段,如图3.6所示。本章将主要以政府审计为例对这四个阶段进行简要的介绍。

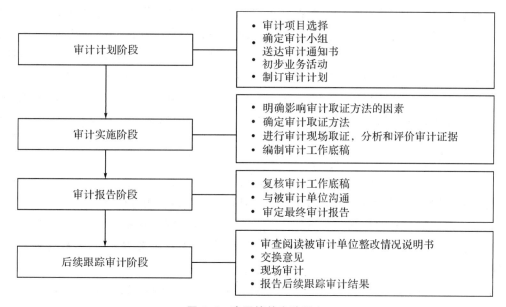

图3.6　我国绩效审计程序

第二节　审计准备阶段

一、审计项目选择

　　审计机关应该通过对审计项目和审计组织方式的统一筹划,在审计计划与审计项目之间、审计组织方式与审计资源之间实施"两统筹"。在进行审计项目的选择时,审计人员通常考虑以下三个问题:①被审计单位或项目的审计需求是否重大。②被审计单位或项目存在重大风险的可能性是否重大。③预期的审计结果所带来的价值是否大于审计成本。如若对以上三个问题的回答都是否定的,那么说明该审计项目的重要性不高,为了合理分配审计资源,可以将其排除在项目选择范围之外。下面对这三点作进一步的说明。

拓展资源3.1
审计项目和审
计组织方式的
"两统筹"

　　(1)被审计单位或项目的审计需求是否重大。绩效审计的需求主要分为以下三种形式:一是指令性需求,包括政府首长交办任务、人大委托任务和上级审计机关统一组织的审计项目等;二是政策需求,包括国家宏观经济发展分析,国家民主与法治建设分析,政府审计发展分析等;三是专业审计需求,主要是指审计机关各业务部门的专业需求推荐分析。审计人员在以上三点分析的基础上,重点考虑政府管理和经济效益的薄弱环节,以及与项目组成员和被审计单位沟通交流的结果,确定选取的项目的需求重大性,得出大致可选择的绩效审计项目。

（2）被审计单位或项目存在重大风险的可能性是否重大。审计人员应当基于风险评估,以可选择的绩效审计项目的风险评估为基础,按风险排序来确定可选择的绩效审计项目清单。一般而言,审计人员根据以下四个步骤来对绩效审计项目进行打分。

①确定选择因素。审计人员可以根据重要性、增值性、可行性和时效性等原则分析,确定影响绩效审计项目选择的因素。重要性主要是从项目的金额和性质角度判断,基于项目的资金量、社会各界关注度、政策战略地位、风险评价等方面,确定项目的重要程度。增值性主要是指被审计单位或项目在经济性、效率性和效果性方面存在的管理风险以及改进的空间。如果被审计单位或项目的增值潜力大,那么就意味着开展绩效审计后预期成果大。可行性主要关注的是审计的复杂程度和可能存在的风险,对于耗时短和可操作性强的项目应当优先考虑。时效性是指审计时机要贴近经济社会发展的实际需求,及时为当下的政策或经济发展提供帮助。

②因素权重设置。在确定完项目选择因素后,审计人员需要通过层次分析法、专家评价法等方法,对各因素进行权重设置,为之后的项目筛选奠定评分指标体系。

③确定各因素打分的规则。对于部分因素,在计算时可能存在计算公式不明、数据来源不统一等情况。审计人员应当明确各因素的计算公式,以及实际数据来源,客观合理地评价审计项目。

④计算得分情况。由于各项因素是从不同的角度对审计项目进行的评价,评价结果可能存在不同的计量单位,为了使评价结果具有可比性,审计人员就需要对原始数据进行无量纲化处理。对数据进行无量纲化处理之后,审计人员将各因素单项得分乘以各项因素的权重,再进行加总即可得出审计项目的综合得分,最后再依次排序即可确定可选择的绩效审计项目清单。

【例 3.1】可选择绩效审计项目评分表样例如表 3.1 所示。

表 3.1　可选择绩效审计项目评分表

选择因素	权重	可选择绩效审计项目				
		A 项目	B 项目	C 项目	D 项目	E 项目
重要性	30%					
增值性	20%					
可行性	20%					
时效性	10%					
……	……					
总分	100%					

（3）预期的审计结果所带来的价值是否大于审计成本。审计人员应当统筹考虑被审计单位或项目的价值,基于国家机关、审计机关等各个领域部门的长期战略目标和总体规划,考虑成本效益原则,确定最终审计计划中的绩效审计项目。

二、确定审计小组

审计小组是由审计机构派出的,代表各审计机构行使审计职责与权限,为完成审计任务而组成的临时组织。审计小组一般由审计小组组长和其他成员组成,并实行组长负责制。

通常情况下,审计小组的确定需要考虑两方面内容:①专业胜任能力;②独立性。专业胜任能力是指审计组应当合理配备审计人员,确定审计小组,确保其在整体上具备与审计项目相适应的胜任能力,并且,审计小组组长应当能够有统筹全局,对被审计单位或项目的绩效信息有足够的理解和判断能力。一般来说,审计项目越重大,对审计小组组长和成员的专业胜任能力的要求就越高,对审计人员的数量和级别要求也越多,审计小组应当根据审计项目的性质、特点和范围要求来组建。独立性是审计人员在执行审计项目时所必须遵守的基本要求。审计人员应当保持形式上和实质上的独立性。

三、送达审计通知书

审计通知书是审计人员在实施绩效审计之前与被审计单位沟通的媒介,审计通知书的作用可以归纳为以下两点:①对于审计机构而言,被审计单位在审计项目实施前根据审计通知书做好准备,可以提高审计效率,降低审计成本;②对于被审计单位而言,预先通知可以让被审计单位做好必要的安排,使组织的正常经营业务不因审计而受到影响。另外,实施审计时,审计人员应尽量做到不影响正常业务。

审计通知书的主要内容包括:①被审计单位名称;②审计依据、范围、内容和方式;③审计起始日期和预计终结日期;④审计组组长及成员的名字、职务;⑤审计点的地理分散程度;⑥被审计事项在被审计单位(行业)中的敏感程度;⑦对被审计单位提出配合审计工作的要求;⑧对被审计单位提出自查要求。

【例3.2】表3.2为政府绩效审计通知书模板①,方框内为通知书内容说明。

表3.2 政府绩效审计通知书模板

(审计机关名称)
审计通知书
×审×通〔××××〕×号

×××××××关于审计××××××绩效情况的通知

××××××××:

根据《中华人民共和国审计法》第×条规定和××××年度工作计划 依据 ,我厅(局)决定派出审计组,自××××年×月×日起 审计起始日期 ,对××××××× 被审计单位名称 ××××年至×××

×年×××××××绩效情况进行审计 审计范围和内容 ,必要时将延伸审计其他年度或审计(调查)相关单位。接此通知后,请予以配合,并提供有关资料和必要的工作条件 对被审计单位提出配合审计 工作的要求 。你单位负责人应对所提供资料的真实性和完整性负责。

审计组成员:×××(组长)、×××(副组长)、×××(主审)、×××(联络员)、×××、×××、×××、×××、×××、×××。 审计组织及成员的姓名、职务

××××年×月×日

---

① 根据以下资料改编:赵耿毅.绩效审计指南[M].北京:中国时代经济出版社,2011:18-19.

四、审前调查

通常来说,在选择绩效审计项目时,审计人员已经通过一些渠道了解并掌握了绩效审计项目的部分信息和情况,但是这些信息往往还不足以支撑制订具体审计方案。因此,在选择了绩效审计项目后,审计人员还需要了解被审计单位及其相关情况,为具体审计方案的制订奠定基础。这一了解过程不属于为了获取审计证据而实施的调查活动,可以称为审前调查。

审前调查的主要目的是获取被审计单位或项目足够的信息和资料,用以计划审计工作。因此,审计人员应当以所获取的信息是否满足计划审计工作为依据,判断审前调查是否执行妥当。

审前调查所了解的主要内容包括但不限于以下几点:①单位类型、组织结构及其主要职责范围,审计涉及的主要机构及其职责、人员结构情况。②与审计事项有关的法律法规、政策及其执行情况。③财政财务管理体制、业务管理体制、业务流程以及有关财政财务制度。④财政财务数据资料、业务活动及其执行分析报告,项目进展情况,资金拨付进度。⑤管理分配的财政专项资金等政府性资金的类型、规模、结构、投向情况,计划编制,分配原则、审批程序及资金的使用范围、管理办法等。⑥财政财务及业务信息系统、电子数据情况。⑦项目可行性研究报告、项目申报文本、项目评审资料、项目验收报告等资料的健全完整性和可获取性。⑧相关内部控制及其执行情况。

审前调查常用的方法主要包括询问、检查记录或文件、观察和分析程序等,以下对这几种方法进行简要的说明。①询问,主要是指审计人员通过口头询问、面谈或座谈会等方式,与被审计单位或项目相关的单位职员、项目负责人、领导干部等进行会谈和讨论,以此了解被审计单位或项目的相关情况。②检查记录或文件,主要是指审计人员通过检查和阅读相关记录和书面文件,查阅内部和外部的研究报告、工作计划、新闻报道和以前的审计报告等,以此了解被审计单位或项目的相关情况。③观察,是指审计人员到被审计单位或项目现场进行查看,实地了解项目进程和业务环境状况,便捷可靠地了解被审计单位或项目的相关情况。④分析性程序,是指审计人员通过数据分析的方式,准确地分析被审计单位或项目的变化趋势与数据分析差异,以此了解被审计单位或项目的相关情况。值得一提的是,随着信息技术的发展和数据时代的到来,计算机辅助审计技术、大数据技术等都可以有效地辅助数据分析,在降低审计成本的同时,提高了审计效率。

五、制订审计计划

绩效审计计划一般包括审计工作方案和审计实施方案。通常来说,审计工作方案主要针对大型审计项目,这种审计项目可能由高层领导或者上级审计机关组织,由多个审计小组实施审计。此时,审计工作方案由高层领导或上级审计机关编制,各审计小组根据上级审计机关制订的审计工作方案,再结合对被审计项目的进一步调查研究获取的信息,编制绩效审计实施方案。

(一)制订审计工作方案

绩效审计工作方案一般包括审计目标、审计范围、审计内容和重点、审计工作组织安排、审计工作要求等。相比于传统的财务报表审计计划,绩效审计工作方案更加侧重于对审计总体目标的定位和实施范围的统筹考量,具有较强的指导性和适用性,能够确保审计实施方向的统一。

绩效审计工作方案的基本要素可以概括为以下三点:①审计的基本思路和总体目标。审计人员应当结合绩效项目本身的要求,对被审计对象进行调查研究,在学习和收集相关资料的基础上,初步确定审计的主导思路和总体目标。②界定审计的内容与重点。审计人员应当以审计总体目标为导向,通过调查,了解并分析被审计单位或项目的背景、管理方式、内部控制情况以及外部环境等相关信息,确定审计所涉及的主要被审计对象、审计重点以及恰当的审计评价标准。③审计工作安排。在确定好审计工作重点内容后,审计人员应当根据审计的重点内容,恰当地安排审计项目团队成员、工作时间安排以及具体的工作要求。另外,审计工作方案可以采用文字描述的形式,也可以采用表格的形式。

【例 3.3】××市审计局 2018 年绩效审计工作方案(略作删减)如表 3.3 所示。方框内为工作方案内容说明。

表 3.3 ××市审计局 2018 年度绩效审计工作方案

××市审计局 2018 年度绩效审计工作方案

按照××市审计局 2018 年度审计项目计划安排,为做好 2018 年度绩效审计工作,根据《中华人民共和国国家审计准则》第四十七条及第四十九条的规定,制订本工作方案。

一、审计目标 审计的基本思路和总体目标

为深入贯彻落实党中央对审计工作的部署要求和××市《政府工作报告》"强化财政绩效评价,规范专项资金管理,提高财政资金使用效益"的要求,以供给侧结构性改革为重点,聚焦政策效应、资金效益和管理效能等领域,加大对政策落实、财政扶持、公共服务、资源环境等项目和资金的审计力度,监督检查政策执行、资金使用、项目实施和管理等情况,对政策措施落实情况和资金使用的合规性、经济性、效率性和效果性进行分析评价。

二、审计内容与重点 界定审计的内容与重点

2018 年绩效审计要认真贯彻落实中央审计委员会第一次会议精神,各绩效审计项目要以供给侧结构性改革为重点,以财政专项资金收支情况为主线,重点围绕政策落实、资金使用、项目管理、资源环境等方面进行审计和绩效评价,特别是要加大对党中央重大政策措施贯彻落实情况的跟踪审计力度,加大对经济社会运行中各类风险隐患的揭示力度,加大对重点民生资金和项目的审计力度,及时揭示和反映经济社会各领域的新情况、新问题、新趋势。

······

三、工作安排 审计工作安排

(一)组织分工。

2018 年市本级绩效审计由市审计局统一组织,各直属专业局和各业务处室具体实施。综合处负责制订绩效审计工作方案和汇总撰写审计工作报告,审理处负责监督各审计项目审计质量并做好审理工作。各业务处室科学配置现有审计力量,打破分工界限,加强与其他处室、其他专业的融合,认真开展工作并按时出具审计报告。

(二)时间安排。

第一阶段,从 2018 年 7 月 1 日起,各审计组按照项目分工,开展审前调查工作,摸清基本情况,确定审计重点,并按照项目计划,组织审计项目的实施。2018 年 9 月 30 日前结束现场审计,10 月 30 日前出具正式审计报告。

第二阶段,综合处根据各审计组提交的审计报告和《绩效审计项目综合台账》进行汇总,并于 11 月 15 日前将草拟好的 2018 年度绩效审计工作报告、工作报告解读稿,同时提交局领导审议。

(三)工作要求

1.围绕中心,突出审计重点。

续表

2.创新方式,提升审计层次。
3.精心组织,提高审计时效。

××市审计局

2018 年××月××日

(二)制订审计实施方案

绩效审计实施方案中的审计目标和审计范围在年度审计项目计划和审计工作方案中已经明确,考虑到审计资源已经基本配置完毕,审计目标和范围一般不会有重大变化,因此审计实施方案的重点在于确定重要的审计事项并对其制定应对策略。以下为制订审计实施方案的主要步骤。

首先,审计人员应在对被审计单位及相关情况进行充分调查的基础上结合评价标准,比较差距,确定问题,根据重要性判断标准,将重要性问题确定为审计事项并制定应对策略。在评估重要问题存在的可能性时,审计人员需要考虑法律、法规、政策和方针、会计准则和会计制度等事先确定的审计标准。

其次,在确定审计应对措施阶段,审计人员需要从以下几个要素入手,制定可行的审计应对措施:①评估对内部控制的依赖程度,确定是否及如何测试相关内部控制的有效性;②评估对信息系统的依赖程度,确定是否及如何检查相关信息系统的有效性、安全性;③确定主要审计步骤和方法;④确定审计时间;⑤确定执行的审计人员;⑥其他必要措施。

另外,审计实施方案并非一成不变,其随着审计实施过程中遇到的不同情况的变化而变化。一般而言,如若遇到下列情况之一,审计人员应当考虑及时调整审计实施方案:①年度审计项目计划、审计工作方案发生变化;②审计目标发生重大变化;③重要审计事项发生变化;④被审计单位及相关情况发生重大变化;⑤审计组人员及分工发生重大变化;⑥其他需要调整的情况。

第三节　审计实施阶段

在绩效审计实施阶段,审计人员应当围绕审计实施方案,详细调查了解被审计单位或项目的情况,进入收集审计证据的实质性环节。因此,这一阶段的主要任务就是灵活运用各种审计取证方法,对审计证据进行收集和评价,主要分四个步骤:①明确影响审计取证方法的因素;②确定审计取证方法;③进行审计现场取证,编制审计工作底稿;④复核审计工作底稿。

一、明确影响审计取证方法的因素

(一)绩效审计取证方法影响因素

为了高效地获取充分适当的审计证据,科学地选取恰当的审计方法显得尤为重要。这就需要审计人员充分考虑审计项目中影响绩效审计取证方法选择的内外部因素,在明确影响因素的基础上选择审计取证方法。这些影响因素如图 3.7 所示。①

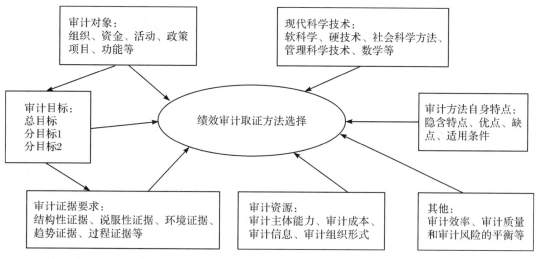

图 3.7 绩效审计取证方法影响因素分析

审计目标是决定绩效审计取证方法选择的首要因素。任何一种审计的实施,都需要首先确定审计目标,并细化成各具体目标,再确定实现各具体目标的审计内容、审计程序和审计方法。因此,审计取证方法是实现审计目标的手段和措施,审计取证方法应服务于审计目标的需求,审计目标的不同会影响审计取证方法选择的不同。

审计对象的性质和范围是绩效审计取证方法选择的决定性因素。审计对象主要涉及"审谁"和"审什么"的问题,不同的审计对象需要采取不同的审计取证方法。并且,审计对象还会通过影响审计目标来间接影响审计取证方法的选择,因此,审计人员在确定取证方法前,应先确定审计对象的性质、范围和内容。

审计证据的性质要求对绩效审计取证方法选择有一定的影响。审计目标决定了审计证据的性质,不同的审计目标需要不同的审计证据,不同的审计证据需要特定的审计方法来收集和分析。审计证据的类型大致可分为实物证据、口头证据、文件证据和分析证据。这些证据由于其性质、存在形式、获取途径等因素的不同,需要匹配特定的方法来获取和收集。

审计资源状况可能会影响一些绩效审计取证方法的应用。审计资源状况是指审计项目组在进行审计过程中所拥有的一切要素的总称,主要包括人力资源、财务资源、有形资产资源、无形资产资源等。这些资源都影响着审计人员选择取证方法时需要考虑的技术能力、专业能力、设备设施等因素,因此影响审计取证方法的应用。

取证方法自身的假定及特征也会影响绩效审计取证方法的选择。审计取证方法的选择与应用都伴随着各种假定,如若这些假定不存在或者失效,就会影响这些方法的使用。例如,函证法的基本假设是第三方存在且第三方的答复是真实可靠的,抽样法的基本假设是被查总体中的每一个项目都能代表总体特征且被抽中的机会相等。

现代科学技术拓宽了绩效审计取证方法的广度和深度。现代科学技术主要包括计算机

① 根据以下资料改编:郑石桥.绩效审计方法[M].2 版.大连:东北财经大学出版社,2017:105-106.

技术、大数据技术、回归分析、聚类分析、数据包络分析等多学科与审计交叉协同技术,这些技术的蓬勃发展为绩效审计取证方法的选择提供了更加高效、精准的工具。

除了上述因素外,还有其他如环境因素、时间因素、组织结构因素等也会影响取证方法的选择,审计人员在选取审计取证方法前,都需要对此加以考虑,明确各影响因素对取证方法可行性、可操作性的影响,为后续选择正确的取证方法提供帮助。

(二)判断影响因素的主要步骤

明确审计对象的性质。我国绩效审计的主要对象可以分为部门基本支出、专项资金支出、基本建设项目支出和政策执行情况。一般情况下,审计人员主要围绕经济性、效率性和效果性等审计目标确定各审计对象的具体审计内容。

确定审计目标、审计事项和证据形式。为了使审计目标对审计项目的执行具有指导性,审计人员应当对审计项目的审计目标进行分解。首先,将审计项目总目标分解成若干个子目标,然后再将这些子目标逐个分解为若干个具体的小目标。这一分解过程能够帮助审计人员理解在审计目标要求下所需完成的审计事项,以及所需收集的信息和证据,有效地推进审计实施的进程。一般而言,不同的审计事项所需的审计证据有所不同,由此导致所选取的审计取证方法也有所不同。当项目以真实合法性目标为主时,一般对证据的证明力要求较高,需要的证据一般是结论性证据,这些证据通常通过盘点、函证、复算、文件查询、文件查阅、专家咨询等方法获得;当审计目标是经济性、效率性、效果性时,需要更多说服性证据,这些证据通常采用观察、询问、座谈访谈、统计分析、问卷调查、分析性测试等方法获得。另外,同一目标可能具体体现为不同的审计事项,不同审计事项需要的审计证据的类型也会有所不同,进而导致选择的审计取证方法也会有所不同。

表3.4举例说明了绩效审计中审计对象、审计目标、审计事项与证据之间的关系。

表 3.4 审计对象、审计目标、审计事项与证据之间的关系

绩效审计对象	审计目标	审计事项(例子)	证据(例子)
部门基本支出	经济性	行政成本问题,如人、财、物有无损失浪费	部门支出情况汇总表
	效率性	行政服务的效率	问卷调查与访谈记录
	效果性	部门职责的完成情况	问卷调查与访谈记录
专项资金支出	经济性	资金收支结构的合理性、有无截留、挪用等情况	资金滞留情况、收入支出情况
	效率性	以专项资金为载体的管理活动的内部控制情况	抽样测试情况表
	效果性	受益群体满意度等	问卷调查与访谈记录
基本建设项目支出	经济性	有无小项目大预算的情况	项目预算报告、项目资金支出、汇总表等
	效率性	可行性研究的科学性;是否存在虚假立项、重复立项	项目立项书、可行性研究报告
	效果性	是否对地区收入、技术进步、国家经济发展等方面产生影响	关键指标改善情况

续表

绩效审计对象	审计目标	审计事项（例子）	证据（例子）
政策执行情况	合规性	关注政策的公平性、合理性；分析违反政策的原因	相关政策文件
	效率性	有关部门是否及时、高效贯彻执行相关政策规定	政策落实覆盖率
	效果性	政策实施效果，例如：扶贫政策的实施效果	关键指标改善情况

二、确定审计取证方法

（一）主要的绩效审计取证方法

与第二章关注审计评价方法（除分析性程序外）不同。《中华人民共和国国家审计准则》第九十二条规定了七种审计取证方法，具体包括：①检查，是指对纸质、电子或者其他介质形式存在的文件、资料进行审查，或者对有形资产进行审查；②观察，是指察看相关人员正在从事的活动或者执行的程序；③询问，是指以书面或者口头方式向有关人员了解关于审计事项的信息；④外部调查，是指向与审计事项有关的第三方进行调查；⑤重新计算，是指以手工方式或者使用信息技术对有关数据计算的正确性进行核对；⑥重新操作，是指对有关业务程序或者控制活动独立进行重新操作验证；⑦分析，是指研究财务数据之间、财务数据与非财务数据之间可能存在的合理关系，对相关信息作出评价，并关注异常波动和差异。

绩效审计取证方法除了上述七种传统方法外，还有比较灵活的取证方法，如：访谈法、观察法、调查法、第三方信息收集、文档和实物证据法以及审计调查表法等。以下对这几种方法进行简要介绍。

（1）访谈法，主要是指在审计过程中审计人员开展的各种不同形式的访谈。其中包括结构化访谈、非结构性访谈法、认知图法、专题座谈法、头脑风暴法以及邮寄访谈法和电话访谈法。表3.5为主要访谈法简介。

表3.5 主要访谈法简介

方法	主要方式	优点	不足
结构化访谈法	设计一个详细的访谈提纲，采用相同的措辞和提问顺序进行访谈	• 访谈结果方便量化统计 • 较高的反馈率 • 应用范围广泛 • 可选择性地进行深入调查	• 访谈技巧性高 • 访谈成本高 • 对于敏感性问题存在访谈结果失真的风险
非结构化访谈法	参考一个访谈指南，以指南中的例子为参考对象进行访谈	• 访谈自由度高 • 易于根据答复深入探讨 • 适用于复杂项目	• 访谈耗时长 • 数据分析工作量大 • 访谈结果难以量化
认知图法	以思维导图、概念地图、认知地图等方式探讨阻碍目标实现的因素	• 工作重心不偏离审计目标 • 快速理清审计思路	• 需要有两个访谈者 • 需要有绘图设备 • 对访谈者有专门的技能要求

续表

方法	主要方式	优点	不足
专题座谈法	组织各领域专业人士参加座谈会,让参会者对各自的观点进行讨论与比较	· 成本低 · 能优化调查问卷	· 需要协调者 · 存在参会者缺乏讨论动力的问题
头脑风暴法	刺激并鼓励一群在各自专业领域有所成就的人畅所欲言,开展集体讨论	· 激励参会者表达各种思想 · 有助于知识传播	· 存在参会者缺乏讨论动力的问题 · 过度发散
邮寄访谈法和电话访谈法	利用信件、电话等工具进行非面对面的远程访谈	· 满足匿名心理 · 有利于敏感性问题的提问	· 反馈率低 · 工作量大 · 可靠性不足

(2)观察法,主要是指通过靠近特定的对象来了解正在发生的事情,包括参与式观察法以及非参与式观察法。表 3.6 为主要观察法简介。

表 3.6 主要观察法简介

方法	主要方式	优点	不足
参与式观察法	根据现场情况采取公开观摩、佯装采买等方式观察	· 信息来源丰富	· 易于干扰被审计单位正常生产经营 · 易于丧失客观性
非参与式观察法	根据现场情况采取暗中观察、公开照相等方式观察	· 信息来源丰富 · 结构性强	· 观察范围有限 · 不易操作

(3)调查法,主要是指审计人员通过案例调查、准实验(实地)调查和问卷调查等方式获取问题导向型绩效审计证据的方式,其适用于从大量人员中取得某一具体问题的量化信息。表 3.7 为主要调查法简介。

表 3.7 主要调查法简介

方法	主要方式	优点	不足
案例研究调查法	将整个审计项目作为一个案例调查项目,或者针对其中某一个审计事项开展案例调查	· 对复杂性问题进行深度分析和对比 · 证实更广泛的研究结果	· 受到抽样风险的影响 · 难以作出对问题的频率、程度的陈述
准实验(实地)调查	随机分配主体作为实验组和控制组,实验组接受处理,控制组不作处理,将两组进行成果对比	· 避开外部因素的评价干扰	· 缺乏高度的科学严谨性
问卷调查调查法	通过问卷的方式,调查受益对象的满意程度	· 节省时间 · 调查结果可量化统计 · 信息较为可靠	· 问卷设计难度大 · 问卷回收率不稳定

(4)第三方信息收集,主要是指在绩效审计过程中,审计人员从被审计单位以外的第三方获取的、作为绩效评价依据和标准使用的外部信息。主要的第三方信息来源有以下几个方面:一是国家法定职能部门定期公布的信息;二是行业主管部门提供的信息;三是各种科

研机构和民间组织提供的信息;四是社会中介机构提供的信息;五是国际组织和其他权威人员提供的信息。表3.8为第三方信息收集简介。

表3.8　第三方信息收集简介

方法	主要方式	优点	不足
第三方信息收集	审计人员从被审计单位以外的第三方获取的、作为绩效评价依据和标准使用的外部信息	· 相比于内部信息,独立性强 · 信息来源广泛	· 需要强信息处理能力

(5)文档和实物证据法,是指从文本或者其他物质来源处获取有关信息的方法,其中包括历史文档法、实时文档法和实物证据法。表3.9为主要文档和实物证据法简介。

表3.9　主要文档和实物证据法简介

方法	主要方式	优点	不足
历史文档法	获取的证据来自装订好的文档资料	· 工作量小 · 节约时间	· 数据不全面 · 证据可能过时
实时文档法	获取的证据来自第三方向审计人员现场出具的文档资料	· 成本低 · 证据价值高	· 依赖被审计单位配合度 · 证据可靠性难以判断
实物证据法	获取的证据来自审计现场的物体	· 价值非常高的定性证据 · 可靠性强	· 可能缺乏代表性 · 不利于移动

(6)审计调查表法,是指审计人员通过调查表的方式获取相关信息,以此获取评价一个项目效果的有价值的资料。表3.10为主要审计调查表法简介。

表3.10　主要审计调查表法简介

方法	主要方式	优点	不足
主要审计调查表法	审计人员通过调查表的方式获取相关信息,以此获取评价一个项目效果的有价值的资料	· 相比于访谈和内部调查,工作量小 · 节约时间	· 灵活性不强

(二)绩效审计取证方法确认原则

在审计实施阶段,为了正确地选择绩效审计取证方法,针对不同的审计项目,审计人员应遵循以下四项原则。

(1)适应性原则。选择的审计取证方法不仅要与不同的审计对象、不同审计对象的不同审计目标相适应,要与被审计项目的进程相适应,要与审计人员的专业素质能力相适应,而且也要与审计项目组的组织结构相适应。只有在恰当的阶段、恰当的场合,针对恰当的对象应用恰当的审计方法,才会得到预期希望得到的效果。

(2)经济性原则。在选择绩效审计方法时,审计人员应结合审计资源和审计主体能力,考虑成本效率因素,合理控制审计成本。审计机关在执行绩效审计工作时,要促进政府各部门和事业单位在使用公共资金时讲求经济性、效率性和效果性,为建设节约型社会提供保障。企业集团内部审计在执行绩效审计工作时,要控制审计成本,使每一分审计经费都花得经济。

（3）系统性原则。审计人员要将选择审计取证方法作为一个系统工程来看待。首先，审计方法有自己的系统结构，且具有层次性、开放性；其次，各种方法相互依存、相互作用；最后，各种审计方法受环境的影响，有自己的适用范围，都能实现一定的子目标，各子目标互相作用，为实现终极目标服务。因此，审计人员应以系统全局观布局整个审计过程，避免不必要的重复工作和资源浪费，最终实现审计方法实施"1＋1＞2"的效果。

（4）创新性原则。绩效审计取证方法强调创新审计职业思维，其对新技术、新方法、新思想有着较高的接纳度。审计人员在选择取证方法时也需要积极汲取先进理念和思想，不拘泥于传统落后的审计取证方法，构建以创新审计思维为核心、创新审计技术方法为基础、创新组织管理模式为保证的与时俱进的绩效审计方式架构，推动绩效审计适应新的环境，实现新的审计目标和审计定位。

（三）确定绩效审计取证方法的主要步骤

（1）考虑审计方法的自身特点。在明确了影响审计取证方法的各项因素后，根据确定的审计目标和审计事项，审计人员需要清楚了解各审计取证方法的使用范围和优缺点。一般而言，传统的绩效审计取证方法在审计实施阶段可以因地制宜地采用，而相对较灵活的非传统取证方法是否应当实施是审计人员主要考虑的问题。表 3.11 总结归纳了非传统绩效审计方法的适用范围。

表 3.11　绩效审计取证方法适用范围

绩效审计取证方法		主要适用范围
访谈法	结构化访谈法	需要获得补充信息和专业认识
	非结构化访谈法	
	认知图法	
	专题座谈法	
	头脑风暴法	
	邮寄访谈法和电话访谈法	
观察法	参与式观察法	需要深入了解某些程序如何运作
	非参与式观察法	存在舞弊、作假嫌疑的项目
调查法	案例研究调查	问题导向型绩效审计
	问卷调查	需获取大量公允信息项目，如民生类绩效审计
	准实验（实地）调查	问题导向型绩效审计
第三方信息		需要获得标准且证明力度强的证据
文档和实物证据法	历史文档法	审计初始阶段
	实时文档法	敏感性的项目
	实物证据法	需要获得标准且证明力度强的证据
审计调查表		需要获得补充信息和专业认识

（2）考虑资源能力和风险承受能力。在综合考虑审计方法优缺点的基础上，审计人员应该合理配置资源，并充分考虑审计人员的能力以及审计经费的限制。如果某一审计事项要求高，评估的可接受风险低，就应该选择更恰当的审计方法；如果有的审计事项要求低，选择保证程度较低的审计方法也未尝不可。但是，审计人员需要综合考量，将审计风险控制在可接受的范围内。

（3）确定审计取证方法。最终，审计人员可以根据上述步骤，一步一步地确定审计取证方法。值得一提的是，随着审计的实施，审计取证方法并非一成不变，其会根据新的需求不断地被重新选取，用于获取不同的审计证据。

三、进行审计现场取证，分析和评价审计证据

在选择恰当的审计取证方法后，审计人员应当在审计项目现场，通过实施审计取证方法获取审计证据，并应用适当的方法对绩效审计证据进行分析和评价。具体的现场审计实施流程如图3.8所示。

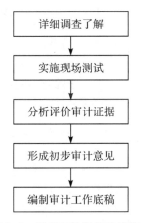

图3.8　绩效审计现场实施流程

在详细调查了解阶段，审计人员为实现审计目标需对被审计单位的具体情况作进一步的详细调查了解，具体了解内容与审前调查中的内容类似，但调查了解深度应更加深入。在实施现场测试阶段，审计人员应当根据实施方案确定测试重点，利用审计取证方法进行现场取证，对获取的证据所体现出的问题进行原因分析。在分析评价审计证据阶段，审计人员应当依据绩效审计标准与审计证据比较的结果，提出审计发现，并探究审计发现的前因后果，最终得出初步的审计结论与建议。

四、编制审计工作底稿

审计工作底稿是在开展审计工作、收集审计证据的过程中，根据获取的审计证据，对审计项目中存在的绩效问题等对审计结论会产生重大影响的事项的及时记录。审计工作底稿的书写应当以审计证据作为基础，而审计工作底稿又能为最终的绩效审计报告提供支撑依据。在绩效审计实施的过程中，审计人员应当根据审计实施情况编制审计工作底稿，为之后绩效审计报告的出具提供保障。

【例3.4】表3.12为固定资产投资项目绩效审计的主要内容和审计工作底稿目录。[①]

表3.12　固定资产投资项目效益审计主要内容与审计工作底稿目录

审计事项	审计工作底稿
固定资产投资项目必要性	固定资产投资项目必要性绩效审计流程表 固定资产投资项目背景和必要性分析 宏观经济效益
固定资产投资项目规模和工艺方案	固定资产投资项目规模和工艺方案效益审计流程 固定资产投资项目规模合理性确认表 固定资产投资项目最优工艺方案 设备的选择与工艺要求相协调确认表 设备的购置决策经济有效性确认表 设备可靠性和技术资料完整性确认表
固定资产投资项目设计方案	固定资产投资项目设计方案效益审计流程表 固定资产投资项目选址 三废处理设计合规性确认表
固定资产投资项目经济效益和社会效益测算评价	固定资产投资项目经济效益和社会效益测算评价流程表 固定资产投资项目经济效益指标的测算 固定资产投资项目的社会效益评价 固定资产投资项目的宏观经济效益评价
固定资产投资项目投资额	固定资产投资项目投资额效益审计流程表 原投资额、新增投资与固定资产投资项目规模 投资方案的投入量与产出量计算 投资方案的概预算与社会平均成本
固定资产投资项目工期进度	固定资产投资项目工期进度效益审计流程表 单项工程设计工期完成度 房屋建筑物面积竣工率 未完工程投资占有率
固定资产投资项目完成质量	固定资产投资项目完成质量效益审计流程表 质量管理制度和质量内部控制制度 固定资产投资项目质量等级
达到设计能力状况	达到设计能力状况的绩效审计流程表

第四节　审计报告阶段

一、复核审计工作底稿

审计工作底稿作为绩效审计结论和绩效审计报告出具的依据和基础,对审计质量产生了很大的影响。在出具审计报告前,审计工作底稿需要被复核,以此保证审计结论的准确

---

① 根据以下资料改编:李三喜,李春胜,徐荣才.经济效益审计精要与案例分析[M].北京:中国市场出版社,2006:305-353.

性,通常由审计小组中经验丰富的组长复核审计经验低的人员的审计工作底稿。审计工作底稿一经复核审定,就不得随意增删或修改,如果必须要有变动,应当另行编制审计工作底稿,并说明变动的理由。

一般而言,现场审计中,审计人员复核审计工作底稿的内容主要有以下几点(见表 3.13)。

表 3.13 复核审计工作底稿内容

· 使用法律、法规、规制是否准确
· 审计工作方案和审计实施方案确定的具体目标是否实现
· 审计证据是否适当、充分
· 审计步骤和方法是否执行
· 审计结论是否恰当
· 其他有关重要事项等

如果针对以上几点,审计工作底稿不能给出肯定的答复,则表明绩效审计并未达到预期目标,需要相关审计人员作出说明或重新审计。

二、与被审计单位沟通

在获取了审计证据并对审计证据进行评价和分析后,审计人员能够得出初步的审计结论,并提出初步的审计建议。在综合分析了审计工作底稿以及相关资料的基础上,审计人员能够依据得出的结论和意见编制审计报告初稿,并与被审计单位沟通。

与被审计单位沟通是审计报告阶段非常关键的一环。如果被审计项目所属单位对审计发现的某些关键性问题、审计的结果等提出不同的看法,审计项目组就应该与他们交换意见,必要时再与上级人员再次沟通。在审计项目组与被审计项目所属单位之间充分交换意见后,如若必要,审计人员可以对审计报告初稿进行修改,之后再交由上级领导或管理层审批。在上级领导或管理层对审计报告初稿进行审批后,审计项目组人员再拟定审计报告。

三、审定审计报告

根据《中华人民共和国国家审计准则》第五章的规定,在审计报告出具之前,还需要对审计报告进行严格的分级复核。国家审计机关的职能部门设置相对健全并各司其职,因此审计复核制度较为规范,具体步骤如下。

首先,审计项目组组长应当确认审计工作底稿和审计证据已经审核,并从总体上评价审计证据的适当性和充分性。

其次,审计项目组应当将下列材料报送审计机关业务部门复核:①审计报告;②审计决定书;③被审计单位、被调查单位、被审计人员或者有关责任人员对审计报告的书面意见及审计组采纳情况的书面说明;④审计实施方案;⑤调查了解记录、审计工作底稿、重要管理事项记录、审计证据材料;⑥其他有关材料。

在审计机关业务部门复核过程中,应当对下列事项进行复核,并提出书面复核意见:①审计目标是否实现;②审计实施方案确定的审计事项是否完成;③审计发现的重要问题是否在审计报告中反映;④事实是否清楚、数据是否正确;⑤审计证据是否适当、充分;⑥审计评价、定性、处理处罚和移送处理意见是否恰当,适用法律法规和标准是否适当;⑦被审计单位、被调查单位、被审计人员或者有关责任人员提出的合理意见是否采纳;⑧需要复核的其他事项。

再次,在审计机关业务部门完成复核工作后,其应当将复核修改后的审计报告、审计决定书等审计项目材料连同书面复核意见,报送审理机构审理。审理机构以审计实施方案为基础,重点关注审计实施的过程及结果,主要审理下列内容:①审计实施方案确定的审计事项是否完成;②审计发现的重要问题是否在审计报告中反映;③主要事实是否清楚、相关证据是否适当、充分;④适用法律法规和标准是否适当;⑤评价、定性、处理处罚意见是否恰当;⑥审计程序是否符合规定。

在审理机构实施审理工作过程中,其应当就审理发现的相关事项与审计组及相关业务部门进行沟通。必要时,审理机构可以参加审计项目组与被审计单位交换意见的会议,或者向被审计单位和有关人员了解相关情况。如果在审理过程中遇有复杂的问题,经审计机关负责人同意后,审理机构可以组织专家进行论证。审理机构审理后,应当出具审理意见书,并且可以根据情况采取下列措施:①要求审计组补充重要审计证据;②对审计报告、审计决定书进行修改。

最终,审理机构将审理后的审计报告、审计决定书连同审理意见书报送审计机关负责人。根据规定,审计报告、审计决定书原则上应当由审计机关审计业务会议审定;特殊情况下,经审计机关主要负责人授权,也可以由审计机关其他负责人审定。经审定的审计报告,由审计机关负责人签发。图3.9为绩效审计报告分级复核流程。

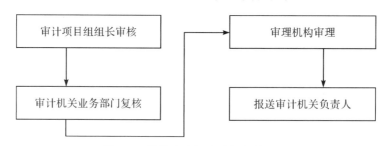

图3.9 绩效审计报告分级复核流程

四、发布审计报告

主题讨论3.1
编写绩效审计报告的一般要求

拓展资源3.2
不同国家的绩效审计报告

审计结果公开是实现绩效审计目标的最有效方法之一。由于绩效审计所反映的不经济、低效率、成果不佳等问题需要及时纠正,揭露和反映这些问题的目的通常也不是为了纠正该问题本身,而是为了采取补救措施和防范再次出现这类问题,其重点更多在于对被审计项目的责任主体和人员进行训诫和问责。因此,通过审计报告的发布与公开,能够形成警示和问责的环境氛围,督促被审计项目的责任主体和相关人员进行整改。

根据《中华人民共和国国家审计准则》的规定,审计机关的审计报告(审计组的审计报告)包括下列基本要素:①标题;②文号(审计组的审计报告不含此项);③被审计单位名称;④审计项目名称;⑤内容;⑥审计机关名称(审计组名称及审计组组长签名);⑦签发日期(审计组向审计机关提交报告的日期)。

不同国家对绩效审计报告的内容要求各有不同,目前并未有一个公认适合各种情况的绩效审计报告模板。审计人员通常根据被审计对象的性质、内容和结果来确定绩效审计报告的内容。大多数情况下,绩效审计报告采用详式审计报告进行表达,描述被审计单位或项目的业务状况、评价标准、存在问题以及改进的建议。

政府绩效审计报告模板如表3.14所示。[①]一般来说,绩效审计报告主要包括以下几项内容。

表 3.14　绩效审计报告模板

(审计机关名称)
×××项目绩效情况的审计报告(或专项审计调查报告)
×审×通〔××××〕×号

根据《中华人民共和国审计法》第×条的规定和年度工作计划,我厅(局)派出审计组,自×××年×月×日至×××年×月×日,对×××××(被审计单位名称或事项名称)×××年至××××年×××××××绩效情况进行了审计。××××××××××××××对其所提供资料的真实性和完整性负责,我厅(局)依据审计结果出具审计报告。

一、实施审计的基本情况

××××××××××××××××××××××(简要列明审计实施背景)。本次绩效审计的目标是××××××××××××××××××。审计实施的范围、重点内容主要是:××××××××××××××××××。

本次审计所采用的评价标准主要有××××××××××××××××××××××。审计组采用的审计方法有×××、×××、×××等。

二、被审计单位(事项)基本情况

××。

三、审计评价意见

××。

××。

四、审计发现的主要问题及审计意见

(一)绩效审计方面或缺陷的事实、原因及可能产生的影响或造成的后果,以及提出的纠正意见

××。

(二)违反国家财经法律的问题及处理意见

××。

五、审计建议

××。

××××年×月×日

---

①　根据以下资料改编:赵耿毅.绩效审计指南[M].北京:中国时代经济出版社,2011:20-22.

（1）审计依据。即实施审计所依据的法律法规的具体规定。

（2）实施审计的基本情况。包括审计实施背景，审计的目标、范围、重要内容、时间，实施审计所采用的审计评价标准和审计方法，审计人员无法实施某项重要审计程序的原因及影响。

（3）被审计单位（事项）基本情况。一般包括单位类型、组织结构、业务范围、行业特点、职责范围；项目背景或内外部环境情况；财政财务管理体制和业务管理体制；项目资金来源和使用情况；绩效目标；以前年度接受审计的情况等。

（4）审计评价意见。根据审计目标，通过比较审计发现和审计标准之间的差异并作出分析，评价实际的业绩，指出问题、缺陷，以适当、充分的审计证据为基础发表客观公正的评价意见。

（5）审计发现的主要问题及审计意见。主要包括：

绩效审计中发现缺陷的事实、原因及可能产生的影响或造成的后果，以及提出的纠正意见。

被审计单位违反国家规定的财政收支，财务收支行为的事实、定性、处理处罚意见以及法律法规依据；依法需要移送事项的实施和移送处理意见。

对审计发现的重要问题，在审计报告出具前被审计单位已采取纠正措施的，审计组应将纠正情况在审计报告中反映。

（6）针对审计发现的问题，根据需要提出的改进建议。

（7）其他必要内容。

第五节　后续审计阶段

从事绩效审计的主要目的在于促进被审计单位改进管理，因此，绩效审计要发挥作用，就要确保针对绩效审计中发现的问题提出合理适当的对策建议，并确保这些对策建议得到贯彻落实。由此，产生了后续跟踪审计的需要，即审计人员采用跟踪审计的手段，开展绩效审计的后续跟踪检查工作。

一、后续跟踪审计概述

（一）后续跟踪审计的概念

后续跟踪审计是指审计人员下达了审计意见或建议，要求被审计单位对有关问题进行整改，并在报送审计报告后，经过一段合理的时间，审计人员对被审计单位落实整改情况进行的检查监督。通过后续跟踪审计，审计人员主要审查评价被审计单位是否执行了审计建议和意见，是否对审计过程中发现的问题采取了适当的纠正措施，并采取了积极的行动，评价被审计单位采取纠正行动的结果以及针对有关问题的改进是否取得了理想的效果，并按照管理规定向有关单位报告审计结果。

（二）后续跟踪审计的目的

传统的财务收支审计强调面向已经发生的经济活动或事项的监督纠正,较少涉及被审计单位管理体制制度等深层次问题,也较少涉及被审计单位经济决策科学性、经济活动规律性等问题。因此,传统财务审计的后续跟踪审计只需要针对已经发生的违法、违规、违纪问题的处理决定是否得到落实,对有关责任人的责任追究是否到位等,更强调监督。相比较而言,绩效审计主要目的是提高被审计单位的经营管理水平,侧重于发现被审计单位经营管理中存在的缺陷、制度执行不力、决策不科学等问题,其更加强调面向未来的服务功能,更加重视被审计单位对于审计意见和建议的落实整改情况。因此,后续跟踪审计在绩效审计中有着举足轻重的地位,其主要目的包括以下三点:

（1）检查审计结论中所提出的改进意见和建议是否可行并符合实际;

（2）审计结论及提出的改进措施是否被执行,实施的效果如何,审查被审计单位有无未解决或依然存在问题,审计结论中有无不切实际之处致使审计结论未能落实;

（3）修正与客观情况不相适应的审计意见和建议。

（三）后续跟踪审计的意义

对于绩效审计而言,后续跟踪审计对于帮助被审计单位加强整改、维护审计权威和提高审计工作质量等,都具有较为重要的意义。特别是在中央和各省份相继成立审计委员会的大背景下,将促进跟踪审计发挥更大的作用。主要总结概括为以下两点。

主题讨论 3.2
成立中央审
计委员会对
绩效审计工
作的影响

（1）有助于确保审计意见和建议的落实。具体而言,在被审计单位就绩效审计报表作出答复之后的一段时间内,审计人员要开展对审计项目的跟踪检查,以确保绩效审计意见和建议得到落实。在实践过程中,存在被审计单位对落实审计决定、纠正违纪违规问题阳奉阴违的态度。因此,审计人员强化对审计建议落实情况的跟踪检查,有利于促进有关单位和部门认真执行绩效审计结论,确保绩效审计的成效得以充分发挥。

（2）有助于保证审计质量、评价审计效果。具体而言,后续跟踪审计一方面能对审计效果进行检查和评价,促进被审计单位改进管理,提高公共资源使用的效率、效益和效果;另一方面,后续跟踪审计可以对审计质量进行检查和评价,及时总结审计项目执行过程中的经验和教训,不断提高绩效审计质量控制水平。就被审计单位实施情况而言,通过后续跟踪审计,可以督促被审计单位采取积极措施,有效执行审计报告,落实审计建议和意见,从而促进被审计单位改进经营管理,切实发挥绩效审计的作用。就被审计单位整改效果而言,通过后续跟踪审计,可以检查和评定绩效审计项目的质量和效果,为加强审计项目管理和质量控制提供了基础和依据。就审计人员经验教训而言,通过后续跟踪审计,可以全面客观地总结审计经验,为审计人员汲取知识、积累经验和改进审计实务提供有效途径,为学习和发展提供机会。

二、后续跟踪审计步骤

(一)审查阅读被审计单位整改情况说明书

在后续跟踪审计阶段,审计人员应当获取审计整改说明书,取得被审计单位整改措施的书面资料和被审计单位对措施效果的评价和分析报告,以查明被审计单位是否针对审计意见和建议采取了相应的措施。一般而言,审计整改说明书主要包括以下四点内容:①整体整改情况说明;②主要单位、部门的整改责任;③整改措施与成效;④进一步工作计划。

具体而言,审计人员应当从以下三个方面判断整改说明书中说明的审计整改情况。

(1)整改说明书回复内容是否完整具体。如若审计整改说明中的整改说明并不完整,表述含糊不清、语焉不详,那么审计人员就应当考虑审计整改是否落实到位,被审计单位是否存在敷衍塞责的情况。

(2)被审计单位对整改意见是否存在异议或误解。如若被审计单位对绩效审计报告中的问题和意见存在理解偏差,那么将直接导致审计整改的失败,审计人员应当关注是否存在理解差异。

(3)被审计单位是否并未采取任何整改措施。如若审计整改说明书中并未对绩效审计报告中提及的审计意见进行整改说明,那么审计人员就应当进一步分析判断相关事项的整改情况、整改意见的落实情况,并决定现场审查的性质、时间安排和范围。

(二)交换意见

在后续跟踪审计过程中,审计人员应当通过书面、面谈或者电话访谈等方式与被审计单位探讨整改说明书中不完整或未作回复的部分,并对有异议或误解的审计发现或意见进行沟通与澄清。

在交换意见的过程中,审计人员通常主要沟通以下三点内容:一是检查被审计单位已实际采取的纠正措施是否正确,有无不按审计意见整改或者整改了一个问题而又产生新的问题的情况。二是将被审计单位实际采取的纠正措施(纠正措施的运行情况)与审计回复中所述的已经采取的措施(纠正措施的书面记录)相比较,看是否一致、实现程度如何。三是看是否存在审计整改说明中已改正,但实际并未改正的情况,看是否有弄虚作假的行为。

(三)现场审计

在这一环节,审计人员将对绩效审计报告中的重大问题及其意见采纳情况进行现场审计,对此形成审计工作底稿并归档。执行该项审计的时间取决于事项的验证程度和后续跟踪审计的工作环境。为了明确后续现场的审计目标,突出后续现场的审计重点,可以依据后续现场的审计目的,将现场审计重点分为落地整改审查和主动整改审查两个部分。

(1)落地整改审查,主要是指审计人员审查绩效审计报告中提及的重大问题的整改情况,以及意见的采纳情况,主要包括意见落实进度与落实效果:①落实进度。对未整改的问题,审计人员要实事求是地进行分析,查明未整改的原因;对主观故意不进行整改的,审计人员在交换审计意见时要督促其进行整改;对问题严重整改困难的,审计人员要与被审计单位沟通协调,重新制定整改意见。②落实效果。审计人员要重点审查针对重大问题的审计意见的进展效果是否符合预期,是否发挥了真正的作用,为今后的同类型绩效审计汲取经验。

(2)主动整改审查,主要是指审计人员审查被审计单位依据绩效审计报告中未提及的重大问题的主动整改情况,主要审查被审计单位在绩效审计之后的自查与整改情况。重大问题整改具有系统性、协调性、同步性,绩效审计报告中提及的审计意见可能较为主观、片面,难以涵盖整体,被审计单位应当针对重大问题本身,结合实际情况,针对性、系统性地解决重大问题。另外,主动整改并不意味着无须采纳原有的审计意见,更不意味着审计意见的无用性,只是在整个整改过程中发挥被审计单位自身主动性、创造性的更进一步。

(四)报告后续跟踪审计结果

后续跟踪审计报告是后续跟踪审计的工作总结,也是对绩效审计工作效果的反映。后续跟踪审计报告要说明后续跟踪审计的目的、重审以前审计发现的问题和审计建议,概括被审计单位所采取的纠正措施,后续跟踪审计的审查结果,以及审计人员对纠正措施的评价。另外,审计人员在完成后续跟踪审计后,应当认真收集、整理好各类后续跟踪审计证据资料,连同审计报告、领导批示等资料归档管理,以便索引查阅。审计人员应将后续跟踪审计报告提交被审计单位,以便被审计单位管理部门作出进一步的管理决策。

第六节　绩效审计程序在不同主体间的差异

《内部审计具体准则第 2202 号——绩效审计》将绩效审计定义为内部审计机构和内部审计人员对本组织经营管理活动的经济性、效率性和效果性进行审查和评价的过程。与政府绩效审计相比,内部审计在审计程序上存在一定的差异,因此本节对这些差异进行简要的阐述。

一、审计准备阶段

对绩效审计项目选择而言,审计项目负责人应当根据被审计单位的具体情况,筛选出大致可选择的绩效审计项目,需要考虑的基本情况主要包括:①业务活动概况;②内部控制、风险管理体系的设计及运行情况;③财务、会计资料;④重要的合同、协议及会议记录;⑤上次审计结论、建议及后续审计情况;⑥上次外部审计的审计意见;⑦其他与项目审计方案有关的重要情况。随后,审计人员再根据重要性、可行性等原则科学地选择出绩效审计项目。与政府审计不同的是,在选择绩效审计项目的过程中,董事会(总经理)对审计项目选择有着一定的决策权,内部审计部门在一定程度上将听命于董事会(总经理)的决策,还有少数单位为提高内部审计机构的独立性,由董事会直接领导内部审计部门开展绩效审计工作,对绩效审计项目进行选择。

对审前调查而言,内部审计机构在编制年度审计计划前,应当重点调查了解下列情况,以评价具体审计项目的风险:①组织的战略目标、年度目标及业务活动重点;②对相关业务活动有重大影响的法律、法规、政策、计划和合同;③相关内部控制的有效性和风险管理水平;④相关业务活动的复杂性及其近期变化;⑤相关人员的能力及其岗位的近期变动;⑥其他与项目有关的重要情况。

对制订审计计划而言,内部审计项目负责人应当根据被审计单位的下列情况,编制绩效审计方案:①业务活动概况;②内部控制、风险管理体系的设计及运行情况;③财务、会计资料;④重要的合同、协议及会议记录;⑤上次审计结论、建议及后续审计情况;⑥上次外部审计的审计意见;⑦其他与项目审计方案有关的重要情况。与政府审计不同的是,在制订审计计划过程中,内部审计人员应当服从于董事会(总经理)对审计目标的设定,按照审计目标制订具体的审计计划。

二、审计实施阶段

在审计实施阶段,内部审计人员的审计取证方法与政府审计大同小异,主要运用审核、观察、监盘、访谈、调查、函证、计算和分析程序等方法,获取相关、可靠和充分的审计证据,以支持审计结论、意见和建议。随后,内部审计人员再根据工作进程编制审计工作底稿,并在适当的时候与被审计单位沟通。

三、审计报告阶段

对内部审计报告而言,根据《内部审计基本准则第 2106 号——审计报告》中的规定,审计项目组应当在实施必要的审计程序后,及时编制审计报告,并征求被审计对象的意见。如果被审计单位对审计报告有异议,审计项目负责人及相关人员应当对此进行核实,必要时应当修改审计报告。在审计报告经过必要的修改后,审计报告应当连同被审计单位的反馈意见及时报送内部审计机构负责人复核。最终,出具审计报告后,内部审计机构应当将审计报告提交被审计单位和组织的管理层,并要求被审计单位在规定的期限内落实纠正措施。

根据《内部审计具体准则第 4 号——审计工作底稿》中的规定,内部审计部门将建立审计工作底稿的分级复核制度,明确规定各级复核的要求和责任。但与政府审计不同的是,针对具体步骤操作及各级职责,内部审计准则并未作进一步细化规定。在复核过程中,内部审计人员具体应当设置多少个复核级别,主要视审计项目的复杂程度和内部审计部门的人员配置等各种因素而定。在对审计报告进行复核时,应当关注以下几点内容:①是否遗漏了重要事项;②最终的审计结论和建议是否恰当;③审计报告表述是否准确、清晰、易于理解;④与审计结论有关的必要程序是否全部实施,收集的证据是否充分。

对审计报告的发布而言,内部审计部门应当将审计报告呈送至被审计单位和组织的适当管理层以及与业务有直接利害关系的人员手中。与政府审计不同的是,内部审计的绩效审计报告一般无须对外公开,被审计单位管理层应根据可能情况决定是否将审计报告呈送给组织外部的相关机构和人员。

四、后续审计阶段

《内部审计具体准则第 8 号——后续审计》第二条指出,后续审计是指内部审计部门为检查被审计单位对审计发现的问题所采取的纠正措施及其效果而实施的审计。这里的"后续审计"等同于"后续跟踪审计"。

在绩效审计报告出具之后,内部审计人员应当实施后续审计,以监督、保证管理行为得到有效落实,或者评估高级管理层或董事会已经承担了对所报告的审计发现不采取纠正行动而产生的风险。审计负责人应确定后续审计的性质、时间和范围。在确定合适的后续审计程序时,审计人员主要考虑以下几点因素:①所报告的审计发现和建议的重要性;②纠正所报告问题需要的努力程度和费用;③如果纠正措施失败,可能会产生的影响;④纠正措施的复杂性;⑤所涉及的时间期限。

一般而言,内部审计中后续跟踪审计步骤主要为以下几个方面。

首先,管理层对绩效审计建议进行反馈。正常情况下,被审计单位管理层对整个建议需要一段核实和认定的时间,尤其是对重大事项的整改,需要其在谨慎思考和全面衡量后作出反应,其应决定是否按照审计改进措施开展工作。

其次,内部审计人员对管理层的反馈进行评价。管理层可能由于各种原因决定不采取任何改进措施,也可能部分采取审计人员的管理建议,或按被审计单位的具体情况对审计人员的管理建议进行修改后实施改进措施。审计人员应对被审计单位的反馈进行评价,以确定其改进是否恰当。另外,内部审计机构负责人如果初步认定被审计单位管理层对审计发现的问题已采取了有效的纠正措施,可以将后续审计作为下一次审计工作的一部分。

再次,验证改进效果。如果管理层作出的改进措施可以被验证,审计人员应采取一定的方法验证被审计单位的改进方案和预期效果,以获得较强的说服力,确认被审计单位对管理建议的反应是不是恰当和有效的。

最后,若审计人员不满意被审计单位的反应,可以采取恰当的措施继续保持沟通,充分交换各自的理由,直至达成一致意见。这些沟通内容包括估计的管理层的风险及应采取的补救措施。

本章小结

本章聚焦绩效审计程序,以政府审计为例,较系统地阐述了绩效审计程序的四个阶段:审计准备阶段、审计实施阶段、审计报告阶段和后续跟踪审计阶段,明确了各个阶段的主要审计工作内容以及应当注意的工作重点。

在审计准备阶段,审计人员通过审前工作,对被审计单位或项目进行初步的了解,明确审计小组成员及分工,其最终成果是审计工作方案和审计实施方案。

在审计实施阶段,审计人员对审计证据进行收集和分析,将审计实施过程记录于审计工作底稿,为最终的审计结论提供支持。

在审计报告阶段,审计人员复核审计工作底稿,得出相应的审计结论和绩效审计报告初稿,并执行审计报告复核程序,审定最终的绩效审计报告。

在后续跟踪审计阶段,审计人员审查阅读被审计单位整改情况说明书,实时跟进问题整改进程,与被审计单位交换意见并实施现场审计,切实保障绩效审计整改落地。

另外,本章还从审计各个阶段入手,根据《内部审计具体准则》,简要阐述了绩效审计程序在内部审计中与政府审计中的差异。

本章思考题

1.绩效审计程序包括哪些步骤？美国、英国、中国的绩效审计程序有何异同？

2.对于绩效审计项目来说,在进行审计项目选择时通常要考虑的因素有哪些？

3.对于绩效审计项目来说,绩效审计工作方案包括哪些基本要素？

4.对于绩效审计项目来说,在审计实施阶段审计人员需要执行哪些环节的工作？

5.对于绩效审计项目来说,正确地选择绩效审计取证方法需要考虑哪些原则？

6.审计人员应当如何开展后续跟踪审计？

7.如何理解审计处理和审计整改的关系？

8.内部审计和政府审计在绩效审计程序方面存在哪些差异？

第二篇

宏观层面绩效审计

第四章

公共政策绩效审计

 学习目标

1. 了解政策过程理论；
2. 熟悉我国公共政策制定、执行与评估现状；
3. 熟悉公共政策绩效审计的功能与要求；
4. 熟悉公共政策绩效审计的组织；
5. 掌握公共政策绩效审计的重点和内容。

引例——阿罗不可能定理

假设甲、乙、丙三人，面对 a、b、c 三个备选方案，有如下的偏好排序。

甲（a＞b＞c）；乙（b＞c＞a）；丙（c＞a＞b）。注：甲（a＞b＞c）代表甲偏好 a 胜于 b，又偏好 b 胜于 c。

1. 若取"a""b"对决，那么按照偏好次序排列如下：

甲（a＞b）；乙（b＞a）；丙（a＞b）；社会次序偏好为 a＞b。

2. 若取"b""c"对决，那么按照偏好次序排列如下：

甲（b＞c）；乙（b＞c）；丙（c＞b）；社会次序偏好为 b＞c。

3. 若取"a""c"对决，那么按照偏好次序排列如下：

甲（a＞c）；乙（c＞a）；丙（c＞a）；社会次序偏好为 c＞a。

于是得到三个社会偏好次序——a＞b、b＞c、c＞a，其投票结果显示"社会偏好"有如下事实：社会偏好 a 胜于 b，b 胜于 c，c 胜于 a。显而易见，这种所谓的"社会偏好次序"包含内在矛盾，即社会偏好 a 胜于 c，而又认为 a 不如 c！所以按照投票的大多数规则，不能得出合理的社会偏好次序。

思考：在这些貌似公平的决策投票过程中，却隐藏着一个阿罗不可能定理，即在通常情况下，当社会所有成员的偏好为已知时，不可能通过一定的方法从个人偏好次序得出社会偏好次序，不可能通过一定的程序准确地表达社会全体成员的个人偏好或者达到合意的公共决策。这样看来，政府按照投票规则制定的政策存在失灵的可能性，其制定的公共政策在效果上也是值得商榷的。那么，公共政策效果如何评估，公共政策绩效审计又该如何开展呢？让我们进入本章的学习。

第一节 公共政策过程概述

一、公共政策基础性理论

(一)公共政策的概念

当代社会的显著特征之一是政府管理越来越法制化、规范化,公共政策是政府实施法治化、规范化管理的主要手段之一。随着生产能力的进步和社会、经济的发展,政府管理的职能进一步扩展,管理的事务日益广阔和复杂。凡是与公共利益相关的事务,都是公共政策涉足的对象。这些事务不仅包括有关国家政体、国体、国家安全等国家公共事务,有关财务、行政等政府公共事务,还包括与社会成员切身利益与日常生活密切联系的社会公共事务,覆盖领域十分广泛。财政政策、金融政策、农业政策、产业政策、贸易政策、环境政策、卫生政策、社会保障政策、民族宗教政策、外交政策、教育政策、科技政策和文化政策等都是与我们日常生活息息相关的公共政策。

作为科学规范的概念,公共政策的确切含义还没有一致的界定。下面介绍的是一些颇具代表性的观点。

美国学者威尔逊(Wilson)认为,公共政策是由政治家(具有立法权者)制定的并由行政人员(国家公务人员)执行的法律和法规。这一定义主要是从政策制定和政策执行的角度对公共政策进行界定,并借助政策的概念解释了政治和行政的不同,对理解公共政策具有重要的启发意义。

美国政治学家拉斯维尔(Lasswell)在政策科学创立之初就曾提出,公共政策实际是"一种含有目标、价值和策略的大型计划"。这一定义突出了公共政策的设计功能及其目标取向,强调了理性的政策制定通常应有科学的论证和合理的程序。

美籍加拿大裔政治学家伊斯顿(Easton)指出,利益及利益关系是人类社会活动的基础,而政府的基本职能就是对利益进行社会性的分配。公共政策是政府进行社会性利益分配的主要形式,即决定什么人取得什么和取得多少。

美国公共政策学专家戴伊(Dye)在《理解公共政策》一书中明确指出:"公共政策是政府选择做的或选择不做的事情。"这一定义侧重了政府的作为和无为,突出了公共政策的行为特征,说明公共政策不仅涉及政府所采取的行动,而且还涉及政府决定停止的行动和根本不去做的事情。

我国学者张金马在《政策科学导论》一书中指出,公共政策是具有权威性的党和政府用以规范、引导有关机构团体和个人行为的准则和指南,具体表现为法律、规章、行政命令,以及行动计划与策略等。

我国学者陈振明在《公共政策分析》一书中对公共政策的定义是:公共政策是政府、党和其他政治团体在一定时期为实现或服务社会政治、经济、文化等目标所采取的政治行为或规定的行为准则,具体体现为一系列谋略、法令、措施、办法、条例等。

综上所述,公共政策是社会公共权威或公共机关对公共价值和利益进行的权威性协调、划分和分配。凡是旨在解决社会公共问题的法律、法令、规章、方案或准则都属于公共政策的范畴。

(二)公共政策系统构成要素

1.公共政策主体

政策主体又称政策活动者,它是指在政策的制定、执行、评估和监控过程中直接或间接参与其中的个人、团体和组织。可以用以下两条标准来界定政策主体:一是看其是不是政策的利益相关者;二是看其是否真正直接参与政策的制定、执行、评估、监控直到终结的系列过程中来。由于各国在政治体制、经济发展和文化传统方面的差异,公共政策主体的构成要素及其作用方式也有所不同。结合我国实际情况,公共政策主体包括立法机关、行政机关、司法机关和执政党。同时,利益集团、大众传媒、思想库和公民个人作为体制外的力量,在一定程度上间接影响公共政策过程。

2.公共政策客体

公共政策客体是公共政策发生作用时所指向的对象,包括公共政策所要解决的社会问题和所要发生作用的社会成员(目标群体)两个方面。其中,社会问题是直接客体,目标群体是间接客体,我们可以从"事"和"人"两个角度来理解公共政策客体。

公共政策客体就是社会问题。但社会问题不一定都具有公共的性质,如果某个社会问题只是涉及个别人或少数人的利益,则往往不能形成社会的焦点,难以引起普遍的关注,也就不会构成公共问题。从"人"的角度看,公共政策客体就是目标群体。所谓目标群体,就是公共政策直接作用影响的社会公众和那些受公共政策规范、管制、调节和制约的社会成员。

3.公共政策环境

公共政策环境是指影响公共政策产生、存在和发展的一切因素的总和,包括在公共政策系统以外的、影响和作用于公共政策过程的所有因素,可以归纳为以下几个方面。

(1)经济环境。经济环境是指对公共政策系统有重要影响的各种经济因素的总和。它包括生产力的性质、结构,生产资料所有制的形式,经济结构,经济制度,经济体制,经济总量等。不论何种性质的公共政策主体,其决策体制、决策目标、决策行为、决策原则、决策方法等都要受到经济环境的制约。经济环境是制定和执行公共政策的基本出发点;经济环境提供了公共政策系统运行所必需的资源;经济环境影响公共政策系统的经济目标取向。

(2)政治环境。政治环境是指对公共政策系统具有重要影响的政治状态,包括一个国家或地区的政治体制、政治结构、政治文化、政治关系等。政治环境决定着公共政策系统的性质;政治环境决定着公共政策系统的民主化程度;政治环境决定着公共政策的合法化程度。

(3)社会文化环境。社会文化环境是对公共政策系统具有重要影响的社会状况和文化状况,包括人口规模、性别与年龄比例、地区和民族分布、社会道德风尚、国民受教育程度、科技人才储备、专利数量等。社会文化环境影响公共政策系统运行所需的智力条件和公共政策系统运行的伦理和心理条件。

(4)国际环境。国际环境既包括全球范围内政治、经济、文化演变发展的一般趋势、全球秩序及相应的规则,也包括对一个国家或地区的生存与发展产生影响的,由国家间、国际组织之间的竞争、合作与冲突而形成的具有一定稳定性的政治、经济、文化关系。国际环境影响公共政策系统的价值选择,影响公共政策系统的参照系选择,影响公共政策系统的性质。

二、公共政策过程

一般而言,公共政策过程包括从公共政策制定(政策问题确认、政策议程设定、政策方案规划、政策方案合法化)、公共政策执行、公共政策评估和公共政策终结四个阶段。

(一)公共政策制定

关于公共政策制定过程主要有两种观点:其一是广义的公共政策制定过程。从对问题的确定开始,通过政策议程设定使问题进入政策议程,决策者制定公共政策,优选出方案并将其合法化,之后由执行机构执行方案,方案执行后对其进行评估,最后终结公共政策,从整个政策周期的视角来考察公共政策制定,这就是通常所说的"公共政策循环过程"。其二是狭义的公共政策制定过程,即从确立公共政策目标到政策方案择优这一完整的过程,公共政策的执行及评估并没有纳入其分析范围,这个过程也可以称为"政策规划"。前者是站在宏观角度,后者是站在微观角度。本书将政策问题确认、政策议程设定、政策方案规划、政策方案合法化纳入公共政策制定中,其中只有政策方案规划才是一个具体的公共政策制定过程。

1.政策问题确认

我们可以从以下五个方面来理解政策问题:一是政策问题是客观存在的公共问题,表明现状出现了偏差或不足;二是政策问题与公众流行的价值观有冲突,被认为是不公正的或不合理的;三是政策问题已被多数人察觉,有了明确的"问题"意识;四是政策问题已通过个人或团体的行动予以表达,并产生了一定的压力;五是政策问题属于政府管辖范围,且被列入政府议程。

2.政策议程设定

将一个政策问题提到政府机构的议程之上是解决该问题的关键一步。一般而言,政策议程也是社会问题、公共问题转化为政策问题的关键一步。一个公共问题或社会问题只有以一定的形式,经过一定的渠道进入政策议程,成为决策者研究和分析的对象,才能成为政策问题,这个问题也只有通过政策议程才能得到解决或处理。但是,某个公共问题出现在政策议程上并不意味着就必然会为之制定政策,因为政府在讨论过后可能作出不予理睬或推迟再议的决定,直到引起社会公众更广泛的关注,或者政府有更丰富的资源可以利用。更何况对于许多问题来说,政府解决它们的办法还是需要更多的资金和更多的管理,而不是出台或修订政策。

政策议程的形成过程,也就是问题有望获得解决的过程,就是人民群众反映和表达自己的愿望和要求,促使政策制定者制定政策给予满足的过程,就是政府或执政党集中与综合所代表的阶级、阶层和集团利益,并通过政策制定予以体现的过程。

3.政策方案规划

政策议程设定好后,就进入了公共政策制定的最重要环节,分析研究问题并提出对策方案的阶段,即前面所说的狭义的公共政策制定过程,也就是政策规划。因而,公共政策规划是在前面公共政策议程建构的基础上,制定政策目标、设计政策方案、评估与择优方案的过程。

【例 4.1】全面两孩放开,我国告别独生子女政策[①]

我国自 1979 年开始实施"独生子女"政策。"二孩"的生育调整可追溯至 1984 年中央的"七号文件",在该文件中,党和国家在提倡一对夫妻生育一个孩子的前提下,开始有控制地对二胎生育开口子。2013 年 11 月 15 日,党的十八届三中全会在《中共中央关于全面深化改革若干重大问题的决定》中提出"坚持计划生育的基本国策,启动实施一方是独生子女的夫妇可以生育两个孩子的政策,逐步调整完善生育政策,促进人口长期均衡发展"的"单独二孩"政策,这是官方首次提出二孩政策。尽管该政策是国家与社会应对经济发展进行的上层建筑调整,但"单独二孩"政策实施后我国的人口发展问题依然存在于诸多领域,长期实行的独生子女政策与 2013 年开放的"单独二孩"政策并未对我国人口红利丧失的困境产生正面的影响。缓慢增长的"二孩"数量,远非一个普通家庭的话题。中国人口自 20 世纪 90 年代起就低于世代更替水平。此外,我国出生人口性别比,自 2009 年以来实现了连续七次下降,男女人口相差 3000 多万人。倘若总和生育率和二胎生育率稳定不变,它不仅会导致当下人口结构继续失衡,加快人口整体老龄化的进程,更无法应对当下社会劳动力短缺的窘迫现状。从"单独二孩"到"全面二孩",如何最大限度地释放出其政策力,理应成为一个公共议题。

基于此,政府进行诸多制度设计尝试。在顶层设计层面,相继出台多部纲领性文件和辅助配套性措施。在专业制度层面,2015 年 12 月 27 日,全国人民代表大会修改《中华人民共和国人口与计划生育法》。在辅助性政策设计层面,2016 年 1 月 5 日,国家卫生和计划生育委员会作出《关于实施全面两孩政策改革完善计划生育服务管理的决定》,对新时期计划生育的原则、计划生育体制机制、妇幼保健健康计划等进行了具体阐述。2016 年 3 月 8 日,在十二届全国人大四次会议上,计生委主任回答关于"全面二孩"的记者提问中,提出增加相关的基本公共服务,加强相应的生育、住房、税收等政策支持。目前,全国各地方修订了地方人口与计划生育条例,制定了利于"全面二孩"政策落实的措施。

4.政策方案合法化

政策方案合法化是指经过评估论证最后抉择出的政策方案。其并不能立即付诸实施,而是需要按照一定的程序予以审查,取得合法化地位,才能使公共政策在全社会具有约束力与权威性。

(二)公共政策执行

1.公共政策执行的特点

(1)目标性。政策执行的一切活动和全部过程都是为了实现政策目标,具有明确的目标性。执行者无论采取什么样的具体方式和手段,都必须为实现特定的政策目标服务。政策目标具有规定性和统一性,除了实践证明政策目标有重大失误,必须通过追踪决策予以修正以外,一般而言,政策执行主体均无权随意改变政策目标。

(2)经常性。公共政策执行是国家行政机关及其行政人员的日常大量活动,是一项经常

[①]　根据以下资料改编:郭俊华.公共政策与公民生活[M].上海:上海交通大学出版社,2018:64.

性的繁重工作。绝大多数公共政策执行不是一蹴而就的,而是多次的反复,有些常规性的决策还需常年重复或阶段性重复执行。这也是政策执行不同于政策制定的地方。

(3)务实性。政策执行是一种实施性质的活动,其实质在于解决各种具体问题,是实践性、服务性的活动。执行过程中的组织、协调、沟通、控制等一系列前后密切衔接的环节,都涉及人力、物力、财力和信息的调配与落实,需要采取必要的行动来落实,空谈是不能解决问题的。

(4)强制性。公共政策的制定以法律法规为依据,具有强制力。因此,要求政策执行应不折不扣,不准讨价还价,不准依兴趣爱好而有选择地执行。当然,由于政策环境的复杂性和客观条件的多变性,政策执行需要审时度势,因地、因时制宜,因势利导;具体问题具体分析,灵活实现公共政策;注意强制性与灵活性相结合。

(5)时效性。政策执行有很强的时限要求,政策执行必须做到果断、快速、高效、及时,保证政策执行的高效率,这就意味着对随意性的限制和对权力的制约。政策执行的时限性克服和防止了政策执行主体行为的随意性和随机性,为这些行为提供了外在标准,使之不能任意妄为。同时,政策执行的时效性为政策参与者提供了统一化、标准化的时间,克服了行为的个别化和非规范化,从而使政策执行行为在时间上连贯和衔接,避免各环节的中断。

2.公共政策执行的过程

政策执行是个多元主体参与、多次调整、反复修正的过程。一般来说,可以分为政策准备(政策宣传、加强政策认知、制订执行计划、进行物质准备和做好组织准备)、政策实施(政策试点、全面推广、指挥协调和监督控制等)与政策总结三个阶段。

【例4.2】中国六大城市跨境电商政策试点①

在中国进出口外贸需求趋紧的背景下,由政府部门运作的跨境电商正蓬勃兴起。2013年8月29日,国务院办公厅转发了商务部等9个部委《关于实施支持跨境电子商务零售出口有关政策的意见》,自2013年10月1日起在已经开展电子商务通关服务试点的上海、重庆、杭州、宁波、郑州5个城市展开新政策试点,2013年9月,广州亦获批成为跨境电子商务试点城市。六大试点城市的商贸模式各有特色,均取得显著效果。

上海跨境电子商务贸易试点模式为网上直购进口模式、网购保税进口模式,一般出口模式,城市跨境电商在于直购和保税进口以及一般出口。目前,上海跨境贸易电子商务平台(以下简称"跨境通")自2013年12月28日上线,逐步完善跨境服务三大模式,目前已经形成直邮中国和自贸赚取模式,业务涵盖美国、韩国、澳大利亚、新西兰等多个跨境网购热点国家,跨境电商品牌集聚规模效应初步显现。

重庆跨境电子商务试点特色在于其是全国唯一具有跨境电商服务四种模式全业务的城市,即包括一般进口、保税进口、一般出口和保税出口。2014年6月,重庆西永综合保税区重庆跨境贸易电子商务公共服务平台上线,跨境电商成为重庆西永微电子产业园发展现代服务业的重点方向。

---

① 根据以下资料改编:盘点:2013年以来六大跨境电商试点城市的发展[EB/OL].(2015-03-13)[2023-11-20]. https://www.sohu.com/a/6044586_115475.

杭州跨境电商产业园,是目前浙江省唯一集"保税进口"与"直购进口"模式于一体的全业务跨境贸易电子商务产业园,并设有跨境一步达。至 2014 年 11 月,已有 124 家商家入园开展业务,还有一批垂直电商平台和商家正在接洽之中。杭州拟在原有试点成果的基础上,向国家申报中国(杭州)网上自由贸易试验区。

宁波保税区主要从事跨境进口电商贸易,其依托保税区的优势,开展"保税备货模式",即跨境企业在国外批量采购商品,通过海运备货到保税区指定的跨境仓内,消费者通过网络下订单,电商企业办理海关通关手续,商品以个人物品形式申报出区,并缴纳行邮税,海关审核通过后,商品包裹通过快递公司派送到消费者手中。截至 2014 年 11 月 27 日,保税区已累计引进电子商务企业 230 家,其中获批跨境进口电商试点企业 117 家,上线 71 家,商品备案 72 家,同时,"跨境购"平台上线。2014 年 12 月 16 日,宁波保税区"政企通"服务平台完成验收,正式上线运行。

郑州是国内唯一利用综合保税监管场所进行跨境电商试点的城市,可形成以郑州为中心的跨境物品集散中心,电子商务产业集聚效应初步显现,全市有 1 个国家级电子商务示范基地、5 个省级示范基地、2 个省级产业园区。2014 年,郑州开通了"E 贸易"试点平台,平台吸引了包括韩国馆 3000 多家、德国馆 310 多家、以色列馆 100 多家企业到郑州展开业务对接。"E 贸易"主要业务模式为跨境 B2C 营销模式,所售商品直接与海外生产商联系合作,中间不经过任何代购、代销环节,直接到消费者手中,保证了商品原汁原味的进口质量。

广东作为第一外贸大省,跨境电子商务交易额占全国交易总额的七成。广州跨境电商主要走 B2B、B2C 两种渠道,2014 年 11 月 27 日,广州正式开通"21 世纪海上丝绸之路"跨境电商平台,并与中国东盟商务理事会签署了《21 世纪海上丝绸之路产业合作行动计划书》,以此支持广州跨境电商的发展。

(三)公共政策评估

1. 公共政策评估的类型

按照不同的标准,公共政策评估可以进行不同的分类。从公共政策评估在公共政策过程所处的阶段来看,可以分为事前评估、执行评估与事后评估;从评估机构的角色来看,可以分为内部评估与外部评估;从评估组织的活动形式来看,可以分为正式评估与非正式评估。

(1)事前评估、执行评估与事后评估

从政策评估在政策过程中所处的阶段来看,政策评估可分为事前评估、执行评估与事后评估。事前评估是在政策执行之前进行的一种带有预测性质的评估。事前评估的内容包含三个方面:对政策实施对象发展趋势的预测,对政策可行性的评估,对政策效果的评估。执行评估就是对在执行过程中的政策实施情况的评估,就是具体分析政策在实际执行过程中的情况,以确认政策是否得到严格的贯彻执行。事后评估是政策执行完成后对政策效果的评估,旨在鉴定人们执行的政策对所确认问题确定达到的解决程度和影响程度,辨识政策效果成因,以求通过优化政策运行机制的方式,强化和扩大政策效果。它在政策执行完成以后发生,是最主要的一种评估方式。

(2)内部评估与外部评估

从评估机构的地位看,政策评估可分为内部评估与外部评估。内部评估是由行政机构内部的评估者完成的评估。它可分为由操作人员自己实施的评估和由专职评估人员实施的评估。外部评估是由行政机构外的评估者完成的评估,它可以是由行政机构委托营利性或非营利性的研究机构、学术团体,专业性的咨询公司、大专院校进行的评估,也可以是由投资或立法机构组织的或由报纸、电视、民间团体等其他各种外部评估者自己组织的评估。内部评估和外部评估各有利弊,因此,在实践中,应把内外评估结合起来,取长补短。

(3)正式评估与非正式评估

从评估组织的活动形式看,政策评估可分为正式评估和非正式评估。非正式评估是指对评估者、评估形式、评估内容没有严格规定,对评估的最后结论也不作严格的要求,人们根据自己掌握的情况对政策作出评鉴的评估。正式评估是指事先制订完整的评估方案,严格按规定的程序和内容执行,并由确定的评估者进行的评估。它在政策评估中占据主导地位,其结论是政府部门考察政策的主要依据。

2.公共政策评估的主要方法

公共政策评估的方法,在实践应用中通常表现为定性评估方法和定量评估方法。

定性评估方法是评估者根据经验和知识,应用逻辑思维,对评估对象的性质进行的分析和判断,如同行评估、价值分析法、因果分析法、德尔菲法、问卷调查、案例研究等。定性评估方法主要针对不能进行量化的政策评估对象进行分析,在政治、文化、社会伦理等领域的政策评估具有定量方法所不具有的优势,有利于解决政策可行性与政策可接受性之间的矛盾。定性评估方法由于依靠评估者的经验和主观认识,甚至是直觉的判断,得出结论的普适性和可靠性都值得怀疑,这也是定性评估方法的弱点或局限性,弥补这一不足需要应用定量的分析方法。

定量评估方法是指根据评估对象的数据信息或量化的数据信息,运用运筹学、统计学、计量经济学、系统工程理论等学科的理论和方法,建立政策评估的数学模型,再借助电子计算机等手段进行计算来求得答案的方法和技术,如回归分析、成本收益分析、马尔科夫分析、随机分析等。定量评估方法以理性主义为其方法论基础,以数据资料作为评估的依据,以严密的逻辑推理、精确的数学计算为评估的基本工具,是政策评估领域最富有生命力和应用最多的评估方法。定量评估方法克服了评估活动中的主观倾向,评估结果更客观、更科学,这些优势推动了政策评估从传统的政策判断向现代科学评估的转变。现代政策评估都遵循定性评估与定量评估相结合的原则,经验主义与理性主义走向融合。

3.公共政策评估的过程

公共政策评估一般来讲要经过准备、实施和总结三个阶段。第一阶段的准备主要包括确定政策评价对象、明确评价目标、选择评价标准和界定评价手段等内容;第二阶段是政策评估实施阶段,主要是通过各种手段收集与政策制定、执行、影响和效益相关的政策信息并进行综合分析,选择合适的方法来进行评价;第三阶段是收集有关评价对象的各种信息,撰写政策评估报告,利用评估结果提出建议和措施,并总结政策评价工作。

【例4.3】四川省依法治理政策第三方评估①

2016年,中国社会科学院法学研究所、中国社会科学院国家法治指数研究中心成立项

---

① 根据以下资料改编:刘亚娜.公共政策教学案例分析[M].北京:首都师范大学出版社,2020:151-154.

目组,对四川依法治省情况展开第三方评估。此次评估内容为四川 21 个市(州)的依法治理情况,指标体系包括:一级指标 6 个,分别是依法执政、人大监督与代表履职、法治政府、司法建设、社会法治、法治保障指标;每个一级指标下面设置了 3~5 个二级指标,共 22 个;二级指标下面又设置了不同数量的三级指标,共 58 个。评估采用定性与定量相结合的评估方法,一方面采取随机"潜入"村(社区)、乡镇(街道)、车站等公共场所,以及窗口单位和政务大厅等走访,评估人员入社区,与群众交流,了解法治群众基础;公共场所走访,记录政府部门法治氛围营造情况,随机访问群众,了解公共服务提供情况;在政府窗口单位,重点了解政府公共服务办事流程、政务公开等是否依法依规等;了解政府网络平台建设情况,登录政府信息门户,评估公众获取法治信息的便捷程度等。另一方面,评估人员查阅地方制度建设台账,依据评估指标,量化打分,搜集该省份各级政府依法治理的数据资料,包括政府部门系统统计数据、评估小组走访数据、受评估单位自报数据等,利用数据分析软件,形成数据报告,综合讨论分析走访调研与数据报告,形成评估报告。2017 年评估对象仍然是全省 21 个市(州),共设置依法执政、人大建设、法治政府、司法建设和社会法治 5 个一级指标、20 个二级指标、60 个三级指标、197 个四级指标,全方位、多层次评价四川省依法治省的基本情况。评估原则包括依法设定评估指标,定性与定量相结合,第三方主导评估,客观评价,常态化评估,突出法治发展重点。评估中主要通过网站查询、官方统计数据、评估对象自报数据和第三方抽查验证来获取评估数据。

　　四川建立起了较为完善的制度框架,为法治的深入发展与扎实推进奠定了良好的基础。评估报告指出,该省在推进依法治理政策进程中具有以下特点:其一,党委高度重视顶层设计,总揽全局,该省出台相关领域的法律法规文件,为地方法治工作提供坚实的制度保障;其二,重实效,强推进,在政策落实进程中,从省级到各县乡政府部门积极贯彻落实,注重分工配合,强化绩效考核,督促政策施行;其三,因地制宜,针对性解决问题,结合各地区实际情况,有针对性地解决实际问题;其四,加大宣传力度,营造法治氛围,积极开展"法律七进""法律明白人"等活动,将法治观念深入人心。评估报告在肯定四川依法治理成绩的同时也认为制度规范仍有细化的必要,体制机制仍有改进的需求,系统平台仍有优化的空间,人力经费仍有提升的需要。评估报告建议,制订高质量的学法计划,在一定范围内公开学法档案和学法考勤;在司法建设方面,站在普通公众甚至案件当事人角度考虑提升司法公开意识,加强公开平台建设。

　　归纳而言,第一,就评估主体而言,四川省依法治省考核采取自我评估、上级评估和第三方评估相结合的方式,全面摸清法治四川建设现状,找准制约短板,全面提高依法治省评价的科学性和客观性。四川省主动选择了中国社会科学院法学研究所、中国社会科学院国家法治指数研究中心成立的项目组,作为此次第三方评估的评估主体,一方面是因为该所在法学研究领域具有较深资历,多位研究员经常参与法治调研,具有丰富的理论功底;另一方面,希望中国社会科学院法学研究所团队能利用专业知识,总结四川依法治省的经验、发现问题,帮助四川寻求破解之道。第二,从评估内容来看,四川 21 个市(州)的依法治理评估指标体系包括三级指标。为了准确评估,根据指标体系,依法治省第三方评估团队兵分四组,到四川各地开展实地评估。2017 年评估内容仍然是全省 21 个市(州),全方位、多层次评价四川省依法治省的基本情况。第三,从评估方法来看,评估中主要通过网站查询、官方统计数据、评估对象自报数据和第三方抽查验证来获取评估数据。评估小组通过查阅当地制度建设的法治台账,对照设置的每一项指标,对其落实情况量化打分;深入村(社区)、乡镇(街道)、车站等公共场所,以及窗口单位和政务大厅等走访;各小组还搜集了各地大量的依法治理资料,包括各个系统的统计数据、评估对象的自报数据等,对现场无法作出评估的情况进行综合讨论研究。

(四)公共政策终结

政策终结是政策周期过程的最后一环,但也被认为是承上启下的一环。顾名思义,终结是终止、结束之意。政策终结是指政策决策者通过对政策进行慎重的评估后,采取必要的措施,以终止那些过时的、多余的、不必要的或无效的政策的一种行为。政策终结发生在政策评估之后,是人们主动进行的、提高政策绩效的一种政策行为。

【例 4.4】免检制度的废除

三鹿牌乳粉于 2003 年获得免检资格,2006 年重新申报再次获得免检资格。两年后,三鹿集团为提高奶粉中的蛋白含量,竟然在其生产的国家免检产品婴幼儿配方奶粉中,违法添加了非食品添加剂三聚氰胺,导致全国范围内数千名儿童患泌尿系统结石,甚至有儿童出现死亡。

国家质检总局随即紧急在全国开展了婴幼儿配方奶粉三聚氰胺专项检查,并于 2008 年 9 月 16 日公布了阶段性检查结果。结果显示,全国目前共有 175 家婴幼儿奶粉生产企业,其中 66 家企业已停止生产婴幼儿奶粉。此次专项检查对其余 109 家企业进行了排查,共检验了这些企业的 491 批次产品。专项检查显示,有 22 家企业 69 批次产品检出了不同含量的三聚氰胺。

9 月 17 日,国家质检总局发布公告,宣布停止实行食品类生产企业国家免检,仅仅过了一天,9 月 18 日,国家质检总局发布第 109 号令,决定正式废止《产品免于质量监督检查管理办法》。

第二节　我国公共政策制定、执行与评估现状

一、公共政策制定现状

(一)公共政策制定的中国特色

1. 实事求是的思想路线

中国共产党和人民政府在政策制定中的一个基本经验,就是坚持实事求是的思想路线。在政策制定过程中,坚持一切从实际出发,理论联系实际,将马克思主义的普遍真理与中国革命和建设的具体实践相结合,制定出符合中国国情的正确政策。

2. 从人民利益出发的根本宗旨

坚持从人民利益出发,是我们制定任何一个政策的根本宗旨,也是我国政策制定过程中的一个基本特点。党在各个历史时期的总政策,都是根据人民的利益来确定的,各级党组织

和各级政府的领导机关的每一个具体政策的制定,也必须坚持从人民利益出发这一根本原则。是否符合广大人民群众的利益,是我们判断政策正确与否的一个根本标准。

3.民主集中制的组织原则

民主集中制是党和国家最根本的组织制度和领导制度。中国共产党和人民政府的领导机关,在政策制定过程中坚持民主集中制的组织原则,这是制定正确政策的组织保证。民主集中制是民主制和集中制的高度统一,是高度民主基础上的高度集中,是民主基础上的集中和集中指导下的民主相结合。

4.调查研究的优良作风

在政策制定过程中,坚持调查研究的优良作风,是具有中国特色的政策制定的又一基本经验。在确定政策之前,进行广泛深入的调查研究,全面地了解客观情况,如实把握客观规律,在调查研究的基础上制定出正确的政策,这是我党、我国政府的各级领导机关的普遍做法。坚持调查研究的优良作风是制定正确政策的重要保证。

5.群众路线与协商对话的基本方法

群众路线与协商对话是具有中国特色的政策制定的另一个基本经验。一切为了群众,一切依靠群众,从群众中来,到群众中去,这是中国共产党在100多年的斗争中形成的群众路线。"从群众中来",就是在工作中深入群众,集中群众的智慧与要求,反映群众的愿望和要求,制定出正确的政策;"到群众中去",就是将集中起来的正确政策变为群众自觉的实际行动。与群众路线密切相关的是,强调政策制定过程中通过协商对话达成共识,"找到全社会意愿和要求的最大公约数"。

6.循序渐进与重点突破相结合的决策模式

新的历史时期,在关于政策制定的指导思想、原则和方法方面,《中共中央关于全面深化改革若干重大问题的决定》指出,实践发展永无止境,解放思想永无止境,改革开放永无止境。习近平同志反复强调:"要有强烈的问题意识,以重大问题为导向,抓住重大问题、关键问题进一步研究思考,找出答案,着力推动解决我国发展面临的一系列突出矛盾和问题。他还指出,整体推进不是平均用力、齐头并进,而是要注重抓主要矛盾和矛盾的主要方面,注重抓重要领域和关键环节。"[1]"必须从纷繁复杂的事物表象中把准改革脉搏,把握全面深化改革的内在规律,特别是要把握全面深化改革的重大关系"[2]"使各项改革举措在政策取向上相互配合、在实施过程中相互促进、在实际成效上相得益彰"[3]。

---

①　吴瀚飞.努力掌握和善于运用科学思维方式——深入学习习近平同志关于思维方式的重要论述[EB/OL].(2017-06-08)[2023-12-15].https://news.12371.cn/2017/06/08/ARTI1496871175242212.shtml?t=636325064424665572&wd=&eqid=af3d00d90000d4760000000664907f83.

②　韩振峰.正确把握新时代全面深化改革的十大关系[EB/OL].(2018-12-14)[2023-12-15].http://www.ce.cn/xwzx/gnsz/gdxw/201812/14/t20181214_31039652.shtml.

③　韩振峰.正确把握新时代全面深化改革的十大关系[EB/OL].(2018-12-14)[2023-12-15].http://www.ce.cn/xwzx/gnsz/gdxw/201812/14/t20181214_31039652.shtml.

二、公共政策执行现状

(一)政策执行的中国经验

作为政策过程一个重要环节,政策执行的有效与否关系到整个政策的成败。中国共产党人在长期的革命和建设实践中,高度重视政策执行问题,积累了丰富的政策执行经验,形成了若干具有中国特色的政策执行原则与方法。

1.注重政策宣传

政策要得到顺利实施,首先就要让目标群体对政策有所理解,必须注意政策宣传。中国共产党人历来重视政策宣传工作。通过强化政策宣传的途径让各级干部与广大群众充分了解和深刻认识党的各项方针政策,是党的方针政策得以正确、顺利贯彻实施的重要前提和行之有效的方法。

2.重视政策试验

重要政策在全面实施之前都要在局部地区或试点中加以试验,以取得经验,再全面铺开,这是具有中国特色的政策执行的一个基本经验。重视政策试验可以避免损失,少走弯路。我国改革开放40多年的历程,也就是一个不断进行政策试验的历程。重视政策试验,一切经过试验,是一切从实际出发在政策执行中的体现,是探索新生事物的重要步骤,是推行改革创新的正确方针,是尊重群众、教育群众的重要方法。

3.狠抓政策落实及督查

政策监控是贯穿于政策执行过程的一个重要环节,而狠抓政策落实及督查则是中国特色的政策执行的另一个基本经验。反对空谈、强调实干、注重落实,是我们党的优良传统,也是我们党能够在革命、建设和改革中不断带领人民夺取新胜利的关键。

2021年开始,国务院开展政策督查工作,全面检查政策落实情况。这是政策过程的重大创新举措,也是政府管理方式的一大创新。

4.抓中心工作,以点带面

抓中心工作,就是要善于从纷繁复杂的工作头绪中找到并紧紧抓住最能影响全局、可以带动整个工作链条前进的中心环节,也就是抓住政策执行活动中的主要矛盾,在抓中心工作的同时,还要做到"以点带面"。所谓以点带面,就是发现、培养和树立典型,以典型示范,促进和推动面上工作发展的一种工作方法。实施政策需要典型示范。为了完成中心任务,为了对面上的工作加以精心指导,政策执行者必须深入实际抓好典型示范,以一种具体的形象进行说服教育。

5.强制执行与说服教育相统一

政策执行活动涉及面广、对象多,是一项复杂的活动,仅有说服教育或仅有强制执行手段都是不够的,必须采取强制执行与说服教育有机结合的执行手段,这是具有中国特色的政策执行的一条经验。它是马克思主义唯物史观和辩证法在党的政策执行中的创造性运用与发展。它把工作的立足点和落脚点确立在相信群众、依靠群众、尊重群众的首创精神上,找准了人的思想发展变化的客观规律,准确地把握了启发人的自觉性与坚持党纪、国法的辩证关系。坚持强制执行与说服教育相结合,既能有效防止片面强调思想教育而造成放任自流、过分迁就的不良倾向,又能避免不做耐心说服教育工作而滥发命令、乱施惩罚的不良倾向。

(二)政策执行存在的问题

从近两年开展的公共政策绩效审计的情况看,少数部门和地方政府在执行中央重大政策方面的问题,主要有以下几种情况。

1.政策曲解,替代式执行

政策执行主体基于自身利益考量,故意歪曲政策内容和实质,依据自身解释对政策进行完全性或部分性的替代式执行,或者自身政策水平局限对政策内容和精神实质产生误解,导致政策执行效果出现偏差。

例如,部分政府部门在一些行政性收费项目取消后,仍然利用手中的行政权力和部门资源,转由下属事业单位或关联企业收取与本部门履职相关的各项费用。

2.政策附加,扩大化执行

政策执行主体在政策原有内容的基础上将符合自身利益的地方政策增加进去,使政策脱离既定目标和实质,进而导致原政策被扩大化执行。所谓"土政策",就是政策附加的典型形式。

例如,地方房地产行政管理部门负责管理购房人缴纳的住宅公共维修基金,但有的地方政府自定政策,从上述资金的利息收益中支付管理部门的办公经费,损害了群众利益。

例如,我国烟草实行专卖制,其目标是优化资源,是便民,也是为国家利税创收。但是在一些地方和部门搞"土政策",把"专卖制"变成"排外制",对外省烟草的进入到处封关设卡,保护落后,抵制先进,导致全国烟草市场的人为断层,破坏了"游戏规则",也危害了中央宏观政策的贯彻实施。

3.政策缺损,选择性执行

政策执行主体依据对自身有利与否的标准对公共政策进行选择性执行,从而造成政策原有内容和规定在执行层面出现缺损,突出表现为"趋利避害"和"断章取义",不仅使政策目标难以实现,更甚者还会产生与政策初衷完全相悖的效果。

例如,在执行简政放权政策时,部分部门将一些日常鲜有办理的审批事项下放到下级进行审批,而对于部分具有"实权"且应予下放的审批事项则紧紧握在自己手中不愿下放。

4.政策敷衍,象征性执行

主要是指地方政府面对上级政策并不做任何实质性处理,而是束之高阁,故意搁置,或只做表面文章,如果遇到考核就进行作假式的突击应付,追求表面数字化和执行的程序化。

例如,部分地区在执行国家关于淘汰黄标车政策的过程中,存在将大量到期报废车辆上报为淘汰任务完成量,实际仍存在道路行驶的超标车辆淘汰量较低、治理效果不佳的问题。

5.政策停滞,观望式执行

公共政策执行主体或因疲于应付具体事务;或因自身私利受损等原因,导致行动迟缓、思想犹豫、心里矛盾,对公共政策执行被动消极,左顾右盼,观望中央是否还有政策变动,观望中央政策是否动真格,观望其他执行机关的执行情况以便于模仿。

例如,我国廉租住房保障制度建设始于1999年,至2007年,这项工作虽有所推进,但进展缓慢,截至2007年底只有54.7万户最低收入家庭享受了廉租住房保障,不足目标总数的6%。廉租房政策的执行事实上被地方"软拖",地方政府缺少主观能动性,因此出现了公共政策执行不顺畅乃至停滞不前的状况。

6.政策照搬,机械化执行

在政策执行过程中,执行者机械地照搬照抄,"以文件落实文件",执行机关成为政策的"收发室"。执行机关不做调查研究,不去了解实际情况,不做执行计划确保措施落实等,因而对下属部门的公共政策执行工作缺乏有效指导,这样往往不能解决问题,不能实现政策目标,也浪费了资源和权威。

【例4.5】环保政策"一刀切":看似雷厉风行实则是懒政。

在山西省某市,当地打着治理污染、减少雾霾的旗号,设置了多处收费站,对进出城区的重型车辆进行收费,不管这些车辆是不是污染环境,全部都要收取10~20元的费用,货车司机们表示苦不堪言。

据了解,这几个收费站从2017年11月正式运管开始收费后,被多次举报,并在2018年4月被陕西电视台曝光,停运一段时间后,7月份再次恢复,继续违法收费。更让人震惊的是,这种行为竟然得到了当地县委的认可。收费价格,也是当地市政府的治污降霾办公室、交通运输局、物价局和三个负责冲洗站运营的企业人员共同商议后确定的。由于这种做法性质恶劣,影响很大,生态环境部明确指出,这种行为是典型的"乱作为",是摆花架子,做表面文章,是打着治污的旗号"污染"。生态环境部要求地方政府以此为戒,不搞花架子,不做表面文章,不影响人民群众正常的生活。

三、公共政策评估现状

(一)公共政策评估主体

公共政策评估主体是主持、参与政策评估的实际操作者。政策评估主体划分为政府、政策研究组织和社会公众三类。

1.政府评估

政府是指广泛意义上的国家机关,包括各级各类党组织、行政机关、司法机关和立法机关,无论其所评估的政策是不是本部门的政策,考虑到其所背负的体制内的角色限制都是内部评估主体。

对于政府内部的政策评估体系来说,其优势首先在于信息上的先进性:公共政策从提上日程到决策的整个过程,政府内部都更为熟悉;对实施中的信息反馈也掌握得更为全面,如我国某些不予披露的政策信息,政府内部机构及工作人员却能够查阅。在这样的背景下,政府内部的政策评估能够作出更为精准细致的问题诊断。其次,体制内的评估机构招揽了大批高素质、高学历背景的从业人员,并备有相关专业的专家、学者,可谓人才济济,研究评估团队自身力量非常强。政府内部的政策评估劣势则在于其立场,因为一些政策涉及自身利益,例如,有些政策正是评估机构自身设计并提出的,在这样的背景下作评估,很难保持客观公正的视角。

2.政策研究组织

政策研究组织是指独立于政策制定和执行过程的政策评估第三方,是政策制定者和执行者之外的人员,包括从事相关研究工作的高校、咨询机构、思想库等。第三方公共政策评估机构的优势在于,它与评估主体与评估双方都没有直接的利害关系,从而得以从独立的第三方角度对公共政策的制定实施、投入产出以及最终所达到的效果作出客观公正的评价,这样得出的评价结果相对来说更为实际,对于公共政策的修订和完善起到促进作用。但第三方评估也存在劣势:首先,第三方评估机构所掌握的政策信息可能相对来说比较薄弱,尤其是在政府提供的信息不完整的情况下,可能对于公共政策制定过程中的背景以及实施过程中的具体情况不够了解,导致最后的分析及判断结果未必准确;其次,第三方公共政策评估结果的准确性及质量受到第三方评估机构本身人力、物力、财力的制约,对于大型公司或咨询机构来说,在人力、物力、财力基础雄厚,技术手段先进的基础上,所作出的评估可能比较准确,但对于小型的或是刚起步的,业务水平不高的公司来说,对于重大政策作出的评估存在一定的现实性制约因素。

3.社会公众评估

社会公众是指政策的非目标群体,包括作为公众的个人、各类正式与非正式的社会组织与团体(包括新闻媒体)。一方面,一般社会公众在一定程度上去除了利益考量,因而较之政策目标群体更具客观性。另一方面,由于一般社会公众的综合资格条件较差,其在组织程度、资金、时间保障、资料信息收集,以及评估技术、方法运用方面,均难以形成稳定机制保证评估开展,因而社会公众则适于在评估主体系统中处于建议地位,只能作为评估参与主体,担任协助人角色。民意调查是公众参与公共政策评估的重要渠道之一。"民意"顾名思义就是民众的意愿,这是一种共同的意愿,代表广大民众的共同意见。政策评估过程的"民意"环节,不仅是公共政策评估程序正义的实现,还有利于缓解政策执行过程的阻滞。

(二)公共政策评估实践

在我国,随着政策科学理论与实践的发展,党和政府日益重视政策评估对决策科学化、民主化的重要作用,并在实践过程中鼓励开展政策评估。特别是中央出台的一些重大的基本政策,如国企改革、政府机构改革、金融制度改革等,无一不是经过专家和权威人士无数次调查研究、评估论证才最终出台的。我国从中央到地方各级政府内部都设有专门的政策研究机构,在最高层设有中共中央政策研究室、国务院发展研究中心等;在各高校和科研单位也都有专门进行政策研究的机构和人员。我国的新闻媒体和人民大众也开始呈现参与政策评估的热情,这是我国的政策评估相对喜人的一面。

公共政策评估是政策分析不可或缺的一环。在整个政策过程中,特别是在政策执行之后,需要对政策方案和政策执行活动进行评估。随着政策科学理论与实践的发展,科学化的公共政策对经济发展和行政效能起到了巨大的推动作用,党和政府也越来越重视公共政策评估对决策科学化、民主化的重要作用,并在实践中鼓励政策评估,开展政策评估。下面主要对第三方评估和大数据分析技术在政策评估中的实践进行简单介绍。

1.第三方评估被引入政策评估实践

为消除内部评估的局限性,独立第三方作为专门的外部评估主体被引入政策评估实践中。2014年5月底召开的国务院常务会议上首次提出"在对国务院已出台政策措施落实情况开展全面督查中引入第三方评估和社会评价";7月初,承担第三方评估任务的中国科学院、国务院发展研究中心、国家行政学院、全国工商联等四家受委托单位已全面展开评估工作,是我国首次在国务院督查中对政策落实情况引入第三方评估,掀开了我国开展公共政策评估工作的大幕。我国有些部门和地方开展了一些公共政策评估工作,对本部门、本地区制定实施的公共政策项目进行了自我评估或委托第三方进行评估。比如,科技部委托有关部门对中小企业创新基金、火炬计划、《国家中长期科学和技术发展规则纲要》实施情况进行了评估,国家知识产权局委托有关部门对《国家知识产权战略纲要》实施情况进行了评估。

2.基于大数据分析技术开展政策评估的探索

2015年颁布的《国务院办公厅关于运用大数据加强对市场主体服务和监管的若干意见》(国办发〔2015〕51号)专门指出,要"运用大数据评估政府服务绩效。综合利用政府和社会信息资源,委托第三方机构对政府面向市场主体开展公共服务的绩效进行综合评估,或者对具体服务政策和措施进行专项评估,并根据评估结果及时调整和优化,提高各级政府及其部门施政和服务的有效性"。各级、各地政府开展了基于大数据分析技术开展政策评估的探索。2016年,国家发改委办公厅正式印发《关于推进全国发展改革系统大数据工作的指导意见》(发改办厅〔2016〕1993号),专门提出,要"围绕简政放权、放管结合、优化服务,强化互联网大数据分析,重点开展重大规划、改革及政策举措实施效应评估"。根据文件要求,专门成立了国家发展改革委大数据中心,并面向中办、国办、国家发展改革委等上级机构开展重大政策大数据评估研究,目前已经完成400余期《大数据决策参考》内参报告,取得了很大影响力。

（三）公告政策评估的现实难点

我国的政策评估还相当不规范、不完整,而且受到较多人为因素的影响,存在种种问题与困难。尤其是地方政府,虽然设立了相关政策研究和评估机构,但是这些机构的主要工作是进行调查研究、分析预测和指导政策执行,很少对一项政策进行独立、正式和全面的评估。在政策评估的实践过程中,也存在着很多现实难点。

1.政策目标的不确定性

政策评估的一项重要工作是考察政策执行是否实现了预定的目标。而要做到这一点,政策本身就必须有明确的可测定的目标。但由于政策问题的复杂性以及政策制定者的一些主观因素,政策目标常常难以明确。主要表现在:一是许多政策目标难以被量化;二是政策目标的多重性,甚至相互矛盾;三是在政策执行过程中,政策目标可能随时发生变更而被修正;四是有时政策制定者和执行者还有意用模糊的方式来表达和说明政策目标,以此增加某种应变能力。所有这些情况,都给衡量和评价政策目标的实现程度造成了很大的困难。

2.政策影响的广泛性

一项政策实施后,其影响往往涉及社会生活的许多方面,既包括预期的影响,也包括非预期的影响;既包括政策系统内部的各种变化,也包括政策系统外部环境的变化;既有积极的影响,也有消极的影响;既包括短期影响,也包括长期影响。在导致这些影响的所有因素中,有些因素难以测定,甚至根本无法测定。此外,各种影响因素也往往难以用同一个计量标准来衡量,这就给政策评估带来了很大的障碍。

3.政策资源的混合性和政策行为的重叠性

公共政策不是孤立、单独存在的,往往会有许多政策同时被执行并发挥作用。这样一来,无疑导致了公共政策资源的混合和政策行为的重叠。在评估实践中很难分清某项政策的实际效果和影响力,从而增加了公共政策评估的难度。同时,政策行动和环境改变的因果关系也不易确定。我们在评估一项政策时,总希望能在政策行动与实际社会情况的改变间建立一种因果关系,即实际社会情况的改变会受到政策行动的影响。但是实际社会情况的改变往往同时受到政策以外的其他因素的影响,政策往往缺乏相对的独立性。

4.有关人员的抵制

在政策评估过程中,政策评估者与决策者、执行者之间发生矛盾、冲突是常有的事。当因为决策者的主观失误导致错误而要承担责任时,他们会制造种种可能的理由来抵制或将评估引入歧途。而对于执行者而言,因为评估者强调客观性和公正性,所以执行者会感到受威胁和愤怒,而且评估者会打乱他们的行动计划和日常生活,妨碍预期目标的实现。如果政策的错误有执行者的原因和责任,他们也多同决策者一样,想方设法阻挠或反对政策评估。政策对象由于从错误的政策和异化的政策中获得既得利益或者为了保护其局部利益,也会通过相关的途径干扰或阻碍政策评估。

5.政策评估信息资料和经费缺乏稳定来源

资料和信息是进行政策评估的基础。如果没有足够的与政策相关的统计资料和其他多方面的政策信息,政策评估就很难进行。我国目前对公共政策的信息管理还不够重视,政策信息管理体制和机制还不够健全,对政策信息管理不够规范,资料不完整,统计数据不准确,使得公共政策评估者难以用精确的信息来分析政策的运行过程及其结果。另外,公共政策评估需要投入相当的经费、设备、时间与人力,但在政策评估重视程度不够的现实环境下,要从公共政策的决策机关或执行机关获得评估经费,还存在许多困难,因此影响了政策评估的开展。

6.政策效果的不确定性

由于政策活动涉及面广、参与者多,政策执行后产生的影响往往涉及社会生活的方方面面,既有预期的影响,也有非预期的影响;既有显性的、一目了然的影响,也有潜在的、不易感知的影响;既有短期的影响,也有长期的影响。正是政策效果的多样性和影响的广泛性,再加上许多影响政策的因素难以测定,这就给评估带来了很大的困难。

第三节　公共政策绩效审计的功能与要求

一、公共政策绩效审计的相关概念

(一)公共政策审计

按照审计署科研所研究报告对于公共政策审计的定义,公共政策审计是"国家审计机关在法定职权范围内,从形式、事实、价值三个维度,对公共政策、公共政策系统(政策主体、政策客体、政策环境)、公共政策过程(政策制定、政策执行、政策评估、政策终结等)和公共政策的结果与影响进行的监督、评价、建议咨询等审计活动"。公共政策审计能够从保障政策贯彻落实,提高公共政策决策科学性和政策能力,保障公共政策价值目标的实现,推动责任政府和绩效政府理念的建立与深化,提高公共政策的参与度和透明度,从而增进社会民主等五个方面作用于国家治理。

(二)公共政策绩效审计

公共政策绩效审计是指由政府审计部门针对公共政策的制定、执行中所耗费的资源的经济性、效率性和有效性进行的审计评价。一方面,最高审计机关国际组织(INTOSAI)将绩效审计的对象定义为"政策""项目""组织""管理"。政策居于项目、组织、管理之上,它既是后三者发生和发展的根本动力,又是后三者的最终归宿。对公共政策的绩效审计是政府绩效审计不容忽视的一个重要领域。另一方面,在公共政策运行过程中,通过审计监督,尤其是绩效审计的监督与制约作用,政策的效率效果以及能否最大限度地维护公共利益将得到有效保证。公共政策的绩效审计是一个不容忽视的领域。

公共政策和绩效审计有着内在的契合性。公共政策的本质属性在于它的公共性,政府所要面对的公共政策问题来自公共领域,制定和实施政策的最终目的是解决公共问题,治理公共事务,维护公共秩序;政府完成一系列政策所需资源来源于公共财政,并以公共权力为后盾保障公共政策的实现,因此政府公共决策的价值取向只能是公共利益。审计的根本目的是从根本上维护公共利益。对公共资源的责任是国家治理的关键,同时也是健全的民主制度的重要因素。立法者、政府官员和社会公众需要了解政府提供的服务是否讲求了经济性、效率性、效果性,是否遵循了法律法规,同时,相关人员还要了解政府项目是否实现了目标和取得了成果以及其中的耗费如何。政府管理者应当对其各种活动及相关结果向立法机构与社会公众负责。公共利益是公共政策和绩效审计共同的价值取向。为更好地实现公共政策为公共利益服务的价值目标,作为一种有效监督手段的绩效审计是十分必要的,对公共政策进行绩效审计不容忽视。

(三)公告政策评估和公共政策绩效审计的关系

公共政策评估和公共政策绩效审计既有联系,又有区别。

两者的联系在于:两者的目的是相同的,其目标都在于通过对政府行为进行评估审计,以达到对政府相关职能部门在公共政策实施过程和履行相关义务时的全程监督作用,并针对在实施过程中出现的问题提出相关完善建议,以更好地加强政府责任、提高行政效率以及改善公共服务质量。

两者的区别在于:一是两者评价的主体不一样。公共政策绩效审计的主体仅限于专业的审计机关和工作人员,在专业性上要求更为严格;公共政策评估的主体更为宽泛,包括政府、高校、咨询机构、思想库、公众个人以及正式和非正式的社会组织团体等。二是两者的侧重点不同。公共政策绩效审计侧重于事中和事后评估,是对政策执行和实施一段时期内的经济性、效率性和有效性进行的审计;而公共政策评估既可以是事前评估,也可以是事中评估、事后评估。三是两者的评估范围不同。公共政策绩效审计的范围主要涉及公共政策执行情况,以及下级政府为落实上级政府的政策而开展配套政策制定情况的审计;而公共政策评估则可以是政府职能部门某段时间的全面评估,也可以是针对某个具体问题进行的详细评估。

公共政策绩效审计与公共政策绩效评估相比的优点体现在:公共政策绩效评估实施主体是以各级政府部门以及委托的第三方中介组织机构为主,独立性不足或权威性不强,导致公布的评估结果威慑力不够,难以使人完全信服。与之相反,审计机关既在形式上与其他部门相互独立、不存在利益关联,确保在执行工作过程中保持客观、公正,又在属性上具有强大的法律基础作为保障。政府审计还拥有与生俱来的问责职能,面对发现的问题可以提出审计处理意见和整改要求。通过审计结果公告发布信息,不仅具有很强的独立性和权威性,而且还起到监督政府行为的重要作用。

二、公共政策绩效审计的意义

政策是政府管理国家事务、处理社会经济问题和进行国家有效治理的重要手段。政府审计是国家政治制度的重要组成部分,是国家治理这个大系统中一个内生的具有预防、揭示和抵御功能的"免疫系统",肩负着维护国家正常财政经济秩序的重任。党的二十大报告指出,高质量发展是全面建设社会主义现代化国家的首要任务。开展公共政策绩效审计对促进国家政策的制定、落实和完善,使政府审计更好地为宏观调控服务,发挥"免疫系统"功能,促进国家治理目标的实现和推进国家良好治理等都具有重大和深远的意义。

主题讨论 政策绩效审计如何更好地服务国家治理

(一)保障政策贯彻落实

公共政策执行是指执行者采用必要手段,运用各种政策资源和条件,将公共政策内容转变为现实的过程,从而使政策目标得以实现。公共政策执行是解决政策问题、实现政策目标的重要途径,是检验政策方案正确与否的标准,是后续决策的基本依据。

审计机关通过对政策所涉及项目建设的实施完成情况、项目资金的管理使用情况以及项目的各项经济社会效益进行审计分析,可以初步作出政策是否正确贯彻落实的评价。同时,对于阻碍政策落实或导致政策偏离预期目标的客观影响因素,向政策制定者和执行者提出切实可行的意见和建议,纠正和消除政策执行偏差,保障政策真正有效的贯彻落实。

(二)监督权力运行

公共政策的实质是对社会利益的权利分配,只有在参与机制和决策机制实现良性互动的前提下,才能实现公共政策的选择过程和选择结果代表公共利益,从而保证对社会资源进行公正、合理分配。政府作为公共权力的主体,本身具有权力扩张的欲望,在权力执行过程中容易导致权力垄断,造成公共权力的非公共运用。

公共资源、公共财政、公有资产等配置、管理、使用的权力与责任赋予和委托给某些公共权力机构及其权力人,这些权力的行使和责任的履行需要政府审计予以监督,审计实质上是国家依法用权力监督制约权力的行为。因此,公共政策绩效审计中对于政策制定和政策执行主体的监督是对公共政策过程中权力运行的监督与制约,能够确保权力服务于公共利益。

(三)促进责任政府和绩效政府的建立

政府作为公共资源的受托经管人,需要以经济节约和富有效率的方式运用受托资源,并且良好地兼顾环境性和公平性,积极履行效率责任、效果责任、环保责任、社会责任和管理控制责任,构建责任政府和绩效政府。

公共政策绩效审计关注政策执行过程中资金和资源配置以及使用与管理的经济性、效率性和效果性,全面考察政策执行者的管理责任和社会责任的履行情况,可以推动建立健全政府绩效管理制度,促进责任政府和绩效政府的建立。

(四)推动民主法治建设

在政府和公众之间,政府由于掌握大量的公共资源处于优势一方,公众想要了解政府工作,对政府制定的公共政策执行效果进行监督,存在信息不对称的困境。

公共政策民主化要求保障广大人民群众和各种社会团体以及政策研究组织能够充分参与公共决策过程,在公共政策中反映人民群众的根本利益和要求。一方面,上级审计机关对下级政府围绕落实上级精神制定公共政策程序的合法性进行审查,推动公共政策制定的法治建设。另一方面,审计机关通过审计结果公告等方式,对政策实施情况和绩效表现发表审计意见,增加公共政策和政府行为的透明度,保障公众的知情权,提高政府公信力,推动民主政治建设。

三、公共政策绩效审计的目标与功能

(一)公共政策绩效审计的目标

拓展资源 4.1
审计的新方
向、新价值

中央审计委员会第一次会议明确审计的新方向、新价值。在此背景下,公共政策绩效审计的目标是以国家或地方政府制定出台的一些宏观经济政策、涉及公众重大利益的公共政策或重大措施等为审计对象,检查政策的贯彻落实情况,揭示执行中存在的困难或问题,分析其原因,评价政策的经济性、效率性和效果性,提出完善政策的建议,确保政策目标的实现,促进和完善国家治理。

绩效审计包含"5E"标准,即经济性、效率性、效果性、环境性和公平性。美国学者邓恩

(Dunn)在《公共政策分析导论》一书中将政策的评估标准分为六类：效果、效率、充足性、公平性、回应性和适宜性。经综合考量，本书提出公共政策绩效审计有以下目标。

1.经济性

经济性是指资源的节约或损失浪费的程度。在公共政策审计中，公共资源的投入、审计成本与审计效果产出是否成正比。

2.效率性

效率性是衡量一项政策要达到某种水平的产出所需的投入量或是一定量的政策投入所能达到的最大价值，它表现为政策效益与投入量之间的关系和比例。

例如农业综合开发资金审计项目，可以审定中央财政资金、省市县配套资金和企业自筹资金的资金投入情况，同时可以获取新增农田林网面积、新增粮食生产能力和直接受益农民年纯收入增加额等数据，从而反映我国政府解决"三农"问题政策执行的效率性。

3.效果性

效果性是指公共政策是否达到了预期效果和效益，可以通过审计所审定的政策完成情况来评价该政策取得的效果。

例如保障性安居工程审计项目，可以通过工程开工任务、基本建成任务、发放租赁补贴和棚户区改造情况等数据来评价我国政府为解决中低收入家庭住房困难的相关政策的效果性。

4.环境性

环境性是指公共政策的执行过程中是否能良好地控制了环境污染，是否减少了能源消耗。

5.公平性

公平性是指公共政策产生的综合社会贡献，以及成本效益在不同利益之间是否公平分配。

6.回应性

回应性是指公共政策实施后满足特定的利益群体需求的程度，该标准的目的是要从整体上衡量某项公共政策的实施对社会的宏观影响。审计需通过实地走访、调查问卷或座谈等方式，获取对政策执行的最准确回应，了解政策受益群体的意见。

7.适宜性

适宜性是对公共政策的一个综合评价，结合以上评价标准，评价该项政策是否具有真正的价值性，是否适宜继续以及长期执行。

（二）公共政策绩效审计的具体功能

关于公共政策绩效审计的具体功能，主要涉及提高公共部门效能、提高财政资金使用绩效、保障政策目标实现和维护公共利益。

1.提高公共部门效能

公共政策绩效审计能提高政府效能，通过审计，改善政府部门管理的方法，强化政府部门决策，促进政府与其他各类公共组织改进服务质量。公共政策绩效审计有助于明确政府使用公共资源和提供公共服务的责任。它可以为政策制定提供便利,改进政策执行的效度,促使政府部门致力于建立符合经济、效率与效益及其职责的报告程序并确保责任完整。

2. 提高财政资金使用绩效

绩效审计的一个较为明显的特点就是,极力避免不必要的政府开支以及浪费。政策的实施必定伴随着大量财政资金的拨付,对公共政策的制定和执行进行绩效审计可以有效控制公共部门机构与人员的膨胀,遏制长期以来存在的部门职权利益化倾向,有利于促进相关单位工作效率与质量以及投入—产出比的提高,改善公共部门的工作态度与作风。并为政府职能转变与公共政策真正体现广大公众利益提供坚实的财政基础。重视与扩大绩效审计在公共领域中的重要监督作用,才能有效节省行政开支,降低行政成本,促进公共预算资金使用效益的提高。

3. 保障政策目标实现

公共政策绩效审计是对政策整个生命周期的审查和监督,一旦发现政策落实过程中任何与实现既定目标不相匹配或者严重偏离政策目标的因素,便可随即向政策当局报告,协助政策当局及时纠偏,精准实现政策目标。

4. 维护公共利益

对公共资源的责任是国家治理的关键,同时也是健全的民主制度的重要因素。立法者、政府官员和社会公众需要了解政府提供的服务是否讲究了经济性、效率性、效果性,是否遵循了国家政策,公共部门管理者应当就其各种活动及相关结果向上级政府和社会公众负责。

四、公共政策绩效审计的要求

一是公共政策绩效审计涉及面广、起点高。其影响远远大于单一对某单位、某部门、某地区或某系统的审计。审计人员有全球化的开阔视野,在着眼于国内经济的同时,也要关注全球背景下外部环境的影响,将此项审计置于国际国内两个大局中,统筹把握公共政策绩效审计工作的开展。

二是公共政策绩效审计是宏观与微观相结合的审计。除了要求审计人员具备传统审计专业知识和技能外,还要求审计人员有较高的政策水平和较强的综合分析能力,审计人员要了解国家宏观经济运行形势乃至世界经济形势,熟悉国家应对当前国内外经济形势出台的相关宏观经济政策及重大措施,深刻理解政策措施的背景、意图,明确政策措施的执行单位和实施路径,为开展公共政策绩效审计奠定坚实的基础。

三是审计人员需要跳出过去单一、传统的审计思维,综合运用经济学、管理学、统计学、系统工程等方面的知识,从整体上综合分析政策的执行情况和效果,对政策作出一个客观、公正的评价。这需要增强审计人员的宏观意识,提高综合分析能力,开阔审计视野,掌握公共政策绩效审计的基本理论、基本方法和基本技能,同时要注重引进相关领域的专家型人才。

四是宏观政策的酝酿和出台过程繁杂、牵涉的对象广泛、政策发挥作用的传导机制较复杂,相应的审计评价标准和指标等也在探索之中。公共政策绩效审计要在建立评价标准和指标体系的基础上,找到宏观政策审计的最佳切入点,才能全面客观地分析影响宏观政策有效执行的因素,促进宏观政策的有效执行和完善。

第四节　公共政策绩效审计的组织

一、公共政策绩效审计的方式

(一)上下联动、点面结合

公共政策绩效审计涉及层面广,影响面大,审计机关对宏观政策的绩效评估必须建立在大量微观个体的绩效审计之上,因此在审计方式上可以打破地方、部门和原有专业分工的界限,在一定地区范围内组织上下级审计机关联合开展审计工作,制订统一的实施方案,各级审计机关、各审计组分工协作,提交分组报告,进行汇总后结合总体宏观分析情况,形成审计总报告。

(二)全过程跟踪审计

政府根据国家治理的需要,通常会制定一些实施期限较长、对经济社会发展具有全局意义的综合性政策措施,对这样的政策可采取跟踪审计的方式,一般在重大政策出台后不久组织实施第一次审计,在其后的阶段里,根据不同情况每年进行跟踪审计或不定期跟踪审计。一方面对政策实施过程进行动态监控,确保政策得到有效的落实和政策意图的实现;另一方面及时评价有关政策执行过程中的绩效问题,为进一步完善政策提出审计建议。

(三)专项审计或调查

专项审计或调查即针对某项政策,集中审计力量在相对较短的时间内完成审计或调查工作,它具有针对性和时效性强的特点,对那些实施时间相对较短,涉及领域相对集中的单一性政策以及涉及资金的政策,可在实施过程中进行专项审计或调查。通过专项审计或调查,检查政策措施实施情况和实施效果、存在的主要问题和矛盾,并分析其原因,提出审计的意见和建议。

(四)结合式审计调查

结合式审计调查,即在各类审计中,结合某项政策或相关一系列政策的贯彻落实情况,开展公共政策绩效审计,如在预算执行审计、经济责任审计、企业审计和投资审计等工作中,结合对该地区、部门、系统或单位执行某项政策或相关系列政策措施情况进行同步审计或调查。结合式审计调查一方面可以使公共政策的绩效审计建立在财政财务收支审计的基础上,因而更具可靠性;另一方面还可以节约审计成本,提高审计工作效率,一项审计能出多项审计成果。

二、公共政策绩效审计的步骤

(一)了解、熟悉相关宏观经济政策

审计机关确定要对某项政策开展绩效审计后,审计人员应收集相关政策及其配套的资料,了解制定此项政策的背景,理解其意图、目的,熟悉政策的具体内容、要求、实施步骤等,真正掌握政策的精神实质。

(二)建立、选择政策绩效审计的评价指标体系

要根据所审计的宏观政策,建立或选择相应的绩效审计评价指标体系,应包括经济效益、社会效益和生态效益等指标,以便对政策实施效果进行定性、定量分析,作出科学、公正的评价。

(三)调查、掌握政策执行情况和产生的影响

深入到政策执行的单位、部门或地区,调查了解政策执行的具体情况,主要了解政策是否得到落实,相关部门是否出台相应的配套措施,政策实施后取得的成效以及产生的影响。

(四)揭示政策执行中存在的问题并进行原因分析

检查政策在执行中存在的问题,主要包括两个方面:一是政策在执行中有无出现偏差,有无出现有令不行、有禁不止的行为;二是配套政策本身是否存在不足或缺陷,各项政策之间是否协调,有无体制、机制上的问题。同时,要对揭示出的问题进行原因分析,分清主观、客观原因,更要分析深层次方面的原因。

【例 4.6】宁波市新常态下开展公共政策绩效审计①

2014 年 10 月 9 日,国务院出台了《关于加强审计工作的意见》(国发〔2014〕48 号,以下简称"国务院 48 号文"),第一次明确提出了政府审计要持续组织对国家重大政策措施和宏观调控部署落实情况进行跟踪审计,发挥审计促进国家重大决策部署落实的保障作用。从 2014 年 8 月开始,在审计署的统一组织下,浙江省审计厅、宁波市审计局对中央稳增长、促改革、调结构、惠民生的政策措施落实情况进行跟踪审计,重点关注本地区的政策分解、具体部署、执行进度、实际效果等情况。

2015 年共抽查了相关地区和部门(单位)227 个项目,涉及资金 495.6 亿元。从审计情况看,2015 年以来,宁波市、县两级政府及相关部门认真贯彻落实中央关于稳增长、促改革、调结构、惠民生、防风险的各项政策措施,有序推进"五水共治""三年行动计划""四张清单一张网""四换三名"等省市重点工作。但由于受到体制机制等方面的制约,也存在部分政策措施推进不够快、落实成效不够明显的问题。

(1)项目推进上存在进度缓慢、效果不佳的问题

一是多部门协调难度大,项目推进力度不理想。如三江夜游项目码头迁移工作,由于涉及多个部门以及所在地政府的协调配合,项目推进缓慢。二是审批流程的影响,造成项目进度滞后。部分项目由于土地审批手续未完成,无法正式实施。三是基层资金压力大,致使项目无法实施。如部分县(市)区的街景改造项目及特色街区建设因资金无法到位,项目尚未启动。

(2)资金保障上存在拨付迟滞、资金闲置的问题

一是虽然预算执行进度与往年相比有所加快,但预算编制不细化、项目前期准备不充

---

① 根据以下资料改编:徐荣华,何小宝,郝玉贵. 宁波市新常态下开展公共政策管理绩效审计状况及对策[C]//会计转型与经济发展:机遇与挑战——中国会计学会高等工科院校分会第 24 届学术年会论文集,重庆:重庆工商大学,2017:787-792.

分、预算下达后需二次审批等固有问题依然存在,导致财政资金无法实际支出。二是粗放型资金分配使用方式造成部门资金闲置。抽查发现,很多部门存在资金缺口的同时,账面上又闲置着无实际使用用途或暂时不需要使用的资金。三是由于资金审核或验收进度延缓,造成专项补助资金兑现滞后。

（3）政策落实上存在执行偏差、实效不高的问题

一是政策制定与实际脱节,操作性不强。如《宁波市电子商务示范创建认定办法》规定的门槛过高,无一家企业符合创建标准。二是部门之间职责交叉造成政策执行不到位。如市政府为促进"三名"创建工作,降低了奖励扶持标准,但任务承担部门之间缺乏沟通,实际操作上没有达成一致,还在按原标准执行。三是缺乏有效整合,政策协作机制还有待完善。如各职能部门的信息管理系统缺乏有效的实时数据共享和交换机制,信息"孤岛"的存在给相关政策的贯彻落实带来了一定的困难。

（4）配套措施上存在基础薄弱、保障不足的问题

一是部分政策所需的基础条件尚不具备,影响政策目标的实现。如契约式家庭医生制服务所需要的全科医生人力资源短缺,且尚未建立相关激励机制,造成服务实施率和居民签约比例不高,与目标差距较大。二是市场化手段利用不充分,影响政策的持续性。如公共自行车项目由于受户外广告整治等因素影响,亭棚广告资源未加以利用,收支压力较大,依靠极少的车辆租赁收入无法保障运营企业良性发展。三是配套保障措施不足,影响政策实施效果。如各商业街区不同程度地存在停车困难、公交线路不足、夜间公交结束时间过早等不够便利的情况,影响"月光经济"效果。

（五）综合评价政策执行情况

评价政策执行的效果,政策的实施是否达到了预期的目的,政策目标的实现程度,是否有利于经济结构调整和经济发展方式的转变,是否促进了经济平稳较快地发展。应采用审计结果或核实的情况进行评价,政策执行情况如果可以量化,则可应用相关的具体数据或定量指标进行评价。

（六）提出改进和完善政策的建议

根据政策的执行情况和审计的结果,站在宏观和全局的角度,从推进建立长效机制着眼,向政府提出改进和完善政策的建议,使政策能够真正得到贯彻落实,并不断完善,更加符合实际情况,最大限度地实现政策的预期目标,以期产生更大的经济效益和社会效益。

（七）跟踪了解整改情况及审计建议的采纳情况

要及时了解审计揭示的宏观经济政策在执行中存在问题的整改情况,同时要注意了解政府或政府有关部门采纳审计建议的情况,是否采取了相关措施对政策进行调整或修改,以及后续的执行情况和效果,审计揭示的体制、机制问题,制度缺陷和重大管理漏洞等是否得到有效改善。

第五节 公共政策绩效审计的重点和内容

一、公共政策绩效审计原则

宏观服务型绩效审计的原则主要有三个方面。

(一)审计立项应体现适应性、重要性和时效性原则

一是体现适应性原则。项目选择必须考虑审计结果使用者的认可,最终结果要符合用户的使用要求,审计结果能被理解和利用。核心目的应体现"政府认可,部门能用"。二是体现重要性原则。项目选择要有所为有所不为,集中资源做大事、要紧事。应选择经济影响和社会影响都比较大,领导关注程度高、最不放心的领域,体现"事关重大,众望所归"。三是体现时效性原则。要找准审计切入的时机,刚刚实施的、运行的环境条件没有改变的公共政策,均不宜进行评价。立项的时间节点,应体现"决策需要,承上启下"。

(二)实施过程应体现结果导向原则

一是审计目标应明确,突出"面向成果使用者"。围绕服务决策者,发挥审计在解决体制、机制和管理等宏观层面突出问题上的建设性作用,促进经济社会持续良好发展。二是审计方法应正确,突出"结果为导向"。实施过程中,应摒弃将过多的精力放在对资金使用过程的监督,而应以政策执行结果为导向,从经济效益和社会效益入手查找问题和分析研究,进而提炼建议。三是成果提炼应准确,突出"解决问题为目的"。不以"查处问题"为目的,也不片面追求问题金额等微观问题,应确定"发现问题→分析原因→提炼建议→解决问题"的基调。四是分析评价应精确,公共政策绩效审计调查作为一项政策评估活动,运用科学的方法论和认识论十分重要。审计人员不仅要明确政策的背景、预期目标等,还要理解并掌握政策发生作用的原理,在审计过程中做到科学分析、精确评价,这是审计目标得以实现的基础。

(三)发表意见应把握有限评价原则

公共政策绩效审计应围绕审计目标和突出的关键问题进行有限评价,可以是警示、揭露的负面评价,也可以是积极肯定的正面评价。但是,针对体制效率、管理效能、资金成效和执行效果等问题,无依据、超范围或证据不充分的评价,既降低审计成果的科学性、权威性,也会增加审计机关的风险。因此,应十分注重证据的充分性、依据的可靠性,无论正面或负面的评价,都应做到"证明什么、评价什么",恪守"不求全面但求精准"的有限评价原则。

二、公共政策绩效审计的重点

(一)特定重大政策的审计

特定重大政策是政府应对严峻经济形势、重大经济危机冲击等采取的一系列相互配套的政策措施,通常称"组合拳",是财税、金融、投资、产业、民生、收入、消费等诸多政策的综合

运用,对经济社会发展具有全局性的重大影响。审计重点关注:一是政府政策措施的贯彻执行情况,注重揭露和查处在贯彻政府决策部署过程中失职渎职、弄虚作假、不作为和乱作为等行为,坚决纠正有令不行、有禁不止的行为。二是政策措施的实施效果,政策是否达到了预期的经济效益和社会效益,评价"组合拳"对国家宏观经济的改善和影响。三是政策执行出现的新情况和新问题,各项政策之间是否协调配合,及时提出对策建议,促进国家宏观调控目标的实现。

(二)财税政策的审计

重点关注:一是国家财税政策出台后,各地区是否出台配套的政策措施,财税政策的实施是否有利于建设和谐型社会,财税政策是否细化。二是财税政策是否得到正确、完整、有效执行,分析一些地方是否存在不执行相关政策措施、擅自扩大政策执行范围、违反中央的有关规定自定政策等问题。三是政策执行的效果,分析政策实施对当地经济社会发展的影响和利弊。四是政策实施存在的不足或缺陷。

(三)货币政策的审计

重点关注:一是关注信贷总体规模是否存在信贷规模过大引发的投机性泡沫或经济过热、通货膨胀压力加大的问题,对区域经济和中小企业的支持情况等。二是关注信贷结构,检查信贷投放是否符合国家调整经济结构和转变发展方式的要求,是否按照国家规定的支持类、限制类、风险类等行业实施不同的信贷政策。三是关注金融风险隐患,揭示银行在信贷投放、金融衍生交易和理财等业务中的违规行为和由此产生的风险隐患。

(四)投资政策的审计

重点关注:一是政府投资的结构和分配情况,检查政府投资结构与宏观调控政策取向是否一致,资金分配是否符合政策目标。二是项目配套资金落实到位情况,有无超出地方财力安排项目等问题。三是抓住投资项目的立项审批、资金管理使用、项目建设管理等重点环节,关注是否存在违反审批程序、土地政策、环保政策和工程质量管理规定等问题。四是关注投资项目是否按期建成投产并发挥效益,分析政府投资项目建成后的运用状况和实际效果。

(五)环境保护政策的审计

重点关注:一是资源和环境保护政策措施出台情况,相关的政策措施是否完善、合理和科学。二是政策措施执行情况,分析节能减排、淘汰落后产能、废气和污水治理等各项政策措施是否得到严格执行,是否有利于自然环境、生态资源的保护。三是相关资金的管理使用情况,资金是否有保障,使用是否合法合规有效。

(六)产业政策的审计

重点关注:一是地方是否按照国家的要求,结合区域产业发展实际,采取具体措施,合理引导投资方向,鼓励和支持发展先进生产能力,淘汰高污染、高能耗、高危险、低效益落后产能,切实推进产业结构的调整和优化。二是地方是否制定完善配套的政策措施,支持企业增强自主创新能力和竞争力。三是产业政策措施实施情况,是否促进了产业的转型升级,是否推进了当地经济结构调整和经济发展方式的转变,从而有效实现经济社会的可持续发展。

(七)民生政策的审计

重点关注:一是国家政策落实情况,关注国家政策是否落实到位、政策目标是否实现,有无严重影响和损害群众利益的问题。二是财政专项资金分配、管理、使用和绩效情况,关注资金分配是否公平合理,管理是否科学规范,有无挤占挪用资金的问题,促进公共资源配置更多地向民生领域倾斜,规范资金管理和运行。三是民生项目建成后,是否切实有利于改善民生,达到预期的目的。

(八)科技创新政策的审计

重点关注:一是国家激励企业创新发展相关政策的落实情况。对高新企业、中小企业给予财政支持和税收优惠政策的落实情况。二是相关扶持资金的使用情况及效果。三是政策还需要完善和改进的部分。

此外,还要根据不同时期国家治理的需要,对国家的就业政策、外贸政策、收入政策、消费政策、区域政策等开展公共政策绩效审计,关注这些政策的执行情况和效果,及时提出审计建议,促进政策的落实、完善和预期目标的实现。

三、公共政策绩效审计内容

(一)政策制定绩效审计

政策制定阶段处于政策生命周期的最前端,政策制定是否正确、是否完善直接影响了政策所产生的效果。在我国,审计机关属于行政机关,无法对本级人大和政府制定的法律法规进行审计,但根据有关规定,可以对下一级政府为落实上级政策的配套政策制定情况进行审计。

1.合理性审计

政策制定合理性的审计,应该从政策制定的必要性、可行性、相关依据等几个方面展开。政策制定的必要性审计,即通过实地调研,发现问题的严重性,确定社会需求,进而审查政策的制定是否为了满足迫切的社会需求。政策制定的可行性审计,即通过对需要的人力、财力和物力等政策成本进行评估,审查该项政策是否可以顺利地贯彻实施。政策制定的依据审计,即以国家现行法律法规的要求为前提,以国内外针对该问题的相关政策为基础,审查是否存在"闭门造车""一家堂"现象。此外,地方和中央的政策目标要高度一致,地方要严格贯彻中央的精神和政策实质,针对相同政策问题,审查是否出现政策干扰或矛盾的情况,是否因此产生巨大的额外成本。

2.效益性审计

政策制定公平性的审计,应该从政策制定人员的代表性、主客体的明确性、目标的明确性和一致性等几个方面进行。政策制定人员的代表性审计,就是要审查政策制定人员是否代表各相关领域,各行政级别,各民族宗教,进而实现各领域、各地区、各民族真正意义上的公平,是不是为了保障社会不同利益群体的利益,而不是某些权力机构追求私利而形成的特殊政策。政策主客体的明确性审计,审查政策执行主体是否有政策执行偏差行为,是否存在相关执行人、负责人以权谋私或是利用职务之便进行中饱私囊等情况;审查政策的执行客体,即保障对象的资格是否均达到准入门槛,揭露利用虚假资料骗取利益、同类对象不同对待等问题。政策目标的明确性审计,即在充分调研和参考的基础上,审查是否明确了政策的目标,即具体到解决哪些问题、哪个阶段的问题,确保对后续的执行工作有一个清晰的引擎和指导作用。政策目标的一致性审计,审查各地方政府是否存在对国家宏观政策理解和学习上的偏差,进而导致与其他地方政策目标不一致的情况。

(二)政策执行绩效审计

政策执行阶段的绩效审计,是指政策在实施过程中所进行的审计,即在政策制定合理、公平的前提下,审查政策主体执行是否到位,政策客体是否配合;投入资源用途是否合规,资源利用有无浪费现象等。再根据阶段性产出,审查政策目标是否能够实现。

1.合规性审计

政策执行合规性审计,应该从执行主体的资质,政策宣传力度、认知度,政策对象的素质,执行主客体的沟通与协调,执行的监督控制等几个方面开展。执行主体资质的审计,即审查政策执行者是否认同该项政策,是否具备多方面的知识和创新精神,工作态度是否端正,专业胜任能力是否过关,是否存在种种政策执行偏差行为。政策宣传力度的审计,即审查各级执行机关是否运用了先进有效的宣传工具和手段,是否从政策背景、意义、目标和具体措施等方面全面进行了政策内容的宣传。政策认知度的审计,即通过走访、发放问卷、设匿名信箱等方式,审查各政策目标群体对该项政策是否有了统一、清晰的认识和理解。政策对象的素质审计,即审查政策目标群体是否从心理上认可和采纳该政策在执行过程中存在不同程度的抵制和妨碍行为。主客体的沟通与协调审计,即审查执行期间,执行主体与上级机构或首长,执行主体之间以及执行主客体之间是否有及时、必要的沟通与协调,进而实现统一认识,消除误解,保证政策的执行效果。政策执行的监督控制审计,即主要审查执政党、国家权力机关、政策执行机构内部及社会方面监督系统是否建立、完善。

2.效益性审计

政策执行经济性审计,应该从有形资源的投入成本、无形资源的投入成本、阶段性产出、政策目标实现几个方面开展。有形资源的投入成本审计,即审查财力资源和人力资源这两种最基本的政策资源的成本是否保持在与收益相比相对较低的水平上,有没有严重的损失浪费现象。投入得多不一定就产出得多,应该避免执行机构内部的纠纷和内耗。无形资源投入成本审计,即审查在政策执行过程中是否获得了足够多的信息资源,以此保证信息渠道的畅通;是否有效利用了权威资源,保证政策的强制性作用得到发挥。阶段性产出审计,即审查政策在执行一段时间后产生的经济效益、社会效益和生态效益情况。政策目标实现审计,即考察政策目标是否实现、是否与预期一致,分析不一致的原因,提出意见和建议。

第六节　公共政策绩效审计典型案例分析

一、安吉县"中国美丽乡村"新农村建设绩效审计①

(一)项目背景

拓展资源 4.2
《浙江省审计
事业发展"十
四五"规划》
(节选)

2008 年初,安吉县委、县政府作出建设"中国美丽乡村"的战略决策,提出利用 10 年时间,将安吉全县 187 个行政村建设成为"村村优美、家家创业、处处和谐、人人幸福"的现代化新农村样板。经过两年的建设,安吉县的农村经济社会得到全面发展。

浙江省各级审计机关历来十分重视政策跟踪审计工作。2010 年,安吉县审计局对"中国美丽乡村"创建工作进行了专项审计调查,全面客观地对两年来安吉县实施"中国美丽乡村"建设情况进行绩效分析。

(二)"中国美丽乡村"绩效审计情况

1.绩效审计定位:关注民生政策

民生政策绩效审计涵盖两部分内容,首先是关注民生,即指把广大人民群众最关心、最直接、最现实的利益问题作为审计工作关注的热点,加强对相关政策落实情况和资金使用情况的审计监督,对群众反映的热点和难点问题开展审计调查,透过对现实问题的调查分析,评价政策目标实现的程度和效果,探究相关领域存在的制度性缺失,向政府和有关部门提出切实可行的建议,做到既维护群众利益,又促进政府提高管理社会事务的能力,进一步促进和谐社会建设。其次是评价政策绩效,即审计部门根据需求和条件,选择正在执行过程中或已执行结束的有关政策为对象,以向政策制定或执行人员提供反馈信息,促进他们适时作出相关政策调整为目标。

2."中国美丽乡村"绩效审计的特点

对"中国美丽乡村"建设政策价值和目标取向的公共性进行审计调查。一切社会经济事务活动和社会发展都是为了人,以人为本的理念是和谐社会的基本理论前提,本次绩效审计也是以此为审计目标,对"中国美丽乡村"建设政策实施过程的公共性进行审计调查。"中国美丽乡村"建设政策是城市化职能向农村延伸的具体体现,建设过程中,是否解决了人民群众最关心、最直接、最现实的利益问题,以此来评价政策制定实施过程的公共性。

"中国美丽乡村"建设共涉及 36 个项目创建指标,涉及社会发展的各个层面,本次专项审计调查以 36 个指标最后的作用和影响力分析来评价政策作用和影响的公共性。

---

① 根据以下资料改编:湖州市审计局关于安吉县乡村振兴相关政策与资金审计结果公告[EB/OL].
(2019-05-22)[2023-11-20]. http://hzssjj.huzhou.gov.cn/art/2019/5/22/art_1229208068_54621534.html.

3."中国美丽乡村"绩效审计的重点内容

对资金筹集情况进行审计调查。对"中国美丽乡村"建设专项资金及整合涉农资金进行审计,同时对创建单位资金筹集、使用过程进行调查。通过审计,摸清全县"中国美丽乡村"建设资金的来源总额和结构,从而对资金来源和结构的真实性以及是否引起村级负债增加情况进行分析。

对资金的使用和管理情况进行审计调查。对"中国美丽乡村"建设过程中工程管理情况进行审计,对创建单位在建工程执行招投标情况、建设过程管理情况、合同管理和执行情况、资金使用和财务管理内部控制制度执行情况进行了分析。

对"中国美丽乡村"建设取得的成效进行审计调查。重点对"中国美丽乡村"建设开展两年来,安吉县在农业增效、农村社会发展、农民增收情况进行数据分析对比,对已完成创建"中国美丽乡村"精品村的创建前后情况进行相关数据分析对比,从而综合分析评价"中国美丽乡村"创建取得的社会成效。

对政策的公众满意度进行审计调查。运用抽样调查、访谈等审计方法,了解"中国美丽乡村"创建工作的公众知晓度、参与度、受益度,并进行分析。

4."中国美丽乡村"绩效审计的实现路径

这次专项审计调查工作涉及面广、点多、线长,审计组事先深入实际,进行了大量审前调查。通过对政策制定方的审前调查,了解"中国美丽乡村"的创建流程、创建内容、激励政策及完成情况;通过对政策实施方的审前调查,了解决策过程、建设项目确定、资金筹集管理情况、工程管理模式等;通过对政策受益方的审前调查,了解群众对"中国美丽乡村"创建工作的看法、受益情况。在此基础上,再组织精干力量实施绩效审计。

(三)"中国美丽乡村"建设绩效审计情况分析

1."中国美丽乡村"建设工作基本情况

2008—2009年,安吉县财政专门用于"中国美丽乡村"建设专项资金15195万元,其中,2008年5888万元,2009年9307万元。全县共有91个行政村通过中国美丽乡村考核验收,占全县187个行政村的48.66%,比《安吉县建设"中国美丽乡村"行动纲要》确定的(2008—2009年)创建的60个目标超额完成31个。已建成"中国美丽乡村"精品村60个,重点村29个,特色村2个,其中,有6个乡镇完成美丽乡村全覆盖。

2."中国美丽乡村"建设绩效分析

安吉县以"环境提升、产业提升、素质提升、服务提升"等四大工程为抓手,使美丽乡村建设取得良好成效,呈现上级满意、各界支持、群众拥护的良好局面。

(1)农业产业得到有效发展

2007—2009年,安吉县财政会同农业、林业等部门共下拨农业产业发展扶持资金4948万元(其中,2007年1387万元、2008年2014万元、2009年1547万元)。截至2009年底,全县农产品已获中国驰名商标称号6个,中国名牌1件,省著名商标10个,省名牌产品9件,市名牌产品38件。累计发展农民专业合作组108家,其中获省市先进(示范)专业合作组织31家。2009年,全县农业总产值27.51亿元,比2006年22.03亿元增长24.86%,其中,茶叶、蚕桑、毛竹三大产业总产值13.8亿元,比2006年8.5亿元增长62.23%。三大产业在农业总产值中的占比从 2006 年的 38.6％提高到 2009 年的 50.16％。

（2）农村公共服务得到有效提升

政府将基础设施建设作为美丽乡村建设的基础,推进农村公共服务体系由城镇向农村覆盖。一批与群众生活密切相关的乡村道路联网工程、"十万农民饮用水"改造工程、千库保安、农村卫生服务站、建筑节能、危房改造、"两双"工程等基础设施项目基本建成。

（3）农民生活得到明显改善

2009 年,全县农民人均纯收入 11326 元,比 2006 年 8031 元增长 41.03％,比全省同期农民人均纯收入 36.43％增长幅度高出 4.6 个百分点,比全省同期农民人均纯收入 10007 元绝对额高出 1319 元。2009 年,农民人均纯收入与城镇居民可支配收入比为 1：1.99,低于全省 1：2.46 的水平,城乡统筹发展加快且成效明显。

通过对 2008 年创建完成"中国美丽乡村"精品村的 18 个行政村进行审计调查发现:18 个行政村 2009 年农村劳动力从事第一产业人数 2316 人,比 2007 年 4604 人下降 49.70％,仅占当年农村劳动力总数 16301 人的 14.21％;农民家庭经营收入 324395 万元,比 2007 年 227640 万元增加 96755 万元,增长 42.50％;餐饮业及其他服务业等第三产业收入 18589 万元,比 2007 年 10173 万元增加 8416 万元,增长 82.73％;农民人均所得 14746 元,比 2007 年 10173 元增加 4273 万元,增长 44.95％。

安吉县"中国美丽乡村"建设政策的落实,是安吉县新农村发展规划的具体实施,是整合财政资金,发挥自身优势,融合城乡发展,探索出县域经济不是特别发达地区建设新农村的新思路。

（四）进一步做好"中国美丽乡村"绩效审计的思考

2008 年以来,安吉县依托首个国家级生态县和与国家部委合作共建社会主义新农村建设示范区的先发优势,举全县之力建设"中国美丽乡村",积极探索新农村建设的"安吉模式",村庄环境全面发展,公共服务大幅提升,农民生活日渐提高,成为具有影响力的新农村建设区域品牌。"中国美丽乡村"建设将持续 10 年,安吉县审计局在"中国美丽乡村"专项绩效审计的基础上,围绕关注民生、政策评价、绩效评估等方面,对今后开展美丽乡村建设绩效审计作了进一步思考。

1. 以完善公共政策、提高公共政策质量为切入点

一是要注重从宏观、大局着眼分析问题。围绕中心、服务大局是审计工作的基本原则。新农村建设审计,就是围绕新农村建设"生产发展、生活宽裕、乡风文明、管理民主"20 字方针,对新农村建设进行整体评价。审计机关要突破财务收支审计范围的局限,将新农村建设放在服务和谐社会、建设和改善民生、服务建设节约型社会和生态文明建设上,将审计视角进一步拓展,最大限度地促进体制和机制完善。

二是要将复杂问题妥善处理。新农村建设审计是一项系统工程,涉及面广,政策性强。审计机关在实施新农村建设项目时,围绕各级党委、政府新农村建设的战略目标、工作重心,本着"揭露问题、规范管理、完善制度、提高效益"的目标,要将所有涉及新农村建设的资金纳入调查范围,突破传统审计的局限性,运用现代审计技术。同时,在进行审前调查的同时,应明确审计工作要达到的效果,以最简单有效的方式来具体组织实施。

2. 树立以人为本的民本审计理念

新农村建设中,建设主体是农民,实施主体是各行政村,各级政府在整个工作体系中起到引导和组织的作用。在整个审计过程中,要正确处理好建设点与面的关系,不能以点概面,要善于从点的问题来分析总结面上存在的制度或管理上的不足。同时,还要正确处理好横向与纵向的关系。不仅要从纵向来分析整个新农村建设过程中政策的制定是否具有前瞻性、可操作性、可持续性;还要从横向来分析对比政策实施后取得的成效与不足,将纵向查找出的问题与不足,通过横向分析,寻找问题的差异化,从而提出更好的解决办法。

3. 注重提高资金使用效率和政策成效

"中国美丽乡村"专项绩效审计调查工作,从建设项目的招投标管理、工程实施管理、工程款支付管理中发现各村在创建过程中,存在工程招投标管理缺失、工程管理粗放、工程款白条入账现象严重和内控制度执行不到位的问题。分析具体原因后,审计提出今后"中国美丽乡村"创建要充分发挥乡镇纪委、村民代表的作用,建立建设工程乡镇纪委备案、村民代表全程监督等管理办法,促进建设工程管理水平。

同时,通过对各村村级财务管理的审计,发现当前实施的《村级财务管理制度》中,对固定资产的核算、财务处理不到位,造成实际支出账面反映不全,年终收益分配不真实。审计建议在对固定资产核算中,采用"固定基金"进行调节。目前,村级财务核算体系采用的会计制度在某些方面已不适应当前社会经济发展的需要,建议有关部门应根据当前会计核算需要,对有关会计核算制度进行调整。

二、保障性住房政策绩效审计①

(一)项目背景

近年来,我国房地产市场价格持续走高,住房问题是社会各界关注的热点问题,是关系国计民生、社会稳定的大问题。党中央、国务院高度重视广大低收入家庭的住房困难问题,把解决城市低收入家庭住房困难作为维护群众利益的重要工作,住房保障工作已成为各级政府的中心工作之一。

南封市的房价近几年一路攀高,低收入家庭的住房困难问题较为突出。南封市政府贯彻国务院关于加强保障性安居工程建设的精神,根据省政府的要求和部署,近几年也加大了投资保障性住房的力度。省审计厅 2011 年对南封市 2008—2010 年贯彻国家保障性住房政策的情况(重点选择经济适用房和廉租住房项目)开展了政策绩效审计调查。

(二)审计调查目标

通过审计调查,了解国家保障性住房政策的执行情况和取得的成效,揭示执行中存在的问题,分析其原因,评价保障性住房政策的有效性、科学性,提出完善政策的建议,确保国家保障性住房政策目标的实现,有效缓解南封市低收入家庭住房困难突出问题,推进南封市民生工程建设,促进社会和谐。

---

① 根据以下资料改编:叶晓钢.新编绩效审计实务[M].北京:中国时代经济出版社,2012:17-24.

(三)审计调查重点

(1)南封市制定相应配套政策措施情况。

(2)执行国家保障性住房政策情况。

(3)揭示政策执行中存在的问题并进行原因分析。

(4)评价保障性住房政策执行效果。

(5)提出改进和完善政策的建议。

(6)了解存在问题的整改及建议采纳情况。

(四)审计调查情况

南封市 2008 年至 2010 年建设经济适用房项目 8 个,规划建设经济适用房 6600 套,建筑面积 528000 平方米,总投资 13.40 亿元,其中已完工和销售 4850 套,建筑面积 388000 平方米;2008 年至 2010 年筹集廉租住房保障资金计 2.63 亿元,截至 2010 年末,全市累计申请廉租住房登记 4936 户 11052 人,正在实施保障户数 4396 户 9721 人,按保障方式分:租赁补贴 3631 户 7856 人、实物配租 469 户 1213 人、租金核减 296 户 652 人。

(五)审计调查发现的主要问题及其原因

1.保障性住房政策执行不到位

主要表现为供地政策未能完全落实;住房保障资金提取不足。主要原因:一是经济适用住房和廉租住房的用地为行政划拨方式,没有土地出让收入,所以地方政府在用地上更趋向于向商品开发用地倾斜;二是目前廉租住房资金来源渠道较多,有中央和省级的专项补助,而土地出让净收益是地方政府的主要收入,因而不愿过多安排到廉租住房上。

2.部分保障对象准入条件不合理

主要表现为未严格审核申请人家庭住房状况、收入状况;保障对象存在盲点。主要原因:一是对保障对象的审核和监管机制不够健全,人口变动、收入财产等信息尚未实现共享,相关部门未准确及时掌握相关信息;二是目前的住房保障范围偏窄,还有户籍限制,造成城市里一些中低收入者不能享受到住房保障。

3.部分保障性住房配租困难、房源闲置

主要表现为保障性住房通常分布在城市郊区,地址偏远、交通不便,存在配租困难、房源闲置的问题,有的地方甚至出现已入住家庭退房的情况。主要原因:保障性住房项目选址不当,远离市中心,生活配套设施严重不足,就业机会少,导致保障对象不愿配租配售。

4.经济适用住房定价过高,建设单位利润高

主要表现为经济适用房建设项目大大超过国家规定的、房地产开发企业实施的经济适用住房利润不高于 3% 的规定。主要原因:有关部门在定价时,大部分项目均未竣工,工程造价尚未进行决算审核,所以对建设成本的审核大都采取预估方式,造成核定的建设成本不准确,再加上商业配套店面、车位等收入没有冲抵成本,导致建设单位的利润率大大超过了 3%。

5.部分经济适用住房改变用途

主要表现为部分经济适用住房转为廉租住房;部分经济适用住房改为限价商品房。主要原因:一是南封市为了完成廉租住房建设任务和多获取上级补助资金,将部分经济适用住房转为了廉租住房;二是出于经济利益,将经济适用住房转为限价商品房。

6.部分保障性住房超标准建设

主要表现为项目超标准建设。主要原因:有关部门对保障性住房项目建设管理审批不严,没有严格遵守国家关于面积控制的相关规定。

7.后续管理缺失,未建立退出机制

主要表现为没有制定回购的政策。主要原因:一是南封市还没有按照国家的要求建立经济适用住房的退出机制;二是经办部门后续监督管理不严,且经济适用住房价格低廉、上市交易后利润空间大,因而已购买经济适用住房的家庭不愿让政府回购;三是目前还未建立起完善的金融信用体系和居民个人收入申报制度,给信息核实带来很大困难。

(六)审计调查方法应用

(1)审查南封市国土局2008—2010年住宅供地总体情况,再了解同期经济适用住房和廉租住房的供地情况。

(2)查阅市财政局、国土局和建设局相关资料,了解2008—2010年土地出让净收益的情况和提取廉租住房保障资金的情况。

(3)查阅市住房办、市房地产交易登记中心相关资料,进行姓名、身份证比对。

(4)延伸到市工商局、税务局、交警等部门,调查了解经济适用房购买家庭成员的工薪收入、纳税情况和家庭财产状况。

(5)查阅市住房办、市房地产交易登记中心相关资料,了解截至2010年末全市各类保障性住房的竣工情况和配租配售情况。

(6)延伸到市房地产交易登记中心、物价局和相关房地产开发企业,抽查部分经济适用房的销售价格。

(7)查阅市国土局和建设局相关资料。

(8)查阅市住房办、市房地产交易登记中心相关资料。

(9)查阅市发展和改革委、住房办、建设局相关资料。

(10)查阅市住房办、市房地产交易登记中心相关资料。

(七)审计评价

审计调查结果表明,南封市能积极贯彻国务院关于加强保障性住房建设的精神,把解决低收入家庭住房困难问题作为重要施政目标。结合本地实际,制定了《南封市经济适用住房管理办法》和《南封市廉租住房保障办法》等管理办法,规范保障性住房的管理,明确了工作目标,落实了工作责任,加大了保障性住房建设的资金投入,有力地推动了保障性住房工作的开展。2008年至2010年已完工和销售经济适用住房4850套,使南封市28%的低收入家庭住进了经济适用住房;2008年至2010年筹集廉租住房保障资金计2.63亿元,截至2010

年末,全市累计申请廉租住房登记 4936 户 11052 人,已经有 4396 户 9721 人住进了廉租住房,保障率达 89.06% 和 87.96%,有效缓解了南封市低收入家庭住房困难的问题,切实改善和提高了困难家庭的住房保障水平,加快了民生工程的建设,促进了社会和谐。但审计调查也发现在执行国家保障性住房政策中,还存在政策执行不到位、准入条件不合理、超标准建设和未建立退出机制等问题,一定程度上影响了保障性住房政策执行的效果。

(八)审计建议

(1)严格执行国务院和省政府有关保障性住房政策的规定,在保障性住房建设的用地和资金上,应确保用地占住宅供地总面积的比例不低于 10%,保障资金提取占土地出让净收益不低于 10%,确保国家政策执行到位。

(2)加强保障性住房的准入管理,政府和住房保障职能部门要有效利用公安、房产交易、工商、税务、住房公积金、社会保险金等部门及有关机构的信息数据,逐步建立城市家庭收入的审核信息系统,实现信息共享,严把经济适用住房申请人的审校关。对不符合购买经济适用房条件或以瞒报、虚报方式取得经济适用住房的,要认真清理,该清退的要清退,确实不能清退的要按市场价补足差价;适当扩大住房保障范围,结合户籍制度改革,关注新就业大学生和外来务工人员等群体的住房困难,确保这一重大民生政策公平、公正地得到落实。

(3)注重保障性住房项目的选址,加强交通、生活等基础配套设施建设,充分考虑低收入家庭对基本生活条件的要求,提高配租配售率,避免保障性住房长期闲置,力争做到应保尽保,使国家的保障性住房政策真正惠及低收入困难家庭。

(4)加强经济适用住房的定价管理,政府和价格主管部门应严格审核建设单位建设成本和管理成本,控制经济适用房的成本利润率,对建设成本实行预估方式和动态管理相结合,确保经济适用住房按国家规定合理定价。

(5)严肃纪律,规范保障性住房建设的管理。应按照国家规定的建设标准,控制建设面积,不得超标准建设;项目一旦确定,不得随意改变,确需改变的,应经过严格的审批程序;不得以虚假项目获取上级资金补助,对已经查出多获取的资金应予以收回,并追究相关责任人的责任;经济适用住房改为其他房源出售的,应按规定补缴相关的税费和基金。

(6)尽快建立保障性住房的退出机制,对购买经济适用房后又购买其他住房的家庭,坚决实行政府回购,制定具体的回购措施,确定合理的回购价格。建立退出机制,不仅可以有效避免一些中高收入和有住房人群采用虚假手段获取经济适用住房,而且回购的经济适用住房也可继续用于解决低收入家庭的住房困难,提高保障性住房政策的执行效果。

(九)反响与效果

南封市政府在接收省审计厅的审计调查报告后,召开了市政府保障性住房建设专题会议,逐条逐项地讨论研究了审计调查发现的问题和审计机关的审计建议、会议提出了进一步贯彻落实国家保障性住房建设政策的意见,市发展和改革委、国土局、住房办、建设局等相关部门,也根据专题会议的部署,积极进行了整改。

本章小结

本章主要学习了公共政策过程概述,我国公共政策制定、执行与评估现状,公共政策绩效审计的功能与要求,公共政策绩效审计的组织,公共政策绩效审计的重点和内容以及典型案例分析。

公共政策是社会公共权威或公共机关对公共价值和利益进行的权威性协调、划分和分配。凡是旨在解决社会公共问题的法律、法令、规章、方案或准则都属于公共政策的范畴。公共政策过程主要划分为四个阶段:公共政策制定、公共政策执行、公共政策评估和公共政策终结。广义的公共政策制定过程是指从对问题的确定开始,通过执行、评估,最后终结公共政策,也称"公共政策过程";狭义的公共政策制定过程,即从确立公共政策目标到政策方案择优这一完整的过程,也称"政策规划"。

我国公共政策的制定和执行具有中国特色。党和政府一直高度重视公共政策评估工作,不断提高政策过程的科学性。相较于行政机关内部的公共政策评估,由审计机关开展的公共政策审计具有较高的独立性和权威性。公共政策绩效审计的目标涵盖经济性、效率性、效果性、环境性、公平性、回应性和适宜性等七个方面;其功能是提高公共部门职能、提高财政资金使用绩效、保障政策目标的实现和维护公共利益等。

审计机关在开展公共政策绩效审计过程中,可以采取上下联动、点面结合、全过程跟踪审计、专项审计调查、结合式审计调查等方式。对于特定重大政策、财税政策、货币政策、投资政策、环境保护政策、产业政策、民生政策以及科技创新政策,在审计中有不同的关注重点。公共政策绩效审计内容主要是政策执行的绩效审计,必要时也涉及下级政府配套政策制定的绩效审计。

本章思考题

1.如何认识和理解我国的公共政策过程?

2.中国特色公共政策执行的基本经验有哪些?

3.公共政策绩效审计与公共政策绩效评估的联系与区别有哪些?

4.如何理解公共政策绩效审计的目标和功能?

5.开展公共政策绩效审计的方式有哪些?

6.对于不同的公共政策,公共政策绩效审计的关注重点有哪些?

7.我国公共政策绩效审计的内容为什么侧重政策执行绩效?

第五章

预算执行绩效审计

学习目标

1. 了解公共财政的概念和内涵；
2. 了解我国财政体制的发展历程；
3. 熟悉我国财政体制的运行现状；
4. 掌握预算执行绩效审计的目标；
5. 熟悉预算执行绩效审计的组织；
6. 掌握预算执行绩效审计的评价指标构建原则；
7. 熟悉预算执行绩效审计的内容。

引例——"三公"经费治理①

"三公"经费是行政事业单位正常工作有序开展的基本经费组成部分，是政府履行公共职能、提供公共服务必不可少的支出。2012 年 12 月，中央提出"八项规定"，要求厉行节约，反对浪费。在这一背景下，国家出台了一系列的配套制度，建立了"1＋20"制度约束体系。其中，"三公"经费是反对浪费的重要组成部分，在制度的约束下，2013 年 1—11 月中央和国家机关 113 个部门和单位本级公务接待费、因公出国（境）费、公务用车购置及运行费与 2012 年全年相比下降幅度分别为 42.9％、38.1％、10.9％，31 个省区市直属单位本级公务接待费、因公出国（境）费、公务用车购置及运行费与 2012 年全年相比下降幅度分别为 36.2％、32.7％、15.3％。

"八项规定"为完善"三公"经费监管提出了制度性的要求，保证了"三公"经费使用的合规性。同时，随着社会民主意识的不断增强，社会公众不仅仅关心"三公"经费是否"取之于民，用之于民"，更关心对经费使用经济性、效率性和效果性的审查和评价，这就要充分发挥"三公"经费绩效审计的建设性作用。

思考：为什么要实施"三公"经费绩效审计？实施绩效审计对"三公"经费治理有何意义？

---

① 根据以下资料改编：郭衍玮，高丹."三公"经费绩效审计对策探讨[J].商业会计，2015(3)：71-72.

第一节　公共财政概述

一、公共财政的概念和内涵

公共财政是指国家（政府）集中一部分社会资源，用于为市场提供公共物品和服务，满足社会公共需要的分配活动或经济行为。公共财政是与市场经济体制相适应的一种财政管理体制，它主要着眼于满足社会公共需要，弥补"市场失效"缺陷。公共财政的历史使命，在于它支持、促进着市场经济体制的形成和发展。有市场经济体制，必有公共财政，两者相互制约，相互促进，交替推动，共同前进。只有真正推行公共财政，才能建立与完善社会主义市场经济体制。

由于存在市场失灵的状态，必须靠市场以外的力量来弥补由于市场失灵所带来的无人提供满足公共需求的公共产品的空白，这个市场以外的力量就是政府的力量。而政府提供公共产品的领域只限于公共服务领域，为保证政府不超越这一领域提供公共产品，必须为政府提供公共产品的范围划定明确的界限。而这一界限的划定显然不能由政府自己来划。由立法部门进行立法规范便成为必然的选择。

一个国家公共财政收入的主要形式如下：①税收收入。税收收入是现代国家最重要的公共收入形式，是世界各国公共收入的主要来源，一般占各国经常性公共收入的90%以上。②债务收入。债务收入包括国内发行的公债，国库券，经济建设债券，向国外政府、各级组织和商业银行的借款等。③国有资产收益。国有资产收益是政府凭借其资产所有权取得的股息、红利、租金、资金占有费、土地批租收入、国有资产转让及处置收入等。④政府费收入。即指政府各部门收取的各种费用和基金性收入，包括行政执法过程中收取的各种规费和公共财产使用费。它们是地方政府的重要收入。⑤其他收入形式。指上述几种收入之外的政府各项杂项收入，常见的有罚没收入，对政府的捐赠等。

财政支出是公共财政的重要内容，同时也是政府运用财政手段向社会公众提供公共产品和服务的行为，其管理目标是实现社会稳定、经济增长和社会公平。按经济性质，可将财政支出分为生产性支出和非生产性支出。生产性支出是指与社会物质生产直接相关的支出，如支持农村生产支出、农业部门基金支出、企业挖潜改造支出等，非生产性支出是指与社会物质生产无直接关系的支出，如国防支出、武装警察部队支出、文教卫生事业支出、抚恤和社会福利救济支出等；按财政支出与国家职能关系可将财政支出分为：①经济建设费支出，包括基本建设支出、流动资金支出、地质勘探支出、国家物资储备支出、工业交通部门基金支出、商贸部门基金支出等；②社会文教费支出，包括科学事业费和卫生事业费支出等；③行政管理费支出，包括公检法支出、武警部队支出等；④其他支出，包括国防支出、债务支出、政策性补贴支出等。

二、公共财政的特征

(一)以弥补市场失灵为行为准则

在市场经济条件下,市场在资源配置中发挥基础性的作用,但也存在市场自身无法解决或解决得不好的公共问题。比如,宏观经济波动问题、垄断问题、外部性问题等。解决这些问题,政府是首要的"责任人"。政府解决公共问题,对社会公共事务进行管理,需要以公共政策为手段。而公共财政的制定和执行,又以公共资源为基础和后盾。公共财政既是公共政策的重要组成部分,又是执行公共政策的保障手段。相对于计划经济条件下大包大揽的生产建设型财政而言,公共财政只以满足社会公共需要为职责范围,凡不属于或不能纳入社会公共需要领域的事项,公共财政原则上不介入;而市场无法解决或解决不好的,属于社会公共领域的事项,公共财政原则上就必须介入。

(二)公平性

公共财政政策要一视同仁。市场经济的本质特征之一就是公平竞争,体现在财政上就是必须实行一视同仁的财政政策,为社会成员和市场主体提供平等的财政条件。不管其经济成分,不管其性别、种族、职业、出身、信仰、文化程度乃至国籍,只要守法经营,依法纳税,政府就不能歧视,财政政策上也不应区别对待。不能针对不同的社会集团、阶层、个人以及不同的经济成分,制定不同的财税法律和制度。

(三)非市场营利性

非市场营利性又称公益性。公共财政只能以满足社会公共需要为己任,追求公益目标,一般不直接从事市场活动和追逐利润。如果公共财政追逐利润目标,它就有可能凭借其拥有的特殊政治权力凌驾于其他经济主体之上,就有可能运用自己的特权在具体的经济活动中影响公平竞争,直接干扰乃至破坏经济的正常运行,破坏正常的市场秩序,打乱市场与政府分工的基本规则;财政资金也会因用于牟取利润项目而使公共需要领域投入不足。公共财政的收入,是为满足社会公共需要而筹措资金;公共财政的支出,是以满足社会公共需要和追求社会公共利益为宗旨,不能以盈利为目标。

(四)法治性

公共财政要把公共管理的原则贯穿于财政工作的始终,以法制为基础,管理要规范和透明。市场经济是法治经济。一方面,政府的财政活动必须在法律法规的约束规范下进行;另一方面,依靠法律法规的强制保障手段,社会公众得以真正决定、约束、规范和监督政府的财政活动,确保其符合公众的根本利益。具体而言,获得财政收入的方式、数量和财政支出的去向、规模等理财行为必须建立在法制的基础上,不能想收什么就收什么,想收多少就收多少,或者想怎么花就怎么花,要依法理财,依法行政。

三、公共财政的职能

(一)资源配置

资源配置职能是指将一部分社会资源集中起来,形成财政收入,然后通过财政支出活动,由政府提供公共物品或服务,引导社会资金流向,弥补市场缺陷,从而优化全社会的资源配置。在社会主义市场经济中,市场这只"无形的手"在资源配置中发挥基础性作用,政府这只"有形的手"主要在市场"失灵"的领域发挥作用。作为政府履行职能的重要手段之一,财政不仅是一部分社会资源的直接分配者,也是全社会资源配置的调节者。这一特殊地位,决定了财政的资源配置职能既包括对用于满足社会公共需要资源的直接分配,又包括对全社会资源的间接调节。

(二)收入分配

收入分配职能是指政府财政收支活动对各个社会成员收入在社会财富中所占份额施加影响,以实现收入的公平分配。在政府对收入分配不加干预的情况下,一般会根据个人财产的多少和对生产所作贡献的大小等因素,将社会财富在社会各成员之间进行初次分配。这种市场化分配有利于提高效率,但容易造成社会成员间收入差距过大,从而需要政府对市场初次分配结果实施再分配调节,促进形成合理有序的收入分配格局,维护社会公平与正义。财政的收入分配职能主要通过税收调节、转移性支出(如社会保障支出、救济支出、补贴)等手段来实现。

(三)调控经济

调控经济职能是指通过实施特定的财政政策,促进较高的就业水平、物价稳定和经济增长等目标的实现。政府根据宏观经济运行的不同状况,相机抉择采取相应的财政政策措施。当总需求小于总供给时,采用扩张性财政政策,增加财政支出和减少政府税收,扩大总需求,防止经济衰退;当总需求大于总供给时,采用紧缩性财政政策,减少财政支出和增加政府税收,抑制总需求,防止通货膨胀;在总供给和总需求基本平衡,但结构性矛盾比较突出时,实行趋于中性的财政政策。

(四)监督管理

在财政的资源配置、收入分配和调控经济各项职能中,都隐含了监督管理职能。在市场经济条件下,由于利益主体的多元化、经济决策的分散性、市场竞争的自发性和排他性,都需要财政的监督和管理,以规范财经秩序、促进社会主义市场经济健康发展。我国是以公有制为基础的社会主义国家,必须保证政令统一,维护国家和人民的根本利益,这就更需要强化财政的监督管理职能。

四、我国发展公共财政体系的必要性

1998 年,我国政府提出深化财政改革的目标是逐步建立完整的公共财政体系。这一目标的提出,标志着我国的财政模式正在走向与市场经济体制相互融合的道路,是财政发展史上一次具有深远意义的重大改革举措。

(一)发展公共财政有利于解决财政职能的混乱问题

在长期计划经济下,政府统管一切经济活动,财政分配也在其中。因此,当时的财政模式可以称为生产建设型财政。这种财政的主要特征是,企业创造的剩余产品价值,通过利税上缴的形式全部集中到财政手中,支出结构中用于企业和基本建设的资金占较大比重,进而从财力上确保政府对资源配置重点向生产领域倾斜的控制能力。除去直接的生产过程之外,本应属于企业的生产经营活动大部分都被政府所替代。而与此同时,与人民生活息息相关的教育、卫生、社会福利、环境保护等方面的要求却得不到应有的支持。但由于政府很难对现有社会需求掌握详细的信息,大量的资金投入被固化在低效率的项目上,损失浪费十分惊人。加之企业使用财政资金完全是无偿的,对投资效果不承担任何风险责任,这严重地诱发了企业的投资需求饥渴症,结果使投资效率进一步降低。可见,这种财政模式对于资源的有效配置存在着明显的弊端。

当我国经济体制转为市场经济时,生产建设型财政模式的基础已经不复存在。其现实体现就是市场经济所导致的收入分配市场化、经济行为自主化和生产资料所有制多元化,要求改变过去由财政高度控制的收入分配结构,同时也破除财政利用投资手段直接全面配置资源的条件。所以,我国财政模式必须走出原来的生产建设型模式,积极转向公共财政模式,并按照弥补市场失灵的原则,重新界定财政活动的范围,避免政府及其财政对正常和正当的市场活动进行干预,这有利于把我国财政建设成为功能完整、运行高效的财政。

(二)发展公共财政有利于促进各个经济主体的公平竞争

在计划经济下,国家依靠财政的力量大力推行经济的国有化和国有企业,除少量集体经济以外,其他经济成分都丧失了基本的生存权利。改革开放以后,虽然三资企业、私营企业以及个体经营得到了不同程度的发展,但在财政政策上仍然受到了差别对待。这既包括税收负担、税收优惠的不同,也包括财政投资和补贴方面的不同。无疑,这种政策的差别延缓了我国经济增长的速度。现在,要求财政按照公共性方向发展,很重要的一点就是要求财政政策为市场提供一视同仁的待遇和服务。生产经营如何决策,属于企业自己的事情,财政所要做的就是为企业的发展创造良好的外部条件。无论是哪一种类型的企业,只要是合法经营,都是我国市场经济发展的组成部分,也都是需要鼓励和保护的。

(三)发展公共财政有利于加快我国财政的民主化和法制化建设

毋庸讳言,在整个高度集中的计划经济时期,我国财政完全处于人治的环境之下。改革开放以来,随着国家政治经济的民主化和法治化,财政的人治局面有所改观,但情况仍然不容乐观。税收减免的随意化、资金分配的暗箱操作、纳税人对自身权利的漠视和预算外资金管理的阻力,都有待公共财政模式的建立逐渐解决。

五、社会主义公共财政与西方公共财政的区别

其一,如果不考虑两类公共财政所处的社会形态的差异,仅从两者的分配主体来看,它们基本上是一样的,都是作为政治权力行使者的政府。但是在两种不同的社会制度下,国有经济在整个经济中的地位和作用存在差异。我国存在国有资产财政,而西方财政则不存在。

这样,我国的公共财政仅是整个财政的一部分,而西方的公共财政则是整个财政。因此,我国公共财政的运作必须结合国有资产财政的运作,按照政企分开的原则,国家仍负有对国有企业建立和生产运营的支持、调控、监督,以及合理获取和分配国有资产收益等职责。

其二,从公共财政所体现的经济关系来说,两种不同的生产方式和社会制度,决定了它们具有不同的阶级属性,作为社会管理者的以政府为主体的公共财政所反映的经济性质也不同。资产阶级财政学把政治、党派、宗教等一切都归结为经济范畴。在我国,根据马克思主义的基本原理,明确提出政治是经济的集中体现,政治工作处于经济工作的统帅和灵魂的位置。

第二节 我国财政体制发展历程与运行现状

一、发展历程

随着国内经济社会的发展和国家治理要求的变化,我国财政体制在新中国成立后的70多年内经过不断探索、调整与完善,大体上经历了从"统收统支"到"包干制",再到"分税制"三大阶段。

(一)"统收统支"阶段

1978年以前,高度集中的计划经济体制决定了我国实行统收统支、高度集中的财税体制。中央集中了绝大部分财权、事权,地方基本只能按中央计划行事,缺乏自主性和积极性。

(二)"包干制"阶段

1978年12月,党的十一届三中全会在认真总结历史经验的基础上,提出"对内改革、对外开放"的重大决策。财政体制作为改革突破口先行一步。1980年起实行的"包干制"打破了中央高度集中的僵化体制,更多地释放了地方和企业的积极性,有力地支持了其他领域的改革。但与此同时,由于多种体制并存以及中央与地方"一对一"谈判机制和条块分割的行政隶属关系,财政体制的规范性、透明度和可持续性不足,国家财政收入占国内生产总值(GDP)的比重下滑,中央财政收入占全国财政收入的比重明显偏低,政府行政能力和中央政府调控能力下降,甚至导致中央财政处于要向地方"借款"的窘境。

(三)"分税制"阶段

1992年10月,党的第十四次全国代表大会确立了建立社会主义市场经济体制改革的总目标,并提出实施合理划分中央和地方职权基础上的"分税制"改革要求。按此要求,在借鉴成熟市场经济国家经验并充分考虑国情的基础上,依据《国务院关于实行分税制财政管理体制的决定》(国发〔1993〕85号),我国于1994年进行了分税制财政体制改革和税制改革,主要从以下六大方面进行:①中央与地方支出责任划分;②中央与地方收入划分;③中央对地方税收返还;④中央对地方转移支付;⑤地方上解及结算等原体制事项处理;⑥其他配套改革措施。这次改革统一了税制,提高了中央财政收入比重,也使全国财政收入占GDP之比逐年回升。自 1994 年开始,中央财政年平均增幅超过 10%。从 1994 年的 3000 亿元增加到 2018 年的 8.5 万亿元,中央财政资金短缺问题得到解决。

二、运行现状①

(一)中央与地方支出责任划分

1994 年的"分税制"改革初步构建了中国特色社会主义制度下中央与地方财政事权和支出责任划分的体系框架,按照政府的责权划分确定相应的支出。其中,中央财政支出主要包括:国防支出,武装警察部队支出,中央级行政管理费和各项事业费,重点建设支出以及中央政府调整国民经济结构、协调地区发展、实施宏观调控的支出。地方财政支出主要包括:地方行政管理和各项事业费,地方统筹的基本建设、技术改造支出,支援农村生产支出,城市维护和建设经费,价格补贴支出等。

但随着经济社会的发展,财政事权和支出责任划分与推进财税改革和国家治理现代化的要求相比越来越不适应。为筑牢现代财政制度的基础,国务院于 2016 年 8 月印发了《国务院关于推进中央与地方财政事权和支出责任划分改革的指导意见》(国发〔2016〕49 号,以下简称《意见》),首次系统性地提出了从事权和支出责任角度划分,即从政府公共权力纵向配置角度推进财税体制改革。这是当前和今后一个时期科学、合理、规范划分各级政府提供基本公共服务职责的综合性、指导性和纲领性文件。

《意见》明确了五个方面的划分原则:①体现基本公共服务受益范围;②兼顾政府职能和行政效率;③实现权、责、利统一;④激励地方政府主动作为;⑤做到支出责任与财政事权相适应。

同时,《意见》也提出了七大改革方向:①要适度加强中央的财政事权;②要保障和督促地方履行财政事权;③要在现有基础上减少并规范中央与地方共同的财政事权;④要建立财政事权划分动态调整机制;⑤对中央和地方的财政事权要分别确定由中央和地方承担支出责任;⑥对中央与地方共同财政事权要区分情况划分支出责任;⑦要加快省以下财政事权和支出责任划分改革。

截至目前,我国已在基本公共服务领域、医疗卫生、科技、教育和交通运输领域出台相关文件,各级政府事权正在一步步规范化、法律化。

(二)中央与地方收入划分

1994 年的"分税制"改革根据事权与财权相结合的原则,按税种划分中央与地方的收入:①维护国家权益、实施宏观调控所必需的税种划为中央税;②同经济发展直接相关的主要税种划为中央与地方共享税;③适合地方征管的税种划为地方税。

实施分税制财政体制后,属于中央财政的收入主要包括:①地方财政的上缴;②中央各经济管理部门所属的企业,以及中央、地方双重领导而以中央管理为主的企业(如民航、外贸等企业)的缴款;③关税、海关代征消费税和增值税、消费税、中央企业所得税,地方银行和外

---

① 根据以下资料改编:赵曦. 我国财政体制发展历程、运行现状及趋势[EB/OL]. (2019-11-05)[2023-11-27]. https://www.sohu.com/a/351668419_828724.

资银行及非银行金融企业所得税,铁道、银行总行、保险总公司等集中缴纳的营业税、所得税和城市维护建设税、增值税的 75% 部分,海洋石油资源税的 50% 部分和证券印花税的 75% 部分;④银行溢缴款、国债收入和其他收入等。

属于地方财政预算收入的主要内容包括:①地方所属企业收入和各项税收收入。②各项税收收入,包括营业税、地方企业所得税、个人所得税、城镇土地使用税、固定资产投资方向调节税、土地增值税、城镇维护建设税、房产税、车船税、印花税、农牧业税、农业特产税、耕地占用税、契税,增值税、证券交易税(印花税)的 25% 部分和海洋石油资源税以外的其他资源税。③中央财政的调剂收入,补贴拨款收入及其他收入。地方财政预算外收入的内容主要有各项税收附加,城市公用事业收入,文化、体育、卫生及农、林、牧、水等事业单位的事业收入、市场管理收入及物资变价收入等。

随后,为进一步规范中央与地方之间的分配关系,建立合理的分配机制,减缓地区间财力差距的扩大,逐步对部分收入进行了调整,主要为:①开征车辆购置税取代车辆购置附加费,为中央固定收入;②除少数特殊行业或企业外,所得税收入实行"六四分享";③铁路运输企业所得税调整为"六四分享";④证券交易印花税收入 100% 调整为中央固定收入;⑤增值税收入划分实行"五五分享";⑥在试点省份开展水资源税收试点,试点期间水资源税收入全部归属试点省份。

在 2012 年"营改增"以及减税降费的政策背景下,国务院于 2019 年 10 月 9 日下发了《国务院关于印发实施更大规模减税降费后调整中央与地方收入划分改革推进方案的通知》(国发〔2019〕21 号),提出调整中央与地方收入划分改革的三大举措:①保持增值税"五五分享"比例稳定;②调整完善增值税留抵退税分担机制;③后移消费税征收环节并稳步下划地方。这对进一步理顺中央与地方的分配关系,有力落实减税降费政策,稳定社会预期具有重要意义。

(三)中央对地方转移支付

转移支付,是 1994 年"分税制"改革新引入的两项制度之一,旨在均衡地区间财力差异,不减少地方既得利益,考虑各地的收入增长程度,体现对民族地区的适度倾斜,逐步调整地区利益分配格局,重点缓解地方财政运行中的突出矛盾。自 2009 年起,中央对地方的转移支付简化为一般性转移支付、专项转移支付两类。

1.一般性转移支付

一般性转移支付是指中央政府对有财力缺口的地方政府(主要是中西部地区),按照规范的办法给予的补助。包括均衡性转移支付、民族地区转移支付、农村税费改革转移支付、调整工资转移支付以及义务教育转移支付等,地方政府可以按照相关规定统筹安排和使用。

2.专项转移支付

专项转移支付是指中央政府对承担委托事务、共同事务的地方政府,给予的具有指定用途的资金补助,以及对应由下级政府承担的事务,给予的具有指定用途的奖励或补助。主要根据党中央、国务院确定的政策,重点用于农林水、教育、医疗卫生、社会保障和就业、交通运输、节能环保等领域。

根据《国务院关于改革和完善中央对地方转移支付制度的意见》(国发〔2014〕71 号)等

文件精神,转移支付制度将从以下九大方面进一步改革和完善:①优化转移支付结构;②完善一般性转移支付制度;③从严控制专项转移支付;④规范专项转移支付分配和使用;⑤逐步取消竞争性领域专项转移支付;⑥强化转移支付预算管理;⑦调整优化中央基建投资专项;⑧完善省以下转移支付制度;⑨加快转移支付立法和制度建设。

(四)中央对地方税收返还

税收返还,是1994年"分税制"改革新引入的另一项制度,目的是保持现有地方既得利益格局,逐步达到改革的目标。现行中央对地方税收返还包括增值税、消费税返还,所得税基数返还,以及成品油价格和税费改革税收返还。

1.增值税、消费税返还

1994年"分税制"改革,实行按税种划分收入的办法后,原属地方支柱财源的增值税和消费税收入(增值税的75%和消费税的100%)上划为中央收入,由中央给予税收返还,返还额以各地上划中央增值税和消费税收入增长率为基数逐年递增。2016年调整了增值税返还办法,将以2015年为基数实行定额返还,对增值税增长或下降地区不再实行增量返还或扣减,返还基数的具体数额由财政部核定。

2.所得税基数返还

以2001年为基期,为保证地方既得利益,对按改革方案确定的分享范围和比例,计算出的地方分享的所得税收入的返还;小于地方实际所得税收入的差额部分,由中央作为基数返还地方。

3.成品油价格和税费改革税收返还

2009年实施成品油价格和税费改革后,中央按地方原有的公路养路费等"六费"收入基数给予的返还。具体额度以2007年的"六费"收入为基础,考虑地方实际情况按一定的增长率确定。

(五)地方上解的处理

地方上解,是指中央收到地方按照有关法律法规或财政体制规定上解的各项收入。从2009年起,为简化中央对地方税收返还和转移支付结构,将出口退税超基数地方负担部分专项上解收入冲抵税收返还额。

第三节　预算执行绩效审计的目标和方法

一、预算执行绩效审计的含义

"预算"一词是英语"budget"的中译,直译为"事先计算"。广义上的预算是指个人或单位提前对资金取得与使用进行的安排与计划(《剑桥国际英语词典》);狭义上的预算通常是指经法定程序审核批准的国家(或一级政府)年度集中性财政收支计划。它规定了国家财政收入的来源和金额、财政支出的各项用途和数量,反映着整个国家的政策趋向以及政府活动的范围。预算执行是指预算经法定程序审查和批准的具体实施过程,是把预算由计划变为现实的具体实施步骤,它需要拥有履行预算收入和预算支出权利与义务的相关主体来执行。

我国在预算管理中仍存在一些问题:一是预算管理制度的公开范围和细化不够,需要进一步加强和完善,以便于社会各界了解财政运行的详细信息。二是预算管理偏重收支平衡状态,支出规模与政策重视不够,这在客观上容易带来预算执行"顺周期"问题。也就是说,当经济下行时,一些财税部门为了完成收入任务可能收"过头税",造成经济"雪上加霜";当经济过热时,财税部门完成收入任务后又容易搞"藏富于民",该收不收,造成经济"热上加热"。这既不利于依法治税,也会影响政府逆周期调控政策效果。三是支出预算约束偏软。预算机制在运行过程中常常会偏离"轨道",违规转移、挪用和挤占财政资金等问题层出不穷。另外,由于预算不完整、不科学,地方政府大量包括卖地收入在内的非税收入、每年发行的地方债和地方政府融资平台所筹资金等都未列入财政预算,决策者容易产生投资冲动。四是预算绩效管理不够。对预算支出的预判、跟踪、评估不够,使很多宝贵的财政资金浪费在一些没有经济利益也没有多少公共利益的项目之上,造成财政资金的浪费。对支出项目投入收益的不重视也造成很多地方政府偿债能力不足,面临很大的债务风险。

政府是公共资源的受托者,政府预算是政府配置资源的重要工具,预算执行是政府部门履行公共受托经济责任的过程。对预算执行情况进行监督,能有效约束公权力,保证政府各部门依法收支、依法行政,保障人民群众的利益,完善国家治理。预算执行审计是指各级审计机关依据本级人大审查和批准的年度财政预算,对本级财政及各预算执行部门和单位,在预算执行过程中筹集、分配和使用财政资金的情况以及组织政府预算收支任务完成情况和其他财政收支的真实、合法、效益性等情况进行审计监督。

《审计法》规定,各级审计机关在本级政府行政长官和上一级审计机关的领导下,对本级预算执行情况和其他财政收支情况进行审计监督,向本级人民政府提出审计结果报告;各级人民政府应当每年向本级人大常委会提出审计机关对预算执行和其他财政收支的审计工作报告。因此,审计机关必须每年开展预算执行审计工作,以便起草审计结果报告和审计工作报告。

做好财政预算执行审计监督工作,有利于调查和处理重大违法违规行为,维护财政经济秩序;及时揭示财政运行中的不安全因素和潜在风险,维护财政安全和公共利益;推动预算公开和财政管理规范化,促进预算执行效率和财政资金效益的提高。预算执行绩效审计则是指按照"3E"原则,通过对照公允的标准,客观、系统地收集和评价证据,对政府、项目或组织活动的合规性、经济性、效率性和效果性进行评价,根本目的在于促进建立最具活力的政府、最透明的政府和最负责的政府。

二、预算执行绩效审计的目标

审计目标是审计主体实施审计活动的既定方向和所期望达到的预定结果。正确恰当的审计目标在审计实施全过程中有着重要意义,用来指导确定审计评价标准、安排与使用审计资源、选择审计方法与制定详细审计步骤。审计目标结构具有多层次性:从宏观角度看,审计作为一个系统要实现系统目标;从微观角度看,审计人员在工作现场要实现具体目标,审计目标从宏观到微观构成了一个协调一致的整体。因此,审计目标应至少分为三个层次:系统目标、总体目标、具体目标。审计系统目标就是要发挥"免疫系统"功能，保障经济社会健康运行。在当前和今后一段时期内，审计的系统目标就是要"推进法治，维护民生，推动改革，促进发展"。预算执行绩效审计的总体目标是促进各级预算单位履行职责。根据绩效审计的含义，预算执行审计具体目标应分为经济性审计目标、效率性审计目标与效果性审计目标。

(一)总体审计目标

在审计发展史上，社会对审计目标和审计责任的界定，经历了一个不断发展的过程。在各类审计发展的初期，都是以查错揭弊为主，社会公众一般也认为审计目标就是"查错揭弊"。从近几年我国审计机关公布的审计结果公告可以看出来，审计机关就是要将政府部门在预算执行过程中的挤占挪用、贪污舞弊、损失浪费等问题查找出来，审计机关也的确在"查错揭弊"方面作出了很大成绩。这在我国改革开放的早期阶段是必要的也是必然的。但是，目前我国各部门在预算执行过程中或多或少仍然存在一些违法违规的问题，在这样的情况下，预算执行审计总体目标不能单纯设定在"评价资金使用效益性"方面，而是应以真实、合法审计目标为先，从违反法规、违反资金取得与使用的真实性等情况入手，分析原因，提出改进管理的建议。

因此，我国政府预算执行绩效审计的总体目标应该是与财务收支审计相结合，揭露违反法规、损失浪费等影响预算执行效益的问题入手，深入分析原因，提出完善管理制度和改进管理的建议。

(二)具体审计目标

预算执行绩效审计的具体目标分为预算管理的有效性，资金使用的经济性、效率性与效果性以及审计建议的回应性五类目标。

预算管理的有效性是指要在预算编制程序合法、合理且编制完整的情况下关注内部管理与监督的有效性。内部管理与监督的有效性要求审计人员寻找被审计单位内部管理制度的不足并提出改进建议，被审计单位应保证改进建议能够有效落实。

资金使用的经济性要求尽量节约资金投入，用最小的资金投入量达到既定目标。

资金使用的效率性是指关注资金投入与产出的关系，是否以最小投入取得最大产出，预算执行是否讲究效率。

资金使用的效果性是指预算执行是否达到了既定目标，产生的实际效果是否符合预期。

审计建议的回应性是指被审计单位是否采纳审计建议，认真对问题进行整改。

在审计实践中，预算执行的具体项目不同，所应重点实现的目标也不同。如预算执行的基本支出领域的重点审计目标是经济性与效率性，即节约开支以降低行政成本，以较小投入维持部门正常运转，如节约水电费、交通费、差旅费、办公经费、维修费等；在如公共投资等项目支出领域，主要关注效果性，如投资是否实现产值、利润等。

三、预算执行绩效审计的范围

公共部门和机构的绩效审计范围应当包括所有管理和使用公共资金的部门和机构，不仅包括编报部门预算的部门与机构，还包括其他公共部门与机构，具体分为四类：国家机关、党团组织、公共事业单位和公共企业单位。审计对象主要包括：一是一般预算支出，主要是用税收和有关专项预算收入安排的支出；二是基金预算支出，即用国家规定的政府性基金收入安排的支出，主要用于特定事业发展的专项资金；三是公共部门和机构其他收入安排的支出。

预算执行绩效审计的范围包括与政府财政部门直接发生预算缴款、拨款关系的政府部门和机构、党团组织及直属事业单位。

（1）政府部门与机构。政府部门与机构是指各级人民政府的组成部门、直属机构与办事机构。在国务院，政府组成部门包括外交部门、教育部门、卫生部门、商务部门等；直属机构包括海关、税务局、林业局、旅游局、宗教事务局等；办事机构包括法制办公室、研究室、侨务办公室、港澳事务办公室等。

（2）党团组织。包括各级组织、宣传、统战和外联等部门，各级共青团组织、民主党派、妇女联合会、公会等社团组织。

（3）事业单位。包括中国科学院、新华通讯社、中国工程院、证监会、银保监会等公共事业单位及其派出机构。

四、预算执行绩效审计的组织形式

目前，我国开展绩效审计的形式主要有四种。

一是单独立项的绩效审计，这种形式的特点是审计项目作为绩效审计项目单独立项。

二是与财务收支相结合的绩效审计，这种形式的开展方式是在对某一个单位开展预算执行审计、经济责任审计或其他财务收支审计的同时开展绩效审计。

三是专项审计调查，对涉及资金筹集、分配和使用的多个项目采用专项审计调查的方式。

四是对建设项目的跟踪审计，审计人员在项目全过程中及时对各阶段的事项进行审计，分阶段提出审计意见和建议，促使被审计单位及时完善建设工作。

当前我国审计机关并未把财政预算执行绩效审计看作一个独立的审计类型，采用的预算执行绩效审计方式是与财政财务收支相结合的模式，在对某一单位开展预算执行审计的同时开展绩效审计。加拿大前审计长戴伊在《亚洲发展中国家和工业化国家的绩效审计》调查报告中也指出，中国审计机关实施的绩效审计一般是指那种非独立型的绩效审计，这类审计主要是以查处及揭露严重损失浪费和国有资产流失为目的与内容的审计。目前，各省级审计机关开展的预算执行审计，基本采用此种方式，选择经费管理使用情况为绩效切入点，在真实性、合规性的基础上，关注项目支出的经济性、效率性和效果性，查出部门普遍存在的一些影响项目资金使用绩效的问题。

这种审计方式的特点有三个方面。

第一，审计人员除注意发现被审计单位的违法违规问题外，还要对其中存在的"资金使用效益性问题"进行关注与分析，整个审计项目的审计目标、内容、方法与审计报告包含了大量的效益分析成分。

第二，审计过程中，审计机关只要在审计中发现了违反法规以及其他需要处罚的问题，就可以在审计结束后下达审计决定，要求被审计单位整改。

第三，这种类型的绩效审计的审计程序类似于财政财务收支审计程序，审计目标包括财务信息的真实、合规，预算执行的经济性、效率性和效果性。

五、预算执行绩效审计的评价指标

拓展资源 平衡计分卡在公共部门支出绩效审计中的运用

由于各地在经济发展水平、资源配置能力以及审计对象适用性等方面存在显著差异,审计机关想要建立一套全国适用的预算执行绩效审计评价指标体系是不现实的。然而,审计机关仍可以借鉴诸如平衡计分卡等绩效评价方法,选取一些普遍适用的指标,为预算执行绩效审计评价提供依据。在评价指标的选择中,需要遵循以下原则。

(一)重要性原则

所谓重要性,是指评价指标相对评价结果的重要程度,一般应从被审计事项涉及的性质和金额两方面加以考虑。从性质方面考虑,审计机关应当围绕国家政策和政府工作重点,选择对经济和社会影响较大的事项作为指标;从金额方面考虑,审计机关应选择投入较大的财政专项资金项目作为公共部门支出绩效审计项目。一般来说,资金性质越重要,资金规模越大,项目的重要程度就越高,该项目越应当被确认作为公共部门支出绩效审计项目,越应当在构建评价指标体系时突出该指标。

【例5.1】以公共部门支出为例,按照重要性原则,评价指标可以包括各项支出占部门支出的比重、公共资金支出边际效用、管理制度健全性、预算完成率、资金节约率、基本目标实现比率、公众满意程度、信息公开度等。

(二)可比性原则

可比性原则必须以一致性原则为前提,以客观性原则为基础。不同部门同一时期绩效评价指标的可比性,称为统一性;同一部门不同时期绩效评价指标的可比性,则称为一贯性。统一性强调的是横向比较,一贯性强调的是纵向比较。目前,我国各级预算收支的监管模式不尽相同,没有形成一个统一的标准,通过同一政府各部门间横向比较可以汲取优点、剔除缺点,促进预算执行绩效水平的提高。通过纵向比较可以剖析不同时期绩效审计的评价结论,总结经验与教训,指导改进日后的预算执行绩效审计工作。

【例5.2】同样以公共部门支出为例,可比性原则是指通过分析同一年度不同部门的绩效情况或同一部门不同年度的绩效情况,对各公共部门的活动进行评价,进而提出改进意见与建议。

(三)可行性原则

简单地说,可行性原则就是在现有审计条件下,审计机关选定的审计项目能够顺利地组织实施。该原则对审计机关在设计评价指标体系时提出了以下两点要求:第一,构建的指标体系不能过于复杂,要便于理解。具体指标最好能通俗易懂,所需数据易于获得或者可通过计算转化,采集便捷可行。从理论层面考虑,指标设计得越细致,评价的范围越广泛,得出的评价结论就越真实和全面。但是审计机关需要考虑审计程序、范围和时间,根据重要性原则进行权衡取舍,使得审计成本和审计成果达到相对平衡。第二,各指标的计算方法和标准的确立要简明扼要,便于操作。预算执行绩效审计是一项实操性很强的工作,首要的任务是推广使用,使得各单位、各部门都能参照该评价体系完成共性指标设计。审计机关应在保证审计质量的前提下,尽量简化评价指标及方法,为预算执行绩效审计的顺利开展保驾护航。

【例5.3】在预算执行绩效审计中,应减少"领导重视程度"等定性判断的主观指标对客观评价可能产生的不利影响,尽量以直接数据和审计结果反映客观事实。

(四)系统性原则

系统性原则注重的是一体化格局,它将决策对象视为一个系统,通过协调整体系统内各分系统的相互关系,使系统达到相对平衡,保证系统整体目标最优化。在构建评价指标体系时,审计机关应将被评估对象视为一个有机整体,采用综合性的方法设置评价指标,重组被评估对象,借助评价指标体系全方位地反映被评估对象的相关信息。因此,审计人员需要统筹兼顾这些特点和要素,将其作为一个系统进行考察和评价。审计机关在设计评价指标时,需要充分考虑各个指标之间的内在逻辑,从而形成层次缜密、结构清晰的预算执行绩效审计评价指标体系。

【例5.4】我国的国土面积大,不同省份以及同一省份各市县的自然条件、资源禀赋和环境承载力不同,经济社会发展水平差异较大。对于环境保护和生态文明建设相关预算支出,如果忽视地域差异的自然规律,采取"一刀切"模式设计评价指标很难保证客观公平,甚至可能对地方政府产生误导,不利于整个地区的全面协调可持续发展。因此,可以在共性指标的基础上,考虑优化开发区、重点开发区、限制开发区和禁止开发区四类主体功能区的特点,全方位地设计差异化的审计评价指标。

第四节　预算执行绩效审计的内容

一、预算执行绩效审计的层次分类

预算执行绩效审计的内容由政府活动范围所决定,因而界定其内容首先需要了解政府职能及其活动范围。罗森和盖亚合著的《财政学》开篇指出:"人们对于政府应该如何进行资金运作的看法,深受其政治哲学的影响。有些人最关心个人自由,有些人则更强调整个社会福利的增长,哲学上的差异能够并且的确导致人们对政府经济活动在适当范围内的不同看法。"这表明政府职能受社会公众政治哲学的影响。随着经济社会的发展,英美"政府机械论"的政治思想在当前占据主导地位,该观点认为政府不是社会的一个有机组成部分,相反,它是人类为了更好地实现其利益而人为创立的东西。正如美国政治家克莱在1829年所指出的:"政府是一个信托机构,政府官员则是受托人;信托机构和受托人都是为了人民的利益而设立的。"政府职能决定了政府依法对国家和社会公共事务进行管理时应承担的职责和应具有的功能,反映了政府活动的基本内容和方向。因此,政府职能是确定政府绩效管理和预算执行绩效审计内容的基点。

从形式上看,我国预算执行绩效审计可以分为三个层次:本级、本级部门以及专项资金。其中,专项资金是指财政预算安排的或有关部门、单位依法自行组织的,具有特定用途的财政性资金。通常是中央部门提出安排意见,再同

主题讨论5.1
预算执行绩
效审计的三
个层次

财政部和发改委等部门联合下达预算。我国目前的专项转移支付资金一般都确定到项目，也可以称之为项目预算执行绩效审计。

二、预算执行程序与预算执行绩效审计的内容框架

(一)预算执行程序

随着新公共管理运动的深化,企业化政府、市场化政府呼声的高涨,政府管理借鉴私营部门的做法越来越多,越来越多的国家开始考评政府绩效,讲究投入产出比。政府及其部门作为一个主体,其"生产投资决策"与企业基本相同。现阶段,我国政府部门预算执行大致流程是:首先,根据业务活动,编制预算;其次,根据批复的预算,展开各项业务活动;再次,在业务活动过程中,根据实际情况调整预算;最后,在年度终了,根据业务活动情况编报决算。

从上述预算执行流程可以看到,预算执行程序是围绕着"资金流"展开的。完整的预算执行程序应是业务活动和资金流动的紧密结合,因此,可以认为,政府任何一项活动需要经历事前政策决策(决策)、资源投入(投入)、活动主体的行动(生产或执行)以及产生劳动成果(产出)这个过程。其中,决策是关于如何行动的选择和决定,它也是编制预算的基础;投入是指政府对某项活动给予的公共资源,它是政府实现决策的工具,是执行预算的行政部门获得经批复的预算,以作为生产的投入要素,也是部门履行法定职责的必要条件;生产是执行主体将投入的资源转化为产出(服务或产品)的过程;产出是部门提供的服务或产品。在预算执行的各个环节中,决策在活动中处于首要地位,只有高质量的决策,才谈得上良好的政府绩效。

(二)预算执行绩效审计的内容框架

党的十九大报告提出,建立全面规范透明、标准科学、约束有力的预算制度,全面实施绩效管理。党的二十大报告提出,提升科技投入效能,深化财政科技经费分配使用机制改革,激发创新活力。同时,2018 年 3 月 6 日,中共中央办公厅印发了《关于人大预算审查监督重点向支出预算和政策拓展的指导意见》,加强人大对预算支出等相关方面的监督。2018 年,

主题讨论 5.2 预算绩效管理与预算执行绩效审计

《中共中央 国务院关于全面实施预算绩效管理的意见》颁布,这是党中央、国务院对全面实施预算绩效管理作出的顶层设计和重大部署,把全面实施预算绩效管理作为着力点,切实解决存在于绩效管理中的普遍问题。全面实行预算绩效管理是深化预算管理制度改革的重要组成部分,也是推进国家治理体系和治理能力现代化的题中之义。

1998 年,最高审计机关国际组织(INTOSAI)指出,绩效审计需要回答两个基本问题:"是否在以正确的方式行事,以及是否做了正确的事。"其中,前者强调的是政策是否得到恰当执行,后者关注的是行为活动的结果,即是否采取了充分的手段来达到政策的目的。总体上,INTOSAI 将预算执行绩效审计的内容分为行为和结果两个部分。它暗含的假定是政府及其部门的活动是理性的,作出的各种政策决定是以社会福利最大化为目标,决策者不存在自利行为。预算执行绩效审计是在既定的完美政策下,考察活动执行主体的行为和成果的审计。

INTOSAI 的投入—产出模型是集行为和结果于一体的绩效审计模式。在面临经济社

会转型的中国,审计机关不仅要关注结果,而且要关注过程,通过审计发现体制、机制、制度层面的问题,提出有针对性的建议,促进政策、法律、制度的落实和完善。预算执行绩效审计以预算执行为主线,对预算执行过程中的一系列活动进行评价,其内容应包括决策审计、投入审计、过程(生产/执行)审计与产出审计。与私人部门相比,公共部门的任何行为(或决策)更注重行为或决策的社会影响,产出只是公共部门为实现社会影响的"半成品",是一种手段,而不是目的,因此,预算执行绩效审计中还应包括影响审计。具体流程见图5.1。

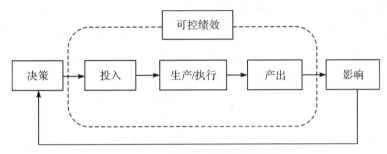

图 5.1　预算执行绩效审计流程

决策审计关注决策(政策)的制定过程、决策(政策)推出的原因以及决策的程序等;投入审计主要是围绕业务活动执行主体的预算编制以及获得的预算批复展开的;过程(生产/执行)审计主要回答"是否在以正确的方式行事",关注行事主体——业务活动的执行;产出审计审查公共部门提供的公共产品或服务与预期产能之间的关系;影响审计关注政策产出对目标群体行为和态度方面的实际变化的分析,既是产出审计的进一步延伸,也是对决策质量的进一步评价。

借鉴会计学中责任成本会计的思想,其中决策和社会影响对于特定政策执行部门而言是不可控的,政策执行部门可控的是投入、生产行动以及产出。绩效可控与否是相对而言的,对于某个部门不可控的绩效,对于另外部门而言可能是可控的;相对于整个政府而言,全部绩效均是可控的。区分绩效可控与否对于审计"问责"至关重要。

从决策审计、投入审计、过程审计、产出审计与影响审计来看,预算执行绩效审计的实施有四个基本思路:一是查看部门职责与市场的关系,评价政府职能的越位和缺位;二是查看部门权责的匹配情况,评价有责无权、有权无责;三是查看财力与事权的匹配情况,评价财力过剩或不足;四是查看人力与事权的匹配情况,评价人员数量和素质。

三、本级预算执行绩效审计的具体内容

(一)本级决策(投入)审计的内容

预算执行绩效审计中的投入审计需要考虑收入和支出两个方面,政府拥有一定的收入决策权和资源配置决策权,因此,决策审计也就分为收入决策审计和支出决策审计。

1.收入决策审计

预算收入是政府为满足社会共同需要,以法定方式筹集并纳入预算管理的财政收入。财政收入由一般预算、基金预算、社保预算、国有资本经营预算以及债务预算五类构成,当前我国统一完整的国家财政预算体系还没有完全建成,本级收入决策审计中要关注的问题主

要有以下几个方面。

第一,税收政策制定的基础。税收政策是否与国家其他宏观政策相一致,是否在保证财政收入的同时,有利于促进经济发展和社会和谐。

第二,维持既定税收政策或实施新的政策的必要性。税收政策随着经济环境的变化而不断发生变化,收入决策审计除了关注税收政策外,还需要关注经济发展环境对税收政策可能产生的影响,以及税收政策变动的必要性。

第三,税收政策是否体现了公平有效。公平税收是指能保证税负的分配合乎社会要求,包括纵向公平和横向公平两个方面。前者是指税收应在支付能力不同的人之间公平地分配税负,后者是指境况相同的人应当得到同等对待。收入决策审计需要关注税收政策的设计是否体现了公平,并且具有可操作性。

第四,税收政策是否有利于经济社会的可持续发展。可持续发展是人类社会面临的永恒主题,税收既是政府财力的主要来源,又是政府引导社会投资和消费行为的重要杠杆。因此,收入决策审计中也需要关注税收政策是否有利于经济社会的可持续发展。

2. 支出决策审计

财政支出具体体现在按公共财政的要求确定财政支出结构;按宏观调控政策的要求或按低廉成本配置财政资源的要求选择财政资金分配方式;按科学的定额分配财政资金。

第一,资源分配决策的基础。公共需求是资源分配决策的基础,政府预算是否建立在依法履行其职能之上,并且预算是否适应所必须完成的工作或任务,资金的投向占本级财政资金规模的比重是否合适。

第二,维持既有或选择新项目的必要性,是否按照项目的优先性进行资源配置决策。关注资源的投入与社会公众需求之间的关系,作出的资源配置决策能够在多大程度上满足社会公众的需求、存在多大的差距,新增项目是否可以有效缓解这种差距。此外,还需要评价资源配置决策是否实现了公共性特征,是否存在“越位”和“缺位”的问题。

第三,资源配置决策与社会公众福利之间的关系。财政的公共性特征要求受益于民,只有让社会公众受益的投资才是真正有效率的,与此同时,还要关注既定的资源配置决策是否能够实现其初衷。对当年或历年的财政资金支出结构数据进行分析,评价财政部门是否不断优化财政支出结构、注重民生;关注农业综合开发资金、社会保障资金、节能减排资金、拉动内需重大投资项目(资金)等配置情况。

第四,关注本级债务规模,防范财政风险。近年来,西方发达国家的主权债务危机引发实体经济衰退,经济可持续发展面临严峻挑战。如何在经济社会急剧转型的中国,预防并避免爆发债务危机是审计机关发挥“免疫系统”功能、发挥建设性作用的重要体现。关注本级隐性债务和显性债务的规模,如融资平台债务结构、来源和规模,并考虑其可偿还性,防范财政风险。

第五,资源配置决策过程是否经济与透明。公共受托责任要求政府如同珍惜自己的财产一样谨慎使用纳税人的钱财,为了保证公共资源的合理使用,至关重要的是保证决策程序的透明,将资源配置决策纳入公众的监督之下。关注是否不断压缩行政开支,节约施政成本。在对财政资金结构进行分析的基础上,要重点关注重大项目的立项审批程序是否规范、资金分配是否科学。

3. 对下级政府预算执行和其他财政收支决算的绩效审计

此外,预算执行绩效审计还要加强对下级政府预算执行和其他财政收支决算审计。审计机关对下级政府预算执行情况和决算实施审计监督,是《审计法》赋予审计机关的一项重要职责,是财政收支审计的一项基本内容。此项审计应重点关注非税收入收缴改革的落实情况;财政收入退库情况;各项预算管理改革的落实情况;政府债务管理情况;市级转移支付资金的分配管理使用情况,特别是一般性转移支付资金的规模是否逐步加大,专项转移支付资金的管理使用是否规范;财政结算资金、结转下年支出情况等。

(二)过程审计的内容

过程审计主要检查投入向结果转化的过程,而本级预算执行绩效的投入向结果的转化由众多政府职能部门、事业单位以及其他机构共同实施。由于本级政府在本行政区域内担负着决策、组织、指挥以及协调的作用,并不负责具体项目的执行任务。因此,本级预算执行绩效审计主要体现为本级政府对各职能部门的组织、协调能力,使得各部门之间运转通畅,降低交易成本、提高预算执行效率。审计主要从本辖区内体制、机制、制度以及政策层面进行审查。具体来说,主要体现在以下几个方面。

1. 评价财政体制的运行情况

在本级预算执行绩效审计中,要摸清转移支付规模、结构及相关政策,为综合部门安排年度计划提供数据和政策依据。汇集专项审计调查或对下级政府预算和其他财政收支决算审计发现的体制、机制问题,分析存在问题的原因,提出深化财政体制改革的建议。

2. 加强对预算管理改革现状的整体评价

对本级贯彻落实预算管理制度的情况、相互之间的关系进行分析,把握总体情况。一方面要评价财政部门在推进预算管理改革中发挥的作用;另一方面要抽取一定数量的行政事业单位样本纳入年度审计计划,整体评价预算管理改革的绩效。

在本级预算执行绩效审计中,评价部门预算管理改革政策措施落实情况,重点评价项目支出预算中是否含有不合理支出事项或影响部门间经费公平的支出事项;通过分析部门预算编制、执行情况的结果,评价部门预算审批质量;分析部门预算结余情况,揭示财政资金投向不合理的问题;是否存在超配财政资源、资金使用效益不高、资金未按项目进度拨付、资金使用效率不高、项目支出预算审批质量不高等问题。

3. 评价政府采购工作的情况

核实各类政府采购规模、结构及占财政支出的比重,分析政府采购规模、结构的变化因素;审查政府采购实施和管理是否规范;审查政府采购的工作开展情况,对协议采购的管理情况;延伸部分采购代理机构,审查政府采购程序履行、政府采购服务等情况,评价政府采购效果,揭示政府采购规模小,范围窄,公开度、透明度不高等问题。

4. 评价国库集中收付改革政策的落实情况

重点评价国库集中收付的完整性及操作的规范性。审查预算内外收入是否纳入国库集中管理,国库集中支付资金是否完整;审查银行存款账户管理使用情况,了解非税收入收缴改革试点运行情况,揭示国库集中收付操作不规范问题。

5.评价财政部门开展投资评审、绩效考评工作情况

重点评价投资评审、绩效考评工作质量、效率。围绕财政部门投资评审、绩效考评工作职责、业务流程,审查工作职责是否细化、履行是否到位;业务流程内部控制是否存在漏洞、与主管业务工作是否衔接等问题。揭示绩效考评结果未有效应用于预算编制等问题。

(三)产出审计的内容

政府作为一个提供公共产品和服务的系统,同具体职能部门不同的是,难以用有形的公共产品和服务衡量政府整体层面的产出。根据已有研究和政府职能,可以将经济发展、社会公正、生态环境以及公众满意度作为衡量产出审计的内容。产出审计的内容可以结合政府工作发展规划,评价预定目标是否实现以及实现程度。

(四)影响审计的内容

所谓影响,是指政府提供的公共产品和服务引起的人们在行为和态度方面的实际变化,而影响审计是审计机关及审计人员对变化所作的分析。因为影响具有持续性和滞后性,并且影响的原因和结果很难一一对应,所以影响审计是预算执行绩效审计的难点。当前,预算执行绩效审计可以考虑政府部门的产出是否满足了目标群体的期望、满足的程度以及可以改进的空间。

四、部门预算执行绩效审计的具体内容

(一)投入审计的内容

1.项目可行性论证情况

我国预算编制流程属于"二上二下"式编制模式,主管预算审批的财政部门与政府各职能部门之间存在信息不对称,预算编制是否科学在很大程度上取决于政府部门编制预算的科学性。《2019 年度中央预算执行和其他财政收支的审计结果公告》显示,审计的 56 个中央部门中,有 40 个部门年末预算结余 161.26 亿元,占这些部门预算支出的 16.69%。一些部门的项目库建设滞后,项目论证不够充分,年初预算未按要求落实到具体项目是导致项目预算结余的重要原因。

2.部门履职情况

作为一级预算单位的政府部门还拥有二级甚至是三级预算单位,一级预算单位拥有"审批"二级甚至三级预算单位的预算请求权。因此,部门预算执行绩效审计需要关注部门作为整体的预算编制请求与批复的二级预算单位的预算请求是否与部门履行职能相一致,并且预算编制是否适应部门的整体工作或战略目标。重点评价部门预算编制的完整性及质量,审查收支是否全部编入部门预算;收支预算编制是否细化;支出预算编制是否按定额、按标准,重大项目立项审批程序是否规范。揭示预算编制与预算执行脱节、资金分配标准较粗或无标准、预算编制不完整、支出顺序不符合规定、社会公众对项目决策的参与度不高等预算编制问题。

3.新增预算请求必要性

需要考虑部门预算请求背后的项目是否在履行部门职能的基础上,旨在造福于社会公

众。随着近年来我国税收收入的不断增长,政府部门支出按照"基数法"不断膨胀,审计机关和审计人员需要判断新增预算请求是否必要,若是必要则是否满足优先性原则。

4.部门预算编制与批复是否贯彻厉行节约与透明合法原则

部门预算编制是否遵循了量入为出、收支平衡的原则,对各项收入和支出预算的编制是否做到不重不漏。部门向所属单位批复的预算与财政部门批复本部门预算的科目和项目是否一致,有无随意调整预算项目、调增调减预算金额、擅自改变资金用途等情况。

(二)过程审计的内容

1.评价部门预算执行的合规性和预算调整的合法性

审查财政支出是否按预算执行;预算调整是否符合规定的程序,资金分配是否科学合理。揭示无预算有开支、预算管理与资产管理脱节等预算执行方面的问题。

2.对政府采购行为的评价

重点评价预算单位是否按政府采购目录应采尽采;是否委托政府采购中心或有资质的中介机构组织采购;政府采购档案是否齐全;是否按照政府采购合同进行验收。了解部门对定点采购供应商提供的商品价格、质量和售后服务是否满意。

3.对国库集中收付改革的评价

重点评价国库集中收付操作的规范性。审查预算单位有无不按项目实施进度申报用款计划,将预算内大额专项资金、基本建设资金和预算外资金大量滞留在本单位银行存款账户。审查预算单位有无违反规定通过零余额账户,将国库资金划入本级或下属单位银行存款账户,审查划入银行存款账户资金使用情况。

(三)产出审计的内容

不同政府部门有不同的政策目标和服务领域,其产出的具体产品不同,审计人员应首先关注部门产出是什么、产出的数量和质量与初始预算设定的目标是否一致,以及最初计划的实现程度等。

(四)影响审计的内容

部门产出的影响一般限定在部门所属领域,可以关注该部门提供的公共产品和服务是否满足了目标群体的期望及其程度。

五、专项资金预算执行绩效审计的具体内容

专项资金涉及资金量较大,且涉及固定资产投资、农业、社保、科技、教育等多个行业和领域,其投向正确与否以及资金使用如何,直接关系到财政资金的整体使用效益和效果,直接影响宏观政策的贯彻落实。专项资金预算执行绩效审计可以从以下几个方面予以关注。

(一)投入审计的内容

专项资金的使用方向应符合国家宏观政策,项目是承载专项资金的载体,审计项目决策需要关注项目目标与专项资金目标的一致性,项目是否为所必须完成的工作或服务;项目的

目标是否明确;项目目标的实现概率;是否在项目确立过程中缺乏科学的标准,造成资金投资分散,难以发挥规模效应;为项目拨付的预算是否贯彻厉行节约的原则,关注财政专项资金的安排是否遵从最小成本原则;项目的确立是否遵守公开透明的原则等。

(二)过程审计的内容

专项转移支付是项目预算的重要方面。关注专项转移支付资金是否被一些政府部门截留、滞留、挪用;作为专项资金管理部门的中央部门在项目执行过程中管理责任的履行情况,以及项目自身的管理情况,是否建立并执行了完善的内部控制;专项资金是否进行单独核算;政府采购规范是否遵循;资金运用是否公开透明等。对于重大专项资金需要实行全过程监控,审计监督要由事后审计向全过程监控转变;关注项目执行和资金拨付效率;留意项目管理及操作过程是否规范。

(三)产出审计的内容

关注项目有无产出,项目的目标在多大程度上得到实现,专项资金作为一个整体的产出是什么,有无实现专项资金的预期目标,项目产出与专项资金的相关度等。

(四)影响审计的内容

专项资金为履行宏观政策而设立,因此专项资金的影响审计内容需要与专项资金设立的目标紧密结合,评价其产生的经济社会影响。

第五节　预算执行绩效审计典型案例分析

一、某县公安局20×9年度预算执行绩效审计案例[①]

(一)审计项目概述

某县审计局近年来积极探索部门预算支出绩效审计。20×8年3月选择县公安局预算支出作为绩效审计项目。通过审计不仅揭示了公安经费在预算安排、管理使用中存在问题,分析了产生问题原因,还向该单位提出了改进、完善的审计建议,并取得了非常好的审计成效。

(二)审计评价标准

(1)法律法规:《中华人民共和国会计法》《行政单位会计制度》《行政事业单位业务招待费列支管理规定》《关于制定县级公安机关公用经费保障标准的意见》(财行〔2004-3××号〕),以及其他有关法规。

(2)预算与计划标准:《关于批复20×9年县直单位部门预算的通知》(×财发〔20×9-3

---

① 根据以下资料改编:赵耿毅.绩效审计指南[M].北京:中国时代经济出版社,2011:81-88.

××号])、《关于批复20×8年县直单位部门预算的通知》(〔×财发(20×8-3××号])等。

(3)历史标准:《某县公安局20×8年、20×9年刑事案件立破案同期对比情况》(1—12月)、《某县依法治县数据》等。具体如表5.1所示。

表5.1　某县公安局20×9年预算执行绩效评价表

评价项目	评价指标	标准分值	评价标准(20×8年)	审计结果		权重
				量化指标值	指标得分	
经济性指标	1.经费拨入率=当年实际经费拨入数/预算经费拨入数×100%	14.00	91.44	79.97	0.00	21%
	2.经费支出预算完成增长率=(当年实际经费支出数/当年预算经费拨入数－上年实际经费支出数/上年预算经费拨入数)×100%	14.00	96.10	87.80	0.00	
	3.公用经费节支率=(预算经费支出－实际经费支出)/预算经费支出×100%	14.00	15.56	27.23	14.00	
	4.公用经费占经费支出比率=当年实际公用支出/实际经费支出×100%	14.00	47.01	38.82	14.00	
	5.人员经费占经费支出比率=当年实际人员支出/实际经费支出×100%	14.00	52.99	61.18	14.00	
	6.招待费占公用经费比率=当年实际招待费支出/实际公用经费支出×100%	15.00	7.76	10.80	0.00	
	7.交通费占公用经费比率=当年实际交通费支出/实际公用经费支出×100%	15.00	17.46	26.53	0.00	
	经济性指标得分:8.82					
效果性指标	1.刑事案件发生数	6.00	2235	2118	6.00	70%
	2.八类严重危害人身暴力案件发生数	6.00	92	61	6.00	
	3.命案发生数	6.00	4	2	6.00	
	4.侵财类案件发生数	6.00	1973	1901	6.00	
	5."两抢一盗"案件发生数	6.00	1870	1829	6.00	
	6.抢夺案件发生数	6.00	90	51	6.00	
	7.可防性案件发生数	6.00	1243	971	6.00	
	8.重特大交通事故发生数	6.00	95	106	6.00	
	9.刑事案件破案率	6.00	31.77	49.72	6.00	
	10.八类严重危害人身暴力案件破案率	6.00	80.43	98.36	6.00	
	11.命案破案率	6.00	100.00	100.00	6.00	
	12.侵财类案件破案率	6.00	29.24	44.40	6.00	
	13."两抢一盗"案件破案率	6.00	29.30	44.40	6.00	
	14.抢夺案件破案率	6.00	21.11	19.61	0.00	
	15.可防性案件破案率	6.00	30.81	37.59	6.00	
	16.公众满意度	10.00	75.00	85.00	10.00	
	效果性指标得分:65.80					

续表

评价项目	评价指标	标准分值	评价标准 (20×8年)	审计结果		权重
				量化指标值	指标得分	
效率性指标	公安人员人均经费增长数＝(当年经费支出数－上年经费支出数)/(当年平均职工数－上年平均职工数)×100%	33.33	7.01	8.40	0.0	9%
	2.公安人员人均公用经费增长数＝(当年公用经费支出数－上年公用经费支出数)/(当年平均职工数－上年平均职工数)×100%	33.33	3.20	3.35	0.00	
	3.非税收入入库率＝非税收入实际入库/非税收入应入库数×100%	33.33	100	96.60	0.00	
效率性指标得分:0						
总分:74.62						

(三)审计程序与方法

1.审前调查

收集审计背景资料,全面掌握县公安局财政预算安排规模、决算、经费支出结构等情况。根据审前调查资料,确立了 29 个审计重点环节,涉及资金使用、维护社会治安等方面,通过对其经济性、效率性和效果性进行评价,以达到提升财政资金使用效益和提高工作效能的目的。

2.查阅相关文件

为保证审计工作顺利开展,审计过程中通过对相关文件的查阅,充分了解实际情况。具体包括:第一,收集相关法律、法规和规章制度;第二,组织参审人员认真学习和讨论,结合审前了解情况,对照审计实施方案,合理分工,强调审计人员在审计中的工作重点;第三,确立绩效评价标准,以法律法规、预算与计划标准、历史资料、统计报表等,形成多层次、多方位的衡量绩效指标考核体系。

3.设计与发放调查表

通过查阅相关资料,围绕审计目标,设计了《某县公安机关 20×9 年警务评议问卷调查表》,向部分企业业主、公众发放了调查表格,内容涉及社会治安等指标评价体系,如社会治安状况、公安民警的综合素质、公安民警对待群众的态度、公安民警的办事效率、公安民警执法是否公正、公安民警廉洁自律情况等。这一工作为进一步做好绩效审计工作做了较好铺垫。

4.审计实施

紧紧围绕审计实施方案,详细调查了县公安经费预算安排、拨付、使用情况,对被审计单位的内控制度进行了符合性测试后,进入收集审计证据实质性阶段。通过审查相关资料、账簿记录、款项拨付等载体,对县公安局 20×9 年预算执行及财政财务收支真实性、合法性进行了审计,通过采用 AO 现场审计系统,摸清经费收支存在的问题。

第一步,采用审阅法、核对法等方法,掌握公安经费收入资金来源的真实性。①重点审查预算内收入、上级公安机关安排、预算外资金是否全部纳入预算,审查"拨入经费""应缴预算款""应缴财政专户款"等科目,看有无不正常资金调动等情况。发现基层派出所存在违规收费、私设小金库等问题。②经费收入的合法性,重点审查收入的依据是否合法,是否发现无依据收费。③审查各种经济成分的经费收入所占的比重,用非税收入入库率等来评价公安经费收入的质量和效率。④审查财政部门是否严格执行预算方案,有无擅自超预算或减少经费预算拨款,用经费拨入率等指标评价。

第二步,采用实地查看、面谈交流等方法,评价公安经费的运作情况。对绩效的审计评价,其实质就是把要审计评价的对象和某一个标准相比较进而得出其使用的经济性、效率性和效果性。评价预算执行过程中是否有效利用了国家资金,是否以低消耗各种经费,更好地履行职能活动为目标,是否进一步提高办事效率等。①是否存在挪用履行职能经费或其他经费发放工资、福利等现象。②审查履行职能经费支出的完整性、真实性、合规性,有无虚列支出、违规支出和超预算支出。③审查经费的增长情况和超支情况;分析经费收入支出的结构,重点从支出结构和比例考核行政管理成本。分析人员经费和公用经费在行政管理成本中所占比重是否合理,针对公安机关的具体情况,重点分析交通费、招待费的支出是否真实、合理,有无超标准支出。

第三步,采用综合分析、比较分析、统计抽样等方法,发现存在的问题与不足。审查履行公安职能活动的经费支出、人均办案费水平和其他一些专用指标,确定财政资金支出的效率。通过对20×8年、20×9年刑事案件立破案等统计数据的分析,收集了大量的第一手资料,掌握了详尽、具体的情况,并依据一定的标准逐项比较分析,查出一些在经费使用方面存在的深层次问题。

第四步,从规范公安保障经费管理和提升财政资金的使用效果角度出发,提出具有针对性且切实可行的建议。

(四)审计发现的问题及原因分析

1.收费方面存在问题

违规收费 1664119.1 元,其中,计算机信息安全检测费 37000 元,非刑事案件鉴定费 40600 元,服务费 10410 元,其他收入 1576109.1 元。其主要原因有:一是财经法纪观念淡漠;二是刚性支出加大;三是预算安排不足。

2.经费使用存在的问题

(1)违规私设小金库 1584763.72 元,其中,以白纸收据收取现金 224300 元,违规以支抵收 1360463.72 元。其主要原因有:一是部分警官潜规则作祟,有关部门一直未动真格查处;二是取消收取社会治安费后,预算未作安排,基层派出所经费不足;三是收支两条线后,综合预算安排滞后,且拨付不及时造成一些收费未纳入财政专户。

(2)违规列支费用 1030013 元,其中,看守所报某公司购箱包款 10000 元,某派出所报某案件补偿费用 23200 元,支付网站删除信息协调费用 41185 元,购买烟酒等实物 269756 元,违规列支年终奖金、加班费等 569825 元,以考察名义公费旅游 116047 元。其主要原因有:一是权力运行方式不公开、不透明;二是财经制度对单位领导约束乏力;三是现行财税体制乃至政治、经济体制改革不彻底,导致屡查屡犯。

3.经费使用效果方面存在的问题

(1)招待费、交通费增幅较大。20×9年度招待费超标准支出1212677.44元(实际列支招待费1382449.70元)。人员经费占公用经费比率、招待费占公用经费比率、交通费占公用经费比率等3项指标分别比20×8年增加8.19%、3.04%、9.07%。人员经费上升的主要原因是:既实行阳光工资,又发放了20×8年度奖金福利;招待费上升与内部控制不严有关;交通费上升与基层警车配备增加有关。20×9年刑事案件、八类严重危害人身暴力案件、命案、侵财类案件、"两抢一盗"案件、抢夺案件、可防性案件等7类案件指标发生数比20×8年同期相比均有不同程度的下降,而经费消耗上升幅度较大,说明效率下降。

(2)人员人均经费增幅较大。20×9年公安人员人均经费比20×8年增长0.39万元,增长率为19.83%。公安人员人均公用经费超省标0.15万元,超标率为4.69%。其主要原因是违规发放奖金福利。

(3)重特大交通事故指标发生数与20×8年同比分别上升11.58%。其主要原因是城区不断扩大,道路的岔道口在增加,而岔道口的红绿灯信号系统并未同步增长。

(4)抢夺案件破案率比20×8年同期下降1.5%。其主要原因与该类案件流动性较强有关。

(五)审计评价

1.经费支出的经济性评价

20×9年预算经费拨入率、经费支出预算完成增长率、公用经费占经费支出比率等3项指标分别比20×8年同期下降11.47%、8.3%、8.19%。公用经费节支率、人员经费占公用经费比率、招待费占公用经费比率、交通费占公用经费比率等4项指标分别比20×8年增加11.67%、8.19%、3.04%、9.07%。公用经费节支率有所提高,但招待费及交通费支出等上升幅度较大。

2.经费支出的效率性评价

20×9年与20×8年人均经费、人均公用经费、非税收入入库率等3项绩效指标比较情况见表5.2。

表5.2 绩效指标比较情况

指标	20×9年	20×8年
公安人员人均经费	8.4万元	7.01万元
公安人员人均公用经费	3.35万元	3.2万元(省标)
非税收入入库率	94.60%	100.00%

20×9年公安人员人均经费比20×8年增长1.39万元,增长率为19.83%;公安人员人均公用经费超省标0.15万元,超标率为4.69%;20×9年非税收入入库率比20×8年低3.4个百分点,人员人均经费增幅较大。

3.经费支出的效果性评价

20×9年刑事案件、八类严重危害人身暴力案件、命案、侵财类案件、"两抢一盗"案件、抢夺案件、可防性案件等7类案件指标发生数比20×8年同期分别下降5.23%、50.82%、

50.00％、3.65％、2.19％、10.53％、21.88％。重特大交通事故发生数与20×8年同比上升11.58％。案件发生数总体降低。

20×9年刑事案件、八类严重危害人身暴力案件、侵财类案件、"两抢一盗"案件、可防性案件破案率等5类案件指标发生数与20×8年同期相比分别提高0.26％、17.93％、15.16％、15.10％、6.78％，命案破案率100％与20×8年持平，而抢夺案件破案率比20×8年同期下降1.50％。县公安局案件侦破总体水平上升。

预算执行绩效及财政财务收支审计结果显示：某县公安局能强化预算约束，按照预算规定的科目、项目统筹合理安排全年财务收支，按照"节约、必需"的原则，从严把握、从严控制；建立健全了内部考核奖惩机制、财务核算制度；充分发挥了财政资金的使用效益，为保证全县社会治安秩序良好，维护社会政治稳定，作出了一定的努力。绩效评价反映总体工作的成效率为74.62％。绩效指标的总体评价为一般。预算执行的经济性、效率性、效果性等方面有待改进和提高。

会计资料基本真实地反映了单位的财政财务收支情况，财政财务收支较好地执行了国家财经法规，但也存在违规设立"小金库"、招待费超支数额较大、违规列支费用等问题。

(六)审计建议

(1)加强经费支出管理，建立健全行之有效的内部控制制度。按照"节约、必需"的原则，严格控制招待费、交通费等费用支出，应实行清单制、实名制、公示制、听证制。

(2)加强收费管理，不得以任何名义超范围和超标准收费，要进一步强化对派出所的管理，不得向任何单位或个人摊派费用，私设"小金库"。

(3)提高公安经费使用效果。建立健全侵财类案件、"两抢一盗"案件、抢夺案件、可防性案件等的侦破经费使用、管理责任制以及奖惩机制，提升工作效率。

(4)配备全城区道路岔道口的红绿灯信号系统，减少重特大交通事故指标发生数。

(七)审计成效

对某县公安局的预算执行绩效审计虽然是一次尝试，但取得了很好的效果。某县公安局针对审计报告反映的情况，召开了党委会进行研究，专门制定了整改文件；审计报告反映的问题纳入县本级预算执行审计报告，引起了县人大、政府领导的高度重视。

二、大数据在预算执行审计中的运用[①]

2014年10月，《国务院关于加强审计工作的意见》要求对公共资金、国有资产、国有资源、领导干部经济责任履行情况进行审计，实现审计监督全覆盖。2015年，《关于完善审计制度若干重大问题的框架意见》及相关配套文件将实行审计全覆盖列为主要任务之一。在大数据时代背景下，利用大数据手段开展部门预算执行审计全覆盖是提高财政管理水平、提高预算资金利用效益的有效途径。以下介绍天津市审计机关自2016年起开展的市级一级预算单位预算执行审计全覆盖工作的一些探索与实践。

---

①　根据以下资料改编：刘梦溪.基于大数据的天津市预算执行审计探索与实践[J].审计研究，2018(1)：22-27.

(一)利用大数据开展预算执行审计全覆盖的几点创新

1.出台制度保障大数据审计

2013 年以来,天津市审计局着力建设联网实时审计系统,将政府部门、事业单位、国有企业、政府投资项目等审计对象纳入审计监督网络。2015 年 7 月,《天津市联网实时审计监督办法》对联网实时审计作出了顶层设计和制度安排,为审计机关依法履行审计监督职责创造了良好的法制环境。该办法第四条规定,联网单位应当按照本办法的规定接受联网实时审计监督,配合审计机关工作。联网单位应当按照审计机关确定的联网数据采集内容、范围和周期,持续向审计机关传输联网数据,并提供必要的信息系统文件数据。该办法的实施为持续推进联网实时审计,利用大数据技术开展预算执行审计全覆盖工作提供了制度保障。

2.采集整合百家数据

根据项目计划,由联网审计处负责数据采集工作。联网审计处通过两种方式采集数据:一是通过 VPDN 线路向财政部门采集预算管理、指标管理、支付管理等数据;二是通过前置机或联网实时审计平台采集百家单位财务及业务数据。联网审计处将采集到的数据还原整理、清洗转换、抽取规划表之后,形成可用性较强的数据库。联网审计处将采集整理后的数据库放置在特定的 SQL SERVER 2008 服务器中,并赋予全覆盖审计组一定程度的使用权限,为审计组跨部门比对、跨系统比对提供了便利。通过对多个部门的数据进行充分挖掘分析,发现其中的深层关联,把离散存储于不同系统中的海量数据彼此关联,结合审计方案、审计经验等筛查出需重点关注的事项,使审计的资金面和单位个数较以前都有了质的飞跃。

3.百家单位"一键审全部"

天津市审计局行政事业单位常规审计项目必审内容清单是传统预算执行审计内容的重要依据,清单涉及内控制度、银行账户、财政财务管理、"小金库"治理、固定资产、专项资金等14 方面。2016 年初次开展全覆盖审计时,审计组紧密结合必审内容清单,对联网审计系统中已有的预算执行审计模型"全面摸底",指定专人对已有模型的合规性、语句完整性、正确性逐个验证并交叉复核,对已变更的法规依据予以修改,对冗长烦琐的模型语句予以优化,对不合时宜的模型予以摒弃,优化并改进了 74 个模型,包括专项资金使用情况、预算执行情况总体分析、"三公"经费、公务卡使用等。同时,深入分析预算执行审计的重点,创建了 19大类 55 个子模型,如近三年非税项目收入对比、在其他收入或者往来中核算专项资金、行政单位固定资产处置收入未上缴等。对于某个审计事项,审计人员只需运行相应审计模型就可以快速"一键审全部",实现了所有市级一级预算单位的同时审计。

4.数据分析与现场核查并行

全覆盖审计打破处室界限,整合审计资源,以非现场审计为主、结合现场核实的方式,借鉴"兵团作战"模式混合编队,设立数据分析组和现场核查组。数据分析组挖掘部门之间数据关联,锁定审计重点,继而建立审计模型,筛查疑点线索,为现场核查组提供信息化数据支持和保障。现场核查组采用两种核查方式:一是限期由被审计单位自行核实并报送相关数据；二是由现场核查组对重点内容就地核查，以及对被审计单位自行核查仍存在疑点的情况就地核实。数据分析组和现场核查组协同作战，核查组将现场核查未能发现疑点的线索反馈至数据分析组，分析组查找是否模型本身存在缺陷、不够精确才导致筛选的疑点有误？继而进一步优化改进模型。

5.监督资金流转全过程

全覆盖审计不仅可以查看预算资金在主管部门这一环节的真实性、合法性、有效性，而且可以实时追溯资金的财政批复及后续流转过程，从而加大对部门、用款单位的监督力度。例如，以财政资金为主线，将财政预算管理与国库支付系统连接建立模型，追踪财政部门年初预算安排的专项资金从预算安排到批复预算、再到部门单位使用资金的各环节情况。在模型筛选出初步结果后，审计人员结合自身职业判断确定审计重点，有针对性地对重点单位或项目延伸核查，提高了审计精准度。

6.揭示"三公"经费隐蔽性问题

"三公"经费是近年来社会关注度颇高的一个热点，也是预算执行审计的重点，在审计中着重审查部门经费使用是否贯彻厉行节约的规定。审计发现，某些单位决算报表中因公出国（境）一栏并未如实反映该单位的真实出国（境）情况。为了摸清此问题，审计人员建立了出国（境）经费比对模型，将部门账中同一单位因公出国（境）支出金额与国库支付系统中的零余额出国（境）金额、外办部门提供的预算单位出国（境）金额三者相比对，查找是否存在瞒报、漏报公务出国费用的问题，对筛查不一致的进行重点核实。

7.提升审计层次

在传统审计方式下，审计组在某被审计单位就地审计，花费大量时间、人力发现该单位在个别或部分审计事项存在问题，审计结论具有个体性、特殊性。全覆盖审计方式的创新，使审计人员不再局限于抽样的样本，而是着眼于全部数据，使审计结果更具全面性、整体性，促进了市财政部门出台制度规定，规范管理。

8.优化审计业务流程

利用大数据开展的预算执行审计全覆盖与以往审计模式相比，在审计的各个阶段均有所变化。在审前准备阶段，向百家预算单位发送同一份审计通知书，审计实施阶段，向筛选疑点涉及的单位电话通知，要求其报送相关资料或出具情况说明，并增加了审计组征求意见的环节。在相关单位反馈意见后，分别向相关单位下达《联网实时审计监督整改通知》，要求其30日内完成整改并书面反馈。

(二)需重点关注和解决的问题

1.数据管理仍需完善

利用大数据手段开展审计，离开数据可谓是无根之木，无源之水。全覆盖审计模式下，海量数据涉及多个部门单位。然而，当前部分单位业务不规范，如数据录入混乱不全、相互矛盾等，给审计人员建立模型、筛查疑点等工作带来了较大困难。就政府采购和招投标审计而言，由于各单位自行填报政府采购数据、主管部门要求不严格，导致填报数据的详尽程度不一，使得获取的政府采购数据可用性不高；招投标的立项部门和财政部门、预算单位对招投标项目的具体名称和编号各有一套命名和编码规则,导致审计人员在取得各方数据后无法匹配,难以在各类数据之间建立关联,政府采购及招投标批量审计未完全取得突破。

2.审计深度有待拓展

审计覆盖面仍需拓展。个别主管单位为了逃避审计监督,将违规违纪问题下沉到二三级预算单位等下属部门。但目前与市审计局联网的二级单位只有 12 家,覆盖面远远不够,业务数据使用深度不够。由于百余家预算单位业务内容差异较大,全覆盖审计组未能专门对各主管单位的业务范围、具体流程进行深入调查了解,业务数据在大数据审计中的作用发挥不明显。

3.财政系统缺乏衔接性

审计模型更新升级被动也成为制约审计工作开展的重要因素。财政数据结构和业务流程是审计人员开发固化预算执行类模型的重要依据,然而一旦财政部门升级更新业务系统,已开发的模型部分字段就可能无法正常运行,导致模型失去意义。此种情况下,只有在财政部门主动告知审计人员财政系统有所更改的情况下,审计人员才能及时变更升级相关分析模型。若未及时通知,分析模型就无用武之地。

4.人员业务能力有待提高

在预算执行审计传统模式下,审计机关根据项目计划安排派某个审计组进驻某个单位就地审计。随着工作的深入开展,审计组对被审计单位业务流程逐渐熟悉,对项目资金的使用规范性可以作出较准确的判断。然而在全覆盖审计模式下,面对百余家预算单位,审计人员往往因不了解财政与预算单位之间或预算单位系统内部的业务流程,无法快速准确地将财政资金在各预算单位之间的拨付流转串联起来,阻碍了审计模型的准确建立,也为后续精准筛查疑点、延伸核实等工作带来了较大的审计风险。

(三)完善的几点对策

1.建立健全大数据环境下全覆盖长效工作机制

天津市审计局研究制订了《关于建立健全审计全覆盖长效工作机制的方案》,并自 2017 年起在全市审计机关推行。该方案将市级预算单位、市属国有企业、区人民政府、重点公共和民生资金、重大公共投资项目以及领导干部经济责任全部纳入审计覆盖范围。统筹运用经常性审计和经济责任审计两种方式,针对不同的审计对象,采取不同的频率和组织形式,实现对所有联网单位每年覆盖一次、最长两年覆盖一次,对经济责任审计对象五年内至少覆盖一次。以联网实时审计大数据为支撑,采取非现场数据分析比对与现场核查问题线索相结合的方式。创新"上审下""联合审"或"交叉审"的审计方式,加强与组织、纪检、巡视、检察、国资监管等执纪执法部门的协调配合,增加审计全覆盖的深度。

2.完善审计信息数据库

对于部分主管单位将隐蔽性较强的违法违纪问题下沉至二三级预算单位的问题,审计机关应及早筹划,通盘考虑,积极联系协调还没有纳入联网的二三级预算单位,推进财务系统网络信息化建设,尽快构建全面完整的预算执行全覆盖联网数据库。对于部分联网单位因记账不规范、摘要记录不清导致审计模型在运行过程中无法准确判断资金的使用性质和用途,影响了联网审计疑点确定的精准度,降低了审计工作效率的问题,审计机关一方面应积极争取相关主管部门的支持,进一步规范和完善数据,另一方面要做好对被审计单位的宣传普及工作,介绍全覆盖审计的概念及发展趋势,争取其支持和理解。

3.培养复合型审计人才

一是要提高审计人员的计算机审计水平。将审计署计算机中级考试与预算执行审计相结合,做到学以致用。培训内容还应包括互联网技术、数据库应用技术、财务管理知识等。在招聘审计人员时,优先考虑具备计算机、统计背景的人才。在掌握预算执行联网审计方法的基础上,逐步培养财政审计、税务审计、绩效审计等审计重点方面的复合型业务骨干,使其尽快成长成能够满足不同板块全覆盖审计需求的人才。

二是要梳理重要事项系统流程。全覆盖审计涉及市级百余家部门单位,在跨领域、跨行业的海量数据中以资金为主线一查到底,对于审计人员是个巨大的挑战。应重点梳理传统模式下涉及较少的部门领域业务流程,并分专项向相关审计人员加以培训,以流程图的形式简明扼要地使审计人员系统掌握该领域项目资金的来龙去脉、需要哪些主管部门审批核准备案等,避免出现审计人员面对数据无从下手的困惑局面。

三是要善于借助外部审计力量。要加大对内部审计机构的指导,充分利用社会审计力量,建立以政府审计为核心、内部审计为基础、社会审计为补充的协同监督体系。借助内部审计力量,摸清被审计单位的详细情况。利用政府购买服务的方式向社会公开招标,选择业务水平精湛、信誉良好的中介机构,在审计过程中对中介机构加强质量控制、监督管理和绩效考核,确保审计质量。

本章小结

公共财政作为政府满足社会公众基本需求的途径,能够促进政府部门对公共资源的有效配置。其以弥补市场失灵为行为准则、具备公平性、非市场盈利性和法制性等特征,发挥资源配置、收入分配、调控经济和监督管理的职能。我国财政体制在新中国成立后的70多年内经过不断探索、调整与完善,大体上经历了从"统收统支"到"包干制",再到"分税制"三大阶段。

预算执行绩效审计是指通过对照公允的标准,客观、系统地收集和评价证据,对政府、项目或组织活动的合规性、经济性、效率性和效果性进行评价,根本目的在于促进建立最具活力的政府、最透明的政府和最负责的政府。

预算执行绩效审计的目标分为三个层次:系统目标、总体目标、具体目标。审计系统目标就是要发挥"免疫系统"功能,保障经济社会健康运行。在当前和今后一段时期内,审计的系统目标就是要"推进法治,维护民生,推动改革,促进发展";政府预算执行绩效审计的总体目标是促进各级预算单位履行职责;根据绩效审计的含义,预算执行绩效审计的具体目标分为预算管理的有效性,资金使用的经济性、效率性与效果性以及审计建议的回应性目标。

当前我国采用的预算执行绩效审计方式是与财政财务收支相结合的模式,在对某一单位开展预算执行审计的同时开展绩效审计。此种审计方式的特点有三:第一,整个审计项目的审计目标、内容、方法与审计报告包含了大量的效益分析成分。第二,审计过程中,审计机关只要在审计中发现了违反法规以及其他需要处罚的问题,就可以在审计结束后下达审计决定,要求被审计单位整改。第三,这种类型的绩效审计的审计程序类似于财政财务收支审计程序,审计目标包括财务信息的真实、合规,预算执行的经济性、效率性和效果性。

预算执行绩效审计是以预算执行为主线,对预算执行过程中的一系列活动进行评价,其内容应包括决策审计、投入审计、过程(生产/执行)审计与产出审计。与私人部门相比,公共部门的任何行为(或决策)更注重行为或决策的社会影响,产出只是公共部门为实现社会影响的"半成品",是一种手段,而不是目的。因此,预算执行绩效审计中还应包括影响审计。

本章思考题

1.什么是公共财政,公共财政有何特点?

2.我国中央与地方支出责任划分是怎样的?

3.我国中央与地方支出收入划分是怎样的?

4.如何理解预算执行绩效审计的含义?

5.预算执行绩效审计的系统目标、总体目标和具体目标是什么?

6.我国预算执行绩效审计的组织方式有哪些?

7.预算执行绩效审计的评价指标构建原则是什么?

8.如何结合预算执行程序理解预算执行绩效审计的内容?

第六章

建设项目绩效审计

学习目标

1. 了解建设项目的分类与寿命周期;
2. 熟悉建设项目的流程与造价;
3. 熟悉建设项目的管理制度;
4. 熟悉建设项目绩效审计的内涵与功能;
5. 掌握建设项目绩效审计的内容。

引例——A 医院建设项目绩效审计

A 市某医院项目建筑面积达 90000 多平方米,投资总额约 5 亿元,是 A 市政府近几年投资建设的重点项目工程之一,项目主要工程包括医院门诊楼、住院楼区、食堂等主体工程,除此之外,还包括对这些主体工程的土建、消防、水电、电梯、内外墙装饰等基本建设。在项目建设前期,A 市政府通过公开招投标的方式最终确认了 X 设计院为项目的设计单位,Y 建筑公司为项目的施工单位,Z 建筑监理咨询公司为项目的监理单位。

该医院在 2012 年 2 月 12 日开始建设,2014 年 11 月 1 日通过竣工验收并于 2015 年 4 月开始进行试运行,试运行三个月后医院正式投入使用,A 市审计局于 2015 年下半年对该项目的竣工决算和绩效情况进行审计。项目建设用地经过国土部门批复,前期做了相关可行性分析、环境评估分析,建设过程审批手续基本齐全,对一些招投标、许可证申请等都做了备案手续。

思考:在以上手续都已经完备的情况下,为什么还要对该医院建设项目进行绩效审计?若你是审计人员,该如何开展绩效审计?

第一节　建设项目的分类与寿命周期

一、建设项目的分类

(一)按建设性质分类

按照项目建设性质分类,建设项目包括基本建设项目和技术改造项目两类。基本建设项目又分为新建、扩建、改建、恢复和迁建项目,技术改造项目一般不做分类。

1.基本建设项目

基本建设项目是建设项目的重要组成部分,它是指企业、事业、行政单位以扩大生产能力或工程效益为主要目标的新建、扩建工程及有关工作。其综合范围为总投资 50 万元以上(含 50 万元,下同)的基本建设项目。具体包括:①列入中央和各级地方本年基本建设计划的建设项目,以及虽未列入本年基本建设计划,但使用以前年度基建计划内结转投资(包括利用基建库存设备材料)在本年继续施工的建设项目;②本年基本建设计划内投资与更新改造计划内投资结合安排的新建项目和新增生产能力(或工程效益)达到大中型项目标准的扩建项目,以及为改变生产力布局而进行的全厂性迁建项目;③国有单位既未列入基建计划,也未列入更新改造计划的总投资在 50 万元以上的新建、扩建、恢复项目和为改变生产力布局而进行的全厂性迁建项目,以及行政、事业单位增建业务用房和行政单位增建生活福利设施的项目。基本建设项目最显著的特征是外延式的扩大再生产。基本建设项目按照建设性质分为五类。

(1)新建项目。新建项目是指从无到有、"平地起家"建设的项目。现有企业、事业和行政单位一般不应有新建项目,有的单位如原有基础薄弱,经过再建的项目,其新增加的固定资产价值超过该企业、事业单位原有全部固定资产(原值)3 倍以上的,也算新建项目。

(2)扩建项目。扩建项目是指现有企业为扩大原有产品的生产能力或效益和为增加新品种生产能力而增建的主要生产车间或工程项目;事业和行政单位增建业务用房等。例如,某二层车间项目在原有基础上增加一层,使之成为三层车间,这个过程就叫作扩建,这个项目属于基本建设项目。

(3)改建项目。改建项目是指现有企业、事业单位对原有的工程项目或固定资产改造建设的项目。有的为提高综合生产能力,增建一些附属或辅助车间和非生产性工程,也属于改建项目。

(4)恢复项目。恢复项目是指企业、事业和行政单位的原有固定资产因自然灾害、战争和人为灾害等原因已全部或部分报废,又投资重新建设的项目。这类项目,不论是按原有规模恢复建设,还是在恢复中间同时进行扩建的,都算恢复项目。但是,尚未建成投产或交付使用的项目,在遭受损毁后,仍继续按原设计方案重建的,则原建设性质不变;如按新设计建造的,则根据新建设内容确定其建设性质。

(5)迁建项目。迁建项目是指现有企业、事业单位由于改变生产布局或环境保护和安全生产以及其他需要,搬迁到其他地方进行建设的项目。移动建设,不论其建设规模大小,都属于迁建项目。例如,三峡工程建设中涉及大量的移民工程,这些项目均属于迁移建设项目,这些项目的投资列入三峡工程的基本建设投资。

一个建设项目只能有一种性质,在项目按总体设计全部建成之前,其建设性质是始终不变的。新建项目在完成原总体设计之后,再进行扩建或改建的,则另作为一个扩建或改建项目。

2.技术改造项目

技术改造项目又称为更新改造项目,它也是建设项目的重要组成部分,是指企业、事业单位对原有设施进行固定资产更新和技术改造,以及相应配套的工程和有关工作(不包括大修理和维护工程)。其综合范围为总投资 50 万元以上的更新改造项目,具体包括:①列入中央和各级地方本年更新改造计划的投资单位(项目)和虽未列入本年更新改造计划,但使用上年更新改造计划内结转的投资在本年继续施工的项目;②本年更新改造计划内投资与基本建设计划内投资结合安排的对企业、事业单位原有设施进行技术改造或更新的项目和增建主要生产车间、分厂等其新增生产能力(或工程效益)未达到大中型项目标准的项目,以及由于城市环境保护和安全生产的需要而进行的迁建工程;③国有企业、事业单位既未列入基建计划也未列入更新改造计划,总投资在50万元以上的属于改建或更新改造性质的项目,以及由于城市环境保护和安全生产的需要而进行的迁建工程。

需要说明的是:第一,技术改造项目一般针对的是生产性项目。第二,技术改造的目的是增加花色品种,提高产品质量和生产效益。因此,与基本建设项目相比较,最大的特点是内涵式扩大再生产。第三,技术改造项目既包括设备、工艺流程和生产线的改造,也包括与之配套的工程的改建。因此需要注意的是,工程的改造建设可能属于基本建设,也可能属于技术改造,依据改造属性而定。

根据我国现行审批制度的要求,无论是基本建设项目还是技术改造项目,其审批归口统一在国家或地方的发展和改革委员会,企业投资项目除外。

(二)按投资来源分类

按投资来源分类,建设项目可划分为政府投资项目和非政府投资项目。

1.政府投资项目

政府投资项目在国外也称为公共工程,是指为了适应和推动国民经济或区域经济的发展,满足社会的文化、生活需求,以及出于政治、国防等因素的考虑,由政府通过财政投资、发行国债或地方财政债券、利用外国政府赠款以及国家财政担保的国内外金融组织的贷款等方式的项目。按其盈利性不同,又分为经营性政府投资项目和非经营性政府投资项目,前者实行项目法人责任制,后者实施"代建制"。

2.非政府投资项目

非政府投资项目是指企业、集体单位、外商和私人投资项目,一般实行项目法人责任制。

(三)按行业构成、用途分类

按建设项目建成投产或交付使用的主要经济和业务活动及主要产品种类或工程主要用途,根据《国民经济行业分类》(GB/T 4754—2017)的有关规定,建设项目可划分为若干个大门类。

1.生产性建设项目

生产性建设项目是指直接用于物质资料生产或直接为物质资料生产服务的工程项目。生产性建设项目主要包括工业建设项目、农业建设项目、基础设施建设项目、商业建设项目等。

2.非生产性建设项目

非生产性建设项目是指用于满足人民物质和文化、福利需要的建设项目和非物质资料生产部门的建设项目。非生产性建设项目主要包括办公建筑、居住建筑、公共建筑及其他非生产性项目。

(四)按建设规模分类

为了正确反映建设项目的建设规模,适应对建设项目分级管理的需要,按照国家规定的标准,基本建设项目划分为大型、中型和小型三类。技术改造项目划分为限额以上和限额以下两类。

(1)按批准的可行性研究报告(或初步设计)所确定的总设计能力或总投资额的大小,依据《基本建设项目大中小型划分标准》进行划分。

(2)凡生产单一产品的项目,一般以产品的设计生产能力划分;生产多种产品的项目,一般按其主要产品的设计生产能力划分;产品种类较多、不易分为主次、难以按产品的设计能力划分的,可按投资额划分。

(3)一个建设项目只能属于大、中、小型之中的一种类型。单纯购置、不发生安装工作量的设备、工(器)具的投资,不划分大、中、小类型。

(4)对国民经济和社会发展具有特殊意义的某些项目,虽然设计能力或全部投资不够大、中型项目标准,但经国家批准列入大、中型计划或列为国家重点建设工程的,也可按大、中型项目管理。

(5)技术改造项目一般只按投资额划分限额以上和限额以下项目,不再按生产能力或其他内容划分。

(6)基本建设项目的大型、中型、小型和技术改造项目限额上下的具体划分标准,根据各个时期经济发展和实际管理工作中的需要而有所变化。现行国家的有关规定是:按投资额标准划分的建设项目,基本建设项目生产性建设项目中能源交通原材料部门的项目投资额达到 5000 万元以上、其他部门和全部非生产性建设项目投资额达到 3000 万元以上的为大中型建设项目,在此限额以下的为小型项目;按生产能力或使用效益标准划分的建设项目,国家对各行各业都有具体规定。技术改造项目只按投资额标准划分,达到 5000 万元以上的为限额以上项目,以下的为限额以下项目。

(五)按工作阶段分类

处在建设的不同阶段的建设项目分别有以下几种。

1.预备项目(或探讨项目)

按照中长期投资计划拟建而又未立项的建设项目只作初步可行性研究或提出设想方案供决策参考,不进行建设的实际准备工作。

2.筹建项目(或前期工作项目)

经批准立项,正在进行建设前期准备工作而尚未正式开始施工的项目。建设规模较大的项目,在开工以前,按照国家有关规定,经批准可以设立专门的筹建机构,进行研究和论证建设方案,组织审查设计文件,办理征地拆迁,平整场地,选择施工和材料、设备供应单位等建设准备工作。

3.施工项目

施工项目是指本年度计划内进行建筑或安装施工活动的项目,包括新开工项目和续建项目。

（1）新开工项目

建设准备工作已就绪，工程开工报告经批准并已列入年度计划开始建设的项目，按建设性质分类的各种项目，凡总体设计或计划文件中所规定的任何一项永久性工程，只要破土开槽按设计图纸施工，均为正式开工项目。

（2）续建项目

本年以前已正式开始，并在本年继续进行建筑安装或购置活动的建设项目，也可以是上年跨入本年继续施工的项目，也可以是以前年度全部停缓建而在本年经批准重新恢复施工的项目。

4.建成投产项目

建成投产项目包括全部投产项目、部分投产项目和建成投产单项工程，是指本年内按设计文件规定建成主体工程和相应配套的辅助设施，形成生产能力或发挥工程效益，经验收合格并正式投入生产或交付使用的建设项目。

5.收尾项目

以前年度已经全部建成投产，但尚有少量不影响正常生产或使用的辅助工程或非生产性工程，在本年内继续施工的项目。这类项目剩余工作量很少，或因安排投资不足，或因其他原因使项目不能报竣工销号，仍计入当年施工项目，不能真实反映年度在建工程总规模，不利于基本建设正常管理。

全部竣工项目和全部建成投产项目是有区别的。从内容上看，全部竣工项目要求生产性和非生产性工程全部建完，而全部建成项目则不要求非生产性工程全部建完。从时间上看，全部竣工日期迟于全部建成投产日期。

国家根据不同时期经济发展的目标、结构调整的任务和其他一些需要，对以上各类建设项目制定不同的调控和管理政策、法规、办法。因此，比较系统地了解建设项目的分类，对贯彻执行国家有关方针、政策，搞好项目管理具有重要意义。

（六）按项目隶属关系分类

1.中央项目

中央项目，是国务院各部、委（如国资委）、总局等直接领导和管理的企业、事业或行政单位的建设项目。这些建设项目的固定资产投资计划由国务院各部直接编制和下达，所需的统配物资和主要设备等由中央直接供应，建设过程中的问题由中央直接解决，建成后的财务收入上缴中央。

2.地方项目

地方项目，是省（自治区、直辖市）或地（市）、县等直接领导和管理的企业、事业或行政单位的建设项目。地方项目的投资计划、投资、材料和设备等，由地方统筹安排。

（七）按投资效益和市场需求分类

1.竞争性项目

竞争性项目一般是指投资回报率比较高、竞争性比较强的工程项目，如商务办公楼、酒店、度假村、高档公寓等，其投资主体一般为企业，由企业自主决策，自担投资风险。

2.基础性项目

基础性项目是指具有自然垄断性、建设周期长、投资额大而收益低的基础设施和需要政府重点扶持的部分基础工业项目,以及直接增强国力的符合经济规模的支柱产业项目,如交通、能源、水利、城市公用设施等。

3.社会公益性项目

社会公益性项目是指为社会发展服务,难以产生直接经济回报的工程项目,包括科技、文教、卫生、体育和环保等设施,公检法等政权机关及政府机关、社会团体办公设施等。

二、建设项目的全寿命周期

建设项目的全寿命周期包括项目的决策阶段、实施阶段和使用阶段(或称运营阶段,或称运行阶段)。如图 6.1 所示。

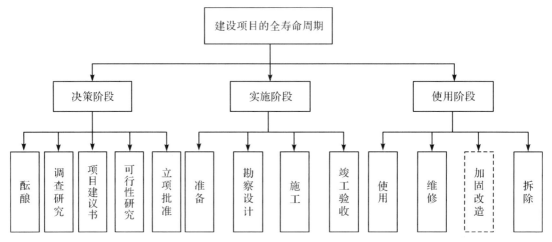

图 6.1　建设项目的全寿命周期阶段划分

项目的决策阶段包括项目建设意图的酝酿、调查研究、编写和报批项目建议书、编制和报批项目的可行性研究等项目前期的组织、管理、经济和技术方面的论证。项目立项(立项批准)是项目决策的标志。

实施阶段包括设计前的准备阶段、设计阶段、施工阶段、动用前准备阶段和保修期,如图 6.2所示。招标投标工作分散在设计前的准备阶段、设计阶段和施工阶段中进行,因此一般不单独列为招标投标阶段。

使用阶段主要包括使用、维修和拆除。还有一部分工程在使用一段时间后采取加固或改造的方式,以延长其使用寿命。

建设项目全寿命周期的管理包括:

(1)决策阶段的管理,DM——development management(尚没有统一的中文术语,可译为项目前期的开发管理)。

(2)实施阶段的管理,即项目管理 PM——project management。

(3)使用阶段的管理,即设施管理 FM——facility management。

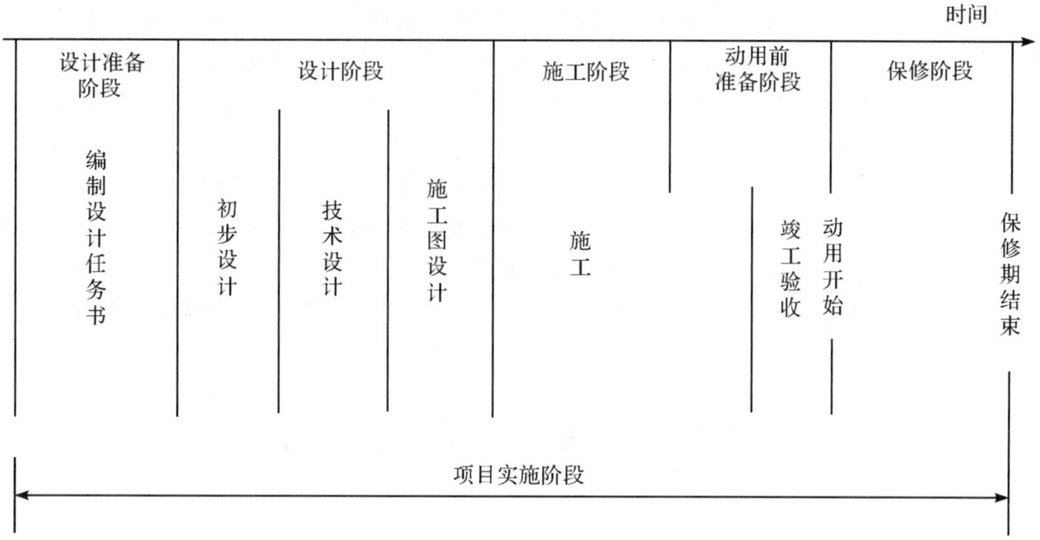

时间

设计准备阶段	设计阶段			施工阶段	动用前准备阶段	保修阶段
编制设计任务书	初步设计	技术设计	施工图设计	施工	竣工验收 动用开始	保修期结束

项目实施阶段

图 6.2 建设项目的实施阶段的组成[①]

涉及工程各参建方,包括投资方、开发方、设计方、施工方、供货方、项目使用期的管理方等。如图 6.3 所示。我国建设工程领域的迅猛发展对工程质量、使用年限、资源的利用率等方面都提出了更高要求,因此,全寿命周期管理在建设工程领域日益受到重视。

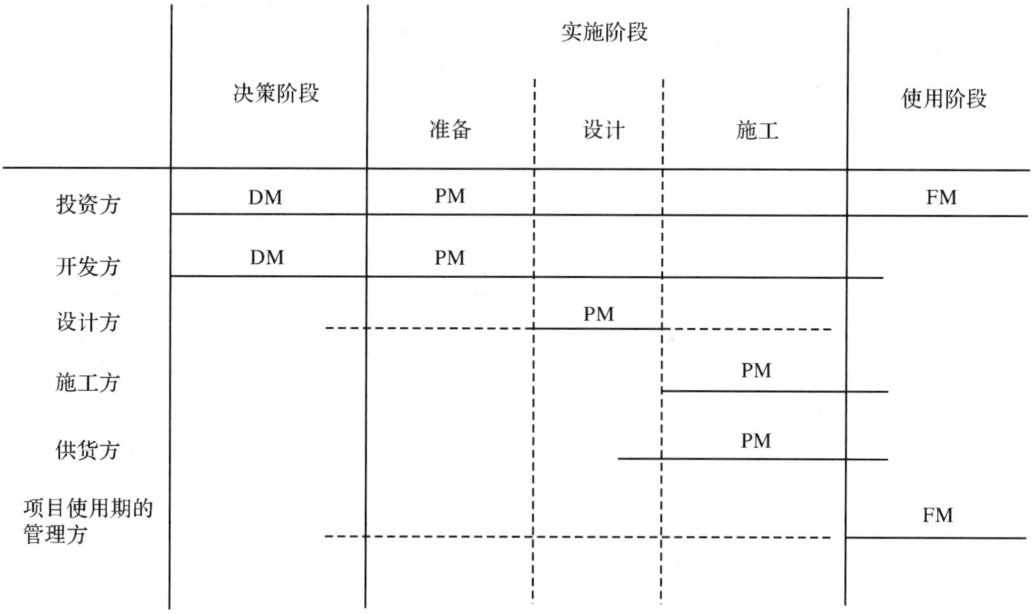

	决策阶段	实施阶段			使用阶段
		准备	设计	施工	
投资方	DM	PM			FM
开发方	DM	PM			
设计方			PM		
施工方				PM	
供货方				PM	
项目使用期的管理方					FM

图 6.3 建设项目全寿命周期管理[②]

① 根据以下资料改编:全国一级建造师职业资格考试用书编写委员会. 建筑工程项目管理[M]. 北京:中国建筑工业出版社,2021:4.

② 根据以下资料改编:全国一级建造师职业资格考试用书编写委员会. 建筑工程项目管理[M]. 北京:中国建筑工业出版社,2021:2.

【**例 6.1**】房地产开发公司 A 公司（投资方）出资在某地开发一个商品房楼盘，按照惯例在该地成立了一家子公司 B 公司（开发方）作为开发商，主要负责建房、卖房，重点做好工程质量把控，确保该项目顺利完工。B 公司通过招投标的方式确定了 C 公司（设计方）负责专业设计房屋的结构、电气、管线等方面的内容，出具设计蓝图，如遇设计变更，相应修改图纸资料，并在工程施工过程中给予一定的技术支持；D 公司（施工方）具体承担项目施工任务，包括土木工程、建筑工程、线路管道、设备安装和装修工程等，把图纸物化为实物；E 公司（供货方）则负责水泥、钢筋和砖块等建筑材料的供应。最后，当楼盘达到竣工验收标准并交付使用后，该项目的物业公司 F 公司（项目使用期的管理方）将会接手，进行综合全面管理。

第二节　建设项目的流程与造价

一、建设项目的流程

建设项目的"建设"是指将建设的投资转化为固定资产的过程，是扩大再生产的手段，也是进行技术改造的手段。项目建设应遵循其本身所特有的建设程序，应先计划后建设，先勘查后设计，先设计后施工，先验收后使用。它反映了固定资产形成过程中客观规律的要求，是关系项目建设质量的大问题。几十年来，我国固定资产投资建设的经验教训表明，只有严格按照建设程序办事，才能保证项目建设目标的顺利实现。目前，我国建设项目的建设流程总体包括开工前期准备阶段、在建阶段和竣工验收阶段三个主要阶段。具体的建设项目流程见图 6.4。

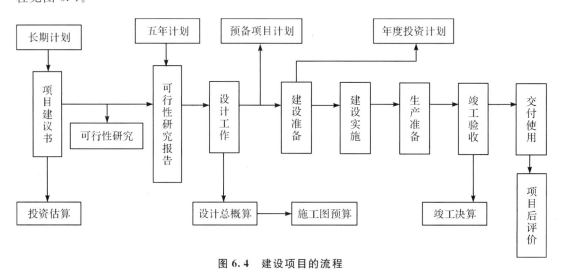

图 6.4　建设项目的流程

（一）开工前期准备阶段

建设项目从酝酿筹备到正式开工之前的这一时期称为开工前期。该阶段的主要工作包括以下几点。

1.编制并报批项目建议书

项目建议书是要求建设某一具体项目的建议文件,是建设程序中最初阶段的工作,也是投资决策前对建设项目的轮廓设想。项目建议书由建设单位负责编制,其主要内容包括:①建设项目提出的必要性和依据;②产品方案、拟建规模和建设地点的初步设想;③资源情况、建设条件、协作关系等的初步分析;④投资估算和资金筹措设想;⑤经济效益和社会效益的估计。

20世纪70年代,国家规定的基本建设流程第一步是设计任务书(计划任务书)。设计任务书一经批准,就表示项目已经成立。为了进一步加强项目前期工作,对项目的可行性进行充分论证,国家从20世纪80年代初期规定了在程序中增加项目建议书这一步骤。项目建议书经批准后,可以进行项目的可行性研究工作,但并不表明项目非上不可,项目建议书不是项目的最终决策。各部门、地区、企事业单位可结合国民经济和社会发展的长远规划、行业规划、地区规划等要求,经过调查、预测和分析后,提出项目建议书。有些部门在提出项目建议书之前还增加了初步可行性研究工作,对拟进行建设的项目初步论证后,再编制项目建议书。

国家目前对项目初步可行性研究没有统一的要求,由各行业根据自己的行业特点而定。项目建议书按要求编制完成后,按照建设总规模和限额的划分审批权限报批。

2.编制并报批可行性研究报告

(1)可行性研究

项目建议书一经批准,即可着手进行可行性研究,对项目在技术上是否可行和经济上是否合理进行科学的分析和论证。我国从20世纪80年代初将可行性研究正式纳入建设项目的建设程序和前期工作计划,规定大中型项目、利用外资项目、改进技术和设备进口项目都要进行可行性研究,其他项目有条件的也要进行可行性研究。承担可行性研究工作的单位是经过资格审定的规划、设计和工程咨询单位。通过对建设项目在技术、工程和经济上的合理性进行全面分析、论证和多种方案比较,提出评价意见,凡可行性研究未被通过的项目,不得编制向上级报送的可行性研究报告和进行下一步工作。

根据国家有关规定,不同行业的建设项目,其可行性研究内容可以有不同的侧重点,但一般要求具备以下基本内容:①项目提出的背景和依据;②建设规模、产品方案、市场预测和确定的依据;③技术工艺、主要设备、建设标准;④资源、原材料、燃料供应、动力、供水等协作配合条件;⑤建设地点、厂区布置方案、占地面积;⑥项目设计方案,协作配套工程;⑦环保、防震等要求;⑧劳动定员和人员培训;⑨建设工期和实施进度;⑩投资估算和资金筹措方式;⑪经济效益和社会效益。

在20世纪80年代中期推行运用的项目财务评价和国民经济评价的办法,已在可行性研究中普遍应用。

(2)编制可行性研究报告

可行性研究报告是确定建设项目、编制设计文件的重要依据。所有固定资产投资建设项目都要在可行性研究通过的基础上,选择经济效益最好的方案编制可行性研究报告。由于可行性研究报告是项目最终决策和进行初步设计的重要文件,要求它必须有相当的精确度和准确性。

(3)可行性研究报告审批

根据《国务院关于投资体制改革的决定》,可行性研究报告批准后,不得随意修改和变更。如果在建设规模、产品方案、建设地区、主要协作关系等方面有变动以及突破投资控制数时,应经原批准机关同意。经过批准的可行性研究报告,是确定建设项目,编制设计文件的依据。

3.编制设计文件

设计是对拟建工程的实施在技术上和经济上所进行的全面而详尽的安排,是固定资产投资建设项目建设计划的具体化,是把先进技术和科研成果引入建设的渠道,是整个工程的决定性环节,是组织施工的依据。它直接关系着工程质量和将来的使用效果。经批准的可行性研究报告建设项目应通过招标单位,按照批准的可行性研究报告的内容和要求进行设计,编制设计文件。根据建设项目的不同情况,设计过程一般划分为两个阶段,即初步设计和施工图设计,重大项目和技术复杂项目,可根据不同行业的特点和需要,增加技术设计阶段。

4.进行建设准备

项目在开工建设之前要切实做好各项准备工作,其主要内容包括:①征地、拆迁和场地平整;②完成通水、通电、通路等工作;③组织设备、材料订货;④准备必要的施工图纸;⑤筹集建设资金。

5.编制年度建设计划

一切建设项目(基本建设、技术改造、其他建设项目)都必须纳入国家固定资产投资计划,大中型项目纳入国家发改委计划,小型项目纳入地方或部门计划。年度计划项目必须列明当年投资、建筑安装工作量、设备、工具购置、其他费用和年末达到的实现进度。

6.选择施工单位,签订施工合同

目前,建设单位选择施工单位的方法有委托和招标投标两种。按照《中华人民共和国招标投标法》的规定,凡是在我国境内进行的下列建设项目必须进行招标:①大型基础设施、公用事业等关系社会公共利益、公共安全的项目;②全部或部分使用国有资金投资或者国家融资的项目;③使用国际组织或者外国政府贷款、援助资金的项目。

除此之外,我国各地及各行业的相应法规中也对招标投标项目进行了明确的规定,例如,重庆市规定总投资 50 万元以上或建筑面积 1000m² 以上(区县总投资 30 万元以上或建筑面积 800m² 以上)的建筑工程新建、改建、扩建和大型维修,其施工必须招投标。

(二)在建阶段

在建阶段是指建设项目从正式开工之日起到正式竣工验收之日为止的一段时间。建设项目经批准新开工建设,即进入了建设实施阶段。按统计部门规定,开工日期是指建设项目设计文件中规定的任何一项永久性工程(无论生产性或非生产性)第一次正式破土开槽开始施工的日期。不需要开槽的工程,以建筑物组成的正式打桩作为正式开工。铁道、公路、水库等需要进行大量土方、石方工作量,以开始进行土方、石方工程作为正式开工。工程地质勘察、平整土地、旧有建筑物的拆除、临时建筑、施工用临时道路、水、电等施工不算正式开工。分期建设的项目分别按各期工程开工的时间填报,如二期工程应根据二期工程设计文件规定的永久性工程开工填报开工时间。投资额也是如此,不应包括前一期工程完成的投资额。建设工期从新开工时算起。

建设阶段经历的时间最长,少则几个月,多则几年乃至几十年。建设成本的高低、建设质量的好坏,关键就在建设阶段。在此阶段,施工单位的主要任务是按设计要求进行施工建设,建设单位的主要任务是保证建造材料和建设资金的供应,全过程进行项目管理。在建设阶段后期,还要进行生产准备工作。

生产准备是施工项目投产前所要进行的一项重要工作。它是基本建设程序中的重要环节,是衔接基本建设和生产的桥梁,是建设阶段转入生产经营的必要条件。建设单位应当根据建设项目或主要单项工程生产技术的特点,适时组成专门班子或机构,做好各项生产准备工作。

生产准备工作的内容很多,各种不同的工业企业对生产准备工作的要求也各不相同,从总的方面看,生产准备工作的主要内容如下。

1.招收和培训人员

大型工程项目往往自动化水平高,相互关联性强,操作难度大,工艺条件要求严格。而新招收的职工大多数可能以前并没有生产实践经验,解决这一矛盾的主要途径就是人员培训,通过多种方式培训并组织生产人员参加设备的安装调试工作,掌握好生产技术和工艺流程。

2.生产组织准备

生产组织准备由生产厂家按照生产过程的要求和有关企业规定的程序进行,主要包括生产管理机构设置、管理制度的制定、生产人员配备等内容。

3.生产技术准备

生产技术准备主要包括国内装置设计资料的汇总,有关国外技术资料的翻译、编辑,各种试运行方案、岗位操作法的编制以及新技术的准备。

4.生产物资的准备

生产物资的准备主要是落实原材料、协作产品、燃料、水、电、气等的来源和其他协作配合条件,组织工装、器具、备品、备件等的制造和订货。

(三)竣工验收阶段

竣工验收是工程建设过程的最后一环,是全面考核项目建设成果、检验设计和工程质量的步骤,也是基本建设转入生产或使用的标志。通过竣工验收,一是检验设计和工程质量,保证项目按设计要求的技术经济指标正常生产;二是有关部门和单位可以总结经验教训;三是建设单位对验收合格的项目可以及时移交固定资产,使其由基建系统转入生产系统或投入使用。

1.竣工验收的范围和标准

根据国家现行规定,所有建设项目按照上级批准的设计文件所规定的内容和施工图纸的要求全部建成,工业项目经负荷试运转和试生产考核能够生产合格产品,非工业项目符合设计要求,能够正常使用,都要及时组织验收。

建设项目竣工验收、交付生产和使用,应达到下列标准。

(1)生产性工程和辅助公用设施已按设计要求建完,能满足生产要求。

(2)主要工艺设备已安装配套,经联动负荷试车合格,构成生产线,形成生产能力,能够生产出设计文件中规定的产品。

(3)职工宿舍和其他必要的生产福利设施,能适应投产初期的需要。

(4)生产准备工作能适应投产初期的需要。

2.申报竣工验收的准备工作

建设单位应认真做好竣工验收的准备工作。

(1)整理技术资料

各有关单位(包括设计、施工单位)应对技术资料进行系统整理,由建设单位分类立卷,交生产单位或使用单位统一保管。技术资料主要包括土建方面、安装方面及各种有关的文件、合同和试生产的情况报告等。

(2)绘制竣工图

竣工图与其他技术资料一样,是建设单位移交生产单位的重要资料,是生产单位必须长期保存的技术档案,也是国家的重要技术档案。竣工图必须准确、完整,符合归档要求,方能交工验收。

(3)编制竣工决算

建设单位必须及时清理所有财产、物资和未花完或应回收的资金,编制工程竣工决算,分析预(概)算执行情况,考核投资效益,报主管部门审查。编制竣工决算是基本建设管理部门的重要工作,竣工决算是反映建设项目实际造价和投资效益的文件,是办理交付使用新增固定资产的依据,是竣工验收报告的重要组成部分。

3.竣工验收的程序

按国家现行规定,建设项目的验收阶段根据项目规模的大小和复杂程度可分为初步验收和竣工验收两个阶段进行。规模较大、较复杂的建设项目(工程)应先进行初验,然后进行全部建设项目(工程)的竣工验收。规模较小、较简单的项目(工程),可以一次进行全部项目(工程)的竣工验收。建设项目(工程)全部完成,经过各单项工程的验收,符合设计要求,并具备竣工图表、竣工决算、工程总结等必要文件资料,则由项目主管部门或建设单位向负责验收的单位提出竣工验收申请报告。

建设单位、接管单位、施工单位、勘察设计单位参加验收工作。验收委员会或验收组负责审查工程建设的各个环节,听取各有关单位的工作,审阅工程档案,实施查验建设工程和设备安装,并对工程设计、施工和设备质量等方面作出全面评价。不合格的工程不予验收,对遗留问题提出具体解决意见,限期落实完成。

4.竣工和投产日期

投产日期是指经验收合格、达到竣工验收标准、正式移交生产(或使用)的时间。在正常情况下,建设项目的全部投产日期应当同竣工日期是一致的,但实际上有些项目的竣工日期往往晚于全部投产日期,这是因为当建设项目设计规定的生产性工程的全部生产作业线建成,经试运转、验收鉴定合格、移交生产部门时,便可算为全部投产,而竣工则要求该项目的生产性、非生产性工程全部建成,投产项目遗留的收尾工作全部完工。

按项目建设程序办事,还是要区别不同情况,具体项目具体分析。各行各业的建设项目,具体情况千差万别,都有自己的特殊性。而一般的基本建设程序,只反映它们共同的规律性,不可能反映各行业的差异性。因此,在建设实践中,还要结合行业项目的特点和条件,有效地贯彻执行基本建设程序。

二、建设项目的造价

(一)工程造价的含义

工程造价通常是指工程项目在建设期(预计或实际)支出的建设费用。由于所处的角度不同,工程造价有不同的含义。

含义一:从投资者(业主)角度分析,工程造价是指建设一项工程预期开支或实际开支的全部固定资产投资费用。投资者为了获得投资项目的预期效益,需要对项目进行策划决策、建设实施(设计、施工)直至竣工验收等一系列活动。在上述活动中所花费的全部费用,即构成工程造价。从这个意义上讲,工程造价就是建设工程固定资产总投资。

含义二:从市场交易角度分析,工程造价是指在工程承发包(亦称工程招标承包制)交易活动中形成的建筑安装工程费用或建设工程总费用。显然,工程造价的这种含义是指以建设工程这种特定的商品形式作为交易对象,通过招标、投标或其他交易方式,在多次预估的基础上,最终由市场形成的价格。这里的工程既可以是整个建设工程项目,也可以是其中一个或几个单项工程或单位工程,还可以是其中一个或几个分部工程,如建筑安装工程、装饰装修工程等。随着经济的发展、技术的进步、分工的细化和市场的不断完善,工程建设中的中间产品也会越来越多,商品交换会更加频繁,工程价格的种类和形式也会更加丰富。

工程承发包价格是一种重要且较为典型的工程造价形式,是在建筑市场通过工程承发包交易,由需求主体(投资者或建设单位)和供给主体(承包商)共同认可的价格。

工程造价的两种含义实质上就是从不同角度把握同一事物的本质。对投资者而言,工程造价就是项目投资,是"购买"工程项目所需支付的费用。同时,工程造价也是投资者作为市场供给主体"出售"工程项目时确定价格和衡量投资效益的尺度。

(二)工程造价的构成

1.按费用构成要素划分

建设项目工程造价按照费用构成要素划分包括:人工费、材料(包含工程设备,下同)费、施工机具使用费、企业管理费、利润、规费和税金。其中,人工费、材料费、施工机具使用费、企业管理费和利润包含在分部工程费、措施项目费、其他项目费中。

(1)人工费:是指按工资总额构成规定,支付给从事建筑安装工程施工的生产工人和附属生产单位工人的各项费用。其内容包括:计时工资或计件工资、奖金、津贴补贴、加班加点工资、特殊情况下支付的工资。其中,特殊情况下支付的工资是指根据国家法律、法规和政策规定,因病、工伤、产假、计划生育假、婚丧假、事假、探亲假、定期休假、停工学习、执行国家或社会义务等原因按计时工资标准或计时工资标准的一定比例支付的工资。

(2)材料费:是指施工过程中耗费的原材料、辅助材料、构配件、零件、半成品或成品、工程设备的费用。其内容包括:材料原价、运杂费、运输损耗费、采购及保管费。原材料费用中的检验试验费列入企业管理费。

(3)施工机具使用费:是指施工作业所发生的施工机械、仪器仪表使用费或其租赁费。其内容包括:施工机械使用费(含折旧费、大修理费、经常修理费、安拆费及场外运费、人工费、燃料动力费、税费)、仪器仪表使用费。大型机械进出场及安拆费列入措施费项目。

(4)企业管理费:是指建筑安装企业组织施工生产和经营管理所需的费用。其内容包括:管理人员工资、办公费、差旅交通费、固定资产使用费、工具用具使用费、劳动保险和职工福利费、劳动保护费、检验试验费、工会经费、职工教育经费、财产保险费、财务费、税金(指企业按规定缴纳的房产税、车船税、土地使用税、印花税等)、其他(包括技术转让费、技术开发费、投标费、业务招待费、绿化费、广告费、公证费、法律顾问费、审计费、咨询费、保险费等)。

(5)利润:是指施工企业完成所承包工程获得的盈利。

(6)规费:是指按国家法律、法规规定,由省级政府和省级有关权力部门规定必须缴纳或计取的费用。其内容包括:社会保险费(含养老保险费、失业保险费、医疗保险费、生育保险费、工伤保险费)、住房公积金、工程排污费。其他应列而未列入的规费,按实际发生计取。

(7)税金:是指国家税法规定的应计入建筑安装工程造价内的增值税及附加费。

2.按造价形成划分

建设项目工程造价按照费用形成方式,由分部分项工程费、措施项目费、其他项目费、规费、税金组成。分部分项工程费、措施项目费、其他项目费包含人工费、材料费、施工机具使用费、企业管理费、利润及一定范围内的风险费用。

(1)分部分项工程费:是指各专业工程的分部分项工程应予列支的各项费用。其内容包括:专业工程(指按现行国家计量规范划分的房屋建筑与装饰工程、仿古建筑工程、通用安装工程、市政工程、园林绿化工程、矿山工程、构筑物工程、城市轨道交通工程、爆破工程等各类工程)、分部分项工程(指按现行国家计量规范对各专业工程划分的项目,如房屋建筑与装饰工程划分的土石方工程、地基处理与桩基工程、砌筑工程、钢筋及钢筋混凝土工程等)。各类专业工程的分部分项工程划分见现行国家或行业计量规范。分部分项工程费计算公式如下:

$$分部分项工程费 = \sum(分部分项工程量 \times 综合单价)$$

式中,综合单价包括人工费、材料费、施工机具使用费、企业管理费和利润以及一定范围的风险费用。

(2)措施项目费:是指为完成建设工程施工,发生于该工程施工前和施工过程中的技术、生活、安全、环境保护等方面的费用。其内容包括:安全文明施工费(含环境保护费、文明施工费、安全施工费、临时设施费)、夜间施工增加费、二次搬运费、冬雨期施工增加费、已完工程及设备保护费、工程定位复测费、特殊地区施工增加费、大型机械设备进出场及安拆费、脚手架工程费。措施项目及其包含的内容详见各类专业工程的现行国家或行业计量规范。

(3)其他项目费。其内容包括:暂列金额、计日工、总承包服务费、暂估价。其中,暂估价又包括材料暂估单价、工程设备暂估单价、专业工程暂估单价。

（4）规费：是指按国家法律、法规规定，由省级政府和省级有关权力部门规定必须缴纳或计取的费用。其内容包括：社会保险费（含养老保险费、失业保险费、医疗保险费）、住房公积金、工程排污费、工伤保险。其他应列而未列入的规费，应根据省级政府或者省级有关权力部门的规定列项。

（5）税金：是指国家税法规定的应计入建筑安装工程造价内的增值税及附加费。

第三节　建设项目的管理制度

工程建设领域实行项目法人责任制、资本金制、工程监理制、招标投标制和合同管理制等，这些都是我国工程建设管理体制深化改革的重大举措。这几项制度密切联系，共同构成了我国工程建设管理的基本制度，同时也为我国工程项目管理提供了法律保障。

一、项目法人责任制

项目法人责任制是指国有大中型项目在建设阶段就按现代企业制度组建项目法人，由项目法人对项目策划、资金筹措、建设实施、生产经营、债务偿还和资产的保值增值，实行全过程负责。项目法人责任制的核心内容是明确由项目法人承担投资风险，项目法人要对工程项目的建设及建成后的生产经营实行一条龙管理和全面负责。

（一）项目法人设立

新上项目在项目建议书被批准后，应由项目的投资方派代表组成项目法人筹备组，具体负责项目法人的筹建工作。有关单位在申报项目可行性研究报告时，必须同时提出项目法人的组建方案，否则，其可行性研究报告将不予审批。在项目可行性研究报告被批准后，应正式成立项目法人，按有关规定确保资本金按时到位，并及时进行公司设立登记。项目公司可以是有限责任公司（包括国有独资公司），也可以是股份有限公司。

（二）项目董事会职权

建设项目董事会的职权有：负责筹措建设资金；审核、上报项目初步设计和概算文件；审核、上报年度投资计划并落实年度资金；提出项目开工报告；研究解决建设过程中出现的重大问题；负责提出项目竣工验收申请报告；审定偿还债务计划和生产经营方针，并负责按时偿还债务；聘任或解聘项目总经理，并根据总经理的提名，聘任或解聘其他高级管理人员。

（三）项目总经理职权

项目总经理的职权有：组织编制项目初步设计文件，对项目工艺流程、设备选型、建设标准、总图布置提出意见，提交董事会审查；组织工程设计、施工监理、施工队伍和设备材料采购的招标工作,编制和确定招标方案、标底和评标标准,评选和确定投标、中标单位,实行国际招标的项目,按现行有关规定办理;编制并组织实施归还贷款和其他债务计划;组织工程建设实施,负责控制工程投资、工期和质量;项目建设过程中,在批准的概算范围内对单项工程的设计进行局部调整(凡引起生产性质、能力、产品品种和标准变化的设计调整以及概算调整,须经董事会决定并报原审批单位批准);根据董事会授权处理项目实施中的重大紧急事件,并及时向董事会报告;负责生产准备工作和培训有关人员;负责组织项目试生产和单项工程预验收;拟订生产经营计划、企业内部机构设置、劳动定员定额方案及工资福利方案;组织项目后评价,提出项目后评价报告;按时向有关部门报送项目建设、生产信息和统计资料;提请董事会聘任或解聘项目高级管理人员。

二、资本金制

项目资本金是指在项目总投资中由投资者认缴的出资额。对项目来说,项目资本金是非债务性资金,项目法人不承担这部分资金的任何利息和债务。投资者可按其出资的比例依法享有所有者权益,也可转让其出资,但不得以任何方式抽回。对于提供债务融资的债权人来说,项目的资本金可以视为负债融资的信用基础,项目资本金后于负债受偿,可以降低债权人债权的回收风险。

为了建立投资风险约束机制,有效地控制投资规模,最早由《国务院关于固定资产投资项目试行资本金制度的通知》(国发〔1996〕35号)规定,各种经营性固定资产投资项目,包括国有单位的基本建设、技术改造、房地产开发项目和集体投资项目,试行资本金制度,投资项目必须首先落实资本金才能进行建设。个体和私营企业的经营性投资项目参照规定执行,公益性投资项目不实行资本金制度,外商投资项目(包括外商投资、中外合资、中外合作经营项目)按现行有关法规执行。该制度自1996年建立以来,对改善宏观调控、调节投资总量、调整投资结构、保障金融机构稳健经营、防范金融风险等,发挥了积极作用。

(一)资本金来源

项目资本金可以用货币出资,也可以用实物、工业产权、非专利技术、土地使用权作价出资。对作为资本金的实物、工业产权、非专利技术、土地使用权,必须经过有资格的资产评估机构依照法律、法规评估作价,不得高估或低估。以工业产权、非专利技术作价出资的比例不得超过投资项目资本金总额的20%,国家对采用高新技术成果有特别规定的除外。

投资者以货币方式认缴的资本金,其资金来源有以下方面。

(1)各级人民政府的财政预算内资金、国家批准的各种专项建设基金、经营性基本建设基金回收的本息、土地批租收入、国有企业产权转让收入、地方人民政府按国家有关规定收取的各种规费及其他预算外资金。

(2)国家授权的投资机构及企业法人的所有者权益(包括资本金、资本公积金、盈余公积金和未分配利润、股票上市收益资金等)、企业折旧资金以及投资者按照国家规定从资金市场上筹措的资金。

(3)社会个人合法所有的资金。

(4)国家规定的其他可以用作投资项目资本金的资金。

(二)资本金比例

《国务院关于决定调整固定资产投资项目资本金比例的通知》(国发〔2009〕27号)调整了固定资产投资项目的最低资本金比例。2015年,为了扩大有效投资需求、促进投资结构调整、保持经济平稳健康发展,《国务院关于调整和完善固定资产投资项目资本金制度的通知》中再次调整了固定资产投资项目的最低资本金比例(见表6.1)。对于城市地下综合管廊、城市停车场项目,以及经国务院批准的核电站等重大建设项目,可以在规定最低资本金比例基础上适当降低。

表 6.1　项目资本金占项目总投资最低比例

序号	投资项目		项目资本金占项目总投资的最低比例
1	城市和交通基础设施	城市轨道交通项目	由25%调整为20%
		港口、沿海及内河航运、机场项目	由30%调整为25%
		铁路、公路项目	由25%调整为20%
2	房地产开发项目	保障性住房和普通商品住房项目	维持20%不变
		其他项目	由30%调整为25%
3	产能过剩行业项目	钢铁、电解铝项目	维持40%不变
		水泥项目	维持35%不变
		煤炭、电石、铁合金、烧碱、焦炭、黄磷、多晶硅项目	维持30%不变
4	其他工业项目	玉米深加工项目	由30%调整为20%
		化肥(钾肥除外)项目	维持25%不变
		电力等其他项目	维持20%不变

三、工程监理制

工程监理是指具有相应资质的工程监理单位受建设单位的委托,依照法律法规、工程建设标准、勘察设计文件及合同,在施工阶段对建设工程质量、进度、造价进行控制,对合同、信息进行管理,对工程建设相关方的关系进行协调,并履行建设工程安全生产管理法定职责的服务活动。

我国从1988年开始试行建设工程监理制度,经过试点和稳步发展两个阶段后,从1996年开始进入全面推行阶段。

(一)工程监理范围

根据《建设工程质量管理条例》,下列工程必须实行监理:

(1)国家重点建设工程;

(2)大中型公用事业工程;

(3)成片开发建设的住宅小区工程;

（4）利用外国政府或者国际组织贷款、援助资金的工程；

（5）国家规定必须实行监理的其他工程。

（二）工程造价控制工作内容

造价控制是工程监理的主要任务之一。工程监理中造价控制主要工作内容包括以下方面。

（1）根据工程特点、施工合同、工程设计文件及经过批准的施工组织设计对工程进行风险分析，制订工程造价目标控制方案，提出防范性对策。

（2）编制施工阶段资金使用计划，并按规定的程序和方法进行工程计量、签发工程款支付证书。

（3）审查施工单位提交的工程变更申请，力求减少变更费用。

（4）及时掌握国家调价动态，合理调整合同价款。

（5）及时收集、整理工程施工和监理有关资料，协调处理费用索赔事件。

（6）及时统计实际完成工程量，进行实际投资与计划投资的动态比较，并定期向建设单位报告工程投资动态情况。

（7）审核施工单位提交的竣工结算书，签发竣工结算款支付证书。

此外，工程监理单位还可受建设单位委托，在工程勘察、设计、发承包、保修等阶段为建设单位提供工程造价控制相关服务。

四、招标投标制

工程招标投标通常是指由工程、货物或服务采购方（招标方）通过发布招标公告或投标邀请向承包商、供应商提供招标采购信息，提出所需采购项目的性质及数量、质量、技术要求，交货期、竣工期或提供服务的时间，以及对承包商、供应商的资格要求等招标采购条件，由有意提供采购所需工程，货物或服务的承包商、供应商作为投标方，通过书面提出报价及其他响应招标要求的条件参与投标竞争，最终经招标方审查比较、择优选定中标者，并与其签订合同的过程。

《中华人民共和国招标投标法》和《中华人民共和国招标投标法实施条例》对招标、投标、开标、评标、中标等环节进行了明确规定。

五、合同管理制

工程建设是一个极为复杂的社会生产过程，由于现代社会化大生产和专业化分工，许多单位会参与到工程建设之中，而各类合同则是维系各参与单位之间关系的纽带。

自1999年10月1日起施行的《中华人民共和国合同法》（以下简称《合同法》）明确了合同订立、效力、履行、变更与转让、终止、违约责任等有关内容以及包括建设工程合同、委托合同在内的15类合同，为合同管理制的实施提供了重要法律依据。

在工程项目合同体系中，建设单位和施工单位是两个最主要的节点。

（一）建设单位的主要合同关系

为实现工程项目总目标，建设单位可通过签订合同将工程项目有关活动委托给相应的专业承包单位或专业服务机构，相应的合同有：工程承包（总承包、施工承包）合同、工程勘察合同、工程设计合同、设备和材料采购合同、工程咨询（可行性研究、技术咨询、造价咨询）合同、工程监理合同、工程项目管理服务合同、工程保险合同、贷款合同等。

(二)施工单位的主要合同关系

施工单位作为工程承包合同的履行者，也可通过签订合同将工程承包合同中所确定的工程设计、施工、设备材料采购等部分任务委托给其他相关单位来完成，相应的合同有：工程分包合同、设备和材料采购合同、运输合同、加工合同、租赁合同、劳务分包合同、保险合同等。

第四节 建设项目绩效审计的内涵与功能

一、概念界定

(一)工程审计

工程审计是指审计机构依据国家的法令和财务制度、企业的经营方针、管理标准和规章制度，对工程项目用科学的方法和程序进行审核检查，判断其是否合法、合理和有效，以及发现错误、纠正弊端、防止舞弊、改善管理，保证工程项目目标顺利实现的活动。

(二)公共工程审计

公共工程审计是审计机构以国家有关方针、政策、制度、法规为依据，运用科学先进的现代审计方法对政府公共工程投资领域的资金运行过程、固定资产形成过程以及涉及（项目）的财政财务收支所进行的审查监督，从而维护财经法纪，改善投资经营管理，促进宏观调控，提高投资效益。

(三)固定资产投资审计

固定资产投资是指固定资产的再生产。具体来说，就是建筑、购置和安装固定资产的活动以及与之相关联的工作。固定资产投资审计是指审计机关依据国家法律、法规和政策规定，对固定资产投资项目财务收支真实、合法、效益的监督行为。现在所称的固定资产投资审计实质上等同于建设项目审计。

(四)建设项目审计

建设项目审计是指由独立的审计机构和审计人员，依据党和国家在一定时期颁布的方针政策、法律法规和相关的技术经济指标，运用审计技术对建设项目建设全过程的技术经济活动以及相联系的各项工作进行的审查、监督。

仅仅通过上述概念，我们发现工程审计、公共工程审计、固定资产投资审计和建设项目审计之间的差别不是特别明显。其实，它们之间既有区别也存在联系。一般而言，我们认为：固定资产投资审计范围＞建设项目审计范围＞工程审计范围＞公共工程审计范围。四者之间的关系可以用图 6.5 表示。

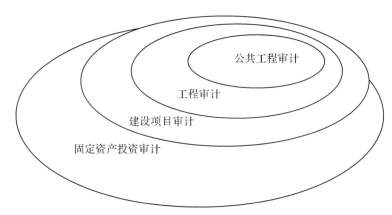

图 6.5　不同审计范畴的关系

建设项目绩效审计是指审计机关依据国家法律、法规和政策规定对建设项目的经济性、效率性、效果性、环境性等方面进行的审计。它在审计理念、目标、内容、方法等方面都突破了传统财务审计的范围,是用绩效审计的思想对建设项目进行综合的、系统的检查和分析,根据一定标准评价建设项目的投资效益,有针对性地提出改进措施和建议,为有关方决策提供信息。

二、建设项目绩效审计的意义

建设项目绩效审计对改善工程项目管理水平、提高工程项目投资效益、保障财政资金合理使用具有重要意义。具体包括如下方面。

(一)有利于加强政府对建设资金的有效监督

作为国家投资建设项目,政府不仅需要了解工程项目的建设情况,而且应该对项目建设管理情况和资金使用情况进行有效监督,不能弱化对建设单位的监管力度。审计作为国家监管的重要手段,在项目建设监管过程中起到重要作用,审计机关向政府以及广大人民群众提供客观公正的绩效审计报告,有利于政府相关部门依法对工程建设项目进行有效的监督,有利于人民群众行使自己的监督权,也有利于社会的安定团结。

(二)实施绩效审计是加强对工程项目建设单位权力制约的需要

政府投资建设项目涉及多个环节,关系多方面的利益集团,从项目立项审批到最后的运营管理,各个部门各种权力的介入无不关系着建筑工程的质量和政府财政资金的安全。建设项目绩效审计是对建设项目所有参与者的监督制约,是审计职能的本质体现,对规范各种权力按规定行使有着强有力的约束作用,为保证政府财政资金的安全提供了良好的环境基础。

(三)有利于提高资金管理水平和使用效率

政府建设项目绩效审计有助于发现建设过程中存在的各种管理与资金问题,针对问题和缺陷提出审计整改建议,有利于建设单位改进工作做法、完善工作流程、梳理工作思路,进而提高建设资金的使用效率,提高自身的管理水平,做到建设资金的效益最大化、项目管理水平的国际化、建设项目质量的标准化。

(四)有利于工程项目后续运营实现预期效果

工程项目的效益是在项目建成后的投产运营过程中实现的。开展绩效审计,调查已建成项目的运营状况,对项目运营情况进行审计分析,并与项目立项阶段预测效益进行对比,发现运营中存在的缺点与不足,将问题科学分类,针对不同问题缺点分类提出审计整改建议,促进项目效益得到最大化落实。

(五)促进投资管理体制不断完善

从经济、社会和环境三个方面对建设项目进行绩效审计,发现项目建设管理中的不足,提出审计建议,完善建设单位投资管理方式,并为政府以后投资决策提供参考依据,促使政府投资能充分发挥稳增长、调结构的功能,为今后的社会资本投资指明了方向。

三、建设项目绩效审计的目标

对建设项目绩效审计来说,委托人希望通过绩效审计来抑制代理人在项目建设中的逆向选择和道德风险问题,具体表现为绩效信息虚假、绩效水平低下等。审计机关通过对建设项目绩效的鉴证、评价和监督来发现建设项目中的负面问题并推动责任追究。具体来说,建设项目绩效审计目标主要有三种定位:一是定位于项目绩效信息鉴证,保障项目绩效的真实性,这种目标通常称为真实性目标;二是在项目绩效信息鉴证的基础上,将真实的项目绩效与绩效标杆进行比较,进而判断项目绩效水平,这种目标通常称为绩效性目标;三是当项目绩效水平不高时,分析项目绩效差异产生的原因,并在此基础上提出改进建议,这种目标属于回应性目标。此外,当获得授权时,审计机关可以对导致建设项目绩效不彰问题责任人进行问责;如果没有获取授权,则审计机关应当推动对责任者的责任追究。对于不同建设项目绩效审计的目标,需要根据委托人的要求和具体审计环境来确定。

四、建设项目绩效审计的功能

(一)实施建设项目绩效审计能够提升审计监督效能

提升审计监督效能是政府审计创新发展的一个重要目标。建设项目绩效审计是指审计机关依据国家法律、法规和政策规定对建设项目的经济性、效率性和效果性进行的审计,也就是对项目投资活动的经济性、效率性和效果性进行综合评价和考核,以此来确定投入、支出是否节约,是否以最小的投入取得一定的产出或者是以一定的投入取得最大的产出,是否达到了预期的投资目标。它在审计理念、目标、内容、方法等方面都突破了传统财务审计的范围,是用绩效审计的方法对建设项目进行综合的、系统的检查和分析,根据一定标准评价建设项目投资效益的现状和未来,有针对性地提出措施和建议,确保了决策的科学性、执行的有效性和资金使用的效益性。因此,绩效审计能对项目进行有效的监督和管理,是提升审计监督效能的重要保证。

(二)实施建设项目绩效审计能够发挥"免疫系统"功能

审计作为国家宪法确立的一项重要制度,不仅要在微观层面发挥作用,更应该在宏观层面发挥作用。从微观项目审计入手,实现宏观服务层次上的突破,是建设项目绩效审计发展的一个新思路。近年来,投资领域较多采用项目审计与审计调查相结合的方法,正是基于建设项目绩效审计的这一发展需求,其目的是发挥审计的"免疫系统"功能,向有关利害关系人提供经济责任履行情况的信息,促进资源的管理者或经营者改善管理、提高效益,更好地履行经济责任。

(三)实施建设项目绩效审计能够帮助有关部门改进完善制度

通过建设项目绩效审计,可以揭示在投资领域存在的倾向性和普遍性的问题,深层次剖析投资管理体制中的缺陷和不适应经济发展的方面和环节,从而不断完善投资管理体制。通过深入分析问题存在的原因,提出针对性和操作性的意见和建议,帮助改善工程建设项目的管理,进而降低工程成本,提高建设项目的投资效益,是传统投资审计的深入和发展。同时,也要对建成项目的效益状况予以综合审计评价并与预期效益进行对比分析,分析产生差距的原因,提出改进的意见和建议,使政府投资能充分发挥改善投资与经济结构,引导社会投资方向的宏观导向作用,促进国民经济和社会持续、快速、健康地发展。

五、建设项目绩效审计的依据

建设项目绩效审计的依据由以下三个层次组成。

(一)国家方针政策

国家方针政策主要是指党和国家在一定时期颁发的与国民经济发展有关的宏观调控政策和一定时期的发展规划等。它们直接影响建设项目的投资决策审计工作,是建设项目绩效审计的宏观性与指导性依据。

(二)法律、法规

拓展资源
到底该给多
少钱?

法律、法规是建设项目绩效审计时必须严格遵照执行的硬性依据。主要包括《中华人民共和国审计法》《内部建设项目审计操作指南》《中华人民共和国建筑法》《中华人民共和国合同法》《中华人民共和国招标投标法》《中华人民共和国价格法》《中华人民共和国税法》《中华人民共和国土地法》以及国家、地方和各行业定期或不定期颁发的相关文件规定等。

(三)相关的技术经济指标

相关的技术经济指标具体是指工程造价审计中所依据的概算定额、概算指标、预算定额以及建设项目绩效审计时所依据的有关技术经济分析参数指标,也包括行业良好实践等。

第五节　建设项目绩效审计的内容

一、概述

目前,建设项目的绩效审计工作主要是从经济性、效率性、效果性对承接项目的资金使用情况以及所获得的效益等内容进行审查。同时,还要从国家治理的角度,对建设项目的环境性、公平性等方面进行分析,确保建设项目及其后期所产生的活动不会对人民利益以及社会运行秩序等产生不良影响。绩效审计体系包含的内容非常庞大,且需要专业能力极强的人士来进行操作,所以该项工作的开展必须基于一定的分析标准。但是要建立一个能够适应所有项目特征的绩效审核指标体系是非常难的。因此,这里仅通过分析建设项目绩效审计内容总结出一般的通用性指标。根据我国现阶段对工程项目建设程序的有关规定,可以把建设项目所涉及的建设过程大致划分为以下七个阶段,具体内容如表 6.2 所示。

表 6.2　建设项目绩效审计内容体系

阶段	经济	技术	管理	社会
前期决策阶段	投资估算及调整审核	可行性研究报告内容完整性和技术内容合理性审核,以及设计任务书审查	项目决策程序,可行性研究报告编制程序,审批单位资质审查	可行性研究报告中有关社会效益内容和合理性审查以及决策中社会调查记录审查
设计阶段	初步概预算,施工图预算审核以及设计成本审核	设计依据,设计方案,设计图纸,设计质量保证审核	设计单位及相关人员资质等级、设计单位内部控制,设计单位管理程序与内容审查,设计变更程序	设计方案中对周围环境、社会带来影响评估的审核
招投标阶段	标的审核,投标保函,商务标书审核	项目招标条件,招标文件完整性与合理性,招标人资质,评标委员会资质和评标标准以及中标人技术标的审核	招标管理代理机构资质审查,招标管理制度及招标程序审查	投标文件中考虑社会效益技术方案的数量和招标评价标准中社会效益所占权重大小的审核
合同签订阶段	中标合同价,合同条款履约保函,预付保函审核	合同谈判纪要,合同订立依据,合同条款中的技术条款,合同专用条款审核以及合同分包计划审核	合同管理制度,合同谈判程序以及签订程序审查	合同中涉及社会利益、效益条款的审核
施工准备阶段	资金支出计划与批复情况审查	征地、拆迁、场地条件以及甲方供材的订货情况审查	现场管理制度,内部控制程序,监理单位协调管理办法	社会意见征求以及周围居民生活沟通情况的审查
施工阶段	业主预付款支付,质量保证金预留,进度款、结算款、材料消耗清查	隐蔽工程跟踪审核,分部分项质量评定审查,主要材料设备审核,工程进度计划和执行	业主及项目经理内部控制测评,监理合同执行情况考核,到岗情况及现场签证制度的审查	对周围居民生活影响及噪声、扬尘污染控制的审查

续表

阶段	经济	技术	管理	社会
试生产及运营阶段	工程结算终审与决算审计,投资效益分析评价	对项目进度质量目标考核,对安全环保目标考核终审,生产运营条件审核	项目经理内部控制制度终审,各方合同执行终审,竣工验收程序审查	对项目试生产及运营以后阶段社会效益的评测与审查

二、投资决策审计

投资决策审计包括建设项目可行性研究的审计、设计文件的审计、资金来源及其落实情况的审计等。

(一)可行性研究的审计

投资项目决策的科学性、合理性对项目效益具有决定性的意义。根据工程成本控制理论,项目决策阶段的成本占工程总成本的 5%,对总成本的影响却能达到 85%。目前,我国投资领域中存在的低水平重复建设、损失浪费、投资效益低下等问题都与项目投资决策缺乏科学性、合理性有关,决策失误往往是最大的失误。可行性研究报告是决策部门审批项目的主要依据和前期工作的主要内容,因此,投资决策审计重点是对可行性研究报告进行再评审。建设项目可行性研究审计,重点审查项目立项程序,防止违反决策程序、擅自立项行为的发生;审查项目前期可行性研究工作的充分性,防止可行性研究变为"可批性研究"的倾向;审查是否进行了实地调查、勘察,各种数据资料是否准确,来源是否可靠,是否有符合规定的依据;审查勘探设计单位的资质、项目的拟建规模、项目选址是否满足要求。重大项目决策应该透明化、民主化,促进有关部门规范投资决策程序。

(二)设计文件的审计

重点对初步设计、施工图设计及工程预算进行审计。为了不影响业主的工作,可待初步设计、施工图设计及工程预算的编制做完后再进行审计,这个阶段要紧紧结合可行性研究报告进行,要看初步设计内容是否全面,是否在编制预算中正确使用定额,检查预算的编制是否漏项,是不是最合理的方案,看图纸是否为具备资质的单位设计,是否经过图纸、预算审查。

(三)资金来源及其落实情况的审计

重点审查建设项目的资金来源是否落实到位、是否合理,是否专户存储,建设资金能否满足项目建设当年应完成工作量的需要。对使用国债的建设项目,要严格规定其操作程序和使用范围,并作为建设资金审计的重点。

【例 6.2】农村电网建设与改造是政府为减轻农民负担,开拓农村市场,有效扩大内需,促进农村经济发展而采取的重大举措,是造福于广大百姓的"德政工程""民心工程",是"乡村振兴"战略的具体体现,也是第一次由国家投入巨额资金特别是国债专项资金对农村电网进行全面的建设与改造,社会影响很大。

鉴于农村电网建设与改造项目的特点,审计机关将此项目列为审计工作的重点之一。统一组织 26 个省、自治区、直辖市审计机关和新疆生产建设兵团审计局,对辖区内农村电网建设与改造项目进行审计和审计调查。重点检查建设资金的管理情况,促进项目法人合法、有效地使用建设资金,提高投资效益;揭露建设与改造项目在概算管理、收费管理和财务核算中存在的弄虚作假、严重违纪违规以及贪污腐败问题。

三、项目管理审计

重点关注管理是否适当、是否讲究效率、项目目标是否实现,是否存在管理不善造成损失浪费等效率性和效果性方面的问题。项目管理审计包括招投标工作的审计、工程管理监理的审计等。

(一)招投标工作的审计

招标是控制投资的重要手段,但在现实中往往存在着招投标工作不够完善和规范,在项目设计、施工、监理单位的选定上没有完全实行招投标制等问题。因此,对招投标工作的审计,主要审计建设过程是否按规定招投标,招标人是否具有相关的资格,招标方式的选择是否恰当,招标信息的发布方式是否适当,资格预审工作是否合规、公正,招标文件是否完备、是否存在隐患,标底是否控制在批准的总概算及投资包干的限额之内,开标、评标、定标的过程是否公平、公开、公正。

(二)工程管理监理的审计

重点对工程投资控制、工程进度控制、工程质量控制进行审计。审查建设单位管理人员是否与施工单位串通,是否为了谋求暴利,违背社会受托责任,造成建筑资金流失。审查监理体制是否健全,有无编制工程建设监理规划,按工程建设进度、分专业编制工程建设监理细则,并按建设监理细则进行建设监理,特别要注意是否存在项目建设管理、施工和监理三位一体的现象。

【例6.3】某机场航站楼前的停车场工程属于机场附属工程,设计和施工方法简单,占机场总投资比重较小,不易引起审计机关的注意。建设单位通过邀请招标选择了一家民营施工单位承接该工程,招标工程量为混凝土地面10.8万平方米,无变更。经监理、设计单位确认后,建设单位按照招标数量对停车场工程进行结算,审计时该工程造价已经当地财政评审中心评审。

审计人员了解到,建设、监理单位结算工程量为设计院提供的数据,将招标工程量作为结算工程量,未经过现场实际勘测。审计人员分析,该工程施工和测量方法简单,实际勘测数据很容易获得,为什么要将招标数据作为结算工程量,引起了审计人员的深思。

审计人员在现场实际勘查后发现,该停车场实际面积明显不足,仅是招标工程量的一半,为什么建设、监理、财政评审等单位均未发现如此明显的问题?审计机关将此线索交给检察机关后,共同查处了相关单位在工程结算中弄虚作假,套取、私分建设资金1600万元的案件。

四、资金使用审计

国家建设项目大多由政府直接投资,资金来源主要为财政性资金。目前,由于管理部门和环节较多,在资金的拨付、管理、使用中存在许多违规使用基本建设资金的现象,因此必须就其真实性、合法性和效益性作出审计评价。其中,真实性和合法性是评价资金使用绩效的前提和基础。

(一)审计建设项目概算执行是否真实、合法

项目的建设规模(建筑面积、层数、层高等)、建设标准(结构形式、装饰标准等)是否符合批准的初步设计文件的要求,预算投资是否控制在概算之内,设计变更、调整是否合理,概算调整是否合理。

(二)审计项目资金支出是否真实、合法、有效

投资建设资金是否按规定用途使用,是否存在被截留、转移、挪用、挤占等问题,建设资金是否及时、足额拨付到位,是否存在因拨款不及时影响项目建设进度及项目效益的发挥等问题,政府各职能部门对投资建设资金拨付、使用和管理等各个环节的监管是否到位、有效。

(三)财务管理是否规范

建设资金来源及到位情况,是否做到专款专用,是否存在账外运作,是否存在重点工程建设资金被挪用的情况,建设资金拨付是否规范,是否存在白条支付及工程款直接拨付给承建者个人的现象,费用的发生是否真实、合理,费用的开支是否符合国家规定的开支范围,所发生的费用是否根据会计制度的规定,设置明细科目进行核算,账务处理是否合规。

【例6.4】按照国务院原三峡工程建设委员会(以下简称"原三峡建委")2003年批准的总体方案,以及原三峡建委办公室2007年审查通过的总体设计,三峡升船机工程采用齿轮齿条爬升式方案,设计过船规模3000吨级,最大提升高度113米。工程于2008年4月开工续建,2016年5月通过试通航前验收,同年9月进入试通航阶段。竣工财务决算报告显示,决算基准日(2016年12月31日)累计完成投资56.31亿元,其中建筑安装工程投资21.28亿元、设备投资17.31亿元、待摊投资17.72亿元。总投资控制在批复的概算范围内。

审计发现的主要问题:

(1)多计建筑安装工程投资3903.73万元,占决算列示该项投资的1.83%。一是多计算工程量、高套单价、违反合同规定多结算工程款等,造成多计已完工项目投资2806.70万元;二是多计尾工项目投资934.60万元;三是多计与三峡升船机工程无关的投资等162.43万元。

(2)多计设备投资6489.01万元,占决算列示该项投资的3.75%。一是违反合同约定多结算工程款等,造成多计已完工项目投资2207.69万元;二是多计尾工项目投资4219.96万元;三是多计与三峡升船机工程无关的投资61.36万元。

(3)多计待摊投资28007.76万元,占决算列示该项投资的15.80%。一是未按实际情况调整应分摊三峡枢纽工程的临时工程费用,造成多计投资15231.07万元;二是多计尾工项目投资等8320.39万元;三是多计与三峡升船机工程无关的投资3452.76万元;四是重复列支、违规支付设计费用等,造成多计投资1003.54万元。

(4)工程概算和决算编制不够规范。一是多报工程价差概算,涉及金额13476.26万元,漏报两项设备及安装工程概算,涉及金额1591.88万元;二是在工程结算未完成且预计尾工投资超过规定比例的情况下,编制竣工财务决算报告;三是在编制竣工财务决算报告前,未据实调整142笔错列的会计核算科目,涉及金额17583.76万元,也未按规定盘点工程实物资产。

五、投资效果审计

投资效果审计是指建设项目竣工验收时,对其投资效益进行综合评价。竣工项目投资效益审计的方法主要是采用对比法,以预期目标和前期建成的同类项目的平均先进指标为依据,将动态与静态、定量与定性、价值量与实物量、宏观与微观等分析结合起来,通过综合分析对项目的经济效益、社会效益和环境效益作出正确评价。

(一)建设项目经济效益审计

建设项目经济效益包括财务效益和国民经济效益两个方面。建设项目财务效益审计是指审计人员从项目角度出发,根据现行的财务制度与价款来考察建设项目财务效益状况及如何提高建设项目财务效益的评审过程,主要评审如下内容:财务数据的确定是否准确科学,财务报表的编制是否正确。建设项目国民经济效益审计是按照资源合理配置的原则,从国家宏观角度出发,使用一整套国家参数计算,以提高建设项目对整个国民经济的净贡献为目标,对建设项目经济合理性的再评审,国民经济效益审计用调整过的价格,即一套影子价格计算项目的效益和费用。

(二)建设项目社会效益审计

项目社会效益评价指标包括资源利用指标和社会环境影响方面的指标。其中,资源利用方面的指标包括项目的单位净产值综合能耗、单位投资占用耕地、单位产品生产耗水量、国土资源浪费率、投资经济增长率等;社会环境影响方面的指标一般包括项目对当地人口变化的影响、对当地卫生保健的影响等。建设项目审计应审查的不仅是项目本身的投入产出效益,还要审查项目建成后对社会的影响程度,检查是否满足国民经济持续发展的要求。在社会效益评价中既要考虑效益原则,同时也要兼顾公平原则,项目收益是否得到公平分配。

(三)建设项目环境效益审计

建设项目环境效益审计是审计机关对被审计单位的环境保护项目计划,管理和实施活动的真实性、合法性和效益性进行的审计监督。建设项目,特别是一些生产性建设项目,难免会对所在地的自然和社会环境造成现实和长远的影响。在统筹生产需求与环境影响的基础上,最大限度地保护环境,把建设项目对环境的负面影响降到最低,要求建设、施工和设计单位把环境保护纳入建设项目效益的范畴。建设项目环境效益审计重点在于评价建设项目对环境产生的影响,侧重定性分析评价环境规划的科学合理性,社会、经济、资源、环境、人口发展之间的相互协调性。其指标主要包括资源消耗降低率、生态环境保护率、生态环境修复率、环境质量系数、“三废”处理率、清洁生产工艺采用率等。

【例6.5】为促进党中央、国务院关于保障性安居工程政策的全面贯彻落实,2017年12月至2018年3月,审计署组织地方各级审计机关对2017年全国保障性安居工程(含公共租赁住房等保障性住房和各类棚户区改造、农村危房改造,以下统称“安居工程”)的计划、投资、建设、分配、运营及配套基础设施建设等情况进行了审计,重点审查了安居工程项目1.77万个,共涉及项目投资2.52万亿元,并对13.03万户农村危房改造家庭作了入户调查。

结果发现,由于配套基础设施建设滞后等原因,9.71万套住房已基本建成1年以上,还未分配或分配后无法入住;由于供需不匹配、规划设计不合理、地址偏远等原因,14.21万套已竣工验收的住房至2017年底空置超过1年。截至2017年底,有147.92亿元财政专项资金、472.54亿元银行贷款等市场化融资未及时安排使用。1211个安居工程项目建成后由于前期手续不齐全等原因无法办理竣工验收备案,部分地区安居工程住房和资金管理使用绩效不高。

第六节　建设项目绩效审计典型案例分析

一、火力发电项目的绩效审计评价指标设计

电力,作为国民经济建设的重要基础设施,是国家能源战略的重要组成部分。科学、有序、高效地开发利用能源资源,构建符合国民经济长远可持续发展的电力设施,建立保障国民经济健康发展的电力市场,是电力发展的重要任务。

我国从1882年有商品电以来,已有140余年的历史。140余年来,我国的电力工业经过了新中国成立前67年艰难缓慢的发展(装机容量从1882年的11.76千瓦增长到1949年的185万千瓦),在新中国的74年中取得了持续快速的发展,并迎头赶上了世界先进水平。2012年,我国发电装机容量突破11亿千瓦,已达11.4亿千瓦,跃居世界第一位。我国电力工业已进入了大机组、大电厂、大电网、超高压、自动化、信息化,水电、火电、核电、新能源全面发展的新时期。电网规模不断扩大,电网技术等级不断提高,西电东送、南北互济、全国联网的格局已基本形成。

目前,火力发电在我国发电项目中占有重要地位,其装机容量占全国发电装机容量的70%以上。但火力发电大量燃煤、燃油,排放二氧化硫、氮氧化物等较为突出,造成环境污染,对环境的影响较大,也成为日益引人关注的问题。随着全球低碳经济时代的来临,中央提出要把"碳达峰、碳中和"纳入生态文明建设整体布局,加大了节能减排、经济结构调整的力度,客观要求电力发展应更加注重环保、可持续。根据审计署固定资产投资审计司的经验做法[①],表6.3对火力发电建设项目的关键绩效审计指标进行了总结。

表6.3　火力发电建设项目绩效审计指标

（一）项目建设准备阶段绩效审计评价指标	1.国家宏观政策落实情况	(1)国民经济和社会发展总体规划落实情况
		(2)产业政策落实情况
		(3)电力发展规划执行情况
	2.电力项目核准情况	
	3.接入电力系统评价和对电网运行稳定性的影响	

---

① 根据以下资料改编:审计署固定资产投资审计司.公共工程项目绩效审计评价指标体系[M].北京:中国时代经济出版社,2015:147-175.

	4. 土地使用数量	
	5. 项目选址	
	6. 煤炭来源和运输	(1)燃料运输对交通的依赖程度和条件
		(2)煤炭来源情况
		(3)煤炭品种
	7. 节能减排	
	8. 可行性研究报告	
	9. 初步设计评价指标	(1)初步设计情况
		(2)初步设计错误增加投资情况
		(3)概算编制情况
	10. 项目法人组建评价指标	(1)项目法人合规性
		(2)投资方资信
		(3)资本金比例
		(4)项目法人内控制度
		(5)项目融资落实情况
	11. 工程招投标	
(二)项目建设阶段绩效审计评价指标	1. 扩大建设规模增加投资	
	2. 概算外投资	
	3. 提高建设标准增加投资	
	4. 设计漏顶增加投资	
	5. 工程质量合格率	
	6. 工程造价控制情况	
	7. 环境保护	
	8. 工程进度	
	9. 设备材料采购	
	10. 施工安全	
	11. 文物保护	
(三)项目竣工后阶段绩效审计评价指标	1. 小时利用数	
	2. 上网电价	
	3. 上网电量	
	4. 发电耗煤	
	5. 供电耗煤	
	6. 供电对象	

续表

| 7.脱硫设施运营及环境保护 |
| 8.运营收入 |
| 9.生产厂用电率 |
| 10.负荷率 |
| 11.发电综合耗水率 |
| 12.发电补水率 |

二、G公路项目绩效审计

(一)案例基本情况

主题讨论 6.1
水库项目的
绩效审计评
价指标体系

主题讨论 6.2
轨道交通建
设项目的绩
效审计评价
指标体系

交通和水利工程是国家基本建设的重要设施,在国民经济中占有十分重要的地位。近年来随着我国社会经济的快速发展,人们对交通水利设施建设的标准也越来越高。G公路是国家高速公路网中的 H 市到 S 市国家重点公路的重要组成部分,也是 C 省新一轮高速公路规划"五纵六横"中的共线部分。部分路线采用双向八车道高速公路标准,其余路段采用双向六车道高速公路标准,设计行车速度 120 千米/小时。2006 年 5 月,由 C 省发展和改革委员会批复立项。2006 年开工,2010 年 9 月全面建成,并交工验收,由 D 高速公路有限公司负责试营运管理。该项目执行"省领导小组决策、省高指监督、市高指建设、公司筹资"的建设管理模式。A、B 两市高速公路建设指挥办公室在省高速公路建设指挥办公室的监督下,履行业主代表职责。该项目概算 57.84 亿元,竣工决算报表反映,项目投资支出 53.73 亿元,其中建筑安装投资 35.88 亿元,设备投资 0.78 亿元,待摊投资 17.07 亿元。[①]

(二)构建绩效审计评价指标体系并运用层次分析法计算权重

结合层次分析法(AHP)来计算指标体系的权重,构造的层次模型如表 6.4 所示,分层次结合专家对绩效审计指标重要性程度比较打分,建立各指标层指标重要程度矩阵,计算各层次指标权重(过程略)。

表 6.4 指标权重分配

目标层	准则层	指标层	分指标层	总权重
政府投资建设项目绩效审计目标(A)	立项审批阶段(B₁)0.0417	审批程序绩效(C₁)0.0638	审批程序合规性(D₁)0.7306	0.0019
			审批程序合理性(D₂)0.081	0.0002
			审批程序科学性(D₃)0.1884	0.0005

① 根据以下资料改编:肖潇.政府投资建设项目全过程绩效审计研究——以 G 高速为例[D].天津:天津大学,2016:25-42.

目标层	准则层	指标层	分指标层	总权重
		可行性研究报告绩效 (C_2)0.4268	编制与审批单位的合规性(D_4)0.2	0.0036
			报告的完整性、真实性、科学性(D_5)0.8	0.0142
		勘察设计绩效 (C_3)0.1276	勘察设计行政性审查(D_6)0.1667	0.0009
			勘察设计技术性审查(D_7)0.8333	0.0044
		经济绩效 (C_4)0.3817	资金筹集绩效(D_8)0.3333	0.0053
			资金效益绩效(D_9)0.6667	0.0106
	招投标阶段 (B_2)0.0737	招标范围绩效 (C_5)0.1087	项目覆盖率(D_{10})0.1667	0.0013
			资金覆盖率(D_{11})0.8333	0.0067
		招标准备工作绩效 (C_6)0.0521	招标申请资料真实完整性(D_{12})0.6267	0.0024
			招标内容应用的适应性(D_{13})0.0936	0.0004
			招标机构选择的合理性(D_{14})0.2787	0.0011
		招标过程绩效 (C_7)0.5287	招标程序合规性(D_{15})0.0887	0.0035
			评价报告真实性(D_{16})0.3522	0.0137
			评标打分科学性(D_{17})0.5591	0.0218
		项目合同签订 (C_8)0.3105	合同签订与投标文件的一致性(D_{18})0.75	0.0172
			合同条款严谨性、公平性、合法性(D_{19})0.25	0.0057
	施工阶段 (B_3)0.2616	财务管理绩效 (C_9)0.2	资金计划编制绩效(D_{20})0.2	0.0105
			资金使用绩效(D_{21})0.8	0.0419
		质量管理绩效 (C_{10})0.8	建设单位质量管理绩效(D_{22})0.1405	0.0294
			施工单位质量管理绩效(D_{23})0.2616	0.0548
			监理单位质量管理绩效(D_{24})0.5388	0.1128
			其他单位质量管理绩效(D_{25})0.0591	0.0124
	竣工阶段 (B_4)0.1404	工程管理绩效 (C_{11})0.875	质量绩效(D_{26})0.637	0.0782
			工期绩效(D_{27})0.1047	0.0129
			安全绩效(D_{28})0.2583	0.0317
		经济绩效 (C_{12})0.125	超概算比例(D_{29})0.875	0.0154
			变更洽商金额比(D_{30})0.125	0.0022
	运营期阶段 (B_5)0.4825	经济绩效(C_{12})0.125	项目本身经济绩效(D_{31})0.1667	0.0208
			对国家经济绩效(D_{32})0.8333	0.1039

续表

目标层	准则层	指标层	分指标层	总权重
		社会绩效（C_{14}）0.637	对人口发展的影响方面（D_{33}）0.1947	0.0598
			对劳动者就业的共享方面（D_{34}）0.0881	0.0271
			对周边社会安全稳定的影响方面（D_{35}）0.7172	0.2205
		环境绩效（C_{15}）0.1047	污染控制方面（D_{36}）0.0789	0.004
			地区环境的影响方面（D_{37}）0.1877	0.0095
			自然资源的利用和保护方面（D_{38}）0.2734	0.0138
			生态平衡的影响方面（D_{39}）0.4599	0.0232

（三）各指标体评分

建设项目绩效审计体系包含多种类型指标，其中许多指标难以量化，缺乏统一评价标准，为了消除量纲不同的影响，先由专家结合行业先进标准、计划标准、行业平均标准、历史标准以及其他方面相关资料数据，对评价指标赋予一定的等级，每个等级对应相应的分数〔采用百分法评分标准，将评价结果划分为优（V≥90分）、良（90分＞V≥80分）、合格（80分＞V≥60分）、不合格（V＜60分）〕，最后将专家打分去掉最高与最低得分，对剩余得分加总，平均得到指标的评价得分，结果见表6.5。此种方法既充分利用专家经验又不至于偏颇，有利于绩效审计的评价结论更准确。

表 6.5　指标层专家打分统计表

目标层	准则层	指标层	分指标层	总权重	专家打分平均值
政府投资建设项目绩效审计目标（A）	立项审批阶段（B1）0.0417	审批程序绩效（C_1）0.0638	审批程序合规性（D_1）0.7306	0.0019	95
			审批程序合理性（D_2）0.081	0.0002	95
			审批程序科学性（D_3）0.1884	0.0005	95
		可行性研究报告绩效（C_2）0.4268	编制与审批单位的合规性（D_4）0.2	0.0036	80
			报告的完整性、真实性、科学性（D_5）0.8	0.0142	80
		勘察设计绩效（C_3）0.1276	勘察设计行政性审查（D_6）0.1667	0.0009	70
			勘察设计技术性审查（D_7）0.8333	0.0044	70
		经济绩效（C_4）0.3817	资金筹集绩效（D_8）0.3333	0.0053	65
			资金效益绩效（D_9）0.6667	0.0106	65
	招投标阶段（B2）0.0737	招标范围绩效（C_5）0.1087	项目覆盖率（D_{10}）0.1667	0.0013	85
			资金覆盖率（D_{11}）0.8333	0.0067	90

目标层	准则层	指标层	分指标层	总权重	专家打分平均值
		招标准备工作绩效（C_6）0.0521	招标申请资料真实完整性（D_{12}）0.6267	0.0024	85
			招标内容应用的适应性（D_{13}）0.0936	0.0004	85
			招标机构选择的合理性（D_{14}）0.2787	0.0011	90
		招标过程绩效（C_7）0.5287	招标程序合规性（D_{15}）0.0887	0.0035	80
			评价报告真实性（D_{16}）0.3522	0.0137	90
			评标打分科学性（D_{17}）0.5591	0.0218	80
		项目合同签订（C_8）0.3105	合同签订与投标文件的一致性（D_{18}）0.75	0.0172	95
			合同条款严谨性、公平性、合法性（D_{19}）0.25	0.0057	95
	施工阶段（B_3）0.2616	财务管理绩效（C_9）0.2	资金计划编制绩效（D_{20}）0.2	0.0105	75
			资金使用绩效（D_{21}）0.8	0.0419	70
		质量管理绩效（C_{10}）0.8	建设单位质量管理绩效（D_{22}）0.1405	0.0294	80
			施工单位质量管理绩效（D_{23}）0.2616	0.0548	85
			监理单位质量管理绩效（D_{24}）0.5388	0.1128	85
			其他单位质量管理绩效（D_{25}）0.0591	0.0124	75
	竣工阶段（B_4）0.1404	工程管理绩效（C_{11}）0.875	质量绩效（D_{26}）0.637	0.0782	85
			工期绩效（D_{27}）0.1047	0.0129	90
			安全绩效（D_{28}）0.2583	0.0317	90
		经济绩效（C_{12}）0.125	超概算比例（D_{29}）0.875	0.0154	90
			变更洽商金额比（D_{30}）0.125	0.0022	70
	运营期阶段（B_5）0.4825	经济绩效（C_{12}）0.125	项目本身经济绩效（D_{31}）0.1667	0.0208	70
			对国家经济绩效（D_{32}）0.8333	0.1039	85
		社会绩效（C_{14}）0.637	对人口发展的影响方面（D_{33}）0.1947	0.0598	80
			对劳动者就业的共享方面（D_{34}）0.0881	0.0271	85
			对周边社会安全稳定的影响方面（D_{35}）0.7172	0.2205	80
		环境绩效（C_{15}）0.1047	污染控制方面（D_{36}）0.0789	0.004	85
			地区环境的影响方面（D_{37}）0.1877	0.0095	80
			自然资源的利用和保护方面（D_{38}）0.2734	0.0138	85
			生态平衡的影响方面（D_{39}）0.4599	0.0232	85

(四)结果分析

通过各指标专家打分明细,计算项目总体绩效分值为 82.27,G 公路项目整体绩效处于"良"状态。项目准则层各指标计算结果如表 6.6 所示。

表 6.6　准则层绩效审计结果统计表

准则层	分数评价结果	绩效评定等级
立项审批阶段(B_1)	73.95	合格
招投标阶段(B_2)	87.84	良
施工阶段(B_3)	81.17	良
竣工阶段(B_4)	86.90	良
运营期阶段(B_5)	91.35	优

本章小结

建设项目按建设性质、投资来源、用途、建设规模、工作阶段、项目管理体制、投资效益和市场需求等方面可以划分为不同种类,清楚建设项目类别,有利于审计人员更好把握审计标准。建设项目的投资规模比较大,施工内容繁杂,工期较长且施工要求严格,开展与项目有关的其他工作难度也相应增加,建设项目的流程主要包括开工前期准备阶段、在建阶段和竣工验收阶段三个阶段。开工前期准备阶段又包括编制项目建议书、编制可行性研究报告、编制设计文件等内容;在建阶段是指建设项目从正式开工之日起到正式竣工验收之日为止的一段时间;竣工验收则是建设项目流程的最后一环,是全面考核项目建设成果、检验设计和工程质量的步骤,也是基本建设转入生产或使用的标志。

从投资者(业主)角度分析,工程造价是指建设一项工程预期开支或实际开支的全部固定资产投资费用,按照费用构成要素划分包括:人工费、材料费、施工机具使用费、企业管理费、利润、规费和税金。工程建设领域实行项目法人责任制、资本金制、工程监理制、招标投标制和合同管理制,是我国工程建设管理体制深化改革的重大举措。这几项制度密切联系,共同构成了我国工程建设管理的基本制度,同时也为我国工程项目管理提供了法律保障。

建设项目绩效审计是通过对建设项目的立项到最终运行情况全过程的审计和分析,审计评价项目执行的经济性、效率性、效果性、公平性、环境性等方面,对项目整体绩效水平作出评价。同时,揭露影响项目立项期、建设期、运营期的相关问题,分析问题产生的原因,并对其提出相关审计建议,促使建设单位改进相关工作流程,完善工作合规性、合法性和效率性,并提高建设项目后期运行效益,保证效益最大化。建设项目绩效审计的功能体现在:有助于提升审计监督效能、有助于发挥"免疫系统"功能、有助于帮助有关部门改进完善制度。建设项目绩效审计的依据除了国家方针政策和法律法规外,还包括相关的技术经济指标。审计人员在建设项目绩效审计中应该从经济、技术、管理和社会等方面,对决策阶段、设计阶段、招标阶段、合同签订阶段、施工(准备)阶段、试生产和运营阶段进行有重点、有针对性的审计。

本章思考题

1.某高校的实验楼项目已经使用了多年,现要重置设备,请问这种购置行为是否属于项目建设行为?

2.建设项目的边界和内容是什么?

3.建设项目的流程包括哪些环节?

4.建设项目工程造价的内涵及其构成是什么?

5.工程审计、公共工程审计、固定资产投资审计、建设项目审计之间有什么区别和联系?

6.建设项目绩效审计具有哪些功能,能否举例说明?

7.建设项目的管理制度有哪些? 在建设项目绩效审计过程中该如何运用这些制度?

8.建设项目绩效审计中,审计人员应重点关注哪些问题?

第三篇

微观层面绩效审计

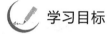

第七章

供应环节绩效审计

学习目标

1. 了解企业供应环节业务流程；
2. 熟悉企业供应环节的业务目标与业务风险；
3. 熟悉企业供应环节绩效审计的目标；
4. 熟悉企业供应环节绩效审计的依据；
5. 掌握物资采购绩效审计的内容；
6. 熟悉物资存储绩效审计的内容。

引例——名创优品的供应链

2013 年 11 月 15 日，一家有红色标识的"十元店"在广州中华广场开业。谁也不会想到，7 年之后，这个小商品连锁已经在全球 80 个国家开出了 4200 家门店，年收入 90 亿元。逛过名创优品的人都知道，名创优品的店铺通常开在购物中心或商业街的最好地段，但所销售的商品却出奇便宜。尽管便宜，但产品质量还是不错的。截至 2020 年 6 月 30 日的财年中，名创优品 95％以上的产品在中国的零售价格在 50 元以下。2021 年 4 月，名创优品 CEO 叶国富还对外表示，名创优品将大幅降价，将 95％以上的产品定价控制在 29 元以内，同时将新开发产品的价格下调 20％～30％。

那么名创优品是如何在降低价格、保证品质的同时获得利润的呢？核心是名创优品高绩效的供应链管理，使得名创优品从设计、生产到运输、销售时用时更短，成本更低，实现快速扩张。从工厂直接到门店，名创优品的商品供应没有中间商赚差价。名创优品挑选供应商的要求包括：生产质量、产能、行业声誉和地位。目前，名创优品有 800 多家供应商，其中不乏一些为国际大牌代工的供应商，优质的供应商之所以愿意与名创优品合作，是因为叶国富会亲自出马与供应商谈判以示重视，并集中采购大订单和按时付款打动供应商。此外，名创优品会定期为供应商提供生产相关的建议，包括产品质量、生产效率和成本控制，还会派遣专家进行现场指导。但是，名创优品并不依赖于个别供应商，单个供应商对库存的贡献不超过 10％。名创优品有严格的供应商合作标准，要求供应商的产品价格不得高于其他合作方，"只要价格高于其他合作方，全部停止合作，取消所有订单"。在供应货品的环节，一旦出现质量问题的供应商就会被名创优品永久打入黑名单。同时，供应环节全流程数字化系统将设计师、产品经理、供应商都包括在内，依托大数据精准采购，提升存货管理效率，缩短订单时间。

思考：企业如何保证供应环节的精准采购、节约采购成本和降低库存费用，企业内部审计在其中可以发挥哪些作用。

第一节 企业供应环节业务流程概述

一、制造企业供应环节经济业务处理流程

制造企业供应环节经济业务处理流程可分为供应商评价、申请抵押贷款、编制采购计划、编制采购合同草案、与供应商签订采购合同、录入材料采购订单、材料款支付、采购入库八个方面。具体如图 7.1 所示。

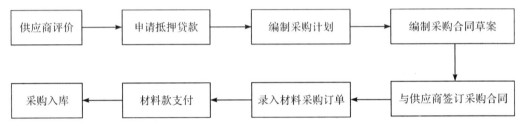

图 7.1 企业供应环节经济业务处理流程

（1）供应商评价。供应商评价是采购方从价格、品质、交货期、交货量及服务等多方面来考核供应商的过程。通过供应商评价，企业可开拓潜在的供应商并对现有的供应商进行激励。

（2）申请抵押贷款。如果企业的采购金额很大，除正常的商业信用外，财务部经理还需根据企业资金需要量确定贷款额度，一般采取抵押贷款的方式。

（3）编制采购计划。编制采购计划是指在合理利用供应环境机会并综合考虑运输成本、存货成本、每次订货成本等因素下，将物料需求计划转变为采购计划，确定发出订单的时机和订购数量的过程。

（4）编制采购合同草案。编写采购合同草案是根据采购物料的品类、供应市场状况，针对采购物品的规格、技术标准、质量保证、订购数量、包装要求、售后服务、价格、交货日期与地点、运输方式、付款条件等与供应商沟通后，按照采购合同的规定格式制定规范文本，为签订合同打下基础。

（5）与供应商签订采购合同。签订采购合同是企业与选择的供应商针对商品的品种、规格、技术标准、质量保证、订购数量、包装要求、售后服务、价格、交货日期与地点、运输方式、付款条件等进行反复磋商，双方无异议后，为建立双方满意的购销关系而办理的法律手续。

（6）录入材料采购订单。制造业与供应商经过磋商签订了采购合同后，制造业的采购计划员将采购订单的基本信息录入财务信息系统中，系统将根据录入的信息执行未来的采购收货及付款业务。

（7）材料款支付。采购计划员查看采购合同执行情况表，确认应付款情况，找到相应的采购订单和采购入库单，并据此填写支出凭证，经财务部门审核通过后，向供应商支付上期

已到货材料款。

(8)采购入库。采购入库是指供应商发出的货物抵达企业,同时开具了该张采购订单所对应的发票。采购计划员协助仓管员办理采购入库手续,仓管员填写入库单确认货物入库,仓储部经理登记库存台账,材料会计登记存货明细账,总账会计凭发票确认应付账款。

二、物资采购业务

(一)业务目标

1.经营目标

(1)建立"统一管理、统一采购、统一储备、统一结算"的物资采购供应管理体制。

(2)推行科学理性采购,保证生产建设所需物资安全供应、及时供应和经济供应。追求物资采购性能价格比最优和供应总成本最低。

(3)实行框架协议采购,提高物资供应工作效率。

(4)强化物资供应过程控制,增强物资供应工作主动权。

2.财务目标

(1)资金支付安全。

(2)会计核算真实、准确、完整、及时。

(3)减少资金占用。

3.合规目标

(1)物资采购过程公开、规范有序、合法合规。

(2)物资采购合同或协议符合国家法律、法规、外贸政策和股份公司内部规章制度。

(二)业务风险

1.经营风险

(1)分散对外采购,不能形成整体和批量采购优势,造成采购资金浪费和流失。

(2)对供应市场行情缺乏了解、跟踪、分析和研究,价格监管不力,导致采购性能价格比不合理。

拓展资源7.1
物料需求计
划(MRP)

(3)物资需求计划不准确、不及时,变更频繁,不能有效满足生产建设物资需求,造成物资积压。

(4)物资供应过程控制能力弱,物资采购供应不及时、采购物资质量不能满足生产技术要求,影响正常生产建设。

(5)供应商选择不当,指定或变相指定供应商,造成经济损失,滋生腐败。

(6)重复储备、库存结构不合理,储备资金占用大。

(7)物资采购合同或协议对买卖双方的权利、义务和违约责任等表述不清,未经审核变更合同或协议条款,导致经济纠纷和经济损失。

(8)物资采购一单一询价、一单一招标、一单一签约,供需关系动荡,供应费用增加。财务风险资金分散使用,付款时间、方式、金额不恰当,造成资金效益的流失。

2.财务风险

(1)资金分散使用,付款时间、方式、金额不恰当,造成资金效益的流失。

(2)结算不及时,多记、错记、漏记物资采购或应付账款,导致财务数据不准确、不完整。

3.合规风险

(1)制度不健全或有漏洞,执行制度不到位和监督考核不力,导致违纪违规问题发生。

(2)物资采购合同或协议不符合国家法律、法规、外贸政策和公司内部规章制度的要求,造成损失。

(三)物资采购业务流程

物资采购业务流程一般包括:物资供应职责界定,物资计划编制与审核,采购渠道的确定与控制,采购价格确定与控制,框架协议和采购合同签订与审批,供应商过程控制,采购资金使用和控制,绩效评价、考核与监督等环节。具体如图7.2所示。

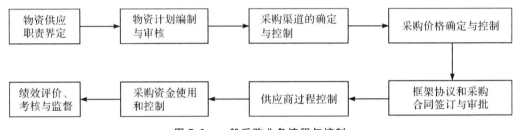

图7.2　一般采购业务流程与控制

三、物资存储业务

(一)业务目标

1.经营目标

(1)根据生产经营情况,确定存货最高储量、最低储量、采购时点储量,确保库存合理储备,防止存货积压闲置,造成浪费。

(2)对存货实行科学保管,确保数量齐全、质量合格,存货处置规范,避免公司资产流失。

2.财务目标

(1)确保存货账目的真实、准确、完整。

(2)存货成本计价准确。

(3)财务账表与实物核对相符。

3.合规目标

(1)存货保管符合国家有关安全、消防、环保等规定。

(2)存货交易合同(协议)符合《合同法》等国家法律、法规和股份公司内部规章制度。

(二)业务风险

1.经营风险

(1)存货储量不足,影响生产;储量过高,造成存货成本过大。

(2)对市场的形势把握不当,导致存货跌价损失。

(3)保管不善发生被盗、毁损、事故等,造成资产流失。

(4)长期呆滞造成存货挥发、失效、锈蚀等,导致资产损失。

(5)未及时完整办理保险,给分(子)公司带来巨大经济损失。当发生地震、洪水、战争等人力不可抗拒的自然灾害时,给分(子)公司带来巨大损失。

(6)存货处置不规范,人为造成资产流失。

(7)未经审核,擅自变更合同标准文本中涉及权利、义务条款导致的风险。

2.财务风险

(1)财务账目记录有误,造成存货数据失真、管理失控。

(2)存货计价错误,导致成本不准、效益不实。

(3)账、实不符,给分(子)公司带来潜亏(盈)。

3.合规风险

(1)违反国家有关安全、消防、环保等规定,遭受经济处罚。

(2)存货交易合同(协议)不符合《合同法》等国家法律法规和股份公司内部规章制度,造成损失。

(三)物资存储业务流程

物资存储业务流程一般包括:存货入库、登记存货账簿和表格、执行存货仓储保管工作规程、存货出库、存货盘点、存货处置和存货核算等环节。具体如图 7.3 所示。

图 7.3　存货管理业务流程与控制

四、供应环节绩效审计的意义

完善的供应链管理可以让企业以最低成本来获取最大的利益,同时可以提高企业的工作效率和生产效率。在一个企业众多的管理环节中,供应链管理是维系整个企业正常运转的重要环节。一个优质的供应链分工细化专业性要求高,不同的环节由不同的企业组成,而不是一个企业来承担所有环节。例如,一个做家电的企业,它不可能先从零件做起,它要先从零件供应商处采购原材料,收到货后做成成品,再通过销售环节发货到消费者手中。像这样在供应链各成员单位间流动的原材料、在制品库存和成品等就构成了供应链上的物流。以本章引例的"名创优品"公司为例,名创优品有 800 多家供应商,如果能够较好地处理供应商网络与供应商之间的关系,按照生产质量、产能、行业声誉和地位选择供应商,就可以低价的供应成本获得整个供应环节的高额绩效。

国际内部审计师协会(IIA)在 1999 年对内部审计提出了新定义,"内部审计是一种独立、客观的保证和咨询活动,其目的是增加组织的价值和改善组织的经营,它通过系统化和规范化的方法,评价和改进风险管理、控制和治理过程的效果",其中价值增值(value-added)是 1999 年修订内部审计定义时首次提出的,与 IIA 1990 年发布的《内部审计师职责说明书》相比,内部审计的目的由"监督和评价"改变为"增值和改善",其中增值是核心。这表明为组织"增加价值"成为引导内部审计活动的方向性旗帜。

企业的目标是价值最大化,企业的一切资源和活动都应该围绕这一目标,内部审计作为企业管理过程的一部分,有参与价值创造的需求和条件。价值是从生产和销售过程中创造出来的,内部审计虽然不参加生产和销售活动,但它可以通过保护企业资产、减少组织风险、降低自身审计成本、提出有价值的建议、增加组织获利机会等活动来为企业增加价值。

企业常常出现采购和存储环节因管理不善而遭受损失的现象,把供应环节纳入绩效审计工作的重点,可以把住资金支出的关口,提高企业的管理水平和经济效益,实现增值型内部审计的需要。

第二节 物资采购绩效审计

物资采购绩效审计就是对企业物资采购及其管理的经济性、效益性和效果性进行审计监督,以促进采购业务有效地进行,保证企业整体经济效益目标的实现。

一、物资采购绩效审计的目标

物资采购绩效审计的审计目标是为物资采购业务的目标服务,其目标是确保物资采购业务的经济目标、财务目标和合规目标得以实现并且更有效率地实现,从而提高企业供应业务的绩效。同时,物资采购业务这三方面的目标实现,为物资采购绩效审计的审计目标提供了基础。

物资采购绩效审计的目标是基于被审计单位相应的内部控制制度和管理制度,审计被审计单位的采购业务计划的制订和实施情况,主要目标包括以下四个方面。

(一)评价物资采购相关部门职责分工及其协作关系的恰当性

采购业务涉及订货、采购、运输和财务部门。每个部门的职责分工应当明确,并保持相互联系、相互制约的关系,它们之间的协作配合程度,直接影响采购业务的经济效益。

(二)评价物资采购计划的合理性

对采购计划的审计主要是看其是否依据被审计单位生产经营活动所需制定的。合理的采购计划不仅能使采购业务有效进行,保证生产经营活动的需要,而且有利于降低成本。

(三)评价物资采购计划执行的有效性

合理的采购计划只有得到有效的执行,才能发挥其效用。全面分析采购计划的执行情况,并分析影响计划执行的原因,既是采购业务审计的核心,也是对生产业务进行深层次分析、评价的需要,因而该项审计成为采购业务审计的核心目标。

(四)评价物资采购成本的经济性

降低成本是提高效益的有效途径。物资采购成本的高低直接关系到产品成本以及资金利用水平,并最终影响利润水平。通过审计提出改进建议,有助于控制成本,提高经济效益,该项审计也是采购业务审计的主要目标。

二、物资采购绩效审计的依据

物资采购业务的审计包括内部控制制度的审计、采购计划及其执行情况的审计、采购成本的审计以及有关部门经济责任履行情况的审计等。进行物资采购业务,需收集以下几方面资料。

(1)计划、定额和预算资料。主要包括采购计划、决策方案、资金计划、材料价格趋势分析表、消耗定额。

(2)会计、统计和其他业务核算资料。包括材料采购明细账和总账,以及有关凭证,例如请购单、订货单、装运凭证、验收单、入库单、发票、付款凭证等。

(3)其他相关资料。主要包括采购业务规章制度、企业作业手册、质量检验报告、市场价格信息、业绩报告、采购业务组织机构图、采购部门使用的计算机信息报告等。

三、物资采购绩效审计的内容

(一)被审计单位物资采购业务内部控制制度的审计

企业购进的物资往往品种、规格繁多,来源和用途各异,收发频繁,资金占用大,经手人员较多,涉及多个部门,因而,为保证购进业务的效率和效益,必须对采购业务过程按照严格的标准、程序实行管理,建立严密的内部控制制度。应对采购业务的内部控制制度进行审计;对采购计划编制与执行,物资储备与消耗定额的制定,物资供应和验收、储存与保管、调拨与领退,清查与盘点,以及财务登记与处理等内部控制制度的完善程度和执行情况进行审计评价,分析其对企业经营绩效的影响,并提出改进意见。其审计要点包括如下方面。

(1)审计企业有关内部控制制度设计的合理性、完整性、严密性和可行性。主要审计所制定的控制制度是否衔接,有无遗漏,能否起到相互促进、相互制约的作用,是否符合本单位的实际情况,能否得到有效执行。

(2)审计内部控制制度的贯彻执行情况,即审计企业所设计制定的内部控制制度是否得到有效的运行,例如,购货是否按正确的级别批准,订货单、验收单和卖方发票是否经事先编号并登记入账。对执行情况是否经常进行考核评价,是否根据企业内外情况的变化及时对内部控制制度进行修订、补充和完善等。

(二)采购计划及其执行情况的审计

1.采购计划的审计

采购计划是企业生产经营计划的重要组成部分,合理的采购计划是有效地组织供应业务,保证生产经营活动的正常运行,降低成本,提高经济效益的关键。采购计划的审计核心是审计、评价采购计划的合理性,主要看其是否以尽可能低的采购成本从材料物资的品种、数量、质量以及供应时间等方面满足生产经营活动的需要。

采购业务主要是采购原材料,因其需要量大、占用资金多,周转速度快,因此成为采购业务审计的主要对象。其审计要点有以下方面。

(1)审计采购计划的物资品种、性能、规格、质量等是否符合生产经营计划的需要。该审计可将购进计划所列物资的具体内容与生产计划所需物资的具体要求相比较,看其是否一致,能否反映计划期内调整产品结构、生产新产品、改进产品设计等对物资供应需求的变化。

(2)计算物资需用量的方法是否得当。企业物资需用量是依据各项计划任务量和消耗定额来确定的。审计时,首先应查明各项计划任务量和消耗定额的准确合理性,所用方法是否符合本单位的实际情况,计算误差是否在可控范围内,再审计其结果是否正确。

在审计物资需用量时,还应考虑废料回收复用工作的开展情况,并按计划回收复用量,扣减计划需用量。物资需用量的计算公式如下:

某种材料物资的需用量=计划产量×单位产品该种材料消耗定额−计划回收利用废料数

$$(7.1)$$

(3)计划采购量是否恰当合理。对计划采购量进行审计,其目标是看其是否充分考虑了生产计划的材料需要量和合理储备量以及回收利用率。通过审计,避免因计划采购量过低导致物资供应短缺,或因计划采购量过高,形成库存材料的呆滞积压。

对计划采购量进行审计,通常可按下列公式计算:

某种物资的计划采购量=某种物资的计划需要量−期初库存量+期末库存量 (7.2)

(4)采购计划所定的材料价格、采购费用是否合理,材料计划成本与产品成本计划是否平衡。

(5)计划所制订的期初、期末储备与其他保险储备是否合理,能否保证生产的应急所需,能否保证生产正常有序地进行。

【例7.1】某企业计划生产某种产品1000千克,每千克耗费A材料定额为5千克,其中计划回收A材料废料500千克,期初A材料库存量为1500千克,期末库存量为2000千克,则:

A材料的需用量=1000×5−500=4500(千克)

本期A材料的计划采购量=4500−1500+2000=5000(千克)

2.采购计划执行情况的审计

企业采购计划执行情况的好坏是评价存货存量高低和质量高低的重要依据,所以,应当把材料物资采购计划执行情况作为审计的一项内容。对采购计划执行情况的审计目的在于对采购计划完成的效率性、效果性和效益性进行审计,即审计材料物资采购额的真实性和正确性,审计评价采购材料物资在品种、规格、质量、交货期等方面满足生产经营活动需要的程度。审计采购成本是否符合采购计划的要求及其偏离程度。

(1)审计采购计划的完成程度。根据审计核实的材料物资购进额与采购计划额进行对比,即可查出超额完成和未完成计划的情况。除了按总额检查材料物资计划完成的综合情况外,还应按其大类和主要品种检查计划完成情况,并揭示影响计划完成的主客观原因,明确责任,提出改进建议。如果财务部门对此项工作已作过检查分析,审计人员也可利用此项材料进行复查核实,取得证据,作出深刻而公正的评价,肯定采购业务成果,揭示存在的问题。

评价采购计划完成情况可以使用采购计划完成百分比来综合反映。采购计划完成百分比是用完成采购计划项目总数与采购计划项目总数之比来计算;也可用完成采购计划的总金额与采购计划的总金额之比来计算,但计算所用的金额基础应一致,最好都采用计划价格来计算。采购计划的完成程度的审计反映采购计划执行的效率性。

(2)审计采购物资的质量。采购物资的质量主要反映在采购的实际时间、数量、质量、品种上,审计时将其与生产所需要的实际时间、数量、质量、品种分别进行比较,有无不适应或不适用、停工待料等事项发生,以了解采购与生产需要的衔接程度。对采购物资质量的审计反映了采购计划执行的效果性。

(3)审计采购成本。材料物资的采购成本,是由进价和购进环节发生的运杂费和其他费用等组成的。所以,审计在核实材料物资购进额时还要复核材料物资购进费用等的正确性。审计时,要注意防止遗漏重复计算,以保证材料商品采购金额的真实和正确。对采购成本的主要审计如下:

①实际采购成本与计划采购成本、上期采购成本相比是否下降以及下降的速度。审计时,不仅要分析实际采购成本的变动趋势,还要审计实际采购成本的构成项目的正确性,有无采购计划之外的采购费用。另外,要特别注意采购物资的实际价格与计划价格的差异,并分析原因。

②采购费用使用效率(采购费用率＝本期采购费用总额/本期物资消耗总额),将实际采购费用率与计划、上期实际或者同行业先进水平进行比较,据以确定采购成本效益的高低。同时,审计物资采购费用的分配比例是否合理。所购材料的采购费用,若能分清应由哪种材料负担的,可直接计入该种材料的采购成本;分不清的,则应按所购各种材料的买价或重量进行分摊。审计人员应采取复算的方式审计其分摊是否合理。

(三)采购合同的审计

采购合同是根据物资采购计划以及生产和经营的需要而签订的。全面完成进货合同是完成采购计划的重要保证。审计合同的合法性和可行性,检查合同履行情况是材料物资审计的一项重要内容。审计过程中,应查明以下事项。

1.审计合同的可行性

审计合同的可行性即合同内订购的材料是否符合物资采购计划要求和生产部门的需要,并符合生产进度安排和经营需要,以防止停工待料或影响供应。如工业企业生产部门材料请购申请单的需求量多,而合同订购的少,则需要增加订购量;反之应减少订购量。审计时,以某一时期的合同订购量与该期实际生产经营所耗材料量加该时期计划储备量减期初存量之差相比较,如前者大于后者,意味着本期储存可能增加;相反,则意味着合同订购未能满足生产需要。

2.审计合同的合法性

对合同合法性的审计,在合同签订前,应就合同是否以《合同法》为签订依据、供应单位是不是独立的经济法人进行信用询证,从而保证预付货款的安全。合同签订后,应审核合同签署者是否具有法人代表资格,其他内容是否符合《合同法》规定的条件,订购的品名、规格、数量、价格、质量、包装、运输、交货方式、付款条件是否具体、明确,有无疏漏的情况,购销双方承担的责任是否公平合理。此外,还应着重审计是否有人利用合同进行违法活动,尤其应关注以下方面。

(1)采购人员与外单位不法分子串通勾结,签订假合同,以骗取货款,或从中以回扣或其他形式索贿受贿。

(2)参与合同签订的人员玩忽职守或故意互相串通,没有严格按照签订合同的规定和条件签订合同,造成某些条款的漏洞,从而给企业造成重大损失。

(3)企业以协作为名,通过签订合同为外单位代购国家专营或计划供应的商品,牟取暴利。

(4)签约对方借合同条款规定不详或不确切,故意刁难,使企业造成损失。对此,应建议通过法院解决纠纷,追回损失。

3.审计合同的执行情况

采购合同的执行是完成采购计划、最终完成采购业务的重要环节。主要通过合同执行记录进行审计,将其和材料物资采购、库存明细账记录等有关凭证相核实,并与到期应予履行的合同进行核实,查明以下弊端和问题。

(1)合同未能按期如数履行。通常可先核实到期应予履行的合同数,并将这些合同逐个与材料、商品采购或库存明细账中的相关进货业务进行核对,以审计合同上的购货内容是否按期如数地进行了采购,如合同中有的材料采购业务,而账上没有,则意味着这些合同内容未能实际履行。为此,应进一步查明合同未予执行的原因,明确相关责任。

(2)合同已履行,但相应的进货长时间没有验收入库。这类情况通常意味着可能发生物资采购业务纠纷,且尚未得到解决。由于业务纠纷大多与合同本身的缺陷相关,因此,这类问题仍然属于合同审查的内容之一。审查时,可通过材料或商品采购或库存明细账,与预付账款和应付账款或应收账款账户记录逐笔核对,以查明货款已付而物资尚未入库的采购业务,并进一步追查与此相关的合同缺陷。

【例7.2】港口堆存费的不合理扣除。

审计人员在检查某公司发票的时候,发现合同价和发票价不一致:合同中约定产品在港口堆存不超过40天时,港口堆存费由供应商承担,但是在检查发票的时候发现发票的价格和采购价格不一致,高出采购金额120万元。

根据以上情况,审计人员首先与采购部门进行了初步的沟通,对于这个情况,采购人员解释为原材料采购难度大、供应商涨价的结果,并未提供后续的报价资料。在此情况下,审计人员将此批材料的到港时间和运输时间进行了数据收集和整理,确定运输时间在合同约定的范围内,不存在发生港口堆存费的问题。于是审计人员第二次直接找了采购部门负责人进行沟通,当时安排负责这家供应商的人员与供应商进行了沟通,确认是在发票中开具了堆存费,是因为供应商的财务在开具发票时,没有确认是否需要收取堆存费,就直接开具了堆存费进行收取。在原因明晰后,供应商在下一批次的价格上进行了处理,挽回了被审计公司近120万元的损失。

通过此案例,需要审计人员明晰的是公司应当承担的费用情况,如运输费、包装费用、损耗、堆存这些费用,是否约定了严格的合同执行时间,在合同约定外是如何处理并采取了哪些措施,从而确保公司利益不受损失和影响,实现了绩效审计的经济性目标。

(四)采购方式及采购数量的审计

1.采购方式的审计

目前企业物资采购方式主要有以下几种。

(1)市场购买。这主要适用于需求量不大,市场上可以任意购买到的物资。

(2)合同采购。这是与供货单位签订供货合同以固定供应关系的一种采购方式,它适用于生产稳定、产品定型、需求量比较大的物资。

(3)邮购网购。对于用量少,本地难购买到,派人直接采购又不经济的物资,可以通过邮政电信或者互联网订货的方式进行采购。

审查时,主要是将各种可能的采购方式与所选用的采购方式进行比较,进行成本效益分析,确定最佳采购方式,并以此评价企业所选择的采购方式是否最优。由于采购方式不同,供应单位的选择范围也不同,这就涉及采购地点和供应商的选择问题,不同的供应商的信誉及所给予的信用政策不同,所销售商品的质量也有差异,不同的地点,运输条件不同,进而影响采购成本。因此,在审计采购方式的合理性时,还应评价被审计单位所选用的供应商和采购地点。

2.采购数量的审计

采购数量也即经济订货批量。确定经济订货批量是从成本角度来考虑采购和物资储备的一种控制方式,通过合理的进货批量和进货时间,使存货的总成本最低。与物资储备有关的成本包括订货成本和储存成本,它们随着订货次数和订货数量的变化互为消长。一般来说,订货次数越多,全年的采购总成本也越多,如果订货次数减少,仓库的储备量就增加,库存物资的周转就慢,储存成本就增加。经济订货批量就是订货成本与储存成本之和最小时的批量。经济订货批量的计算公式为:

$$Q = \sqrt{\frac{2RD}{K}} \tag{7.3}$$

其中:

Q 为经济订货批量;

R 为每次订货成本;

D 为物资年需要量;

K 为每单位物资的年储存成本。

对采购数量进行审计时,可将被审计单位实际采购数量与计算的经济批量进行对比,审计实际采购数量是否合理,并计算费用差异,找出适合企业的最佳采购数量,提高采购的经济效益。

【例 7.3】某企业每年耗用某种材料 12800 千克,该材料单位成本为 10 元,单位储存成本为 2 元,一次订货成本为 5000 元。则:

$$每次经济订货量 = \sqrt{\frac{2 \times 12800 \times 5000}{2}} = 800(千克)$$

第三节　物资存储绩效审计

一、物资存储绩效审计的目标

物资存储绩效审计的目标是为物资存储业务的目标服务,确保物资存储业务的经济目标、财务目标和合规目标得以实现并且更有效率地实现,从而提高企业供应业务的绩效。同时,物资存储业务这三方面的目标实现,为物资存储绩效审计的目标实现提供了基础。

物资存储绩效审计的目标是基于被审计单位内部控制制度和管理制度,审计被审计单位的物资存储保管情况,其主要目标包含以下两个方面。

(一)评价物资存储计划的合理性

合理的物资存储计划和良好的存储管理可以保证生产经营的需要,减少储备资金的占用,降低存储成本,以实现生产经营的顺利进行。

(二)评价物资存储情况的合理性

物资存储和管理对企业生产经营起着至关重要的作用,是不可忽视的审计目标。

二、物资存储绩效审计的依据

物资存储绩效审计包括内部控制制度的审计、存储计划及其执行情况的审计、存储成本的审计、物资存储管理的审计,以及有关部门经济责任履行情况的审计等,进行物资存储绩效审计,需收集以下几方面的材料:

(1)计划、定额和预算资料。主要包括存储计划、存储定额、存储成本预算。

(2)会计、统计和其他业务核算资料。主要包括物资存储有关凭证,例如验收单、入库单、发票、出库单等。

(3)其他相关资料。主要包括存储业务规章制度、企业作业手册、质量检验报告、存储部门使用的计算机信息报告等。

三、物资存储绩效审计的内容

(一)存储控制的审计

存储控制是指控制物资的储备量,使物资储备量经常保持在一个经济合理的水平。物资储备超过定额,就会占用较多的流动资金和仓库面积,同时物资长期存放,会损坏变质。物资储备若低于定额,则会增加物资的短缺成本,影响生产的正常进行。因此,必须合理地控制物资存储量。

控制物资的储备量以物资储备定额为标准。物资储备定额包括最高储备定额、保险储备定额、最低储备定额和季节性储备定额。审计时主要看这几种定额制定方法是否科学,计算方法是否正确,所订的定额是否既能保证生产的需要,又能减少储备量,节约资金。

最高储备定额的计算方法有两种,一种是经济批量法,另一种是供应期法。经济批量法在前文已有介绍,主要审计经济批量的计算是否正确,保险储备定额计算正确与否。供应期法是指根据供应间隔期的长短和每日平均耗用量,同时考虑物资使用前的准备天数和保险天数来确定。计算公式如下:

$$经常储备量＝该物资每天平均耗用量×(供应间隔天数＋使用前准备天数) \quad (7.4)$$
$$保险储备量＝该物资每天平均耗用量×保险天数 \quad (7.5)$$
$$某物资最高储备定额＝该物资每天平均耗用量×(供应间隔天数＋使用前准备天数$$
$$＋保险天数) \quad (7.6)$$

由上面几个公式可见,最高储备定额、经常储备量和最低储备定额存在如下关系:

$$最高储备定额＝经常储备量＋最低储备定额 \quad (7.7)$$

季节性储备定额是指受季节性生产和季节性运输影响而不能正常供应物资的情况下,为保证生产正常进行所必须建立的物资储备量。审计时主要看其季节性储备天数的计算是否正确。计算公式如下:

$$季节性储备定额＝季节性储备天数×每天平均耗用量 \quad (7.8)$$

确定了储备定额,就可以控制实际储存量,使之保持在一个合理的水平,既不至于储备过高而增加储备成本,也不会因储备过低而影响生产的正常进行。审计被审计单位提出的订货或采购的时间,订货批量;审核订货方式;审计实际库存控制的有效性,有无不合理的库存积压,或出现存货短缺的情况;审计被审计单位是否根据生产变化及时调整订货或采购等。

(二)物资储备计划完成情况的审计

1. 对物资储备计划完成程度进行审计

审计物资储备计划完成情况可将实际储备量与定额储备量进行比较,如果实际储备量高于最高储备定额,则表明物资储备过多,造成积压;如果实际储备量低于最低储备定额,则表明储备不足,存货短缺,会影响生产。同时,确定超额或未完成的数额,并与上年同期物资实际储存数进行比较,分析上升或下降的趋势及原因,可以通过编制《物资储备计划执行情况表》进行提示。超额储备或未完成的储备量都是储备计划完成情况不好的表现。

【例7.4】某钢材厂每天平均耗用材5吨,供应间隔天数12天,保险期5天,则:

保险储备定额(最低储备定额)＝5吨×保险期5天＝25(吨);

经常性储备定额＝5吨×供应间隔天数12天＝60(吨);

最高储备定额＝5吨×(供应间隔期12天＋保险期5天)＝85(吨)。

该钢材厂10月份由于采购不均衡、不及时,致使7—10日不得不动用保险储备,11—15日实际储备量为零,出现停工待料,到20日实际储备达到100吨,超过最高储备15吨,造成材料积压。可以看出,该钢材厂10月份物储备计划的完成情况不佳。

在审计时,如发现超储备积压物资,还要审计被审计单位是否采取了措施,以及措施的有效性,在对积压物资进行降价处理时,还应查明是否存在营私舞弊行为。

2.审计材料商品储存计划执行的合理性和合法性

审计人员可以根据物资储备计划执行情况表,结合物资库存结构分析和市场预测资料及调查研究的情况,评价物资储存的合理性并分析其形成原因。

(1)查明物资库存中是否存在由于决策失误或销售不力及其他原因造成的积压,并确定积压数额。

(2)结合库存情况调查,确定由于盲目采购造成积压的物资。形成原因可能是采购人员工作失误,或购进人情货,以及其他原因。

(3)查明库存中的假冒伪劣、走私商品物资。假冒伪劣物资不仅会影响生产的正常进行,还会影响产品的质量。对于物资储存计划的审计,主要审计物资储存业务的真实性和合法性。对于上述不合理、不合法事项的审计,审计人员只能掌握一般情况,要查明原因,还须结合采购、储存业务的审计进行核实取证。

(三)仓库设置及管理制度的审计

1.仓库设置的审计

对仓库设置的审计主要审计仓库的位置能否有利于厂内物资流程的经济性和合理性;仓库的建筑材料能否保证储备物资的安全性,防止外部自然因素对物资的影响;仓库内部空间布置是否适合企业物资的存放和便于管理的要求,这也关系到仓库面积的利用程度和仓库作业效率;仓库的设备投资是否达到最低要求。

2.仓库利用的审计

仓库利用的审计要点有如下方面。

(1)仓库内的规划是否合理,物资在仓库内是否分区段存放,并按不同种类、规格设置柜、架箱等分别存放。

(2)物资的堆放方法是否科学合理,是否实施了"五五堆放、四号定位"等方法,有无实效,是否真正便于快收快发,便于检验、装运、盘点和计算,使仓库面积得到充分利用。

(3)仓库是否得到有效利用,可以用仓库面积利用率指标来评价,计算公式为:

$$仓库面积利用率=(已利用的仓库面积/仓库总面积)×100\% \qquad (7.9)$$

对仓库利用的审查,一方面可以挖掘仓库利用的潜力,另一方面可以发现是否存在物资堆放混乱、过多占用仓库储存空间的情况,并提出改进建议。

3.仓库管理制度的审计

仓库管理制度的审计主要是审计出入库制度、定期盘点制度、安全制度等是否得到严格执行。

(1)对于物资出入库存的审计,应查明是否遵循了一定的程序,手续是否齐全,不相关职务相分离,以保证购入的物资切实转入库存。发出物资也应有相应的审批手续,发出及时有效,并保证物资的安全完整。

(2)审计物资在保管过程中的账卡档案等是否健全完整,仓库与财务、供应部门是否定期对账,账卡是否相符,是否定期盘点,管理是否有效,能否及时了解和反映供、需、耗、存等情况。

（3）审计仓库储存物资的安全性。审计仓库保管工作是否做到"十防",即防锈、防潮、防腐、防蛀、防尘、防爆、防变质、防漏电、防磨、防火等;有无不正常的损坏变质和损耗。

审计时,还需对仓库管理方式进行审计。库存物资品种繁多,但价值、规格、重要程度、资金占用量及需用量各异,对物资进行分类管理,不同物资采用不同的管理方法,做到既重点管理又能照顾一般。

拓展资源 7.2 物类分类管理法

(四)物资保证程度的审计

物资的保证程度体现在物资能够及时足量地满足生产的需要。主要审计有否出现停工待料情况,对产量、产值造成怎样的影响,有没有相应的应急补救措施;审计时还要结合采购计划的审计,审核现有的库存量可使用的天数,与供应间隔天数相比较,观察造成停工待料事故的可能性。物资保证程度主要用物资可供使用天数来反映,其计算公式如下:

$$某物资可供使用天数＝某物资实际库存量/某物资平均每天耗用量 \qquad (7.10)$$

审计人员审计时如发现被审计单位的物资保证程度不够,可能影响生产的正常进行,应建议被审计单位采取相应的措施。

【例 7.5】某公司的某物资实际库存量为 100 吨,平均每天耗用该物资 1000 千克,根据供应周期,企业正常生产需要物资可使用天数大于三个月,则:

该物资可供使用天数＝100 吨/1000(千克/天)＝100(天)

该企业的物资保证程度较高,且留有余地,富余的材料也不会占用太多的存储空间和成本,能够及时满足生产的需要,符合绩效审计的效率性要求。

第四节　供应环节绩效审计典型案例分析

一、中国人民银行成都分行集中采购审计案例背景

(一)项目背景[①]

2011 年,中国人民银行总行出台《内部审计工作转型 2011—2013 年规划》,把探索开展绩效审计作为内部审计工作转型的主要任务之一。为落实该要求,中国人民银行成都分行（以下简称"成都分行"）以风险和价值增值空间较大的集中采购领域为突破口,持续开展绩效审计实践探索和研究,并拟写《中国人民银行分支行集中采购绩效审计操作指南》。2014年,为印证指南的科学性和可操作性,成都分行选取四川辖内某中心支行开展了集中采购绩效审计。

---

① 根据以下资料改编:中国人民银行成都分行内审处.人民银行某中心支行集中采购绩效审计案例[J].中国内部审计,2016(3):56-60.

(二)审计目标、范围和重点

(1)该项目的审计目标是在对某中心支行集中采购开展遵循性审计的基础上,评价物有所值这一采购核心目标的实现程度,分析影响目标实现的因素,并提出意见和建议,促进集中采购规范管理、物有所值,促进中国人民银行履行职责。

(2)审计范围涵盖 2012—2013 年某中心支行采购的中国人民银行集中采购目录范围内及限额标准以上的货物、服务和工程项目。

(3)本次审计的重点是以中国人民银行集中采购操作流程为主线,围绕管理、预算和计划、采购需求、过程、合同、验收、结算与采购效果等环节进行审计,重点关注集中采购活动的效果和物有所值目标的实现程度。

二、审计过程及方法

(一)围绕物有所值,确立审计目标及构建绩效评价指标体系

物有所值是目前国际通行的政府采购价值理念。2013 年,全国政府采购工作会议明确提出我国政府采购制度的目标要从注重节资反腐向实现物有所值转变。鉴于此,结合中国人民银行分支行实际,成都分行决定将物有所值的实现程度作为分支行集中采购绩效审计的目标,并对物有所值的内涵和外延进行研究,总结梳理集中采购领域物有所值的具体特点。主要包括:物有所值不一定是最低价;物有所值关注采购产品的全生命周期成本;物有所值体现了经济性、效率性和效果性;物有所值应该是质量、成本、效率、风险和社会效益内在统一的多维目标体系。

在梳理物有所值特点的基础上,通过绘制目标层次分析图,对物有所值这一核心目标进行层层分解,构建了质量、价格、效率、公平性、社会效益 5 个一级评价指标和 28 个二级评价指标。同时,考虑采购对象(货物、服务、工程)的不同,对 28 个二级评价指标的适用性进行了明确。

(二)创新绩效分析形式,直观展示绩效影响因素

围绕集中采购绩效审计目标,成都分行采用"鱼骨图"的分析方式,从集中采购管理和采购项目流程两个视角列出了影响集中采购绩效的因素,包括采购组织管理、采购资源管理、采购预算和计划、采购需求、采购过程、采购合同、采购验收和采购结算八个方面。同时,清晰直观地列出每个方面应予以重点关注的内容。比如,采购组织管理应重点对被审计单位的采购组织机构、监督、制度建设等情况进行审计;采购预算和计划应重点关注采购申报核准,采购计划完成、调整以及采购月度分布情况等;采购需求应重点关注其必要性、完整性和变更情况;采购过程应重点关注过程的合规性;采购合同应重点审计合同内容的完整性、合法性及执行情况;采购验收应关注其合规性、及时性和有效性。

(三)绘制流程图,规范审计操作程序

通过设置前期调查表和汇总表,将审计内容或指标转化成统一的表格形式,并根据表格内容,按照准备阶段、现场实施阶段、报告阶段绘制集中采购绩效审计流程图,增强审计操作的规范性,提高审计效率。比如,在准备阶段,通过非现场收集被审计单位集中采购项目情

况,查询相关项目市场供需是否属于节能环保产品等,可以完成对包括价格、社会效益方面的非现场评价,有效缩短现场审计时间;在现场实施阶段,根据前期调查和集中采购项目情况,合理安排审计人员和审计任务,提高现场审计的针对性和有效性。

(四)创新审计方法,提高审计效率

除了运用常规审计手段外,成都分行在审计方法上进行了创新。

一是积极运用计算机辅助审计技术。鉴于中国人民银行各级分支行财务数据具有集中性、完整性和规范性的特点,采用 ODBC(open database connectivity,开放数据互联)接口技术获取财务原始数据,并通过 ETL(extract-transform-load,抽取—转换—加载)数据处理工具将离散的结构化数据(分户账、序时账、会计科目以及科目余额数据单元)进行程序化加工,最终构建出审计所需的二维列表数据。在审计分析中,将分类(分层)汇总、合并计算、关联查询、数据透视等数据分析技术运用到线索扫描、疑点定位等方面,大大提高了审计效率。比如,在分析质保金限额、供应商选择合理性环节,通过关联查询和分层汇总方法对分析对象的关键字进行匹配、过滤和归集,锁定采购项目结算时间和记账凭证号,再与合同约定的支付方式进行比较,判断其资金支付方式的合规性以及选择供应商的合理性;运用分类汇总和数据透视技术针对集中采购项目进行分析,通过不同采购对象(货物、服务、工程)、采购时间等统计维度,比较准确地判断被审计单位不同采购对象采购规模、采购计划的合理性以及采购执行的均衡度等。

二是针对具体采购项目使用者发放问卷进行调查,辅之以询问、实地查看等方式,了解用户对采购产品或服务的真实满意度。比如,货物、服务类项目,主要调查使用者对项目质量、周期、价格、售后技术支持及服务、采购等相关部门提供服务的满意度;基建工程类,主要调查相关人员对工程必要性、质量、装修、功能设计、工期的满意度。

三是比较分析法。此次审计对部分评价指标采用比较的分析方法,对价格、公平性和社会效益方面的指标与同期政府采购平均水平进行了比较,在比较中判断绩效的优劣。

三、审计结果及成效

(一)审计评价、审计发现及原因分析

1.审计评价

(1)总体评价:审计期内,某中心支行采购的产品总体实现物有所值,满足用户需求,但在用户满意度、预算资金编制、采购效率、公平性和节能环保产品采购方面有改进空间。

(2)质量评价:审计期内,采购产品质量总体较好,除个别采购项目由厂家提供免费维修外,其余采购项目均未发生故障情况;抽查部分采购项目,通过查询相关产品行业技术标准和国家政府采购办公家具和计算机设备配置标准,某中心支行采购的产品配置适当;验收过程中未发现采购产品有质量问题,需求部门对采购的大多数产品比较满意,但部分项目满意度较为一般,低于70%。

(3)价格评价:审计期内,集中采购项目实际采购价格与市场平均价较为接近,实施的17个项目共节约预算资金××万元,节约率17.75%,高出同期政府采购6.75%。但调查显示,一些货物规格、标准统一,现货货源充足且价格变化幅度小的采购项目,预算资金编制不

够科学合理。

(4)效率评价:审计期内,集中采购项目未发生流标、质疑投诉等影响采购周期的情况,大多数采购项目周期符合制度规定。但调查显示,存在部分采购项目周期偏长以及采购规模偏小等问题,一定程度上制约和影响采购效率。

一是部分采购项目周期偏长。据统计,审计期内有7个项目采购周期(下达采购任务单到发出中标通知书的时间跨度)超出中国人民银行相关制度规定。此外,个别项目从提出需求申请到下达采购任务单历时4个月。

二是采购规模总体偏小。据统计,审计期内平均单次集中采购量为11.77万元,低于2万元的采购项目有9个,占项目总数的52.90%。

(5)公平性评价:审计期内,大多数采购项目采购方式适当,程序合规,但部分项目在实施过程中,存在一些不符合公平性原则需进一步改进的情况。主要表现为:个别复杂的安装工程项目采用询价方式采购;部分采购项目,涉及采购金额××万元,在采购需求书中指定产品品牌,不符合采购需求的开放性和非歧视性原则;个别项目应纳入未纳入集中采购,而是采取续签合同的方式确定原供应商提供产品或服务;采购信息公告范围有限,未按国家规定向社会公开采购信息。

(6)社会效益评价:审计期内,集中采购在支持国内中小企业发展方面较为突出。据统计,集中采购中小企业的总采购额占17个项目总采购额的84.91%,高于同期政府采购8.21%。但调查显示,某中心支行在节能环保产品采购方面还不够理想,审计期内采购环保、节能产品占同类产品的比重为77.95%和36.32%,分别低于同期政府采购的4.00%和50.00%。

2.审计发现及原因分析

(1)中国人民银行中心支行集中采购难以发挥规模效益。审计期内,某中心支行开展集中采购目录范围内的项目17个,年均规模仅××万元,其中按集中采购程序采购冰箱、空调、电视机、热水器等金额小、价格透明、竞争充分的项目多达9个,而且每个项目采购的数量有限,如热水器、冰箱项目分别为1台,难以发挥集中采购的规模优势。

原因分析:

一是与政府集中采购机构代理同级政府所有部门的集中采购规模相比,某中心支行集中采购是在总行、分行授权下,按管理与操作职能相分离的内部控制机制自行组织开展,规模小,类别少。目前,某中心支行自行组织开展的集中采购项目主要包括冰箱、空调、电视机、家具、房屋维修、物业管理服务等项目。

二是年度内对集中采购项目的统筹安排不够合理,对一些同类型的项目分批次采购,影响集中采购规模效益的发挥。比如,2012年开展2次捆钞机采购、2013年开展3次空调采购。

(2)采购计划调整频繁。据统计,某中心支行审计期内集中采购计划为××万元,调整计划××万元,调整率为36.47%。

原因分析:中国人民银行分支行未编制采购预算,而是在相关费用指标核批范围内开展采购工作,采购的具体项目、采购项目的合理性缺乏相应控制,有的需求部门到急需时才临时申报采购,以致临时追加(减)项目频繁。

(3)大部分采购项目未进行需求专业化论证,制定的采购需求科学性不够。比如,凭主观经验编制预算,缺乏对当期市场行情的充分了解,部分项目预算与实际采购价格之间偏离较大。

原因分析：一是需求部门计划安排不合理，急需时临时申报采购项目，时间紧，忽略采购需求的论证工作。二是部分项目如物业管理、工程维修等项目专业性强，需求部门缺乏相关专业人员。

（4）采购流程不合规。存在未按评审人员推荐中标人候选顺序确定中标人、个别项目评审分值和评标基准价设定不合规、合同条款与招投标文件不一致、签订程序不合规、验收记录简单等问题。

原因分析：某中心支行集中采购项目少、规模小，配备的采购人员和评审人员均为兼职，对《中华人民共和国政府采购法》《中华人民共和国招投标法》等法律法规以及中国人民银行集中采购管理及操作规程缺乏深入的学习和领会，对一些条款的理解不够。

（二）审计成效

1.促进了被审计单位集中采购管理水平的提高

审计报告反映的问题、提出的审计意见和建议，得到被审计单位的重视，被审计单位专门召开专题会议落实整改。2015年初已先后接入中央国家机关采购网和地方政府采购网，开始利用电子平台采购金额小、价格透明、竞争充分的通用项目。要求各部门年初申报采购计划，集中采购主管部门加强对采购计划的监督检查，减少采购的随意性。探索开展项目论证，重点审核项目的必要性、可行性及预算编制的合理性等。

2.促进了中国人民银行系统集中采购管理制度的完善

一是被审计单位层面。对原有集中采购管理制度进行梳理，进一步明确了采购工作中相关部门的工作职责，同时修订了集中采购管理流程控制图。二是上级行政层面。审计报告引起总行有关司局和成都分行的重视，为总分行修订完善相关制度提供了参考。2015年中国人民银行总行会计财务工作会议明确提出"要从务求实效角度，按照物有所值目标，研究改进集中采购管理"；成都分行对相关制度进行了修订和补充，包括修订管采分离的内部控制工作机制、"采委会"和"采购办"的工作职责、权限，补充完善与集中采购相对应的分散采购、零星采购的定义和范围。

3.形成了规范通用的操作指南

在对某中心支行审计实践的基础上，成都分行加强经验总结，多次修订，形成了中国人民银行系统的《集中采购绩效审计操作指南》。2014年11月，成都分行在中国人民银行总行内部审计转型新业务培训班上作了经验交流。

四、思考和启示

一是绩效审计应以审计目标作为逻辑起点，更加突出项目特点。经济性、效率性和效果性是绩效审计的一般目标，围绕"三性"设计指标进行评价，是绩效审计的主要思路。但实践中要严格区分"三性"往往存在一定困难，尤其是经济性和效率性方面的指标。成都分行开展集中采购绩效审计时，抓住"物有所值"这个关键点，改变以往机械地按照"三性"进行评价的模式，而是将"三性"融入具体项目中，突出了项目的特点。

主题讨论
供应环节绩
效审计中的
"3E"

二是绩效审计应结合项目特点,选择适当的分析方法。成都分行此次采用"鱼骨图"的分析方法,直观地列出了影响集中采购绩效的因素,体现了问题导向和风险导向。在其他审计项目中,也应结合项目特点,选择适当的分析方法,按照问题导向和风险导向确定审计重点,提升审计效率。

三是绩效审计评价标准有待进一步验证。成都分行开展集中采购绩效审计,选用的标准主要来源于法律法规、制度、政府采购平均水平等,受审计资源的限制,对一些标准直接采取了"拿来主义",这些标准的科学性和合理性有待验证。

本章小结

从经营、财务、合规三个方面阐述了企业采购和存储业务的目标和风险。在内部控制设计中,采购业务需要从物资供应职责界定、物资计划编制与审核、采购渠道的确定与控制、采购价格确定与控制、框架协议和采购合同签订与审批、供应商过程控制、采购资金使用和控制以及绩效评价、考核与监督八个方面细化风险控制流程。存储业务需要从存货入库、登记存货账簿和表格、执行存货仓储保管工作规程、存货出库、存货盘点、存货处置、存货核算七个方面细化风险控制流程。

企业供应绩效审计就是对企业物资采购及物资存储管理的经济性、效率性和效果性进行审计监督,以促进供应业务有效地进行,保证企业整体经济效益目标的实现。审计依据包括计划、定额和预算资料;会计、统计其他业务核算资料和其他相关资料。企业物资采购绩效审计的审计目标是评价物资采购相关部门职责分工及其协作关系的恰当性、评价物资采购计划的合理性、评价物资采购计划执行的有效性和评价物资采购成本的经济性。审计内容包括:被审计单位物资采购业务内部控制制度的审计、采购计划及其执行情况的审计、采购合同的审计、采购方式及采购数量的审计。

物资存储绩效审计的审计目标是评价物资存储计划的合理性、评价物资存储情况的合理性。审计内容包括:存储控制的审计、物资储备计划完成情况的审计、仓库设置及管理制度的审计、物资保证程度的审计。

本章思考题

1. 简述制造业企业供应环节经济业务处理的流程。
2. 从采购和存储两个角度简述企业物资供应业务的目标和风险。
3. 企业供应环节绩效审计的依据有哪些?
4. 物资采购绩效审计的目标是什么?
5. 物资采购绩效审计的内容包括哪些?
6. 物资仓储绩效审计的目标是什么?
7. 物资仓储绩效审计的内容包括哪些?

学习目标

1. 了解企业生产环节业务流程；
2. 熟悉企业生产环节绩效审计的主要方法；
3. 掌握成本管理绩效审计的程序和重点内容；
4. 熟悉人力资源绩效审计的程序和重点内容；
5. 了解设备管理绩效审计的程序和重点内容。

引例——东方饮料厂易拉罐项目绩效审计[①]

东方饮料厂是 A 市规模较大的一家饮料制造企业，主要产品为多样化的瓶装及盒装饮料。东方饮料厂于 20×2 年开始投产易拉罐饮料，20×7 年，东方饮料厂实现总产值 3400 万元，较上年同比增长 26%，年末产成品数量亦增长了 26%。但其当年实现利润仅 260 万元，较上年增长幅度为 3.2%，远远低于总产值和产成品的增幅，产出与实际经济效益呈现严重的不平衡状态。对此，A 市审计局决定将东方饮料厂列入当年审计计划，对其生产环节的经济效益进行绩效审计。

首先，A 市审计局根据生产环节绩效审计的特点和东方饮料厂的实际情况，确定了两方面的审计重点内容，包括：①检查生产设备利用情况，是否存在低效率、低运行的问题，分析产生问题的原因，评价设备的使用效率；②检查原材料消耗情况，审查消耗定额是否合理，是否存在可挖掘的潜力，分析定额不合理对企业经济效益的影响程度。

随后，在审计实施阶段，针对生产设备的利用情况，审计人员采用量本利分析法、成本效益法、投资报酬率法等方法对生产设备的利用程度进行分析，发现易拉罐生产线由于市场冷淡造成存货积压，以及专用设备无法转产等原因，生产线的设备使用率只有 50% 左右。另外，易拉罐产品的投产使得企业生产资源被占用，旧产品减产 65%，部分用于生产瓶装、盒装饮料的原有机器设备也处于停用状态。两者导致了企业所拥有的设备的生产能力被严重浪费。

针对原材料的消耗情况，审计人员深入车间对相关生产和技术人员进行访问，同时审阅消耗量较大的薄型冷轧板的消耗定额，发现若通过改进投产程序和生产工艺，每平方米冷轧板可多生产 2 个易拉罐，表明原材料消耗存在可降低的空间。

[①] 根据以下资料改编：叶晓钢. 新编绩效审计实务［M］. 北京：中国时代经济出版社，2012：127-130.

思考:根据实施绩效审计获得的结果,审计人员可以对东方饮料厂的生产环节提出什么样的审计建议?

第一节　企业生产环节业务流程概述

一、生产环节主要业务流程

生产流程是原材料与产成品的单路径动态转换,涉及原材料的领用与产成品成本的核算。在生产过程中,工人与机器设备两个要素对原材料进行赋值,将其改变成为具有全新价值形态的产成品,因此还关乎人力成本和制造费用的计算,由此便可以将企业为生产一定种类和数量的产品或提供的服务所耗用的各种生产资料划分为料、工、费三个层面,即直接材料、直接人工和制造费用,它们共同构成了产成品的生产总成本。这需要企业在生产环节以从供应端领得的原材料为起点,做好"料"的取得、分配和投入工作,结合对"工"与"费"在支付和分摊时的正确核算,选择适当的计算方法得出产品生产成本,作为销售端利润计算的基础。

但在实践中,生产环节并非简化的生产流程可以一言概之,而是生产过程执行系统(MES)的重要组成部分。除了计算产品成本外,还需要对生产进行有效的管理,通过对生产实施阶段加入事前的生产计划和事后的生产控制,便有了生产流程的具体化,生产计划包括生产计划编制、生产组织和生产工艺流程的规划,生产控制则涵盖对生产费用定额管理、生产计划完成情况和产品成本的审查。

总体来说,生产环节处于供应与营销环节当中,如图8.1所示,其主要业务流程包括生产计划、加工生产、产品完工和成本计算。其中,生产计划还需要与存货管理、设备管理、人工薪资相联系,对存货的计划、收入、保管和发放进行管理以控制存货水平,以此对生产计划进行补充。

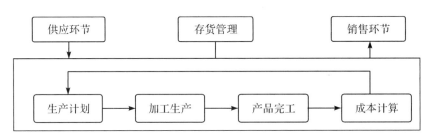

图8.1　生产环节主要业务流程

二、成本管理业务流程

成本管理属于企业管理的一个方面,它的发展历程大致经历了三个阶段,包括经验成本管理阶段、科学成本管理阶段和现代成本管理阶段,各阶段的特点总结为表8.1。

表 8.1　成本管理的发展历程①

阶段	特点
经验成本管理阶段 （14 世纪中至 1885 年）	计算目的:确定产品的价格和销售的损益 空间范围:加工环节中耗费的材料和人工费用,不区分生产成本和非生产成本 时间范围:以事后的记录与核算为主
科学成本管理阶段 （1885 年至 1920 年）	计算目的:控制生产过程,以降低成本从而提高利润 空间范围:间接费用加入分配核算过程,开始分析比较标准成本与实际成本的差异 时间范围:延伸至事中的控制和事前的规划
现代成本管理阶段 （1920 年以后至今）	计算目的:取得持久的成本竞争优势,为企业战略服务 空间范围:由简单的数据积累过程转变为产品价值创造过程 时间范围:涉及整个产品生命周期,且管理中心向事前阶段转移

在现代成本管理阶段下,成本管理是指企业以特定的管理目标为出发点,为降低成本进而提高经济效益而进行的与生产成本有关的核算、预测、决策、计划、控制、分析和考核等一系列经济管理工作。成本管理业务流程如图 8.2 所示。

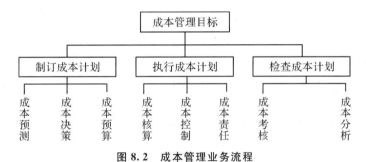

图 8.2　成本管理业务流程

成本预测、成本决策、成本预算属于对成本的事先控制,成本核算、成本控制、成本责任属于对成本的事中控制,成本考核、成本分析属于对成本的事后控制。其中,企业成本决策、成本控制与成本考核部分是本章成本管理绩效审计的重点。

三、人工与薪酬业务流程

不同的企业中,对于人工与薪酬的管理是最可能具有共同性的领域,涉及的主要业务活动如图 8.3 所示。

图 8.3　人工与薪酬业务流程

批准招聘是在衡量现有人工数量饱和度与薪酬可负担性的基础上,拟进行的员工人数变动计划编制,记录工作时间或产量是计算与支付工薪净额的基础数据来源,也是人力资源绩效审计的审查环节之一。

---

① 　根据以下资料改编:余景选.成本管理［M］.杭州:浙江人民出版社,2008:6-7.

四、设备管理业务流程

主题讨论 8.1 生产环节绩效审计方法与分析性程序的联系

生产设备属于生产三要素中的最后一项,它是企业在生产中所需的机械、装置和设施等物质资料的总称。生产设备通常具备较长的使用时间,且在使用过程中能够保持原有的实物形态,其价值转移通过设备的折旧和占用两方面来体现。随着经济和技术的发展,我国制造业逐渐由最初的人力手工劳作为主导向自动化的机械劳作为主导转移,工业企业机械化程度也标志着国家现代化程度和科学技术的发展水平。

企业设备管理的发展大体上也可分为三个阶段,从简单的对于事后维修的关注,到预防性的定期修理管理,最后形成重视设备全过程的综合管理模式,即在设备生命周期中,以企业的生产经营目标为依据,运用技术、经济和组织措施,对设备进行管理,使其生命周期内的费用效益比达到最佳程度,充分发挥设备能效,实现设备综合效益最大化。

设备管理的主要业务流程如图 8.4 所示,内容包括设备的前期管理,指设备从规划开始到投产阶段的管理;设备的使用与维护,影响设备的使用年限、功效效率和工作精度;设备的润化管理,能够为机器保持正常运转提供基本条件;设备的故障管理和状态检查;设备的修理;备件管理;设备的更新改造;动力设备管理等。本章设备管理绩效审计关注事中阶段设备的利用效益实现程度。

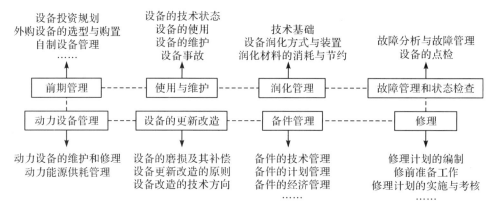

图 8.4　设备管理业务流程

五、生产环节绩效审计的意义

生产阶段在企业价值增加过程中的重要性体现在对产品制造或服务提供行为中各方面活动的计划、协调与实施,它对供应与销售两部分业务起到承上启下的联结作用。从供应端获取必要物资进行生产投入,在生产端通过加工制造获得生产成果,最后在销售端实现生产利润,作为整条供应链的中间枢纽,是否在"链条"运作时对原材料、人力资源、生产设备等进行了有效利用,会直接影响该链条价值创造所能获得的经济效益。

从微观层面来看,当产品单位成本在上述三项要素资源耗费的控制下得到降低,意味着企业安全边际的增加,企业经营管理的基本任务也随着利润的上升而顺利执行,还能为成本领先战略提供竞争空间。从宏观层面来看,单位企业利润越多也能为国家贡献相应比例的应税收入,从而提供更多的资金,投入到社会基础设施建设中。联动作用下反映出生产环节中与原料、人力资源及设备相关的管理模式和手段对增强企业市场竞争能力以及对繁荣社会主义市场经济具备的双重功效。

因此，基于对企业经营管理活动的经济性、效率性和效果性进行审查和评价的目的，有必要对生产环节实施绩效审计，站在企业角度其意义在于以下方面。

(一)生产环节绩效审计有利于企业作出正确的生产决策

成功决策的基础源自能否合理地利用历史数据，适当结合当前生产条件，科学地预测未来发展趋势。开展生产环节绩效审计，可以根据既有的成本数据预测未来各种备选方案可获得的边际利润，从而挑选出最佳的生产方案，进而推动后续环节的顺利运作。

(二)生产环节绩效审计有利于企业进行有效的成本控制

来自物料、人力和设备及其他的相关费用是产品的成本组成部分，而边际利润取决于成本控制水平的高低。开展生产环节绩效审计，能够查明企业生产环节中对于成本计划、定额管理、费用指标等的执行情况，及时采取调整措施，将各项成本控制在标准范围内，从而实现降低产品成本的目的。

(三)生产环节绩效审计有利于企业完善成本管理体制

产品成本的降低并非单一的源于成本在标准限额内的控制，还依赖生产计划中的成本管理。开展生产环节绩效审计，通过细致审查企业既定成本计划的完成情况，了解实际数值与计划数值间的差异原因，可以对计划本身进行总结和完善，为下一期成本管理工作提供经验，使得生产计划更加贴合"实际与经济"。

第二节　成本管理绩效审计

成本管理绩效审计是以提高经济效益为最终目的，对成本预测的可靠性、成本决策和成本计划的先进性与可行性、成本计算的正确性以及成本控制的有效性所进行的审计评价活动，其本质在于利用既有的成本核算资料，包括原始数据、计算过程和核算结果，以及与财务报表相关的信息，选择恰当的审计方法，对成本管理活动及其效果加以审查与评价。成本管理绩效审计是促使企业改善经营管理的重要内容之一，亦是降低成本提高经济效益的有效手段，最终为企业长远战略所服务。在现代成本管理阶段，随着其时间范

主题讨论 8.2
企业自动化
程度对生产
环节绩效审
计的影响

围从简单的事后管理转变至事前、事中、事后的全阶段管理，成本管理绩效审计也可以随之定义为成本决策绩效审计、成本控制绩效审计和成本效益绩效审计。

一、成本决策绩效审计

(一)成本决策绩效审计中的相关成本与不相关成本

成本决策，是对各项短期经营方案的可实现结果进行相互比较，衡量损益，以确定最优方案的事前行为。经营管理人员对于决策的选择是否合乎常理，能否体现经济性、效率性，

与企业短期的经营目标和长期的战略部署息息相关。其中,成本数据便是影响决策有效性的关键因素之一,要求决策人员充分利用既有的成本数据进行可行性研究,进而实施备选方案的抉择。成本决策绩效审计,则是利用成本数据模拟决策过程,为确定的最优方案提供客观依据,同时也能供企业及时调整经营方向,发现偏离正轨的不当方案,作出挽救经济效益更佳的决策。

由于成本数据的重要性,需要在成本决策绩效审计中对发生的成本进行人为判断和划分,除了财务报告成本核算中的生产成本,还需要考虑决策成本。决策具有两个特点,包括面向未来和比较差异,以此为基础将成本划分为相关成本与不相关成本,审计人员需要充分运用职业判断,区分哪些信息是与决策有关的并加以权衡,哪些信息是与决策无关的并予以剔除。

1.相关成本

相关成本是指会随着决策结果的变化而改变的成本,包括边际成本、机会成本、重置成本、付现成本、专属成本、差量成本等。

边际成本,是指会随着单位业务量的变动而增减,即产量增加或减少一个单位所引起的成本变动。

机会成本,是指在资源受到约束的情况下,为选择一项计划而放弃其他计划所付出的代价或失去的利益。例如,企业选择使用可对外出租的厂房用于生产,其所失去的租金收入便是生产产品所付出的机会成本。机会成本是相对而言的,它并未实际发生,也不反映在会计核算过程,但它是审计人员进行成本决策绩效审计所不能忽视的重要因素。

重置成本,是指从当前市场中以现行价格重新购买一项已有资产所需支付的成本,又称现时成本。当企业在决策时需要使用其现有资产的情况下,应当将资产的重置成本而非账面价值作为决策依据。

付现成本,是指需要最近期间或以后支付现金的成本。总成本高而付现成本相对较低的方案有利于企业保持健康的现金流量,且最优方案应当与企业的实际支付能力相匹配。例如在企业货币资金余额为2000万元的情况下,需要购买一台机器设备,A设备的市场价值为2000万元且需要一次性缴清货款,B设备的市场价值为3000万元但可以选择分期付款。在这种情境下,购买B设备是相对更优的选择,因为它不会使得企业现金流陷入断裂的危机,而其中多支付的成本能够在企业未来短期的生产恢复中得到补偿。

专属成本,是指专门为生产某件产品或采取某项方案所发生的额外成本,如专门为生产新产品所发生的机器的折旧费,其具备明确的归属方向。

差量成本,是指备选方案预期成本总额的差异数。如自制原料的成本为40元,而外购原料的售价为45元,两者的差量成本为5元,则选择自制原料更为合理。

2.不相关成本

不相关成本是指相关成本以外的成本,是无论决策结果如何都不会有所变化的成本,因此对于未来决策没有影响,不需要纳入考虑范围,如沉没成本、共同成本、不可避免成本等。

沉没成本,是指在历史决策下产生的、发生在过去的成本,当前以及未来的决策无法对其作出改变和补偿。如企业为购买设备所付出的代价便是沉没成本。

不可避免成本,是指通过管理决策行动也不能改变其数额的成本,约束性固定成本是其中的一种。它们是在企业确定的生产经营能力和组织机构下发生的,不会被短期经营决策所影响,如现有厂房、建筑物等长期资产的折旧费用。

共同成本,是指不同决策方案需要共同分担的成本,具有无差别性的特点。例如,联产品的联合成本、车间的取暖费和照明费等。

(二)成本决策绩效审计的程序

1.明确审计目标

成本决策绩效审计,首先应当根据企业的当前实际状况明确问题方向,提出审计目标。例如,在企业经营的某项产品发生亏损的情况下,是否应当立即停产而将资源分配至其他产品,还是存在继续生产的理由? 在企业需要一定数量零部件用于进一步加工的情况下,选择自制还是外购更为有利? 在企业存在剩余生产能力的情况下,是否可以接受客户要求的低于企业市场行情的附加订单? 简单加工即可出售的半成品是否有必要进行深加工作为产成品进行出售? 在企业资源紧缺的情况下产品的生产顺序又应当如何安排? 只有明确了审计目标,才能进行审计计划的安排,进而帮助企业提高效益。

2.比较可行方案

在明确审计应当解决的问题后,需要在多个备选方案中权衡利弊。例如,在市场行情向上、顾客需求大幅提升的情况下,企业如何增加产能且保持成本优势? 解决这一问题有多种选择,包括购置具备生产能力的全新设备,租用第三方设备,或是在停产销量不佳的产品的同时将原有设备用于需求旺盛的产品的生产。在衡量这些方案成本与收益的同时,还应当注意放弃增产保持现状能为企业带来的收益。

如果需要鉴定的备选方案过于繁杂,审计人员应当首先排除经济效益明显落后的方案,然后再对剩下的方案进行逐一审查与相互比对。

3.计算相关成本

很多情况下,方案的比较难以用简单的文字进行说明,同时也会增加审查的困难。因此,成本决策绩效审计应当利用成本数据资料,对相关成本进行具体计算和比较,进而用数据结果审查各个方案的优点与缺点,相关成本的计算步骤通常是全部成本扣除不相关成本后的差额,也可以是多个相关成本的汇总。当存在相关增量收入时,则应当将差异利润作为审计依据。

4.考虑其他因素

在某些情况下,除了成本和收益的计量,还存在某些影响决策结果的不可计量因素,这些因素往往来自经济政策或社会效益,例如企业的某项产品具有高额利润且需求旺盛,但其在生产过程中会导致大量废气的排放进而造成单位企业废气排放额的超标,在此情况下,即使存在超额利润,审计人员也应当提出停止生产的审计建议。

5.作出审计结论

成本决策绩效审计的最终目的是通过上述程序,分析企业经营决策是否符合最优方案的要求,并据此提出审计意见和建议。

(三)成本决策绩效审计的内容

1. 成本决策的评价方法

(1)差量分析法

差量分析法主要是通过差额利润进行决策的方法,差额利润由不同方案的差额收入减去差额成本得出,当差额利润大于零的时候,意味着前一个方案所能获得的经济效益更为显著,反之则应当选择后一个方案。

在差量分析法下,由于仅考虑与决策相关的收入和成本,因此在备选方案个数较少的情况下计算较为简便,但当存在较多数量的方案时,由于需要逐一计算两两比较,审计过程会变得十分烦琐。

(2)边际贡献分析法

边际贡献分析法的分析基础是各个备选方案的边际贡献额大小,边际贡献是销售总收入扣除变动成本后的差额,不考虑稳定不变的固定成本这一因素,另外当存在专属成本时,还应当单独减去该方案下所发生的专属成本。

(3)本量利分析法

本量利分析法需要利用成本、产量和利润的相互关系进行审查。通过本量利分析确定的保本点、安全边际及换算结果,可以较为方便地判断各种方案下企业利润的大小层级。

2. 亏损产品是否停产的决策审计

在一般常识下,当企业生产经营的某件产品发生亏损且无好转迹象时,往往认为经营者应当立即停止该产品的生产以及时止损,但在成本决策绩效审计中,在划分变动成本与固定成本的情况下,会产生不同的审计结果。

【例8.1】假定 A 企业当前生产甲、乙两种产品,单位产品的相关收益情况如表8.2所示。

表 8.2　A 企业相关产品成本与收益情况

项目	甲产品/(元/件)	乙产品/(元/件)	合计/元
销售收入	200	1000	1200
变动成本	120	600	720
边际贡献	80	400	480
固定成本	40	500	540
利润	40	−100	−60

由于单位乙产品出现了亏损,需要审计人员对是否停产乙产品的决策作出审查。如果单纯地从利润角度来看,停止生产乙产品每件可以避免100元的亏损,从而使得合计利润扭亏为盈至40元。但实际上,短期内即使不再生产亏损产品,但其所发生的固定成本500元属于非相关成本,与是否停产不存在联系,因此一旦停产,乙产品所产生的400元的边际贡献将会消失,但500元的固定成本依然存在,从而使得总亏损扩大至460元,因此出于乙产品的边际贡献能够抵减固定成本的支出从而减少亏损的目的,在短期内应当继续进行乙产品的生产与销售。

通过本案例的审查分析可以说明,如果企业当前的生产能力无法进行转移,在亏损产品所能提供的边际利润大于零的情况下,就不应当停止亏损产品的生产,而应该寻找降低产品成本的方法,例如通过提高产品售价等增加边际利润对固定成本的抵减效果。

但当企业的生产能力能够进行转移,且所转产的新产品创造的边际贡献大于原有亏损产品时,那么审计结论应当建议立即停止亏损产品的生产并对生产资源和能力进行转移。

3.零部件自制与外购的决策审计

企业加工产品所需的零部件等半成品来源分为自制和外购两种途径,从决策审计的角度,需要比较两种途径的相关成本进而选择成本相对较低的方案,同时应将现有的剩余生产能力是否足够用于零部件的自制这一前提条件纳入考量范围,在剩余生产能力不足的条件下相关成本还应当包括追加投入设备所付出的购买成本,或将其他产品的生产资源进行转产后需要付出的机会成本。

【例8.2】B公司是一家汽车生产企业,接受了10台汽车的订购单,其发动机可以选择自制或者外购。如果外购,单位报价为40000元;如果自制,单位变动成本为20000元,且需要购置一台全新设备,购买价款为250000元。

要求:基于上述情况,作出发动机是自制还是外购的决策。

如果企业选择外购途径,则需要支付共计40万元的购买价款。如果企业选择自制途径,总的制造成本为20万元,但还应当将购买全新设备所付出的固定成本纳入计算范围,因此自制成本总计为45万元,大于外购所需成本,企业应当选择外购。

上面介绍的情况是企业进行自制零部件时,考虑因素不仅包括制造所需的单位变动成本,还包括为自制而发生的专属成本、机会成本等,例如企业将出租的厂房收回用以生产时,则要将损失的租金收入计入自制成本中。另外,在其他条件不变的情况下,如果外购发动机的单位报价上升为60000元,则会得出不同的审计结论。

4.特殊订单是否接受的决策审计

企业有时会收到客户发出的一些特殊的订货合同,这些特殊订单的特征体现在订货价格往往低于现有市场价格,对于这类订单,审计人员应当考虑的是订单所能产生的边际贡献是否能够覆盖发生的相关成本,同时应当考虑接受该订单是否会影响当前既有的正常生产。

【例8.3】C厂总体具备的生产能力共计4000件,已经接受了3000件的销售订单,单价为15元,其成本构成情况如表8.3所示。

表8.3　C厂主要产品成本构成情况

主要成本	单价/元
直接材料	3
直接人工	3
变动制造费用	2
固定制造费用	2
单位产品成本	10

当前有客户向企业以 10 元的单价追加订货,请针对不同情况对企业是否应该接受订单进行决策审计。

追加数量为 1000 件,企业剩余生产能力无法用于其他产品的生产,且不需要投入新的生产设备。

追加数量为 1000 件,企业剩余生产能力无法用于其他产品的生产,需要追加投入价格为 900 元的生产设备。

追加数量为 1500 件,企业剩余生产能力无法用于其他产品的生产,且不需要投入新的生产设备。

决策审计的分析过程如下。

在追加订货价格为 10 元/件的情况下,单位变动成本为 8 元(3+3+2),可以提供 2 元的边际收益,因此应当接受该订单。

特殊订单一共可以提供 2000 元[(10-8)×1000]的边际贡献,扣减专属成本 900 元,仍然存在 1100 元的实际利润,因此应当接受该订单。

特殊订单一共可以提供 3000 元的边际贡献,但需要将无法生产 500 件正常订单所失去的 3500 元的边际贡献作为机会成本纳入核算范围,此时特殊订单会造成 500 元的亏损,因此不应接受该订单。

由此可以看出,生产条件的不同会引起相关成本的改变,进而得出不同的结论。

二、成本控制绩效审计

成本控制分为事前、事中以及事后三个阶段,即在产品整个制造周期中对于相关成本进行把控,管理人员需要对成本控制的方法作出选择与实施,而成本控制绩效审计则是对该项工作的有效性作出评价并提出改善建议。通过梳理成本的形成过程,对路径上的经营活动作出监控和分析,确保有关活动符合与成本相关的目标、计划,及时发现成本差异并加以改进,利用改进后的成本目标实现成本把控进而增加利润的目的。

(一)成本控制绩效审计的程序

1.确定成本标准对象

能否正确分辨成本的标准对象会影响审计的纠偏结果。对于刚刚研发投产的新品,审计标准应当以设计成本和制造成本为基础,对于已经进行过生产和销售的常规产品,审计标准需要在历史成本的水平上考虑当期生产环节的变化,确定是否有必要修改以往经验下的旧标准。这些标准通常包括所需材料、所需工时的消耗标准、工资和制造费用的分配率标准等。

2.选择审计标准的确定方法

在正确辨别了成本标准对象的情况下,应当选择适当的方法对标准进行确定,通常包括定额法、预算法、指标分解法。

(1)定额法。适用于定额管理较为健全的企业,通常用来制定直接材料、直接人工的消耗标准。定额法首先需要明确产品的设计方案与加工过程,梳理产成品所需的材料构成、加工与组装框架等情况,然后利用相似产品的平均定额标准,考虑相应变量后确定。通常以零部件定额标准为起点,加总得到产成品材料与工时的定额作为审计的标准。

(2)预算法。适用于日常会进行预算管理的企业,用来制定制造费用的消耗标准。预算法利用预算数据作为审计标准,企业预算通常可以分为增量预算与零基预算、固定预算与弹性预算、定期预算与滚动预算,预算的确定通常起始于长期销售预算,继而分解确定年度生产所需的成本费用。

(3)指标分解法。适用于生产步骤与生产成本可进行明确分解的企业,采用化整为零的思路,将企业成本逐步划分为层级指标,这里的层级通常以部门或个人为对象。例如,A产品由三个零部件组成,这些零部件出自不同的厂房,由此可将产品总成本分解至三个厂房,作为控制生产成本的标准。

3.比较差异及时纠偏

以事中成本控制为例,依据成本标准对产品生产过程中的用料、用工等资源耗费进行把控,审计人员应当对于脱离成本标准的差异寻找原因,针对工作提出可实现的改进建议,或在实际情况无法改变的情况下,重新确定成本标准。

(二)成本控制绩效审计的内容

1.材料成本控制绩效审计

材料成本奠定了产品的成本水平,提高一单位材料成本耗费所对应的产出,对降低产品成本具有决定性作用。材料成本控制绩效审计,包括对材料消耗量和材料价格的审查,材料消耗量的控制审查又包括以下方面。

(1)严格管理材料消耗定额

在企业具备合理的定额管理体系的前提下,生产中原料和辅料的投入使用应当以产品核定消耗定额为准,对于超过限额的领料原因,要进行严格的审核,对于低值易耗品等种类较多的半变动费用,虽然无法按产品核定消耗定额,也应按加工工时或责任部门核定消耗定额。

(2)及时揭示材料消耗的差异

为确切反映材料在生产中的合理利用程度,需要反映材料的数量差异,揭示定额耗用量与实际耗用量的差异,并将差异同班组经济核算联系起来,作为考核内容,以促使责任部门和部门内个体降低材料耗用。

(3)提高产出产品的质量

产品质量不满足销售要求即为废品,废品通常难以再度投入生产,因此会造成单位产品成本的提高。企业应当对废品率进行审查,明确其是否低于该产品规定的标准废品率,对超标的废品产出情况明确责任归属,以降低甚至消灭产出废品的可能性。

对材料价格的控制审查,则是从控制材料的采购成本和储存成本两方面入手,涉及采购环节的绩效审计。

直接材料成本差异的计算公式如下:

直接材料成本差异＝实际产量下的实际成本－实际产量下的标准成本

$$＝直接材料用量差异＋直接材料价格差异 \tag{8.1}$$

直接材料用量差异＝(实际产量下实际用量－实际产量下标准用量)×标准价格(8.2)

直接材料价格差异＝（实际价格－标准价格）×实际用量　　　　　　　(8.3)

【例8.4】W企业生产主产品的标准成本卡如表8.4所示。

表8.4　W企业主产品标准成本卡

成本项目	用量标准	价格标准	单位标准成本
直接材料A	1千克	15元	15元
直接材料B	2千克	5元	10元
直接材料C	3千克	10元	30元
直接材料合计			55元
直接人工	2小时	3.6元	7.2元
变动制造费用	2小时	1.2元	2.4元
固定制造费用	2小时	4元	8元
主产品单位标准成本			72.6元

若W企业本月投产主产品5000件，领用A材料7000千克，其实际价格为14元/千克，则审计人员对A材料成本差异进行计算得：

直接材料成本差异＝7000×14－5000×1×15＝23000(元)

其中：材料用量差异＝(7000－5000×1)×15＝30000(元)

材料价格差异＝(14－15)×7000＝－7000(元)

分析可得主产品本月耗用直接材料A发生了23000元的超支差异。其中，由于生产部门耗用材料超标造成了30000元的超值，审计人员应当查明材料用量超标的具体原因，为节约材料耗费提供建议。对于材料价格差异带来的7000元的成本节约，也可查明原因作为企业绩效考核奖励的证据。

2.用工成本控制绩效审计

工资成本的控制审查，会随着工资形式的不同而有所差别，工资形式可能存在按生产件数计算、按生产工时计算、按固定数额计算等，同时，奖励、津贴等也会影响单位产品工资成本的变动，审查的目的主要是控制非生产工时的损失以提高劳动生产率，这部分内容将在第四节人力资源绩效审计中予以详述。

直接人工成本差异的计算公式如下：

直接人工成本差异＝实际产量下的实际成本－实际产量下的标准成本

　　　　　　　　＝直接人工效率差异＋直接人工工资率差异　　　　　　(8.4)

直接人工效率差异＝(实际产量下实际人工工时－实际产量下标准人工工时)

　　　　　　　　×标准工资率　　　　　　　　　　　　　　　　　　(8.5)

直接人工工资率差异＝(实际工资率－标准工资率)×实际产量下实际人工工时　(8.6)

【例8.5】承【例8.4】，若W企业本月投产主产品5000件，用工7500小时，实际支付直接人工工资30000元，则审计人员对直接人工成本差异进行计算：

直接人工成本差异＝30000－5000×7.2＝－6000(元)

直接人工效率差异＝(7500－5000×2)×3.6＝－9000(元)

直接人工工资率差异＝(30000－3.6×7500)＝3000(元)

分析可得,主产品本月直接人工成本总体上节约6000元。工资率标准超标造成了实际工资率超值3000元,审计人员查明这是由于企业当月为提高产品质量调用了一批高级技工,造成小时工资率增加了0.4元(30000÷7500－3.6),与此同时,用工效率得到提升,人工效率显著上升所节约的成本减少了工资率上升造成的超支,意味着企业该次生产组织决策的效益是良好的。

3.制造费用控制绩效审计

无法归属至直接材料、直接人工的各项费用属于制造费用的范畴,制造费用可分为固定制造费用和变动制造费用,后者受到效率和耗费两个因素的影响,前者还受到生产能力利用程度的影响,控制制造费用水平的方法通常包括以下方面。

(1)分解指标,明确责任部门。审计部门应当定时审查费用预算制定的合理性,监督和检查预算执行情况,便于了解费用的增减变动趋势,并提出控制建议。

(2)制定制造费用的定额标准。不仅材料和人工,制造费用也可以确定合理的定额标准,审计部门要根据定额标准对费用开支进行监督,促使费用指标的完成。

三、成本效益绩效审计

企业对成本进行决策、控制的最终目的是取得更多的经济效益,所以需要审计人员在成本核算的基础上,审核成本水平的变动情况和成本计划的执行结果,了解成本产出比的变化关系,找到实现高效益低成本的生产途径,以及可挖掘的降低成本的潜力。

(一)成本效益绩效审计的程序

1.审查全部产品成本计划完成情况

对于新增产品,需要将其实际成本与计划成本进行比较,对于原有产品还要将其实际成本同上一年的实际平均成本进行比较,进而考核成本计划的完成情况,以确定两者之间存在的差异。

2.审查产品成本降低任务完成情况

不仅需要对成本计划的完成情况进行审计,还要对企业某些主营业务产品的成本降低任务及完成情况进行绩效审计,这些产品通常占企业生产任务的主要部分,且对总体经济效益具有较大的影响。

3.审查成本经济效益实现程度

成本经济效益的实现程度,可以通过费用效益和总成本效益两个方面予以反映,前者是指劳动三要素消耗与相应产出的比例关系,后者是指总成本与相应的总收入、总产值和销售利润之比。

(二)成本效益绩效审计的内容

1.全部产品成本计划完成情况的审查方法

全部产品成本计划完成情况的审计,可以分别按照产品类别和成本项目两方面来进行,以产品类别为例,全部产品成本计划完成率的计算公式为:

$$全部产品成本计划完成率=\frac{\sum 计划期各产品实际产量 \times 实际单位成本}{\sum 计划期个产品实际产量 \times 计划单位成本} \times 100\%$$

(8.7)

【例8.6】假定D企业20×1年度生产甲、乙两种产品,其中甲为原有产品,乙为新投产产品,其成本资料如表8.5所示。

表8.5 甲、乙产品成本

产品名称	产量/万件		单位成本/(元/件)		
	计划	实际	上年实际平均	本年计划	本年实际
甲	60	50	800	700	690
乙	10	10	—	780	820

根据表8.5的资料,可以编制全部产品成本计划完成率审查表,具体见表8.6。

表8.6 全部产品成本计划完成率审查表

产品名称	本年计划总成本/万元	本年实际总成本/万元	计划完成率/%
甲	35000	34500	98.6
乙	7800	8200	105.1
全部产品	42800	42700	99.8

从审查结果来看,企业全部产品完成了成本计划,降幅为0.2%,但分别从两种产品来看,新投产的乙产品却发生了超支,超支幅度为5.1%,应进一步审查乙产品成本超支的原因。

对原有甲产品进行审查时,还应当将其实际成本与上年实际平均成本进行对比,计算可得上年实际总成本为40000元,大于本年实际总成本,因此甲产品的成本计划完成度良好。

在审查新投产的乙产品时,其成本超支的原因可以考虑是否由于消耗定额和计划成本制定过于保守,或由于生产工艺还不成熟引起材料消耗超过定额以及废品率过高等,查明引起成本超支的原因,才能为新产品接下来在生产环节的成本决策、控制等提供有效依据。

另外,在审查全部产品成本计划的完成情况时,还应当注意区分影响成本升降的主观和客观因素,主观因素通常与生产质量本身有关,如劳动生产率水平;客观因素是指与生产质量本身以外的因素相关的条件,如外购材料市价普遍上升等。审计人员需要在实际成本中适当地剔除客观因素造成的影响,以便对生产质量本身作出评价。

2.产品成本降低任务完成情况的审查方法

【例8.7】承【例8.6】,甲产品的成本降低任务和实际完成情况如表8.7和表8.8所示。

表8.7 甲产品的成本降低任务

产品名称	计划产量/万件	单位成本/(元/件)		总成本/万元		计划降低情况	
		上年	计划	上年	计划	降低额/万元	降低率/%
甲	60	800	700	48000	42000	6000	12.5

表 8.8　甲产品的成本降低任务实际完成情况

产品名称	实际产量/万件	实际单位成本/(元/件)	总成本/万元			实际计划降低情况	
			上年	计划	实际	降低额/万元	降低率/%
甲	50	690	40000	35000	34500	5500	13.8

通过上述审查,甲产品的实际成本降低额比计划少了 500 万元(6000−5500),实际成本降低率比计划多了 1.3%(13.8%−12.5%)。虽然成本降低率完成了任务计划,但还需要进一步审查影响企业成本降低任务情况的因素,以便作出进一步评价。

影响主要产品成本降低任务情况的因素可分为产量因素、产品品种构成因素和产品单位成本因素,审计人员可以采用连环替代法或余额推算法审查分析以上三个因素变动对任务完成情况的影响。

3.成本经济效益实现程度的审查方法

成本经济效益实现程度可以通过单位产品费用效益指标和总成本效益指标进行审计。

(1)单位产品费用效益指标

$$单位产品材料费用 = \frac{某产品应分配的材料费用}{某产品合格产量} \tag{8.8}$$

$$单位产品工资费用 = \frac{某产品定额工时(或实际工时) \times 工资分配率}{某产品合格产量} \tag{8.9}$$

其中:

$$工资分配率 = \frac{生产工人工资总额}{\sum 各产品定额工时(或实际工时)} \tag{8.10}$$

(2)总成本效益指标

$$产值成本率(或百元商品产值成本) = \frac{产品总成本}{总产值} \tag{8.11}$$

$$销售收入成本率 = \frac{销售总成本}{销售总收入} \tag{8.12}$$

$$成本利润率 = \frac{销售量 \times (价格 - 单位成本)}{销售量 \times 单位成本} \times 100\% \tag{8.13}$$

第三节　人力资源绩效审计

人力资源是指人类在物质生产过程中所投入的劳动能力,既包括工资费用、福利费用等人力资源的消耗,也包括当期平均劳动人数的使用等人力资源的占用,它们是实现企业再生产的必要条件。企业再生产过程中,人力资源利用劳动工具将基本物质转化为更具有附加值的产品,进而通过销售等渠道实现企业整体的增值。人力资源绩效审计主要包括三方面的审查,即劳动力的利用状况、劳动力实际工作时间的利用效率以及劳动力个体的工作能力。其基本指标主要是从劳动生产率出发,使用一定方法对劳动生产率的上升与下降作出原因分析。

一、人力资源绩效审计的程序

(一)审查评价劳动生产率实际完成情况

劳动生产率能够直观地反映出所使用的人力资源在单位时间内的消耗与产出的比值,通常以一定时间内的劳动力所生产的产品数量来表示,比值越高,意味着人力资源的使用价值或使用效率越出色。审计人员应当利用劳动生产率进行纵向与横向的比较,以实际劳动生产率为基础,计算得出其与历史平均水平、历史最佳水平、行业均值等标准间的差异。

(二)审查劳动生产率产生差异的具体原因

影响劳动生产率的因素包括宏观与微观层面的一些生产条件,但主要是由微观层面即企业生产经营中的经济与技术因素所引起的,包括人事部门预先确定的劳动力数量和结构、劳动力的人员流动稳定性、单位劳动力的利用效率等。审计人员应当寻找出差异产生的环节,进而对不同影响因素作出分析。

(三)审查劳动力数量和结构的合理性

劳动力的计划数量通常根据企业生产的机械化程度、单位劳动力的可利用效率、生产环节的划分状况来确定。审计人员在发现实际人数超预期定额时,应当结合上述条件分析增员的合理性和必要性,增员是否得到了人事等有关部门的严格审批,并通过观察程序了解实际劳动力是否存在重复工作或故意拖延等负面状况。

劳动力的结构则是在分类依据的基础上进行审查。例如,以年龄层级为划分条件,审计人员应当判断高龄劳动力是否具备合理的利用效率,或青壮年劳动力有无消极怠工等现象;以工种为划分条件,则应当明确各工种分配数量是否符合岗位需求,是否存在个别部分劳动力过剩的问题;以行业职称为划分条件,可以从工作对于技术的要求程度入手,评价是否充分利用了不同职称人员所具备的工作经验或工作效率。

(四)审查劳动力的人员流动稳定性

劳动力的人员流动稳定性往往会影响匹配岗位的生产进度,稳定与否可以用劳动力流转率来评判,同时通过一定的分析方法,将影响劳动力流转率的正常和异常原因加以区分,针对异常原因应当提出相应的改进建议。

(五)审查劳动力的利用效率

劳动力的利用效率取决于劳动力个人内在因素和企业结构安排的合理性,一般选择工时利用率指标来衡量。查明工时利用率在不同期间内产生变化的原因,有助于企业提高工时利用效益。

(六)评估劳动生产率的可提高空间

劳动生产率的可提高空间,可以用产值潜力、可实现的劳动力节约数量来表示。

二、人力资源绩效审计的内容

(一)劳动生产率实际完成情况

1.劳动生产率的计算

劳动生产率可以从实物或产值的角度出发,反映单位工时或单位劳动力所产出的实物数量或增加的产值额度,即劳动产出同资源耗用的比例关系以及劳动力单位时段内的生产能力,其计算公式为:

$$实物劳动生产率 = \frac{当期新增实物产品数量}{当期耗用总工时或平均员工数} \qquad (8.14)$$

$$产值劳动生产率 = \frac{当期新增产值}{当期耗用总工时或平均员工数} \qquad (8.15)$$

在该测算方法下,实物或产值劳动生产率越大,意味着单位工时或单位劳动力所对应的生产成果或生产能力越大,即生产效率与劳动生产率成正比;反之,若劳动生产率处于较低的水平,代表当前所雇佣劳动力的生产效率低下。审计人员应当评价生产线的劳动生产率是否处于正常水平,对于产出耗用比较小的生产情况,分析造成该现象的原因。

另外,我国现行制度还规定,企业应当反映非生产人员的变动对劳动生产率造成的影响,所以还需要将当期员工划分为生产人员和非生产人员两类,进而计算不同范围内的劳动生产率。

$$
\begin{aligned}
全员劳动生产率 &= \frac{当期新增产值(或新增实物产品数量)}{当期平均员工数} \\
&= \frac{当期新增产值(或新增实物产品数量)}{生产工人平均人数} \times \frac{生产工人平均人数}{当期平均员工数} \qquad (8.16)
\end{aligned}
$$

2.劳动生产率实际完成情况的审查方法

审计人员应当利用各项数据资料计算得出企业一定时期的劳动生产率实际完成情况,包括全员劳动生产率和生产工人劳动生产率,比较劳动生产率的计划完成情况、变动情况,同时分析差异出现的原因并提出提高实际劳动生产率的建议。

【例8.8】ABC工厂20×1年的劳动生产率情况如表8.9所示。

表8.9　ABC工厂20×1年的劳动生产率情况

项目	总产值/元	平均职工数/人	全员劳动生产率/(元/人)	平均生产工人数/人	生产工人劳动生产率/(元/人)
上年实际	100000	200	500	150	666.7
本年计划	150000	230	652.17	180	833.3
本年实际	160000	250	640	190	842.1
计划完成/%	106.7	108.7	98.1	105.6	101.1
年度增减/%	+50	+10	+28	+6.7	+26.3

表8.9显示,20×1年ABC工厂的全员实际劳动生产率为500元/人,比本年计划数少1.9%,比上年实际数多28%。生产工人实际劳动生产率为666.7元/人,比本年计划数高

1.1％,比上年实际数多26.3％。全员和生产工人的劳动生产率基本满足预期值,同时较上年有明显的上升,审计人员可以进一步分析劳动生产率提升的原因,例如从劳动力数量和结构的变化、产品品种数量等角度。

(二)劳动力数量及结构合理性

劳动力的数量及结构是指企业不同类别的员工在全部员工中的比重,或指企业员工在不同部门中的数量比例。

员工按照不同岗位的工作职能,可以分为工人、技术人员、管理人员、服务人员和其他人员五类,企业的经营规模和主营业务的性质决定了不同岗位员工数量的分布。例如,高科技企业中,技术人员占比相对较高,一般在40％以上。而制造企业的工人占比最多,其比重在65％上下。另外,主要人员的专业素质会影响劳动生产率的大小,因此还需要对数量和结构以外员工对于工作的熟练程度进行审查。

员工按照是否直接参与生产,可以分为生产人员和非生产人员,在一般情况下,企业的生产人员比重相对较大,但在机械化程度高、企业专门从事自动化生产的情况下,非生产人员占据更加重要的地位。

按照员工的年龄、职称,可以审查企业人力资源是否存在"老龄化"现象,是否具备足够的高级职称人员,进而对引入新员工、新的技术人员提供参考。

审查劳动力数量及结构的合理性,一般会采用比较分析法,对不同类别员工在全部员工中占比的实际与计划数量差异进行比对,找出差异所在,结合企业经营规模和主营业务的性质,以确定人员超编或不足的情况。

【例8.9】承【例8.8】,对 ABC 工厂20×1年的劳动力数量及结构合理性作出分析。

表8.10 ABC 工厂20×1年的劳动力数量和结构

项目	计划数/人	占比/％	实际数/人	占比/％	差异数/人
生产工人	180	78.3	190	76	＋10
管理人员	20	8.7	15	6	－5
技术人员	20	8.7	15	6	－5
其他人员	10	4.3	30	12	＋20
合计	230	100	250	100	0

从表8.10的结果可以看出:ABC 工厂20×1年的劳动力数量有所超编,主要是由于生产人员超过计划10人,其他人员超过计划20人。从人员结构来看,生产人员在全部员工中的比重有所下降,虽然管理人员和技术人员并未超编,但其他人员在全部员工中的比重从原来的4.3％上升至12.0％,进而拉低了生产人员的占比。对于工厂或制造企业来说,这往往会造成全员劳动生产率的下降,因为其他人员通常无法对产值作出直接的贡献,因此对于超编的其他人员,审计人员应当进一步审查工厂是否存在不合理的超过劳动定员编制的情况。

另外,审查劳动力数量及结构的合理性,还要寻找它们与产值变动的相关性,以生产工人数量变动为例,可进行的分析如:

劳动力数量变化下的产值变动额＝(当期劳动力数量－基期劳动力数量)×基期劳动生产率

$$(8.17)$$

劳动力生产率变化下的产值变动额＝(当期劳动力生产率－基期劳动力生产率)

×当期劳动力数量 $\qquad(8.18)$

(三)劳动力的人员流动稳定性

劳动力流转率是对劳动力数量进行动态分析,包括增长率、减少率和人员流动率。

$$劳动力增长率＝\frac{当期新增劳动力人数}{期初期末劳动力平均人数}×100\% \qquad(8.19)$$

$$劳动力减少率＝\frac{当期离职劳动力人数}{期初期末劳动力平均人数}×100\% \qquad(8.20)$$

$$人员流动率＝\frac{当期新增劳动力人数－当期离职劳动力人数}{期初期末劳动力平均人数}×100\% \qquad(8.21)$$

【例8.10】某生产线7月份劳动力平均在岗人数为50人,当月新入职人数为5人,离职人数为8人(自愿离职6人,退休1人,违反岗位纪律开除1人)。

根据资料,当期劳动力增长率为10%(5÷50×100%),劳动力减少率为16%(8÷50×100%),人员流动率为26%(13÷50×100%)。

计算结果显示,该生产线的人员流动幅度较大,因此应当对具体的流转原因作出审查评价。由生产线规模扩张或缩小造成的人员流动、计划内的职工退休等属于劳动力数量的正常变化;在突发性生产事故、员工违反劳动纪律被开除等情况下劳动力数量的下降,以及为此进行的劳动力补充则属于异常变化。

审计人员应当判断劳动力变动原因的合理性,找出数量的异常变化及该变化的成因,向管理层提出建议以解决异常的劳动力流转,进而减少由于人员流动的不稳定性导致生产效率下降的可能。另外,也可以对不同时期的变动幅度进行比较,根据变化趋势判别企业生产对于劳动力的正常需求水平。

(四)劳动力的利用效率

由全员劳动生产率的计算可知,生产工人劳动生产率是影响企业总产值的重要因素,而生产工人劳动生产率又等于单位生产工人全部工作时间内的实际产出,即:

全员劳动生产率＝生产工人劳动生产率×生产工人占全部职工的比例

＝单位生产工人实际生产工时×单位工时产值×生产工人占全部职工的比例 $\quad(8.22)$

由于生产工人在劳动时间内并非全程投入生产,所以需要对其劳动时间作出划分,具体如图8.5所示。

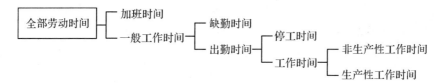

图8.5 劳动时间的划分

由此可以得出：

$$工时利用率 = \frac{生产性工作时间}{全部劳动时间} \times 100\% \qquad (8.23)$$

工时利用率可以在不同时期内进行横向比较，判断变化趋势，也可以通过与计划工时数的比较，分析工时利用率下降的具体原因。

其中，缺勤时间、停工时间以及非生产性工作时间应当作进一步划分，审计人员需要评价实际缺勤时间的正常性，例如，由法定假期造成的缺勤具备合理理由，而由迟到早退、旷工等个人原因造成的缺勤属于不合理的缺勤范围。针对所发现的不合理的缺勤现象，可以建议企业强化纪律管理，或注重安全生产来减少工伤等事件。

拓展资源 安全生产绩效审计和清洁生产审计

对于停工时间，要分为正常的设备调整等计划内停工与设备故障等突发原因引起的计划外停工。针对所发现的计划外停工，要明确责任归属，建立劳动制度以尽可能避免临时性设备故障或停水、停电等造成的生产进度停滞。

对于工作时间内的非生产性工作活动，还应当评价该活动对于生产工人正常生产的必要性。针对非必要的非生产性活动，应当尽快减少或消除该部分活动引起的时间耗费。

最后，由加班工时引起的工时利用率的下降也侧面反映了企业在生产性工作时间内的效率低下，导致需要加班来弥补生产进度。

(五)劳动生产率的可提高空间

劳动生产率的可提高空间，就是对劳动生产率的潜在能力进行审查，有利于企业突破当前生产规模下的既定生产水平，通过技术改进或劳动力成本的节约实现更为理想的生产效益，通常包括两种方法。

(1)以同期先进企业为测算对象，评估自身劳动生产率处于先进企业技术水平下后将增加的产品数量或产值。

$$先进水平下的产出增加值 = (先进企业劳动生产率 - 本企业劳动生产率)$$
$$\times 本企业平均员工数 \qquad (8.24)$$

(2)以同期先进企业为测算对象，评估自身劳动生产率处于先进企业技术水平下后能够节约的劳动力数量。

$$先进水平下的劳动力节约数量 = 本企业平均员工数 - \frac{当期新增实物产品数量}{先进企业劳动生产率} \qquad (8.25)$$

【例8.11】甲企业9月份的劳动生产率资料如表8.11所示。

表8.11　甲企业9月份的劳动生产率情况

项目	甲企业	先进企业	差异
9月份总产值/元	120000	160000	−40000
平均员工人数/人	250	200	50
其中:生产工人人数/人	150	160	−10
全员劳动生产率/(元/人)	480	800	−320
生产工人劳动生产率/(元/人)	800	1000	−200

根据上述资料,可计算得出甲企业劳动生产率的可提高空间。

全员劳动生产率达到先进企业水平,当月可增加的产值为:

$(800-480) \times 250 = 80000$(元)

生产工人劳动生产率达到先进企业水平,当月可增加的产值为:

$(1000-800) \times 150 = 30000$(元)

全员劳动生产率达到先进企业水平,当月可节约的劳动力人数为:

$250-120000 \div 800 = 100$(人)

生产工人劳动生产率达到先进企业水平,当月可节约的劳动力人数为:

$150-120000 \div 1000 = 30$(人)

审计人员通过审查分析可以得知,甲企业在 9 月份的产值落后于同行业的先进企业,但存在进一步的提升空间,可以通过改变经营策略或提高技术、设备等基础生产条件,实现总产值的增加。

同时,由计算也可以看出,全员劳动生产率达到先进企业水平相较于生产工人生产力达到先进企业水平所能带来的生产增加值更多,所能实现的劳动力节约数量也更多,意味着企业应当优先针对非生产人员进行人员素质或结构安排上的改进。

以上结论可以为企业在之后的经营管理中提出可供参考的完善建议。

第四节　设备管理绩效审计

随着科学技术的发展,设备在企业生产综合经济效益中的重要性日益增加,因此有必要对设备管理进行绩效审计。设备管理绩效审计,就是通过对设备利用情况进行审查,定量查明设备的充分利用是否给企业生产带来了收益或损失,从所利用设备的数量、时间及能力等方面深入分析,寻找影响利用程度的原因,在比较综合经济效益的基础上,提出改进意见和措施,挖掘设备的增产潜力。另外,也能促使企业用等量的设备生产出更多优质产品,减少单位产品的设备消耗,提升盈利空间。设备管理绩效审计主要包括三个方面的内容,即审查设备的综合利用效果、设备的综合经济效益以及设备的增产潜力,其中设备的综合利用效果需要评价设备数量、时间和能力的利用程度。

一、设备管理绩效审计的程序

(一)审查设备的综合利用效果

设备生产率通常可以反映设备的综合利用效果,它反映了单位设备在限定时间内的平均产出量或工作量。审查时通常可以将计算得出的设备生产率同当期计划生产率,或同以前期间的实际生产率作对比,得出差异额,再进一步对差异原因进行分析,由此找到设备综合利用效益低下的原因,并提出建议。

(二)审查设备数量的利用程度

设备数量的利用程度可以用现有设备使用率进行审查,它反映了企业当前所拥有设备的使用频率以及数量的构成情况。

(三)审查设备时间的利用程度

设备时间的利用程度可以用现有设备的时间利用率进行审查,时间利用率通常表示设备实际用于生产作业的有效时间在全部使用时间中所占的比重。

(四)审查设备能力的利用程度

设备能力是指设备在限定时间范围内能够生产出的产品数量,实务中通过"设备利用系数"予以反映,由于"设备利用系数"在不同行业内有不一样的规定和标准,因此对被审计单位的设备能力利用程度进行审查时,应当使用被审计单位所在行业的设备利用系数标准作为比较对象。

(五)审查设备的综合经济效益

设备的综合经济效益是指设备在生产过程中被占用和被消耗的价值同产出成果的比值,衡量综合经济效益的指标有标准产量折旧额、设备折旧产值率以及设备占用产值率等。

(六)审查设备的增产潜力

设备增产潜力通常是指生产设备在单位时间产量上的增产空间,即在其他条件不变的情况下,通过设备数量、设备利用时间和设备利用能力的改变,使其能在相同投入资源的情况下生产出更多的有效产品。

二、设备管理绩效审计的内容

(一)设备生产率

$$设备生产率=\frac{产品产量(或定额工时)}{设备平均使用数量} \tag{8.26}$$

【例8.12】ABC工厂车间的车床9月份设备生产率的计划完成情况如表8.12所示。

表8.12 ABC工厂车间的车床9月份设备生产率

项目	计划	实际	差异值	差异率/%
产品产量/件	52000	42000	−10000	−19.2
设备平均使用数量/台	16	14	−2	−12.5
设备生产率	3250	3000	−250	−7.7

从表8.12可以看出,ABC工厂车间9月份的计划产量为52000件,但由于2台车床停工修理,因此平均使用了14台设备完成了42000件产品的产出,其设备生产率并没有完成计划。

(二)设备数量利用率

由于设备生产率只能反映设备的综合利用效果,因此对其未完成计划指标的原因需要作出进一步审查,即进行设备生产率指标的分解,其中,设备平均使用数量反映设备的数量

利用程度,单位设备生产时数反映设备的时间利用程度,该设备单位时间产量反映设备的能力利用程度,具体分解公式如下:

$$设备生产率=\frac{产品产量(或定额工时)}{设备平均使用数量}=单位设备生产时数×该设备单位时间产量$$

$$(8.27)$$

审查设备的数量利用程度,关键在于分析企业当前所拥有设备的使用率水平及其数量构成,而对于企业当前所拥有的设备使用情况可以按以下标准进行划分(见图8.6)。

图8.6　当前拥有的设备类别的划分

通过划分,企业未安装完成的设备、备用设备和在用设备中的停用设备均属于未使用设备范围,由此可以对设备数量的利用程度详情作出审查,主要的评价指标是当前拥有的设备的使用率,全部评价指标包括:

$$当前拥有的设备的使用率=\frac{实际使用的设备数}{当前拥有的设备数}×100\%　(8.28)$$

$$现有设备安装率=\frac{已安装完成的设备数}{当前拥有的设备数}×100\%　(8.29)$$

$$已安装完成的设备使用率=\frac{实际使用的设备数}{已安装完成的设备数}×100\%　(8.30)$$

【**例8.13**】承【例8.12】,ABC工厂共有设备20台,上月的实际使用率为60%,本月的计划使用率为18台。被审计期间实际使用数量为14台,实际使用率为70%,这意味着企业的车床使用率较上年提高了10%,表明车间对于未使用设备进行了使用,或对故障设备进行了维修。但与本月计划使用率相比还存在一定的差距,需要查明差异存在的原因。

造成设备数量利用程度不佳的原因有很多,通常包括:企业产品更新换代,现有的设备无法满足当前的生产技术需求;设备投资过多,造成设备的闲置;产品订单较少,为避免存货流转补偿选择停用设备;设备故障且修理不及时,或缺乏原料投入生产等。

审计人员应分析设备数量利用程度不佳的原因的合理性,对于未使用设备的不合理的原因,应提出使用建议,例如对设备进行更新改造使其能够提供满足当前生产需求的技术条件;对闲置设备进行处置以获取处置资金进行其他经营或金融性投资;加快检修速度;及时跟进原料购入进度等。

(三)设备时间利用率

审查设备的时间利用程度,需要对设备的全部可利用时间进行划分,计算设备实际作业时间的占比。设备的全部可利用时间的构成如图8.7所示。

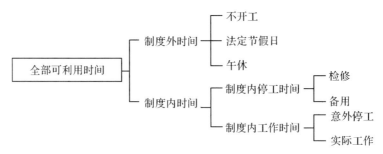

图 8.7 设备全部可利用时间的划分

反映设备时间利用程度的指标有：

$$全部时间利用率 = \frac{实际工作时间}{全部可利用时间} \times 100\% \tag{8.31}$$

$$制度时间利用率 = \frac{实际工作时间}{制度内时间} \times 100\% \tag{8.32}$$

$$制度内工作时间利用率 = \frac{实际工作时间}{制度内工作时间} \times 100\% \tag{8.33}$$

【例 8.14】承【例 8.13】，ABC 工厂当月实际使用设备 14 台，设备全部可利用时间为 30 天，制度内时间为 22 天，每日工作三轮，每轮次工作时间为 8 小时，全部可利用工作时间为 10080 小时(14×30×3×8)，计划工作时间为 7392 小时(14×22×3×8)，实际工作时间为 6500 小时。

$$全部时间利用率 = \frac{6500}{10080} \times 100\% = 64.5\%$$

$$制度时间利用率 = \frac{6500}{7392} \times 100\% = 87.9\%$$

通过分析可以看出，ABC 工厂对于设备时间的利用存在一定问题，全部时间利用率为 64.5%，制度时间利用率为 87.9%，时间利用程度还存在一定的上升潜力。

在实际工作中，通常不考虑设备拥有的制度外工作能力，从绩效审计的要求出发，可以重点审查实际使用设备的制度时间利用率指标。

(四)设备能力利用程度

一般使用"设备利用系数"指标来评价设备能力的利用程度，反映单位设备生产能力在一小时内实现的标准产出量。

$$设备利用系数 = \frac{标准产出折合产量规定工作时间}{有效生产能力} \tag{8.34}$$

设备利用系数的影响条件包括单位设备生产能力、单位时间的标准产出量，两者在不同行业中计算指标有所差异，但其实质都是相同的，例如：

$$高炉利用系数 = \frac{合格生铁折合产量 \times 规定工作时间}{高炉有效容积} \tag{8.35}$$

$$纺织设备利用系数 = \frac{合格精纱折合产量 \times 规定工作时间}{有效锭数} \tag{8.36}$$

另外，评价设备能力利用程度的其他指标还包括：

$$计划生产能力实际程度=\frac{实际产量}{计划产量}\times100\% \tag{8.37}$$

$$设计生产能力实际程度=\frac{实际产量}{设计生产能力}\times100\% \tag{8.38}$$

$$单位设备单位时间产量=\frac{实际产量}{设备实际工作时间}\times100\% \tag{8.39}$$

审查时,被审计人员应当根据标准指标的可获取性,选择适当的评价标准衡量被审计单位的设备能力利用程度。

(五)设备综合经济效益

前面对于设备的利用数量、利用时间和利用能力的审查,反映了生产设备的利用效果,在将设备作为重要资源的基础上,评价其是否实现了利用效果的最大化。而评价设备的综合经济效益,则需要考虑生产设备的占用价值和消耗价值与所产出的生产成果的相对比例。

可以使用的评价指标有标准产量折旧额、设备折旧产值率和设备占用产值率。

1.标准产量折旧额

$$标准产量折旧额=\frac{本期生产设备折旧额}{本期标准产量} \tag{8.40}$$

标准产量折旧额反映生产单位标准产品所发生的折旧额,其中,本期生产设备折旧额也可用本期生产设备平均总值乘折旧率表示,本期标准产品量则可用各产品产量乘折合标准产品系数的加权平均数替代。审查时应当注意折旧率的合理性,所规定的折旧率应当客观反映生产过程中设备的价值损耗与转移,对于月末在产品占比较大的企业需要选择一定方法折合为等额的标准产品量。

2.设备折旧产值率和设备占用产值率

$$设备折旧产值率=\frac{本期总产值}{本期生产设备折旧额}\times100\% \tag{8.41}$$

$$设备占用产值率=\frac{本期总产值}{本期生产设备平均总值}\times100\% \tag{8.42}$$

其中,本期总产值=产品总值×不变价格

设备折旧产值率反映设备消耗与生产成果的比例,设备占用产值率则反映设备占用与生产成果的比率,由于生产设备通常具备较长的使用时间,除了考虑生产过程中持续的损耗,价值较大的设备占用的经济效益也应纳入审查范围。

【例8.15】ABC工厂1月份生产设备计划平均总值为50万元,实际平均总值为48万元,月折旧率为5%,当月产量产值资料如表8.13所示。

表8.13 ABC工厂1月份产量产值资料

产品	不变价格/元	计划产量/件	计划总产值/元	实际产量/件	本期总产值/元
X	300	2000	600000	1800	540000
Y	150	1000	150000	1500	225000
合计	450	3000	750000	3300	765000

根据资料,可对 ABC 工厂的综合经济效益进行审查评价:

本月计划折旧额 $= 50 \times 5\% = 2.5$(万元)

本月实际折旧额 $= 48 \times 5\% = 2.4$(万元)

计划标准产量折旧额 $= \dfrac{25000}{3000} = 8.3$(元)

实际标准产量折旧额 $= \dfrac{24000}{3300} = 7.3$(元)

计划设备折旧产值率 $= \dfrac{75}{2.5} \times 100\% = 3000\%$

实际设备折旧产值率 $= \dfrac{76.5}{2.4} \times 100\% = 3187.50\%$

计划设备占用产值率 $= \dfrac{75}{50} \times 100\% = 150\%$

设计设备占用产值率 $= \dfrac{76.5}{48} \times 100\% = 159.38\%$

可以看出,每单位标准产品的实际折旧额为 7.3 元,比计划折旧额少 1 元,说明企业在提高设备能力的利用程度、增加产品产量方面作出了成绩;每 1 元设备折旧额与设备占用带来的产值较计划数均有所提高,前者可能受产品结构变动等因素的影响,或是产量增加以及折旧额减少所致,后者则能体现企业通过压缩设备占用额,进而提高了设备利用率。从以上指标来看,ABC 工厂当月的综合经济效益状况良好。

(六)设备增产潜力

审查设备的增产潜力,即探讨充分利用设备的途径,对设备数量、使用时间和单位设备的生产能力作出改变,进而提供挖掘设备增产潜力的建议,可以使用连环替代法、差额法等分析工具。其中,机器设备的产量与相关影响因素的关系如下:

$$总产量 = 生产设备数量 \times 设备实际使用时间 \times 单位设备每小时产量 \qquad (8.43)$$

【例 8.16】M 工厂 2 月份产量情况如表 8.14 所示。

表 8.14 M 工厂 2 月份产量情况

时间	生产设备数量/台	设备实际使用时间/小时	单位设备每小时产量/件	总产量/件
1 月份	10	300	20	60000
2 月份	12	320	18	69120

使用连环替代法分析各因素对产量的影响程度。

生产设备数量增加 2 台,使产量增加:

$(12 - 10) \times 300 \times 20 = 12000$(件)

设备实际使用时间增加 20 小时,使产量增加:

$12 \times (320 - 300) \times 20 = 4800$(件)

单位设备每小时产量减少 2 件,使产量减少:

$12 \times 320 \times (18 - 20) = 7680$(件)

各因素影响合计 $= 12000 + 4800 - 7680 = 9120$(件)

由此可知,设备数量与实际使用时间的增加,为总产量带来了正面影响,而单位设备每小时产量的下降,给总产量带来了负面影响。在一般情况下,可以通过改进设备的利用时间、减少或消灭废品的产出数量、提高设备的生产能力等方法来挖掘设备的生产潜力,例如做好组织工作,防止停工待料、故障停工等意外事件;及时检修设备,改进生产工艺和生产流程,降低废品产出率。

第五节　生产环节绩效审计典型案例分析

一、ABC 化肥有限公司经济效益审计案例背景[①]

B 市审计局根据市政府的指示,对该市亏损严重的重点国有企业——ABC 化肥有限公司进行了绩效审计,该企业当年度亏损 800 万元,较上年度亏损增加 400 万元。其生产环节主要背景情况如下。

企业主要产成品为氮肥,生产过程包括将原料制备成主要含有氢、氮气体的原料气,通过压缩与合成按 1∶1 的比例获得半成品氨,即 1 个单位的混合原料气可以获得 1 个单位的氨,最后将氨经过进一步加工得到产成品氮肥。

车间具备自制半成品氨的能力,自制情况下,主要原材料的平均制造成本为 200 元/吨,每得到 1 吨氨需要支付的直接人工工资为 200 元,单位固定制造费用为 200 元,氨的外购成本为 500 元/吨。在进一步加工环节,每吨化肥还需耗用的变动成本为 600 元。

由于企业去年接受的一批大额生产订单临近交付日,该订单合同中氮肥的单位售价为 1050 元/吨,总销售量为 10 万吨,根据合同如延期交付需要赔偿两倍的合同价款,为减少加工时间及时交货,企业选择了全部外购半成品氨。

企业当前年产量为 15 万吨化肥,当年平均在册职工人数为 1000 人,生产工人为 800 人,其中 400 人是企业当年增产新招入的工人。生产工人全部劳动时间为 3000 小时,生产性工作时间为 2000 小时。上年度生产工人劳动生产率为 250 吨/人,工时利用率为 80%。

当年主要生产设备包括原料气生产炉 10 台,氨氮压缩机 15 台,30 吨锅炉 4 台,分别用于制气、制氨和氨肥的最终加工环节。由于当年主要订单中半成品选择外购,原料气生产炉实际使用数为 3 台,氨氮压缩机实际使用数为 5 台,30 吨锅炉实际使用数为 3 台。当年的现有设备计划使用率为 80%。

二、审计目标

通过审计,发现企业在生产环节过程中存在问题,分析该问题对企业亏损造成的影响,提出相应的审计意见,促进企业加强生产管理,提高经济效益。

---

① 根据以下资料改编:李四能,叶晓钢.绩效审计实务[M].北京:中国时代经济出版社,2012:123-126.

三、审计重点和内容

成本管理绩效审计。计算成本费用与收入、利润的比率,并与同行业平均水平进行比较,找出存在的差距并分析原因,评价企业成本管理情况。

人力资源绩效审计。计算得出当年实际劳动生产率并与历史平均水平、行业均值等标准进行比较,具体分析存在差异的原因。

设备管理绩效审计。了解企业设备的运行、利用率情况,分析未充分利用的原因,企业技术、工艺指标的现状,审查这些因素对企业效益的影响程度。

四、审计步骤与方法

检查企业的标准化、计量、定额等基础工作,考核企业的各项管理工作,对主要经济指标情况进行分析。

在审计方法上,从该企业的现状和实际情况出发,采用一般审查与重点审查相结合、审查与征询相结合的方法,既查账又查技术数据、既查生产现场又查记录资料。深入车间、班组检查其运转情况和生产原始记录情况。为了全面了解企业的各项管理工作,检查企业生产管理、人力资源管理和设备管理中较重要的项目和数据。对主要原材料进行盘点,对其他物料进行抽检。

五、审计发现的问题

(一)成本管理

生产决策存在缺陷,主要产品化肥的成本费用较高。如果不考虑延期交付将面临违约金惩罚,在企业自制半成品的情况下化肥的平均成本费用为 1000 元/吨(200＋200＋600),存在 50 元/吨的盈利空间,但企业选择外购半成品,导致花费的平均成本费用上升至 1100元/吨,与单位售价 1050 元/吨相比,每销售 1 吨化肥,就要亏损 50 元,该笔订单总销售量为10 万吨,直接导致企业亏损 500 万元,严重影响了企业当年的净利润水平。

如果考虑违约金惩罚,则意味着企业未合理安排生产进程,在销售环节没有提前考虑企业所拥有的生产能力,进而导致无法按时交付订单的风险影响了企业的正常生产决策,这也侧面反映了企业的生产所能带来的经济效益与供应和销售两个环节密切相关。

(二)人力资源管理

规模过度扩张,劳动力质量低下,劳动时间利用程度下降。企业当年度生产工人劳动生产率为 187.5 吨/人(150000÷800),大幅低于去年劳动生产率的水平。原因之一是企业为满足经营规模的增加,当年度新招的生产工人占据当年全部生产工人数的 50％,大批量不熟悉生产流程的新进员工投入生产线,会造成生产效率的严重下降以及由于缺乏经验或操作不当,残次品产出的可能性会增加,拉低了产品的有效产量。

另外,生产工人的工时利用率为 66.7％,也低于去年水平。进一步审查得知由于考勤管理不当、薪酬较少等问题,大量员工存在频繁缺勤、迟到早退的现象,且工作积极性不高,造成生产性活动时间与生产工人规模的失衡。

(三)设备管理

设备数量严重利用不足。当年设备计划使用率为80％,但原料气生产炉、氢氮压缩机的实际设备使用率不足50％,且企业生产技术落后,无法实现专用设备的及时转产,也没有利用闲置产能进行委托加工等业务来弥补设备利用效率低下所减少的经济效益。

六、审计评价

近年来,化肥公司生产得到了发展,经济效益却逐步下滑,亏损额连年攀升。企业的高成本、高消耗问题成为亏损的主要原因,设备运行不佳、工艺水平落后、人力资源管理不当也会影响企业生产经营效率的提高,这些问题不仅造成了经营成果的减少,更导致了经济效益的停滞不前甚至下降。

七、审计建议

第一,改进企业接收订单的流程,在综合审查企业现有和未来生产能力后合理安排生产次序。

第二,建立健全企业的人力资源管理制度,强化员工考勤体系,通过激励等措施调动员工的积极性,促进人力资源的实际工作时间增加,对富余的劳动力进行转岗或适当削减,从而提高企业的总体劳动生产率。

第三,加大技术改造的力度,提高设备的技术水平和工艺管理,降低原材料消耗,提高单机产出率和工艺指标合格率,降低产品成本,增加化肥产量。

本章小结

生产环节处于企业价值链的中间位置,对企业总体的经济效益的创造具有重要影响,基于对企业经营管理活动的经济性、效率性和效果性进行审查和评价的目的,有必要对生产环节实施绩效审计,其不仅有助于企业作出正确的生产决策,对物料、人工和成本费用进行有效控制,也有利于企业完善成本管理体制。与生产过程相关的因素包括生产规模效益、生产与作业计划以及生产组织,它们亦体现了原材料、人力资源和设备的计划与实施,绩效审计即对与三要素相关的诸方面安排进行审查。

成本管理绩效审计包括对成本决策、成本控制和成本效益的审查。生产前期阶段,在区分成本相关性的前提下,利用差量分析法、边际贡献法、本量利分析法等对生产方案进行选择,以确定最优生产决策;在产品生产周期阶段,选择定额法、预算法或指标分解法等确定成本标准,与实际材料成本、用工成本和制造费用进行比较,揭示差异原因并作出及时调整,实现成本控制;在产品出产阶段,通过审核全部产品计划完成情况、主要产品成本降低任务完成情况等,了解成本产出比的变化关系,找到实现高效益低成本的生产途径。

人力资源绩效审计以实际劳动生产率为基础,计算得出其与历史平均水平、历史最佳水平、行业均值等标准间的差异,并通过对劳动力的利用状况、劳动力实际工作时间的利用效率以及劳动力个体的工作能力进行审查,以进一步揭示差异形成的原因。有利于挖掘企业职工生产潜力,合理利用职工能力且便于评价职工生产能力。

设备管理绩效审计以设备生产率为基础,同当期计划生产率,或同以前期的实际生产率作对比,得出差异额。通过对设备数量、时间和能力利用程度的审查,评价其综合利用效果和综合经济效益,以及设备的增产潜力。有利于企业提高设备管理水平,建立正常的生产秩序,为实现均衡生产创造正面条件。

本章思考题

1.生产环节业务流程包括哪些?

2.简述生产环节绩效审计的意义。

3.成本管理绩效审计的程序是怎样的?

4.成本管理绩效审计的重点内容包括哪些方面?

5.人力资源管理绩效审计的程序是怎样的?

6.人力资源管理绩效审计的重点内容包括哪些方面?

7.设备管理绩效审计的程序是怎样的?

8.设备管理绩效审计的重点内容包括哪些方面?

9.列举生产环节绩效审计中所使用的几种审计方法。

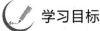

第九章

营销环节绩效审计

学习目标

1. 了解企业营销环节的业务流程；
2. 理解企业营销环节绩效审计的内涵；
3. 熟悉企业营销环节绩效审计的指标与方法；
4. 熟悉营销管理绩效审计的主要内容；
5. 掌握营销功能绩效审计的主要内容。

引例——美的集团的营销审计

20世纪90年代以来，我国家电企业经历了从前期多而松散的小型企业结构模式向大型企业集团化公司模式转变的产业结构整合。如今，以美的、格力、海尔为代表的家电企业占据了我国家电市场的绝大部分市场份额，在国内取得巨大成功的同时在国际市场上也具备了一定的竞争力。但在企业运行过程中，家电企业市场营销活动的缺陷表现明显，营销成本管控不足导致效益低下等问题的出现，使得营销战略的制定、执行和控制的缺位及失衡急需营销审计来进行监督和控制。

为不断提升营销水平与客户服务质量，实现并深化系统的营销管理，美的集团对营销环节进行了有针对性的绩效审计工作。首先，美的集团建立了较为健全的营销审计组织，这为企业开展营销审计工作提供了基本的资源保障。其次，美的集团通过多年内部审计工作的经验积累，明确营销审计的主要内容在于营销财务审计、营销业务审计及营销管理审计等方面，总结和梳理了各项营销审计内容中的关键控制点，对关键控制点审计中所要采取的审计方法及注意事项进行了总结。再次，美的集团在营销审计中重视营销管理制度和流程的审计，确定了制订审计计划和方案、下达审计通知书、收集审计资料、审计测试、审计报告起草与征求意见、提交审计报告、责任部门整改和审计部验收整改情况的八个审计阶段，以确保营销业务管理的规范性。通过营销审计问题的整改与跟踪，美的集团加强了对营销风险的控制，有效提高了客户黏性，在促进集团营销管理流程和制度建设提升的同时，提高了企业自身的营销管理水平。

思考：为什么要进行营销环节的绩效审计？企业应该如何实施营销环节的绩效审计？美的集团是从哪些方面实行营销环节的绩效审计的？

第一节　营销环节业务流程概述

一、概述

作为企业的经济命脉,营销部门业绩的好坏直接影响企业的收入,而了解企业市场营销相关的业务活动和内部控制是营销环节绩效审计中必须实施的工作。企业的收入主要来自出售商品、提供服务等,由于所处行业不同,企业具体的收入来源也有所不同。表9.1列示了常见行业的主要收入来源,由表9.1可知,企业所处的行业和经营的性质决定了其收入来源和为获取收入而产生的费用支出。

表 9.1　不同行业类型的主要收入来源

行业类型	收入来源
贸易业	作为零售商向普通大众(最终消费者)零售商品;作为批发商向零售商供应商品
一般制造业	通过采购原材料并将其用于生产流程制造产成品卖给客户取得收入
专业服务业	律师、会计师、商业咨询师等主要通过提供专业服务取得服务费收入;医疗服务机构通过提供医疗服务取得收入,包括给住院病人提供病房和医护设备,为病人提供精细护理、手术和药品等取得收入
金融服务业	向客户提供金融服务取得手续费;向客户发放贷款取得利息收入;通过协助客户对其资金进行投资取得相关理财费用
建筑业	通过提供建筑服务完成建筑合同取得收入

营销部门的职能是在公司产品的价值实现过程中对销售的各个环节实行管理、监督、协调与服务。美国营销学和经济学著名学者科特勒(Kotler)提出的营销业务流程包括分析市场营销现状、识别其他市场机会,选择目标市场,拟定营销策略并加以选择、制定市场营销组合,组织营销计划的实施并进行控制四个部分(如图9.1所示)。分析市场营销机会是营销业务流程的起点,主要内容包括分析企业的市场环境和消费者行为,评价企业自身的能力、市场竞争优势和弱点;选择目标市场则是对市场进行细分、评估和定位,并选择适合发展的目标市场;制定市场营销组合要求在已选定的市场中,综合考虑企业的内外部环境、企业发展能力、行业竞争状况,从而对可控制的因素进行组合和运用,以完成企业的目的与任务;而组织营销计划的实施并进行控制是指对企业的总体战略、战略性营销规划及各项具体策略的执行过程进行检测与管理的过程。

二、分析营销机会

在市场营销业务流程中,分析企业目前所在市场的营销现状以及发现或识别企业其他的潜在市场均是分析营销机会这一环节的主要内容,分析企业所在市场的营销现状要求销售人员对各类别产品的受众进行充分深入的评估,挖掘企业所在市场的产业结构、市场环境和消费者行为,而识别企业其他潜在的市场机会则需要在市场调研的基础上进一步研究产

图 9.1　市场营销业务流程

品可投放市场的空间和竞争情况,比较企业自身的能力,判断新产品推出后市场可能发生的变化。由图 9.2 可见,作为市场营销活动的重要环节,分析企业目前所在市场的营销现状需要依次进行市场调研、战术策划和战略整合等,通过及时地传达和反馈客户与消费者对产品或服务的意见及想法,企业能够快速了解市场对产品和服务质量的评价与期望。同时,研究营销环节中的渠道、媒介、产品和价格可以帮助企业发现潜在机会,有利于其开辟"蓝海市场",获得新的利润增长点。

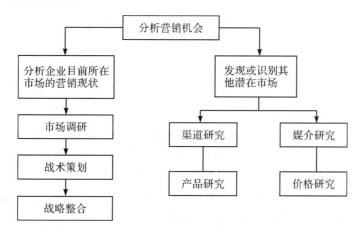

图 9.2　分析营销机会业务流程

三、选择目标市场

目标市场的选择由三个步骤组成,即市场细分、目标市场确定和市场定位,确定目标市场是在市场细分的基础上,根据自身优势选择一个或者若干个子市场作为企业的目标市场,通过目标市场的特点展开针对性的营销活动,以期在满足顾客需求的同时,实现企业的经营目标。而市场定位则是从各个方面为产品创造特定的市场形象,使之与竞争对手的产品呈现不同的特色,以求在目标顾客中形成一种特殊的偏爱。

在选择目标市场时,企业需要考虑进入某一市场是否有利可图,如果市场规模狭小或者趋于萎缩状态,企业进入后难以获得发展,则不应该贸然进入。此外,企业需要考虑自身的能力是否符合进入市场的要求,某些细分市场虽然有较大的吸引力,但不能推动企业实现发展目标,反而会分散企业的资源和精力,则企业有必要慎重考虑是否进入该市场。

由图 9.3 可知,选择目标市场可以采用无差异性目标市场策略、差异性目标市场策略和集中性目标市场策略。一般而言,实力强大的企业会选择无差异性目标市场策略,其拥有广泛可靠的分销渠道和统一的广告宣传,强调消费者的共同需要。差异性目标市场策略通常是把市场整体划分为若干细分市场,并以此作为其自身的目标市场,针对不同目标市场的特点分别制订不同的营销计划,按计划生产目标市场所需要的商品,从而满足不同消费者的需要。而实力有限的中小企业主要采用集中性目标市场策略,选择单一或几个细分化的专门市场作为营销目标,集中企业优势力量,对细分市场采取营销战略以取得市场优势地位。

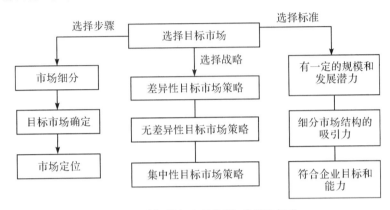

图 9.3　选择目标市场步骤、战略和标准

四、制定市场营销组合

作为企业营销战略的基础,制定市场营销组合是指企业根据目标市场的需要,全面考虑企业的任务、目标、资源以及外部环境,对企业可控制因素加以最佳组合和应用以实现企业的任务和目标的方式。企业要综合考虑内外部环境,可控制的各种营销因素,如产品、价格、分销、促销等进行优化组合和综合运用,使之协调配合以取得更好的经济效益和社会效益。市场营销组合这一概念最早由哈佛大学教授尼尔波顿(Neil Borden)于 1950 年提出,1960年,麦卡锡(McCarthy)在《基础营销》一书中提出著名的 4P 组合,认为企业从事市场营销活动的过程中,不仅要考虑企业各种外部环境因素,还应该制定市场营销组合策略,通过策略的实施来适应环境,满足目标市场的需要。其中,4P 组合围绕某个消费群即目标市场展开,麦卡锡将市场营销组合模式分解为产品(product)、渠道(place)、价格(price)和推广(promotion)四个可控要素,通过合理决策与有效执行,企业能够拥有充分的应变能力和市场竞争力。

五、市场营销控制

市场营销控制是指管理者通过检查市场营销计划的执行情况,比较营销状况与计划的一致性,衡量营销策略与计划的结果,针对执行中所存在的问题采取适当的措施以保证市场营销计划顺利进行的过程。进行市场营销控制是基于环境变化的需要和及时纠正执行偏差的需要,由于制定目标到目标实现的过程通常需要一定时间,因此市场营销控制往往针对的是动态的过程,一般而言,目标的时间跨度越大,控制也越重要。同时,计划执行难免存在偏差,营销管理者必须依靠控制系统及时发现偏差以防止小错误累积成为较为严重的问题而给企业造成不可挽回的损失。

市场营销控制包括年度计划控制、盈利能力控制、效率控制和战略控制四种类型。年度计划控制的常用方法有销售差异分析、市场占有率分析、营销费用率分析和顾客态度追踪等,通常由企业高层管理人员负责,旨在检查年度计划目标是否实现。盈利能力控制一般由财务部门负责,旨在测定企业不同产品、不同渠道、不同顾客群以及不同规模订单的盈利情况。而营销效率控制主要用于提高销售人员效率、广告效率、营业推广效率和分销效率。市场营销控制的具体步骤可见图9.4,从确定控制对象开始,市场营销控制经过设置控制目标、建立衡量尺度、确定控制标准等步骤,最终帮助企业与营销管理部门提出改进意见并实施相应措施,促使企业在营销环节自我约束,高效地实现计划目标。

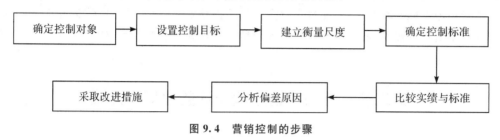

图 9.4　营销控制的步骤

六、营销环节绩效审计的意义

市场营销审计,即营销环节的绩效审计,又叫"营销稽核""营销审核",一般是以确定营销问题和挖掘营销机会为目的,对公司的环境、目标、战略和行动进行的一项综合、系统、独立且具有周期性特点的考察。市场营销审计是绩效审计的重要内容之一,具有和审计相同的属性,但同时,其又兼具营销管理的特性。

拓展资源　数字化营销审计生态圈

市场营销审计的主体主要是企业内部审计机构中的管理审计人员和企业外部的管理咨询人员。相较以财务报表为审计对象的财务审计,市场营销审计不仅仅从财务数据入手分析营销活动的不足和缺陷,更是深入营销活动的各个环节,对营销组织的管理活动、资金状况、盈利能力以及组织结构等进行审查,因此其具有前瞻性、主动性和管理价值,可以体现审计活动在企业经营与运营过程中的增值效应。具体体现为以下方面。

(一)外部营销环境方面

目前,我国很多企业对于自主营销和管理的重视不足,市场营销审计很难提到议事日程上来。但同时,加入WTO使我国企业直接与国外具有强竞争力的企业巨头面对面地交锋,我国企业面临多种类型且需求更加多变的消费群体,把握和满足市场需要也愈发困难,面对迥然有异的各国法律法规和政治体制,决策稍有不慎便会使整个企业遭遇灭顶之灾。因此,关注市场营销审计,提升对动态变化的宏微观营销环境的适应程度,能够有效降低企业承受的经营风险,使其拥有更多的经营自主权,对营销环节的决策能力也会相应提高。而实施市场营销审计有利于使企业的内部资源和外部环境相匹配,促使市场营销领域各项受托经济责任切实履行,最终实现良好的经营效果。

(二)企业内部制度方面

开展市场营销审计有利于完善企业的内部制度,使其发现营销活动存在的问题,以便提出解决问题的对策并针对性地采取解决措施。一些企业发展之初的营销活动可能是盲目随机的,没有营销方面具体的要求与标准,也没有一套完善的营销评价制度,公司治理结构不规范,现代企业经营机制没有全面形成,所有者与经营者之间、企业经理与营销人员之间在实行分权管理条件下所应有的委托与受托责任不明确,缺乏完整的营销检查机构和科学的营销控制手段,营销环节一旦出现问题就会造成严重的后果。因此,开展市场营销审计,将市场营销审计纳入企业内部审计的范畴,可以建立健全企业的营销体系,防止偷懒行为和腐败行为,从整体上提高我国企业的营销水平。特别是资金周转和营销费用方面,目前我国企业营销费用浪费问题较为严重,通过审查企业的营销绩效,管理人员可以快速发现营销活动给企业资金造成的影响,从而充分发挥市场营销审计提高企业经济效益的作用。

第二节　市场营销绩效审计的指标和方法

一、企业营销绩效的度量

目前关于市场营销绩效审计的绩效度量有以下三种较为常见的方法,分别为单一财务产出度量方法、非财务度量方法和多维度量方法。

主题讨论 9.1
市场营销审计的效益型指标与费用型指标

(一)单一财务产出度量方法

单一财务产出度量方法,是根据利润、销售额、现金流等不同因素,将企业的日常活动进行分解从而帮助企业实现审计目标的方法。单一财务产出度量方法能够让企业在审计过程中快速地发现某一可度量财务因素的改变情况以及该因素变化给营销绩效带来的影响,从而使企业及时调整营销战略,化解营销危机。

(二)非财务度量方法

非财务度量方法则更关注营销过程中企业非财务因素的变化情况,通过收集顾客满意度、顾客忠诚度和品牌价值等相关信息,企业能够分析营销产品的未来利润空间和目前营销与促销手段的合理性,从而对生产规模、产品组合和销售系统进行审查与调整。但这种方法在评估和分析时主观性较强,对绩效审计人员的职业水平和职业素养提出了较高的要求。

(三)多维度量方法

在实际营销过程中,企业的营销绩效往往受多种因素的影响,各个销售环节紧密相连,牵一发而动全身,单一财务产出度量方法和非财务度量方法很难在考察某一因素的变化时排除其他因素的干扰,因此,多维度量方法成了当前企业在营销绩效审计过程中的首选。相比单一财务产出度量方法和非财务度量方法,多维度量方法将审计重点从财务产出的度量转向非财务产出的度量,从产出的度量转向投入的度量,并从一种方法度量转向多种方法度量。表 9.2 体现了某企业在市场营销审计中对于多维度量方法的运用。

表 9.2　多维度量方法示例

营销效率审计的内容	推销效率	每个推销员每天推销访问的次数、平均每次访问的时间、平均每次推销访问达成订购的百分比	营销效果审计的内容	绝对市场占有率	本企业某种产品销售量（额）/市场上同类产品销售量（额）
	促销效率	现金折扣占销售额的百分比、销售额递增（递减）率		相对市场占有率	本企业某种产品市场销售量（额）/该产品同行业占市场前三位的竞争对手的销售量（额）
	分销效率	仓储费用、运输费用、储运损毁		市场规模扩大率	
	综合效率	资产报酬率、销售净利率、销售费用与销售收入比率		顾客忠诚度	
				顾客满意度	

二、市场营销审计的方法

由于市场营销审计是一门涉及营销学、财务学和审计学的交叉学科，故市场营销审计的方法也分别借鉴了这三门学科在实际应用中的方法，并在市场营销审计实践中加以综合运用。常见的市场营销审计方法包括问题清单法、关键指标数值评价法、使用营销控制工具和竞争态势矩阵分析法等。

(一)问题清单法

问题清单法是指将企业所面临的关键问题和需要解决的问题统计并列表，围绕焦点问题，按照症结构建针对营销环节评价体系的方法。对复杂的营销活动进行分析往往需要理清逻辑，抓住重点，而问题清单法有利于审计人员通过提取企业的关键营销问题，并列出清单对营销系统进行全面诊断。问题清单法可以分为封闭式问题评价法和开放式问题评价法。

1.封闭式问题评价法

封闭式问题评价法是指审计人员根据市场营销审计目标，针对审计内容设计问题清单，清单上的每个问题均已列出可选答案，不同的答案被赋予了不同的分值，通过统计最后得出分数值，并比较该分值与预先设定标准的差异，对企业的营销活动进行评估并给予综合性评价。这种方法使企业的实际情况和评价内容一一对应，便于统计与分析，也有利于审计人员评价市场营销活动整体水平的同时，更为深入地了解企业营销环节的优势与不足。封闭式问题评价法的形式多样，包括填空式、两项式、选择式、等级式、表格式和矩阵式等。

2.开放式问题评价法

开放式问题评价法相比封闭式问题评价法，其设计的问题清单没有列明固定选项，而是由被审计单位等相关回答者自行回答所列问题。在这个过程中，新的市场营销机会和市场营销活动中所存在的问题会更容易被发现，对于企业市场营销活动绩效的评价也会更全面。由于这种方法的评价需要结合企业内外部环境的变化，审计人员、企业管理人员和市场营销人员也会通过这种方法加深对问题的思考，以便改进营销策略，抓住市场机会，不断提高营销绩效。

(二)关键指标数值评价法

关键指标数值评价法是通过计算与评价企业在营销环节的主要财务和非财务指标,确认被审计单位营销活动的水平和绩效的方法。这些指标对于企业或业务单位营销水平的提高至关重要,能够很好地反映企业营销活动的进行情况。但这种方法主观性较强,如何选择、选择哪些关键指标目前仍存在一定的争议,不同的企业需要根据不同的市场营销情况进行适当的调整。

(三)使用营销控制工具

主题讨论 9.2 封闭式问题评价法、开放式问题评价法以及关键指标数值评价法的比较

为验证营销活动执行与控制的有效性,需要使用年度计划指标、盈利能力指标等营销控制工具。其中,盈利能力指标用于衡量公司赚取利润的能力,包括盈利能力可持续性指标、盈利能力潜在增长性指标和当前盈利能力指标,具体可根据企业的营业利润率、成本费用利润率、盈余现金保障倍数、总资产报酬率、净资产收益率和资本收益率等指标进行评价。

(四)竞争态势矩阵分析法

竞争态势矩阵分析法(competitive profile matrix,CPM 矩阵)是一种可以用来确认企业主要竞争对手及其特定优势与弱点,从而分析同行业公司之间的竞争情况和企业战略地位的有效方法。竞争态势矩阵分析法的具体步骤如图 9.5 所示,根据行业性质确定公司之间竞争的若干个关键要素并按照这些关键要素在公司经营中的重要程度列出权重,筛选主要的竞争对象,按照所列的关键要素对其进行评分,将各项要素的分值与权重相乘并加总,就可以得到目标公司与其竞争公司的竞争态势对比表,从而在总体上判断公司竞争力的强弱以及竞争优势与不足。

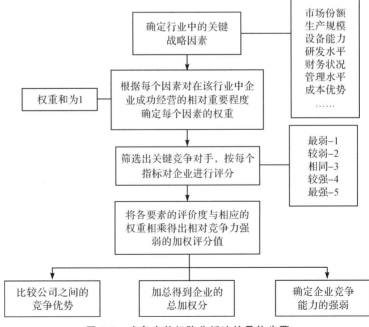

图 9.5 竞争态势矩阵分析法的具体步骤

第三节　营销管理绩效审计

作为提高企业抗风险能力的有效手段之一,营销管理绩效审计不仅能优化企业营销管理系统的绩效考核体系,提高企业的营销管理效率,而且可以切实监督企业营销管理制度的实施效果,有效保障其未来发展的高效性与可持续性。结合管理工作中的计划、组织、领导、控制四个方面,以及所审计的手段和实施的对象等来分析,营销管理绩效审计包括营销计划审计、营销组织审计、营销控制审计以及营销人力资源审计。

一、营销计划审计

(一)计划本身的审计

在对计划本身进行审计的阶段,审计人员需要判断企业能否正确、及时、有效地收集、整理与企业发展相关的市场信息,成功而合规地编制营销计划。具体来说,就是考察企业在营销环节所制订的计划的科学性、可行性、合理性、完备性和动态性,分析计划目标是否具体且可衡量、计划的实施进度是否明确、计划编制方法是否科学等。此外,对于计划本身的审计还需结合计划执行审计的结果,分析计划系统中目标的达成率。

(二)计划执行的审计

在对计划执行情况进行审计的阶段,审计人员需要评估企业营销计划的执行是否符合预期且基本实现营销目标。对内,要以本企业的预算、业务规范和其他规章制度为审计标准,评估资源利用的效率,判断计划执行人员的沟通有效性、权限分配的合理性以及企业运作流程的优劣。对外,审计人员可以将计划执行的结果与企业同行业的直接竞争对手进行比较,考虑实施激励与奖惩措施或对营销人员进行培训的必要性。

二、营销组织审计

营销组织审计的主要内容是审查营销部门与市场研究、生产、物资供应、采购和财务会计等部门的沟通与协作状况。在结构与人员方面,审计人员需要判断企业营销组织的合理性、灵活性、覆盖面和销售队伍配备等是否符合要求,分析企业分销商、经销商、代理商等渠道成员的效率。在职能部门的运作方面,则需要考察企业相关管理制度的建立与落实情况,特别是营销过程中部门的广告预算、媒体选择、广告效果、人员促销等方面的状况。在接口效率方面,还需要判断营销部门与其他部门的沟通是否通畅、是否实现资源共享、有无良好的合作、是否存在协同效应等,并给予相应的改进建议。

三、营销控制审计

营销控制系统对于确保企业各项计划的实现具有重要意义,因此在进行营销控制审计时,一般会重点审查营销控制系统的运行情况,判断企业所采取的营销控制程序是否能确保企业达到其在年度计划中所设定的目标。在管理部门和管理层能力方面,要了解管理层是否阶段性地分析了产品、市场、区域和分销渠道的盈利能力,管理部门是否对产品、市场、地区和分配路线的经济效益进行了定期分析。在产品开发系统方面,则要结合产品最终的受欢迎程度审查产品开发系统是否为收集、生产、筛选新产品进行了充分的调查研究和商业分析,营销部门是否在新产品正式上市前进行过适当的产品试验和市场试销,是否定期对整体营销效益进行缜密的评价并加以调整和完善等。

【例9.1】随着近年来营销审计问题不断在营销学和管理学领域受到关注,越来越多的企业开始将营销环节的绩效审计作为日常管理的一部分,通过建立适合公司的营销评价体系,提高自身的营销活动效率。本章以XYZ公司为例,表9.3、表9.4和表9.5是该企业在进行营销管理审计时制订的具体计划和对审计主要内容的评分标准。

表9.3　XYZ公司2022年营销管理审计计划

项目名称	市场营销绩效审计
被审计单位或部门	XYZ公司
审计目标	评价市场营销绩效
审计范围	2020年市场营销管理情况
审计主要内容	1.市场占有率　2.销售毛利率　3.顾客满意度 4.销售费用率　5.服务质量　6.销售量……
审计方式	内部审计
审计人员组成	主审:××　组员:××××(共五人)
审计时间	2022年12月15日至30日

XYZ公司使用营销控制工具,选择多维度量方法,将公司的销售额、市场占有率等财务指标的具体情况分为5个等级进行评分。以调查得分、投诉次数和退货率等指标的评分结果对顾客满意度这一项营销绩效内容给予评价(见表9.4、表9.5)。

表9.4　营销管理审计中财务指标的评分标准(部分)

	标准	90～100分	80～89分	70～79分	60～69分	60分以下
实评分数	销售额/万元	大于2000	1000～2000	500～1000	100～500	小于100
市场占有率	80%以上	60%～80%	40%～60%	20%～40%	20%以下	75
……	……	……	……	……	……	……

表9.5　顾客满意评分标准

指标	因子	标准	评分		权重	实评分数
顾客满意	调查得分	好	81～100	79	0.32	25.28
		一般	51～80			
		差	0～50			
	投诉次数	10次以下	81～100	70	0.20	14.00
		10～50次	51～80			
		50次以上	0～50			

续表

指标	因子	标准	评分		权重	实评分数
	退货率	0.01	80～100	90	0.48	43.20
	小计					82.70

进一步的,结合图9.5竞争态势矩阵分析法的具体步骤以及表9.4和表9.5XYZ公司营销管理审计的评分标准,可以得出XYZ公司2022年市场营销系统绩效多维测评结果,如表9.6所示。其中,列(2)评价分数由绩效审计相关人员根据财务数据计算、调查问卷、专家测评、统计资料等方式对该单一项目进行评价获得,列(3)权重则是以该项目对企业在行业中成功经营的相对重要程度为依据确定,列(4)实评分数由评价分数乘以权重得到。列(5)评价标准来源于表9.4、表9.5等审计前营销计划的安排,将对应的实评分数和标准相比较就能发现XYZ公司在财务和非财务方面的表现情况,具体见列(6)。

表9.6 XYZ公司2022年市场营销系统绩效多维测评结果

项目		指标	评价分数	权重	实评分数	评价标准	差异	信息获得方式
			(1)	(2)	(3)	(4)	(5)	(6)	(7)
市场营销系统绩效的多维测评	财务结果测评	利润	85	0.07	5.95	5.7	0.25	财务数据计算、调查问卷、专家测评、统计资料等
		销售额	85	0.08	6.80	7.0	−0.20	
		现金流	80	0.05	4.00	5.0	−1.00	
		市场占有率	75	0.06	4.50	4.5	0.00	
		销售费用	60	0.08	4.80	5.0	−0.20	
		市场成长率	85	0.05	4.25	4.0	0.25	
		毛利润率	90	0.10	9.00	8.0	1.00	
		……						
	非财务结果测评	顾客满意度	82.7	0.10	8.27	7.5	0.77	
		服务质量	85	0.06	5.10	5.0	0.10	
		顾客忠诚度	80	0.12	9.60	9.5	0.10	
		营销战略效果	85	0.05	4.25	4.5	−0.25	
		品牌价值	75	0.05	3.75	3.5	0.25	
		性价比优势	70	0.03	2.10	2.5	−0.40	
		绿色效益	80	0.02	1.60	1.5	0.10	
		……						
总分				1	78.72	77.50	1.22	

分析2022年XYZ公司市场营销系统绩效的多维测评结果可以发现,在利润、市场成长率和毛利润率等财务指标方面,XYZ公司的得分较高,但其对于销售额和现金流的管理还有待加强。同时,XYZ公司顾客满意度、服务质量和顾客忠诚度的实评分数均超过评价标准,但营销战略效果和性价比优势还存在明显的不足。虽然在个别财务指标和非财务指标

方面 XYZ 公司还有所缺陷,但从整体的市场营销绩效看,XYZ 公司的营销绩效以 78.72 分超出了营销计划预期的 77.50 分,销售管理情况良好。

此外,审计人员通过资料整理、数据统计和问卷调查等审计程序发现,XYZ 公司十余家销售点的销售额存在较大差异,乙地销售点的销售额远低于情况相近的甲地销售点,也低于 XYZ 公司制定的月处理顾客订单定额。在进一步实地考察后,审计人员查明了销售额存在差异的主要原因,并根据实际情况编制了表 9.7。

表 9.7　针对营销管理的进一步审计情况

目标	影响乙地销售点销售订单处理的因素
标准	员工工作定额标准规定每人每天应处理 12 件顾客订单。过去三年里,临近甲地销售点的绩效符合该标准,甲地销售点和乙地销售点处理的订单业务的复杂程度具有可比性
状况	乙地销售点每人每天处理 10 件订单申请,该销售点每天处理约 150 件订单申请
影响	如果每人每天能处理 12 件而不是 10 件订单申请,那么乙地销售点每年能促进销售额增加 200 万元,达到预期销售额的定额标准
原因	通过对两个销售点之间业务流程和资源利用比较,发现乙地销售点生产率较低的原因是:自动化处理设施落后,更新慢;员工年龄老化,素质不足;对员工聊天怠工等缺少监控系统
体现	自动处理设施:每天 0.2 个申请延误 员工素质:每天 0.6 个申请延误 监控系统:每天 0.8 个申请延误 未确定的原因:每天 0.4 个申请延误 合计:每天 2.0 个申请延误

如表 9.7 所示,通过对相似销售点的销售订单处理情况比对,可以发现乙地销售点生产率较低的原因是其采用了落后的自动化处理设施,同时,也存在员工年龄老化且素质不足、销售点对聊天怠工等行为缺少监督的问题。这提醒 XYZ 公司需要对乙地销售点的订单处理设施进行维修更新或替换,给予员工一定的培训并设置专门的监控系统以提高该地的订单申请处理效率。

四、营销人力资源审计

作为企业与消费者之间的桥梁,营销人员负责产品的市场渠道开拓与销售工作的执行,并需要依照规定完成公司的年度产品销售计划,在一定程度上,营销人员就是公司的象征。而与营销相关的人力资源审计涉及了人力资源体系、营销队伍、营销人员素质、营销人员配置和考评体系设置等方面。

在人力资源体系方面,审计人员需要评估公司的薪酬体系是否有足够的激励作用,员工能否通过良好的培训提升自身的销售能力,以及员工的职业发展、绩效考核和离职问题是否存在不足;在营销队伍方面,则需要分析组织的营销目标是否合理,与竞争者相比,公司的营销团队是否更具有优势,并评估公司实现目标的可能性。同时,对于营销人员的素质,需要考察其完成工作的能力,可以选择销售完成率、销售毛利率、新增客户数、客户维系率等指标予以衡量;对于营销人员的配置,可以分析各地区营销人员的数量和分配是否合理,营销队伍成本和销售费用率的情况如何等。此外,对于考评体系设置的评价,还需要关注考评体系是否完善,能否起到激励效果。

【例9.2】表9.8为某企业通过营销人力资源审计发现的主要问题与提出的改进建议。

表9.8　某企业人力资源审计发现的主要问题与改进建议

主要问题	业务现状	主要原因	改进建议
对营销人员的考核过于单一	销售人员欺压、剥削客户的现象时有发生	管理层短视情况严重,缺乏对长期利益和总体营销效果的综合考量,对于业务成长性、利润成长性等指标的考量不足	完善或重新设计实用且相对全面的评价指标以持续增加公司及品牌的价值,避免盲目追求销量目标而影响长期收益
	营销活动和营销战略、市场策略和分销策略相脱节		
人员变动过于频繁	无法执行连贯的销售政策和管理,人员的更换使客户的配合程度较差	人员储备不足,缺乏综合考虑的选拔机制,销售组织不够稳定成熟	采用竞争上岗的方式,在配置部门或区域人员时考虑储备人才和人员本土化问题
营销的组织架构存在缺陷,人员规模不足	区域经理没有精力负责区域市场的营销工作	组织过于扁平化,组织架构的完善进程缓慢	尽快完善以产品与职能为划分依据的矩阵式组织架构
	区域市场推广工作不能被有效计划与执行		调整业务流程
	市场部门和销售部门无法给予有效的支持		设立市场协调经理,在区域内增设推广专员和促销代表
部分人员能力与责任不匹配	营销管理人员压力大,整体士气低落	营销目标设定不合理,与目标相匹配的资源不足,薪资结构不合理	设立合理的目标,改善人员的待遇,加强培训以提高职工的工作积极性
缺乏有效的授权监控机制	市场反应慢,审批效率低	营销人员队伍中部分人员的不良行为导致企业内部存在信任危机	完善制度和信息反馈体系,增设短期或长期的监督岗位,对企业的各项工作实施过程进行管理,全程跟踪,责任到人
	权限划分不合理或不清晰	公司制度不够完善,且缺乏有效的监督手段	
	部分人员有抵触情绪,工作不主动甚至互相推诿	缺乏有效监控手段和组织	

第五节　营销功能绩效审计

作为营销审计的一部分,营销功能审计是对企业营销组合(4P)的审计评价,主要内容包括产品功能审计、价格功能审计、分销与渠道功能审计、广告与促销功能审计等,其不仅需要将简单的营销组合要素进行分解,还要求审计人员运用定性和定量的方法,将各个因素按照支配关系组合成有序的层次,根据评价结果分析营销存在的问题并给予及时的反馈。

一、产品功能审计

产品既是市场供应品中的关键因素,也是整个营销组合计划的起始点,因此产品功能审计对实现营销绩效和完成营销功能的审计目标具有重要意义。对于现有产品,审计评价内容包括产品结构分析、产品包装分析、产品特性及卖点分析、产品差异化分析、产品结构合理性分析和对产品生命周期的管理。针对产品线,需要评价公司自身的产品线定位是否正确,产品线长度设置是否合理以及是否存在无利可图的产品线。在产品开发与淘汰方面,需要考虑旧产品淘汰的理由是否充分,市场是否存在空缺,新产品是否能满足顾客需求,是否能实现成本利润目标。此外,在品牌策略方面,还需要辨别产品的品牌定位是否合理、品牌知晓度和品牌认知质量如何等。

【例 9.3】表 9.9 为某企业在经过产品功能审计后发现的主要问题与提出的改进建议。

表 9.9　某企业产品功能审计发现的主要问题与改进建议

主要问题	业务现状	主要原因	改进建议
产品结构不合理	产品品种太多	没有整体的产品策略和计划,根据市场变化仓促反应	根据不同的市场和受众明确产品结构,根据营销情况确定主要产品,缩减产品种类,提高推广效率
	生产连续性降低,成本上升		
	差错率上升,质量下降		
	产品目的模糊		
	产品线混乱		
产品发展方向不明确	产品向低端还是高端发展不明确	对消费者研究不足,对产业发展方向不统一	关注消费者喜好,根据市场变化趋势确定发展方向
缺乏对产品生命周期的管理	促销操作失误常导致产品销售达不到预期	缺乏对产品生命周期阶段的界定和相应的操作指引,无严谨的产品推出流程,促销出自单部门要求,缺乏对产品的整体考虑	加强营销计划性和整体策划,制定并执行科学的新产品研发和推广流程,完善企业的营销基础工作,针对处于不同生命周期的产品准备不同的处理预案
	新产品上市成功率低		
	产品更替无序		

二、价格功能审计

价格是决定公司市场份额和盈利的最主要因素之一,价格功能审计包括价格合理性分析、价格竞争力分析、价格趋势分析和产品定价流程分析。针对价格制定,价格功能审计需要分析产品定价的方法是否合适,与主要竞争对手相比是否具有优势,顾客是否认为企业提供的产品的价值与所定价格相符。针对价格变化,价格功能审计要判断企业应对变化的能力如何,采取的应对措施是否合理恰当,调整后的营销情况是否达到原计划要求等。

通常情况下,企业不能仅仅制定单一的价格,而应建立一种价格结构,对产品进行细分以适应不同市场的变化。若企业欠缺对产品成本及利润率的全面考虑而无法制定有竞争力的价格或产品价格体系混乱,则需要强化价格体系管理,充分了解与营销渠道和产品所需服务相匹配的成本,平衡客户希望获得的价值和公司所期待的收益。

三、分销与渠道功能审计

分销方案与渠道的选择直接影响营销策略的效果,对其进行审计需要从分销渠道和分销物流两个方面加以评价。在分销渠道审计方面,审计人员需要判断渠道的目标和战略是否合理,分销渠道的设计是否恰当,实施的控制是否有效等。在分销物流审计方面,则需要评估企业的订单处理方式是否妥当,是否能准时送货,是否按照成本效益原则对存货进行储存和运输,以及物流成本所占总成本的比例是否合理等。

【例9.4】表9.10为某企业在经过分销与渠道功能审计后发现的主要问题与提出的改进建议。

表 9.10　某企业分销与渠道功能审计发现的主要问题与改进建议

主要问题	业务现状	主要原因	改进建议
分销的目标与策略的制定以及渠道设计欠缺深层次考虑	总部制定的分销策略过于宽泛,无法适应区域市场的变化	各区域营销部门未根据各自市场的特性制定更为清晰的分销策略	完善或重新设计企业的组织架构,在总部给予更为细致的指导和管理的同时,加强区域间的信息交流
	区域经理各自为政,渠道资源浪费严重	组织过度扁平化,总部与区域之间的职责不明确	
对有效渠道的覆盖与服务存在盲点	仍有部分产品未能覆盖营销渠道	对特定产品需投入的渠道建设费用不足,过于频繁的渠道政策变更使销售人员丧失积极性	建立有效的营销渠道,制定稳定的营销规则,实施有激励作用的薪资政策,给予良好的后勤保障
剥削经销商的情况普遍存在	过于依赖经销商的资源投入,无法自主地利用市场有效信息从而丧失市场良机	企业与经销商之间缺乏信息共享与沟通交流	利用信息技术,建立经销商资料库,定期进行评估筛选并回馈高效率的合作伙伴。妥善解决已损害经销商利益的纠纷,增加彼此的信任
	为完成销售指标不惜牺牲经销商利益而采取短视行为,如不合理地积压库存,对经销商密度不予以控制等	企业选择经销商的标准未得到良好的执行,销售部门也未按照制度要求与经销商进行合作	

四、广告与促销功能审计

广告与促销能够通过信息传播与有效宣传快速地提高营销绩效,但其资金与资源的浪费也在营销环节中普遍存在,因此广告与促销功能审计的关键在于比较广告和公关投入与产出的情况,通过评估促销结果来判断企业采用广告投放等短期刺激性工具促进消费者购买产品与服务的效果。

广告与促销功能的审计可以从以下几方面展开。首先,分析促销计划的制订是否合理,促销力度与方式的选择是否恰当,评估促销工具的创新性和灵活性以及促销工具使用的合理性,监控促销费用并比较其与促销预算的偏差。其次,审查公关流程的建立与执行情况,判断申报推广的资源是否得到有效利用,各区域推广活动的安排是否有详尽的规划,公关人员的推广手段和素质如何等。此外,还需要结合促销成本占总销售额成本的比例纵向比较促销前后销售额增长率的情况,了解顾客对产品、品牌的认知与态度变化。

【例9.5】表9.11为某企业通过广告与促销功能审计发现的主要问题与提出的改进建议。

表 9.11　某企业广告与促销功能审计发现的主要问题与改进建议

主要问题	业务现状	主要原因	改进建议
推广资源没有得到充分有效的利用	经销商对于促销资源的截留现象较多,促销力度不能落实到目标对象手中	活动执行过程缺乏信息收集、分析和监控,造成活动效果大打折扣	制订详细的、操作性强的推广方案,建立营销评估反馈体系和产品管理体系
	业务人员对于促销宣传产品管理不力,产生资源流失	投放资源分配没有合理的预算,缺乏成本控制意识	
终端建设缺乏系统性和专业性	推广手段单一、平面化	更多的是模仿对手的做法,没有符合自身营销特点的终端建设思路	认真分析终端掌控问题,研发并建设具有特色的终端设施
预算不合理、计划指导丧失且推广执行不力	广告和宣传没有转换成吸引消费者的利益点	对于产品特性和消费者偏好掌握不足	加强信息收集,聘请对该区域市场更为了解的专业人员辅助营销活动,对区域任务进行协调
	市场营销策略缺乏地方特色,无法适应当地消费习惯	对区域营销的专业性和经验度不够	

第六节　营销环节绩效审计典型案例分析

一、B 公司营销诊断审计背景[①]

B 公司是一家手机制造与零售企业,针对过去一年的营销状况,B 公司内部审计部对贵阳分公司进行了营销功能的绩效审计。表 9.12、表 9.13 和表 9.14 为审计人员编制的审计项目计划大纲、项目实施计划和某一具体项目的作业计划。

表 9.12　B 公司贵阳分公司营销功能审计项目计划大纲

项目名称	营销功能审计	审计部门负责人签字	同意(签字)
被审计单位	B 公司贵阳分公司		
审计目标	评价营销要素实施绩效,提高市场份额(占有率)		
审计范围	20××年第三季度的市场营销情况		
审计主要内容	(1)价格功能审计;(2)渠道功能审计;(3)促销功能审计		
审计方式	就地审计		
审计组组成	主审:张某;组员:共 6 人		
审计时间	20××年 10 月 10 日—25 日		

---

①　根据以下资料改编:储剑锋. B 公司营销审计方法研究——对贵阳分公司的诊断式营销审计[J].西华大学学报(哲学社会科学版),2005(2):41-45,57.

表 9.13 项目实施计划

审计分项目	审计目的	审计内容	审计时间	审计人员
价格功能审计	定价的目标、政策和程序是否按合理的成本、需求和竞争标准设定	价格竞争力 产品价格体系的合理性 产品价格的管理控制能力	10 月 18 日	××、×××,2 人
渠道功能审计	渠道销售能力覆盖率和销售能力利用率及其绩效情况	对渠道的规划管理能力 渠道库存的合理性	10 月 10—20 日	××、×××,2 人
促销功能审计	促销费用的预算是否合适、促销人员的薪酬是否合理、是否取得预期效果	软终端建设	10 月 15—25 日	××、××,2 人

表 9.14 项目作业计划(价格为例)

审计内容	审计要点	审计方法	审计范围	审计时间	人员分工
产品价格竞争力	价格定位以及与竞争对手的比较	调查走访、比较分析	各品牌第三季度的销量和定价	10 月 10—12 日	××,1 人
产品价格体系的合理性	给予经销商零售利润以及与竞争对手的比较	调查走访、专家访谈、比较分析	各品牌第三季度的地方报价、发货价和零售价	10 月 13—15 日	××、×××,2 人
产品价格的管理控制能力	本省各地的零售价格是否统一	审阅报表、调查走访、比较分析	第三季度贵州省各地零售价	10 月 10—12 日,16—18 日	×××,1 人

由以上表可知,审计人员从价格功能审计、渠道功能审计和促销功能审计三方面来评价营销要素的实施绩效,并依靠调查走访、专家访谈和比较分析等方法开展现场审计工作。

二、绩效审计评价指标的选择

审计人员利用竞争态势矩阵分析法(CPM)对贵阳分公司进行营销环节的绩效审计评价。采取 16 个评价指标对各公司的竞争态势进行评价。权重采取层次分析法确定,评分表示优势与弱点(定义 4=强;3=次强;2=弱;1=次弱)。具体包括以下 16 个指标。

(1)广告。在区域市场竞争态势矩阵中,广告这一关键因素指的是某一品牌的分公司在该区域市场上所有广告的投放量,包括各种媒体广告、户外广告、软文广告、车体站牌广告等。

(2)产品质量。它涉及各品牌手机的产品性能强弱。

(3)价格竞争力。它反映各品牌在区域市场上价格竞争优势的强弱。

(4)分公司对市场的管理控制能力。它指的是各品牌的分公司对所辖区域市场中的各级经销商、市场零售价格、渠道价格体系、市场秩序的控制能力。

(5)分公司对渠道规划设计的合理性。它指的是为了充分把握区域市场内出现的市场机会,分公司能否根据区域市场的特点,合理规划设计渠道的能力。

(6)渠道成员的忠诚度。它是指各级经销商对所经销品牌的忠诚度、认可程度。

(7)顾客忠诚度。

（8）顾客满意度。

（9）渠道库存的合理性。它指的是各级经销商库存量的合理性。合理库存量指的是一区域市场上的经销商为了避免出现断货而必须的库存量。

（10）库存机型构成结构的合理性。它指的是各级经销商的库存中，各机型的相对构成比例的合理性。

（11）市场占有率。

（12）零售商的上柜率。B公司的零售商上柜率指的是在某一区域内，经销B公司手机产品的零售店的数量与所有经销手机的零售店的数量之比。

（13）零售商的主推率。它是指在某一区域内，某公司获得第一推荐率的零售店的数量与所有经销手机的零售店的数量之比。例如，在某一区域内，第一推荐B公司手机的零售店有20家，所有经销手机的零售店有100家，那么B公司的零售店的主推率为20%。

（14）硬终端的建设情况。它指的是各品牌、各竞争对手硬终端制作的数量、质量、位置、维护状况等相关情况。硬终端包括门头、灯箱的制作维护情况；专柜、专区、背景墙的制作维护情况等。

（15）软终端的建设情况。软终端指的是促销员的数量、经验、能力等相关情况。

（16）促销活动情况。它指的是各品牌为推广促销所做的路演、抽奖、买赠礼品等促销活动。

三、审计发现的主要问题

（一）总体情况

如表9.15所示，通过分析B公司贵阳分公司的外部竞争态势，审计人员和企业管理者可以比较评估分公司在区域市场上所面临的竞争状况、拥有的营销优势以及与竞争对手的差距所在。

从竞争态势矩阵中可以发现，在贵州区域市场上，公司竞争态势的强弱顺序由强到弱依次是C公司、B公司、D公司和A公司，B公司2.59的竞争态势矩阵加权评分相比竞争对手的3.01、2.50和2.23的评分，处于行业中间水平，可见其竞争力存在不足，市场占有率未能实现市场第一。具体分析原因，审计人员发现与主要竞争对手C公司相比，B公司每月销量仅为4000台，而C公司每月销量为8000台，是B公司的两倍。虽然在全国范围内，B公司的市场占有率超过了C公司，但由于B公司未能很好地把握贵州市场的特点和消费者的心理偏好，因此贵阳分公司在市场营销的效率、效果上还有较大的提升空间。

表9.15　贵州省区域市场竞争态势矩阵

关键因素	权重	A公司		B公司		C公司		D公司	
		评分	加权分数	评分	加权分数	评分	加权分数	评分	加权分数
广告	0.08	2	0.16	3	0.24	3	0.24	1	0.08
产品质量	0.09	4	0.36	2	0.18	3	0.27	3	0.27
价格竞争力	0.10	2	0.20	4	0.40	3	0.30	2	0.20

关键因素	权重	A公司		B公司		C公司		D公司	
		评分	加权分数	评分	加权分数	评分	加权分数	评分	加权分数
分公司对市场的管理控制能力	0.05	2	0.1	2	0.1	3	0.15	2	0.10
分公司对渠道规划设计的合理性	0.05	3	0.15	3	0.15	3	0.15	3	0.15
渠道成员的忠诚度	0.08	3	0.24	2	0.16	4	0.32	3	0.24
顾客的忠诚度	0.05	4	0.20	2	0.10	2	0.10	3	0.15
顾客的满意度	0.05	4	0.20	2	0.10	3	0.15	3	0.15
渠道库存的合理性	0.05	2	0.10	1	0.05	3	0.15	2	0.10
库存机型构成结构的合理性	0.03	2	0.06	2	0.06	3	0.09	2	0.06
市场占有率	0.06	1	0.06	3	0.18	4	0.24	1	0.06
零售商上柜率	0.08	2	0.16	2	0.16	3	0.24	2	0.16
零售商主推率	0.08	2	0.16	2	0.16	2	0.16	2	0.16
硬终端建设情况	0.05	3	0.15	4	0.2	3	0.15	3	0.15
软终端建设情况（人员推广）	0.05	1	0.05	4	0.2	3	0.15	1	0.05
促销活动情况	0.05	3	0.15	3	0.15	3	0.15	3	0.15
总计	1.00		2.50		2.59		3.01		2.23

为进一步分析贵阳分公司业绩与其他公司存在差距的主要原因,审计人员分别从价格、渠道、促销三个方面对贵阳分公司进行营销环节的绩效审计。

(二)价格

1. 价格竞争力

在价格竞争力方面,通过同业比较的方法对比贵阳和遵义两地畅销机型的价格差异,由表9.16和表9.17可知,虽然B公司想要凭借新机型迅速提高销量,抢占细分目标市场,扩大市场份额,达到实现规模经济的目的,但产品本身却为价格敏感型产品,产品零售价格偏高反而制约了其市场销量。

表 9.16　贵阳地区畅销机型价格表

区域	品牌	畅销机型	月销量/台	地包价/元	地包发货价/(元/台)	零售价/(元/台)
贵阳	B公司	b	1130	730	1230	1299
	A公司	a	470	1200	1250	1299
	C公司	c	380	1510	1580	1688

续表

区域	品牌	畅销机型	月销量/台	地包价/元	地包发货价/(元/台)	零售价/(元/台)
	D公司	d	590	1230	1280	1398
	E公司	e	410	1650	1730	1839
	F公司	g	550	1600	1650	17890

表9.17　遵义地区畅销机型价格表

区域	品牌	畅销机型	月销量/台	地包价/元	地包发货价/(元/台)	零售价/(元/台)
贵阳	B公司	F	163		1150	1220
	A公司	G	151		1300	1480
	C公司	H	145		1560	1780
	D公司	I	624		1750	149—
	E公司	J	113		1880	1950
	F公司	K		1150	1280	2050

同时,B公司贵阳分公司的主力机型主要为中低端产品,细分目标为三四级市场,这不符合B公司的市场营销战略,因此B公司整体的产品价格竞争力偏弱,公司的总体市场战略无法在贵州区域市场上实现。这也造成了较大的市场缝隙,给竞争对手可乘之机,市场空间被竞争对手A公司和C公司抢占,两者占据了45%的市场份额(见表9.18)。由此可知,B公司贵阳分公司需要重新审视自己的价格策略,根据产品定位及目标细分市场控制产品价格。

表9.18　贵州省各品牌手机终端销量统计　　　　　　　　　　　　单位:台

品牌	贵阳	遵义	安顺	凯里	都匀	兴义	六盘水	毕节	铜仁	合计	各品牌占有率
B公司	1354	852	135	680	127	300	400	85	79	4012	10.66%
A公司	2404	1610	365	746	359	376	383	645	888	7776	20.66%
C公司	2310	1850	450	1100	402	425	1000	983	724	9244	24.56%
D公司	1228	1080	345	550	95	350	350	732	210	4940	13.12%
E公司	1303	795	185	120	37	350	300	595	137	3822	10.15%
F公司	720	362	80	13	54	80	180	112	24	1625	4.32%
G公司	1383	662	95	450	85	80	120	65	40	2980	7.92%
H公司	1600	710	106	400	61	80	100	73	116	3246	8.61%
合计	12302	7921	1761	4059	1220	2041	2833	3290	2218	37645	100.00%

2.产品价格体系的合理性

贵阳分公司的产品价格体系亦不合理。突出表现为与竞争对手相比,留给各级经销商的利润空间太小;零售利润只有60~70元,各级经销商的积极性受挫,导致销量、回款等业绩指标下滑。

3.对价格的管理控制能力

此外,贵州省各地甚至贵阳市区市场零售价格不统一,零售价格体系混乱,区域市场内窜货严重,市场秩序管控不力,可见贵阳分公司对市场零售价格的管理控制能力较差,这是B公司业绩不良的又一原因。

(二)渠道

1.分公司对渠道的规划管理能力

在渠道管理方面,贵阳分公司办事处设立了16个地包,但大部分仅为资金流与物流平台,无零售能力和分销能力,依靠物流的运转赚取差价,许多地包仅为一家零售商供货,可见B公司贵阳分公司的渠道设计较为混乱。同时,贵阳分公司专门设立地级经销商作为资金流与物流平台对贵阳郊县区供货,但B公司的渠道规划能力不强也严重影响了手机的销售量。由于价格体系设计不合理,经销商利益链难以维护,各级经销商对B公司的忠诚度不高,进货回款的积极性较低。

2.渠道库存的合理性

如表9.19所示,在渠道库存的合理性方面,贵阳分公司的渠道库存偏大,周转天数偏长,滞销机型大量积压。相对滞销的机型B18系列和C28系列,库存构成比例分别占库存总量的41%和23%,而相对畅销的新机型K8系列和S6系列,库存比例分别只占库存总量的5%和13%,导致存货积压和断货。

表9.19 贵阳分公司渠道库存分析

渠道库存	B18系列	C28系列	V18系列	K8系列	S6系列
渠道库存/台	2200	1213	951	281	678
日平均销量/台	25	23	20	36	52
平均周转天数/天	88	35	47	8	13

渠道不畅严重打击经销商的信心的同时,使经销商没有充足资金进货,断货现象更为严重。由此可见,渠道库存不合理也是影响B公司贵阳分公司业绩的重要原因之一。

(三)促销

而在促销方面,贵阳分公司相关费用的投入与产出无法达到平衡。由表9.20可见,一般的软终端建设投入在整体推广费用的投入中占30%左右较为合理,但贵阳分公司在进行软终端建设时采取的是高投入的人海战术,投入量连续几个月超过50%,这使得公司本身不高的推广费用更加难以利用。同时,不合理的薪酬体系设置与促销员设置也使得公司促销效率低下,公司没有针对优秀促销员的奖励制度,促销员人均收入很低,工作积极性不高。

进一步调查发现,贵阳分公司8月份软终端人员一共为443人,月度销量为14767台,即一个促销员平均1天只能卖出1台。效率严重低下的地区,一个促销员3天卖出1台。更令人费解的是,虽然3个月销量连续下滑,但促销人数反而增加,日均销量连续下滑,对软终端的人数控制完全没有掌控好。

表 9.20　软终端比例构成月度对照

月份	软终端投入/元	整体推广费用/元	比例/%
7 月	368927.00	666889.70	55.32
8 月	368927.15	651838.15	56.60
9 月	270000.00	450000.00	60.00

四、原因分析

以促销为例,审计人员认为软终端高投入低产出的原因包括以下方面。

1. 薪酬体系设置与促销员配置不合理

贵阳分公司对促销员的薪酬体系为"工资＋提成",但是无论促销员销售多少,均有提成,如有的促销员一月的销量仅仅为 5 台,仍然是拿 5 台的提成。

2. 渠道与利益链设计不合理

有的地区促销员一个月销量很少,理应裁减促销员,但如果裁撤促销员,又会造成销量大幅下降。因为零售商主推力度不够,目前的销量主要是靠促销员人员推广的力量来实现的。

五、审计建议

结合诊断式审计发现及原因分析,审计人员提出如下改善营销管理的审计建议:

(1)根据产品定位及目标细分市场,重新设计产品价格体系。

(2)重新设计价格利益链体系,确保各级经销商有合理的利润空间。

(3)强化分公司、办事处的市场管理控制能力。

(4)根据各区域市场的不同情况,设计长短结合的渠道模式。

(5)分公司、办事处应注重分析渠道库存的合理性。

(6)在人员推广方面,分公司、办事处应强化经营成本意识。

(7)重新设计促销员的薪酬体系。

(8)对分公司、办事处的核心骨干人员进行营销成本管理方面的培训。

本章小结

企业的收入主要来自出售商品、提供服务等,由于所处行业不同,企业具体的收入来源也有所不同。营销业务流程包括分析营销机会、选择目标市场、制定市场营销组合和市场营销控制。分析营销机会是营销业务流程的起点,目标市场的选择由市场细分、目标市场确定和市场定位三个步骤组成,市场营销组合可分解为产品、渠道、价格和推广四个可控要素,市场营销控制包括年度计划控制、盈利能力控制、效率控制和战略控制四种类型。

市场营销审计,即营销环节的绩效审计,一般是以确定营销问题和挖掘营销机会为目的,对公司的环境、目标、战略和行动进行的一项综合、系统、独立且具有周期性特点的考察。

营销审计是绩效审计的重要内容之一,具有和审计相同的属性,但同时,其又兼具营销管理的特性。目前,关于市场营销审计的指标度量有单一财务产出度量方法、非财务度量方法和多维度量方法三种较为常见的方法。市场营销审计的方法包括问题清单法、关键指标数值评价法、使用营销控制工具和竞争态势矩阵分析法等。

从审计的手段和实施的对象等方面来分析,营销管理绩效审计包括营销计划审计、营销组织审计、营销控制审计以及营销人员审计。营销功能审计是对企业营销组合的评价,包括产品功能审计、价格功能审计、分销与渠道功能审计以及广告与促销功能审计等。在营销环节绩效审计中,需要将各个因素按照支配关系组合为有序的层次,根据评价结果分析营销存在的问题并给予及时的反馈。

本章思考题

1. 简要阐述企业营销环节的业务流程。
2. 简要阐述市场营销审计的内涵。
3. 市场营销审计的度量指标应该如何选择?
4. 简要分析竞争态势矩阵在市场营销审计中的具体应用。
5. 营销管理审计包括哪几个方面?具体审计内容有哪些?
6. 如何进行营销功能审计?各部分营销功能审计的内容有何区别?
7. 市场营销审计如何与供应环节、生产环节绩效审计有机结合?

参考文献

蔡春,刘学华.绩效审计论[M].北京:中国时代经济出版社,2006.

陈丹萍,等.分析性程序审计方法[M].大连:东北财经大学出版社,2012.

陈静.国内家电企业的营销审计研究[D].昆明:云南大学,2016.

陈骏.我国政府绩效审计发展机制研究——基于新公共管理背景下的辩证思考[J].审计与
    经济研究,2006(3):16-20.

陈良华,石盈.管理审计模式发展与管理制度变迁[J].审计研究,2003(5):42-45.

陈思维,王会金,王晓震.经济效益审计[M].北京:中国时代经济出版社,2002.

陈振明.公共政策分析导论[M].北京:中国人民大学出版社,2015.

储剑锋.B公司营销审计方法研究——对贵阳分公司的诊断式营销审计[J].西华大学学报
    (哲学社会科学版),2005(2):41-45,57.

戴力农.设计调研[M].北京:电子工业出版社,2014.

董秀琴.生产循环审计[M].北京:中国时代经济出版社,2003.

杜建菊,王德礼.经济效益审计[M].合肥:合肥工业大学出版社,2009.

段小法.企业营销活动绩效审计的运用思考[J].湖北社会科学,2008(9):93-95.

方振邦,刘琪.绩效管理理论、方法与案例[M].北京:人民邮电出版社,2018.

高岩芳.企业经济效益审计[M].北京:人民邮电出版社,2006.

郭俊华.公共政策与公民生活[M].上海:上海交通大学出版社,2018.

和杰,游飞贵,冯涛.涉农统筹整合资金绩效审计研究[J].审计研究,2021(1):3-10.

侯恩华.电力增值服务营销审计评价指标体系与方法研究[D].北京:华北电力大学,2017.

侯光明,李存金,王俊鹏.十六种典型创新方法[M].北京:北京理工大学出版社,2015.

黄溶冰.问卷调查法在环境绩效审计中的应用[J].财会学习,2013(6):37-39.

蒋水全,周秉,孙芳城.乡村振兴战略下旅游发展专项资金绩效审计体系探讨[J].财会月刊,
    2021(9):105-112.

荆玲玲.社会研究方法[M].哈尔滨:哈尔滨工程大学出版社,2016.

李三喜,李春胜,徐荣才.经济效益审计精要与案例分析[M].北京:中国市场出版社,2006.

李文静,王晓莉.绩效管理[M].大连:东北财经大学出版社,2015.

林昕,闫俊霞.建设工程项目审计[M].北京:高等教育出版社,2021.

刘达,康波,熊旭黎.财政资金绩效审计研究[J].审计研究,2020(1):24-32.

刘红霞,张烜.驰名商标价值管理与企业绩效研究——以上市公司营销活动和研发活动为例
    [J].甘肃社会科学,2015(6):181-185.

刘梦溪.基于大数据的天津市预算执行审计探索与实践[J].审计研究,2018(1):22-27.

刘亚娜.公共政策教学案例分析[M].北京:首都师范大学出版社,2020.

刘以可.可口可乐公司营销审计评价体系研究[D].上海:华东理工大学,2013.

鲁靖,嵇欣欣.公共政策审计绩效评价体系构建——基于平衡计分卡[J].财会月刊,2018(12):135-141.

罗峰.公共政策[M].上海:上海人民出版社,2016.

吕向敏,郑颖.财务管理[M].北京:冶金工业出版社,2008.

麻珂,丁猛.基于功效系数法的物流作业绩效评价[J].西南民族大学学报(人文社会科学版),2015(4):147-151.

马国贤,任晓辉.公共政策分析与评估[M].上海:复旦大学出版社,2012.

马晓方,钱夫中,成维一,等.电子政务工程项目绩效审计中功效系数法的应用实践[J].审计研究,2016(1):39-44.

冒佳佳,吴雨晴,黄兆勇,等.公共图书馆绩效审计的目标选择与实现路径——基于香港公共图书馆绩效审计的案例[J],图书馆,2015(2):84-87.

彭华彰.政府效益审计论[M].北京:中国时代经济出版社,2006.

祁敦芳.政府绩效审计[M].北京:中国时代经济出版社,2009.

钱红光,代文.财务报表分析[M].上海:上海财经大学出版社,2014.

曲明.政府绩效审计——沿革、框架与展望[M].大连:东北财经大学出版社,2016.

全国一级建造师职业资格考试用书编写委员会.建筑工程项目管理[M].北京:中国建筑工业出版社,2021.

全国一级建造师职业资格考试用书编写委员会.建筑项目管理与实务[M].北京:中国建筑工业出版社,2021.

全国造价工程师职业资格考试培训教材编审委员会.建设工程造价管理[M].北京:中国计划出版社,2021.

人民银行成都分行内审处.人民银行某中心支行集中采购绩效审计案例[J].中国内部审计,2016(3):56-60.

尚奥会计,陈舒.财务管理实操从新手到高手图解案例版[M].北京:中国铁道出版社,2014.

审计署固定资产投资审计司.公共工程项目绩效审计评价指标体系[M].北京:中国时代经济出版社,2015.

审计署外事司.国外效益审计简介[M].北京:中国时代经济出版社,2003.

孙毅.管理会计:使用者视角[M].北京:中国财富出版社,2018.

万崇华,许传志.调查研究方法与分析新编[M].北京:中国统计出版社,2016.

王会金,贾云洁.绩效审计理论与实务[M].北京:中国财政经济出版社,2020.

王建东,董楠楠,易成岐.大数据时代公共政策评估的变革:理论、方法与实践[J].北京:社会科学文献出版社,2019.

王姝.国家审计如何更好地服务国家治理——基于公共政策过程的分析[J].审计研究,2012(6):34-39.

王学龙.经济效益审计[M].大连:东北财经大学出版社,2015.

夏洪胜,张世贤.设备管理[M].北京:经济管理出版社,2014.

肖潇.政府投资建设项目全过程绩效审计研究——以G高速为例[D].天津:天津大学,2016.

徐荣华,何小宝,郝玉贵.宁波市新常态下开展公共政策管理绩效审计状况及对策[C]//中国会计学会高等工科院校分会第 24 届学术年会论文集,2017.

杨肃昌.中国公共支出绩效审计制度研究[M].北京:经济科学出版社,2014.

姚先国,金雪军.浙江省公共政策创新蓝皮书[M].北京:中国财政经济出版社,2020.

叶晓钢.新编绩效审计实务[M].北京:中国时代经济出版社,2012.

余景选.成本管理[M].杭州:浙江人民出版社,2008.

张金城,张文秀.审计技术方法[M].北京:高等教育出版社,2019.

张俊友,耿海斌.财务报表从入门到精通实战演练版[M].北京:中国铁道出版社,2014.

张荣.公共部门支出绩效审计评价指标体系的探讨——以某省教育厅为例[D].杭州:浙江工商大学,2021.

张蓉.社会调查研究方法[M].北京:知识产权出版社,2014.

赵保卿.绩效审计理论与实务[M].上海:复旦大学出版社,2007.

赵耿毅.绩效审计指南[M].北京:中国时代经济出版社,2011.

赵曦.我国财政体制发展历程、运行现状及趋势[EB/OL].(2019-11-05)[2023-11-20].https://www.sohu.com/a/351668419_828724.

郑石桥.绩效审计[M].大连:东北财经大学出版社,2020.

郑石桥.绩效审计方法[M].2 版.大连:东北财经大学出版社,2017.

中国审计学会.审计署重点科研课题研究报告(2015—2016)[M].北京:中国时代经济出版社,2017.

中国审计学会.审计署重点科研课题研究报告(2017—2018)[M].北京:中国时代经济出版社,2019.

中国审计学会赴英国培训团.英国绩效审计考察报告[J].审计研究,2011(6):107-112.

中天恒管理审计编写组.管理审计操作案例分析[M].北京:中国市场出版社,2015.